LEVÍTICO

© 2008 The Kabbalah Centre International, Inc. Todos los derechos están reservados.

Ninguna parte de esta publicación puede ser reproducida o transmitida en ninguna forma o por ningún medio, electrónico o mecánico, incluyendo fotocopiado, grabado, xerografiado o cualquier otro almacenaje de información o sistema de recuperación, sin la previa autorización escrita por parte del editor.

Kabbalah Centre Publishing es una DBA registrada de:
Kabbalah Centre International, Inc.

Para más información:
The Kabbalah Centre
155 E. 48th St., New York, NY 10017
1062 S. Robertson Blvd., Los Angeles, CA 90035

Primera edición en inglés: agosto 2008
Primera edición en español: abril 2014

es.kabbalah.com

ISBN: 978-1-57189-933-0
Impreso en Canadá

Diseño gráfico: Shlomit Heymann
Diseño: HL Design (Hyun Min Lee www.hldesignco.com)

LA BIBLIA KABBALÍSTICA

LEVÍTICO

TECNOLOGÍA PARA EL ALMA™

es.kabbalah.com

ÍNDICE

Introducción 7

Vayikrá 13

Tsav 47

Sheminí 79

Tazría 107

Metsorá 139

Ajarei Mot 173

Kedoshim 201

Emor 227

Behar 263

Bejukotai 287

Lecturas especiales 315

Maftir de Shabat Shekalim 316

Haftará de Shabat Shekalim 318

Maftir de Shabat Zajor 322

Haftará de Shabat Zajor 324

Maftir de Shabat Pará 330

Haftará de Shabat Pará 334

Maftir de Shabat Hajódesh 338

Haftará de Shabat HaJódesh 342

Haftará de Shabat Hagadol 348

Haftará de la víspera de Rosh Jódesh 352

Maftir de Shabat Rosh Jódesh 356

Haftará de Shabat Rosh Jódesh 358

INTRODUCCIÓN

Por más de 80 años, El Centro de Kabbalah ha sido la fuerza motora encargada de traer al mundo la sabiduría antes oculta de la Kabbalah. Este volumen de la Biblia Kabbalística que ahora sostienes en tus manos es una de las iniciativas más importantes con relación a esa tarea, porque en él la sabiduría del *Zóhar*, el cual decodifica y ofrece un significado más profundo de la Biblia, es revelado por primera vez. Durante siglos estos secretos sólo estuvieron disponibles para los grandes kabbalistas; ahora también están ante tus propios ojos. Esta revelación monumental nos proporciona las herramientas esenciales para eliminar el caos de nuestra vida.

Desde su fundación en 1922, los maestros del Centro de Kabbalah han sacrificado su propia seguridad y bienestar para revelar herramientas de la Kabbalah y del *Zóhar* que mejoran la vida de las personas. A pesar de muchas dificultades, su pasión y compromiso en diseminar este conocimiento nunca ha vacilado. La decisión de abrir las puertas del Centro de Kabbalah para enseñar Kabbalah a cualquiera que tuviera el deseo de aprender fue una ruptura sin precedentes con la tradición, y esto generó gran antagonismo. Algunas personas decían que iba a ser imposible producir una interpretación universalmente accesible de una tradición tan profunda y compleja. Además, se percibió como si el Centro hubiese tomado erróneamente un paso audaz hacia la inclusión en un momento en el que el estudio de la Kabbalah todavía estaba prohibido; como si la sola existencia de una prohibición generalizada fuese razón suficiente para alejar las enseñanzas sublimes de la Kabbalah de todos los que están en búsqueda de ellas. La prohibición que el Centro fue acusado de violar había existido por siglos, pero de hecho fue anulada hace unos 450 años por el gran Kabbalista Rav Avraham Azulái (1570-1643). No obstante, cuando analizamos la vida de muchos kabbalistas valientes de los cuatro siglos desde la época de Rav Azulái, nos damos cuenta de que todos estos pioneros atravesaron las mismas agresiones que recibieron los fundadores del Centro de Kabbalah hace más de 80 años.

Hoy en día las cosas están mejorando rápidamente y ahora la Kabbalah es ampliamente reconocida como una metodología poderosa para cambiar nuestra vida. ¿Cómo ocurrió este cambio? Como verás en las lecciones de este tercer volumen de los Cinco Libros de Moisés, los grandes sacrificios traen grandes recompensas; y hubo muchos grandes kabbalistas que sacrificaron sus vidas para traer los regalos del *Zóhar* y la Kabbalah a toda la humanidad.

¿Por qué la extendida difusión de la sabiduría kabbalística ha sido el blanco de tanta ira y negatividad? La respuesta a esta pregunta desconcertante, como la respuesta a todas las demás preguntas, aparece de forma clara y sencilla en las enseñanzas del mismo *Zóhar*. Cuando examinamos el *Zóhar*, como yo lo he hecho con la asistencia de mi maestro, Rav Brandwein, y su maestro, Rav Áshlag, antes de él, esto se hace evidente. Las enseñanzas y disciplinas del *Zóhar* están claramente destinadas a eliminar el caos de este planeta. Por lo tanto, la fuerza metafísica detrás de la supresión de la sabiduría del *Zóhar* no es más que el Satán —el Oponente, nuestro ego— porque si el caos fuera eliminado permanentemente, él se quedaría sin empleo.

El Satán existe sólo para preservar la condición caótica que ha consumido a la humanidad desde el principio de los tiempos. Él ha usado herramientas conocidas como codicia, envidia, celos y duda para lograr este propósito. Aunque algunos puedan cuestionar la existencia de tal fuerza maligna, el observar nuestra vida cotidiana claramente revela la presencia de una fuerza oscura muy poderosa a nuestro alrededor e incluso dentro de nosotros. ¿Cuántas veces nos hemos dado cuenta de que no deberíamos estar haciendo algo y, sin embargo, seguimos y lo hacemos de todas formas? ¿Cuántas veces hemos estado al tanto de que deberíamos actuar en beneficio de nuestra alma, pero una voz interna nos susurra: *"¿Para qué molestarse?"*? Ese pequeño susurro coercitivo es en lo que consiste el Satán. No te equivoques: el Satán está vivo y en pie. Él trabaja cada momento para perpetuar su dominio sobre nuestra vida, intentando coartar nuestra esperanza de la libertad de todo caos, dolor y sufrimiento.

Pero aun si entendemos qué está detrás de las fuerzas recientes que trabajan para evitar las revelaciones de la Kabbalah hoy día, todavía se necesita explicar la prohibición original del estudio de la Kabbalah, así como la revocación de tal prohibición por Rav Azulai hace unos 450 años. El *Zóhar* nos relata que la prohibición original no fue una prohibición según entendemos esta palabra actualmente. Las enseñanzas de la Kabbalah eran consideradas tan avanzadas que, antes del siglo XX, no existía un marco para explicarle a la persona común las enseñanzas que ofrece la Kabbalah en un contexto de la vida real.

Esto comenzó a cambiar con el advenimiento de la física Newtoniana hace unos 300 años. La ciencia comenzó a liberarse de su visión dogmática de la naturaleza y del mundo material, y comenzó a avanzar hacia el entendimiento y la aceptación de la existencia de entidades y fuerzas que están más allá de la realidad física. Este cambio en la conciencia hizo que algunas disciplinas explicadas en la Kabbalah fueran más accesibles. Sin embargo, un siglo y medio antes, Rav Azulái ya había previsto el desarrollo en la ciencia que haría que la Kabbalah fuera entendida con mayor facilidad. La prohibición original contra la propagación del estudio de la Kabbalah por el hombre común era solamente un método para advertir al estudiante de Kabbalah que sus enseñanzas todavía no podían ser comprendidas o entendidas a plenitud.

El *Zóhar* afirma que todas sus enseñanzas y disciplinas serán reveladas durante la Era de Acuario, una era que ya ha comenzado y que le ha dado la bienvenida a fenómenos que nadie habría podido imaginar incluso 100 años antes; como el Internet, los teléfonos celulares, la nanotecnología y el descubrimiento científico de mente sobre materia, el cual demuestra que nuestra conciencia determina nuestra realidad. Todo esto ocurrió durante el siglo XX, cuando el entorno para las revelaciones del *Zóhar* estaba sustentado por la revelación de la física moderna. Asimismo, hace unos 80 años, Rav Yehuda Áshlag presentó una explicación completa de las disciplinas de la Kabbalah en su libro *Las Diez Emanaciones Luminosas* (*Talmud Éser Sfirot*), cuyas enseñanzas van mucho más allá de las enseñanzas de la ciencia moderna. La presentación de Rav Áshlag reveló el origen y significado de toda la existencia; sus explicaciones develaron verdades que no están disponibles para nuestros cinco muy limitados sentidos.

Como otros kabbalistas que le antecedieron, Rav Áshlag fue condenado y agredido físicamente por hacer más accesible la sabiduría de la Kabbalah. Mediante su desacreditada traducción y comentario de todo el *Zóhar* del arameo al hebreo (*HaSulam*; "La escalera" en español), Rav Áshlag proporcionó todas las herramientas necesarias para eliminar el caos de nuestro entorno. Por primera vez un compendio completo de la fuente principal de la Kabbalah estaba disponible para todos aquéllos que buscaban sus enseñanzas. Por primera vez la humanidad tenía un método que podía emplear para liberarse de las garras del Satán. Dado que esto creó un grave problema para nuestro Oponente, él preparó la ayuda y apoyo de muchos líderes para sosegadamente —o no tan sosegadamente— eliminar al "hereje" de Rav Áshlag de su vista. Afortunadamente, no tuvieron éxito en su misión y el mundo ahora se beneficia de los logros de Rav Áshlag.

Ahora podemos entender por qué esta disciplina espiritual particular —la Kabbalah— estaba siendo ocultada del mundo con tanto énfasis. La revelación de esta sabiduría habría traído fin al caos que había prevalecido por tantos milenios. La fuerza detrás del trabajo de mantener el *Zóhar* oculto de la humanidad no era más que el Satán usando su amplio arsenal de caóticas herramientas de interferencia, herramientas que, desafortunadamente, siguen prolongando su dominio. Él sabe exactamente cuándo y dónde atacar para tener el máximo impacto y aprovecharse completamente de cualquiera y todas las vulnerabilidades humanas.

No obstante, con la llegada de la Era de Acuario, las afirmaciones proféticas de Rav Shimón bar Yojái, el autor del *Zóhar*, se han hecho realidad. Ahora estamos viviendo la revelación de esta inmensa obra de sabiduría. En ningún momento la Kabbalah ha alcanzado y tocado la vida de tantos millones de personas como está ocurriendo actualmente. Una vida sin caos jamás ha estado tan al alcance de toda la humanidad.

Mientras observamos el gran progreso del Centro de Kabbalah en los últimos 18 años en entregar esta sabiduría a la gente, nos damos cuenta de la sublime claridad de la enseñanza del *Zóhar* con respecto a la eliminación del Satán. Por supuesto, esta sabiduría, al igual que las revelaciones correspondientes en la ciencia, era considerada por muchos como una ilusión absurda hasta muy recientemente. Pero hoy en día, la conciencia de la humanidad se ha elevado tanto que las enseñanzas kabbalísticas —junto con los "milagros" de la ciencia como el rejuvenecimiento celular y la nanotecnología— se han vuelto realidades completamente aceptables.

Este cambio dramático en la conciencia global tal vez sea difícil de comprender para la mayoría de las personas. Sin embargo, desde una perspectiva kabbalística, puede ser explicado por la infusión de Luz experimentada por los muchos millones que leen o escanean el *Zóhar*. La Luz que ha sido revelada ha abierto las puertas para los muchos conceptos, aparentemente futuristas, que se expresan en el *Zóhar*. El período en el cual afortunadamente y meritoriamente nos encontramos demuestra la gran promesa de la eliminación del caos en general y, específicamente, la eliminación de las enfermedades y condiciones de salud caóticas. En ningún momento previo en la historia habían emergido tantas ideas progresivas, llevando así a la humanidad a entender que en realidad podemos vivir con una buena salud eterna y sin temor de la mortalidad.

¿Por qué esta transformación positiva está ocurriendo actualmente? Dada la ausencia de cualquier explicación alternativa, el *Zóhar* puede y debería ser considerado como la fuerza detrás de tanta buena fortuna y esperanza. El poder del *Zóhar* lo hace todo. Por primera vez podemos, honestamente, esperar una mejora fundamental en nuestra vida. Mientras algunos tal vez tengan dificultad en entender cómo escanear y leer este preciado documento puede estimular tan profundamente cambios trascendentales en nuestra vida, esto es precisamente lo que se profetizó hace unos 2.000 años en las páginas mismas del *Zóhar*.

Debemos reconocer otra forma en la cual el Satán nos descarría del camino verdadero. Me refiero al uso puramente académico del *Zóhar*, lo cual desvía sus enseñanzas del verdadero propósito. Algunos estudiosos —ninguno de ellos kabbalistas— han calificado las disciplinas y enseñanzas del *Zóhar* como una filosofía, ignorando así por completo los cambios reales y los inmensos beneficios prácticos que pueden resultar de su estudio. Otros han intentado ubicar al *Zóhar* en la categoría de religión, como un anexo o derivado del judaísmo. Sin embargo, el *Zóhar* y su antecesor, *El libro de la formación* (*Séfer Yetsirá*) escrito por Avraham el Patriarca, existían mucho antes del nacimiento de cualquier religión formal; demostrando clara e indiscutiblemente la universalidad de estas enseñanzas. Ya sea que uno esté versado en el idioma arameo —y la mayoría de la humanidad no lo está— recorrer visualmente este asombroso compendio puede revelar, y sin duda revelará, la Fuerza de Luz del Creador para cada uno de nosotros y el mundo entero.

En tiempos anteriores, el concepto del Centro de Kabbalah de recorrer visualmente las Escrituras sin leer o entender el texto recibió críticas severas y extremas. Esta idea radical fue tildada como otro esfuerzo por parte del Centro para engañar a la gente. No obstante, recorrer visualmente ha sido parte fundamental de muchas tradiciones espirituales. Por ejemplo, está la antigua prohibición de la autoridad religiosa judía en contra de la pronunciación del Nombre de Dios de cuatro letras (el Tetragrámaton). Cuando surgía la necesidad de recitar el Tetragrámaton como está escrito en libros de oraciones y otras fuentes, los rabinos estipulaban que este Nombre sólo debía ser mirado, no pronunciado en voz alta. De hecho, ellos lo sustituyeron con otra palabra compuesta de una combinación de letras completamente diferente, con la instrucción de que recitemos este otro Nombre de Dios en lugar del Tetragrámaton.

En el pergamino de la Torá (la Biblia) encontramos palabras que están escritas pero no son recitadas. A veces, las palabras que son recitadas son completamente diferentes de aquellas que están escritas. El propósito de este procedimiento muy inusual es conectarnos a través del recorrido visual de las palabras escritas y no pronunciadas que están en la Biblia. De este modo, conectamos con la asombrosa Luz del Creador que está disponible dentro de las palabras no dichas. Recorrer visualmente el *Zóhar* y otros textos importantes, incluyendo la Torá misma, siempre se ha considerado como una conexión más poderosa que la simple recitación física y oral de las palabras.

La metodología de recorrido visual es la única fuerza tan poderosa que podemos activar para percibir la esperanza de un universo libre de caos. Por lo tanto, rechazar a millones de personas en búsqueda de mejorar sus vidas solamente con el pretexto de que ellos no entienden ni pueden leer el idioma del *Zóhar* debe considerarse como una gran y absurda aberración. Esto ciertamente no pudo haber sido la intención de Moshé cuando instruyó a Rav Shimón bar Yojai con respecto al propósito de la creación del *Zóhar*, sino la materialización del sueño de la humanidad de eliminar el caos de todo el universo. Dejarse llevar por las especulaciones filosóficas sobre qué es la "verdadera" Kabbalah es una tarea inútil. Las discusiones acerca de quién posee la "verdadera" Kabbalah y quién debería considerarse como una autoridad "auténtica" es tan sólo otro truco del Satán para desviar nuestra atención del propósito real del *Zóhar*.

No hay discusión o conflicto con respecto a la validez o credibilidad del *Zóhar* en sí ni de las obras escritas por kabbalistas de renombre del pasado. El *Zóhar* es y siempre será la máxima herramienta que todos podemos emplear en nuestros esfuerzos para mejorar nuestra vida y la vida de toda la humanidad.

Por último, permítanme enfatizar la verdadera extraordinaria transformación que está ocurriendo actualmente con relación a la presencia del *Zóhar* en el mundo moderno. Hace tan sólo 20 años habría sido difícil para cualquiera, independientemente de su nivel erudito o sus recursos económicos, tener acceso a las enseñanzas auténticas del *Zóhar* o al texto en sí. Ahora todo eso ha cambiado. El *Zóhar*, las enseñanzas de la Kabbalah y la Biblia Kabbalística están disponibles para todos. Esto es como debería ser; de hecho, es como debe ser. La necesidad de revelar la Fuerza de Luz del Creador nunca ha sido mayor que ahora en nuestros tiempos, mientras encaramos la terrible posibilidad de un inminente desastre ambiental y la amenaza de una guerra nuclear que podría destruir la vida de la faz de la Tierra. Al enfrentar esta terrible realidad, le corresponde a toda la humanidad infundir nuestro entorno con tanta Luz como sea posible. El verdadero propósito de la Kabbalah y todas sus enseñanzas no es solamente proporcionar conocimiento; es revelar la Luz que eliminará el caos de nuestra vida y de todo el mundo.

Rav Berg

VAYIKRÁ

LA LECCIÓN DE VAYIKRÁ
(Levítico 1:1-5:26)

"El poder de los ojos"

Cuando los niños comienzan a aprender los Cinco Libros de Moshé, Vayikrá es el primer capítulo de la Biblia que les enseñamos. Las lecciones de esta lectura deberían permanecer con los niños durante toda su vida, así como dichas lecciones deben ser primordiales en nuestra propia conciencia ahora mismo, indiferentemente de nuestra edad. El libro de Vayikrá es el inicio y el fundamento de todas las enseñanzas porque es aquí donde nos damos cuenta de la importancia de nuestra devoción intensa a la Luz del Creador. Esta es la primera vez en la Biblia que tal devoción es tratada. Por supuesto, esta devoción puede tener —y ha tenido— muchas formas diferentes a lo largo de la historia. En esta lectura, la devoción es manifestada como el Tabernáculo y los sacrificios; mientras que en nuestra época, en la cual el Tabernáculo y el Templo Sagrado ya no existen, nuestra conexión con la Luz no ocurre a través de sacrificios sino a través de la oración.

Sabemos que el deseo de la Luz de compartir con nosotros es aún mayor que nuestro deseo de recibir de parte de la Luz. Sin embargo, creamos barreras tales como ego, celos y otras formas de negatividad que debilitan nuestra conexión con la Luz. Por ejemplo, consideremos los celos que los hermanos de Yosef sentían por él. No podemos asumir que los hermanos eran como nosotros, dado que eran los hijos de nuestro Patriarca Yaakov y, por ende, eran carrozas de Luz por derecho propio. Pero, por lo menos, sus celos crearon una barrera entre ellos y la Luz.

¿Y cuál es la causa de los celos? ¿Deberíamos creer que los hermanos vendieron a Yosef como esclavo debido al abrigo especial que Yaakov le confeccionó? Ni el Midrash ni el Zóhar afirman que Yaakov amaba más a Yosef que a sus otros hijos; sin embargo, después de que los hermanos vendieron a Yosef, está escrito que ellos temieron "porque él era el que su padre amaba".

De aquí podemos aprender una lección importante. Podemos ver el daño que puede causar nuestra percepción limitada de la realidad y, por lo tanto, cuán cuidadosos debemos ser acerca de las ideas erradas que despertamos en los demás. Por ejemplo, hay personas que alardean de su riqueza y poder, causando así la ilusión de que aquellos que los rodean son inferiores. Esta idea equivocada, la cual obtenemos cuando solamente nos basamos en nuestros cinco sentidos, da origen a una negatividad que, a su vez, puede manifestarse como celos y hasta odio. Como resultado, la persona ostentosa que inició esos sentimientos puede terminar perdiendo todo lo que tenía.

Está escrito en la Biblia: "No coloques un obstáculo en frente de un ciego". Pero cuando permanecemos inmóviles y permitimos que la gente sea engañada por su propia percepción limitada, es como si nosotros mismos estuviéramos colocando "obstáculos en el camino del ciego". Además, si la gente actúa negativamente como resultado de algo que hemos hecho, entonces nosotros somos tan responsables por su comportamiento negativo como ellos lo son; y nosotros seremos igualmente afectados por cualquier juicio que llegue a ellos. De la misma manera, si alguien nos hace daño en respuesta a algo que hicimos —o incluso en respuesta a algo que dijimos o un pensamiento que estaba en nuestra conciencia— entonces nosotros debemos compartir la responsabilidad por el daño que nos fue causado.

Aquí tenemos un buen ejemplo. Los sabios han escrito: "Vístete tan bien como se visten las demás personas, de modo que no les hagas sentirse superiores a ti". Eso demuestra el gran poder de la vista, así como la responsabilidad que debemos asumir por lo que los demás ven en nosotros. Se dice que el sentido del oído no es nada en comparación con el de la vista, debido a que "los ojos son la ventana del alma". Los ojos de un individuo también son ventanas a su sabiduría interior; cuando alguien es verdaderamente sabio, la Luz de Sabiduría (Or deJojmá) irradia a través de sus ojos.

> *Esto es porque los ojos de un individuo reflejan el mundo y contienen todos los colores. El color blanco en éstos es como un gran mar que rodea al mundo por todos lados. Otro es como el terreno extraído del agua. El suelo se encuentra en medio del agua y de la misma manera está el color en medio del agua; A SABER: EN MEDIO DEL COLOR BLANCO QUE INDICA EL AGUA DEL OCÉANO. El tercer color en medio del ojo es Jerusalén, el centro del mundo. El cuarto color en el ojo es donde mora el poder de la vista; A SABER: LA NEGRURA DEL OJO. Es llamada "la manzana del ojo" (Salmos 17:8), donde se ve el rostro y la visión más apreciada de todas: Sión, la parte más interna de todas, donde todo el mundo es visto, donde mora la Shejiná, la cual es la belleza y visión de todos.*
> — El Zóhar, Vayejí 32:341-342

Lamentablemente, la mayoría de nosotros no hacemos uso del poder espiritual de nuestros ojos, así que sólo vemos la dimensión física. Tenemos que comenzar a usar nuestros ojos para percibir la realidad espiritual, para ver lo bueno en las demás personas y en el mundo en general.

Tikún HaNéfesh

La Kabbalah enseña que el *Tikún HaNéfesh* (la Corrección del Alma), la cual es una meditación sanadora que incluye los *chakras* del cuerpo, debe hacerse cada día. Esto nos fue revelado por Rav Yitsjak Luria (el Arí) en *La puerta de la Inspiración Divina*. Hay ubicaciones específicas en nuestro cuerpo por donde la Luz entra, y estos puntos representan el Árbol de la Vida kabbalístico. El Arí escribió:

> *"Es meritorio para un hombre siempre orientarse y apreciarse a sí mismo como la morada de la Emanación Divina. A través de sus ojos, él meditará y recibirá el mérito de ver santidad".*

El *Tikún HaNéfesh* tiene poderes especiales, no sólo para sanar sino también para revelar la Luz en nuestros ojos, oídos y en todo nuestro cuerpo. Al usar el *Tikún HaNéfesh* en nuestra meditación, podemos eliminar la oscuridad espiritual, poniéndole fin a la enfermedad física también porque, si no hay oscuridad, la enfermedad no puede existir.

SINOPSIS DE VAYIKRÁ

Vayikrá, el primer capítulo en el Libro de Levítico, incluye una exposición acerca de los *korbanot* (sacrificios). Debido a que no tenemos Tabernáculo o Templo hoy en día, es difícil relacionarse con este concepto. Si bien puede parecer que los sacrificios involucrados son una crueldad para los animales, los kabbalistas explican que los animales en realidad se alineaban para ser sacrificados, porque sabían que este proceso era parte de su *tikún* (corrección).

La raíz de la palabra *korbán*, la cual puede ser traducida como "sacrificio" u "ofrenda", en realidad significa "acercarse"; de este modo, la ofrenda misma era vista como una manera de acercarse a Dios. Efectivamente, el *Zóhar* dice que las ofrendas eran realizadas para acercar las santas *Sefirot*, para que formaran una unidad perfecta y despertaran finalmente misericordia en lugar de juicio (*Vayikrá 51-52*). Actualmente, muchos de nuestros sacrificios son internos; nos sacrificamos cada vez que enfrentamos o superamos obstáculos o dificultades en nombre de otras personas. Leer este capítulo nos da la energía para hacer los sacrificios que nos son requeridos cada día, a fin de aumentar nuestra proximidad a la Luz.

PRIMERA LECTURA – AVRAHAM – JÉSED

$^{1\ 1}$ Él llamó a Moshé; y el Eterno le habló desde la Tienda de Reunión, para decir: ² "Habla a los hijos de Israel y diles: 'Cuando alguno de ustedes traiga una ofrenda al Eterno, traerán su ofrenda de animales del ganado bovino o del ovino.

³ Si su sacrificio es un holocausto del bovino, ofrecerá un macho sin defecto; lo ofrecerá a la entrada de la Tienda de Reunión, para que sea aceptado delante del Señor.

COMENTARIO DEL RAV

Kof y Resh

De acuerdo con Rav Shimón, todo está revestido de misterio, como un código. Es así como el *Zóhar* procesa toda la Torá: como un código de algo más, algo más elevado.

La palabra *vayikrá* está compuesta de cinco letras: *Vav*, *Álef*, *Yud*, *Kof* y *Resh*. Dos de estas letras —la *Kof* y la *Resh*— juntas forman la palabra *kar* (frío). Frío, de la manera como un cuerpo está frío cuando está muerto. ¿Por qué el cuerpo de una persona se torna frío cuando muere? ¿Acaso es porque la temperatura del ambiente es fría? ¿Y si una persona muere en el ecuador, su cuerpo se torna tibio? No, aun así el cuerpo se torna frío.

El *Zóhar*, al explicar el frío de *Kof* y *Resh* y por qué un cadáver es frío, se refiere al frío como la energía del Satán. El alma se ha ido. Es por ello que el cuerpo está frío. ¿Qué inferimos cuando decimos que alguien es frío con otra persona? Significa que olvidamos amar a nuestro prójimo como a nosotros mismos, que olvidamos tratar a los demás con dignidad humana y que la expresión del alma ha desaparecido. Estamos vivos, pero el alma no está. Estamos vivos, pero vivimos como si no tuviésemos alma.

El capítulo de Vayikrá nos ayuda a entender de qué se trata la Torá. Se trata acerca de la batalla contra el campo de juego del Satán; contra el caos. Aprendemos de Vayikrá que podemos eliminar el caos, pero debemos hacer un sacrificio. Debemos sacrificar nuestra conciencia del Satán. ¿Para quién es el sacrificio? ¿Es para nosotros? ¿Qué tenemos que sacrificar hoy? ¿Seres humanos? No, no es el ser humano lo que debe ser sacrificado; son esas dos letras —la *Kof* y la *Resh*— que están ocultas en la palabra *vayikrá*.

Recuerda: el Satán está dentro de nosotros, y vivimos bajo sus directrices hasta que no sigamos las reglas de la Luz; tratar a nuestro prójimo con dignidad humana. Pero a veces nos rehusamos a doblegar nuestro ego y nos mantenemos en el campo de juego del Satán. Nos aferramos a nuestro ego por cosas tontas, somos reactivos y perdemos el control. La única manera en la que podemos estar fuera del control del Satán es actuando como Dios; y para actuar como Dios, debemos compartir. Cuando no compartimos como Dios, estamos actuando como el Satán; estamos estancados en su campo de juego.

Cuando vivimos en el campo de juego del Satán, somos controlados y no tenemos libre elección, juzgamos a las demás personas. Para eliminar el caos de nuestra vida, tenemos que abandonar al Satán. Tenemos que actuar como la Luz, como Dios, estar en el campo de juego de Dios. Esto es tan sólo una prueba. Si actúas como Dios, entonces tienes cerebro; si actúas como el Satán, entonces estás frito.

PRIMERA LECTURA – AVRAHAM – JÉSED

1 וַיִּקְרָא ב"ס קס"א - ה' אותיות אֶל־מֹשֶׁה מהע, אל עדי וַיְדַבֵּר ראה יְהֹוָ‑ה‑אֲדֹנָ‑י
אֵלָיו מֵאֹהֶל לאה מוֹעֵד לֵאמֹר: 2 דַּבֵּר ראה אֶל־בְּנֵי יִשְׂרָאֵל וְאָמַרְתָּ
אֲלֵהֶם מ"ה אָדָם כִּי־יַקְרִיב מִכֶּם קָרְבָּן לַיהֹוָ‑ה‑אֲדֹנָ‑י מִן־הַבְּהֵמָה
ב"ן, לכב, יבמ מִן־הַבָּקָר וּמִן־הַצֹּאן מלוי אהיה דיודין ע"ה תַּקְרִיבוּ אֶת־קָרְבַּנְכֶם:
3 אִם יוהך, ע"ה מ"ב עֹלָה קָרְבָּנוֹ מִן־הַבָּקָר זָכָר תָּמִים יַקְרִיבֶנּוּ
אֶל־פֶּתַח אֹהֶל לאה מוֹעֵד יַקְרִיב אֹתוֹ לִרְצֹנוֹ לִפְנֵי חכמה בינה יְהֹוָ‑ה‑אֲדֹנָ‑י:

וַיִּקְרָא

Levítico 1:1 – Una pequeña *Álef* aparece al final de la palabra *vayikrá* (y Él llamó). Vayikrá se refiere a Dios llamando a Moshé. El *Zóhar* dice que tanto las letras grandes como las pequeñas fueron transmitidas a Moshé en el Monte Sinaí, y sabemos que Moshé podía oír a Dios hablándole.

> *Esto es porque todas y cada letra (heb. ot) que fue transmitida a Moshé, estaba coronada y se elevaba sobre las cabezas de las santas criaturas vivientes,* EL SECRETO DE LA CARROZA CELESTIAL, LA CUAL SON JÉSED, GUEVURÁ, TIFÉRET Y MALJUT. *Todas las criaturas vivientes estaban coronadas* CON LAS LETRAS, AUN LAS CRIATURAS VIVIENTES DE LA CARROZA INFERIOR, QUE ESTÁ EN MALJUT. *Volaban en el aire* DE YISRAEL SABA Y TEVUNÁ, *que desciende del aire celestial que es fino y desconocido,* EL CUAL ESTÁ EN EL ABA E IMA CELESTIALES. *Ambas, las letras grandes y las letras pequeñas subían y bajaban; las letras grandes bajando de la cámara celestial que está oculta de todos,* BINÁ, *y las letras pequeñas bajaban de otra cámara inferior,* MALJUT. *Todas ellas fueron transmitidas a Moshé en el Sinaí…*
> — El Zóhar, Vayikrá 1:2-4

Muchas veces somos llamados por Dios; el Creador con mucha frecuencia nos da mensajes en sueños y mediante otras personas, pero no siempre los escuchamos. La pequeña Álef es un recordatorio de que debemos reducir nuestro ego a fin de escuchar la voz de Dios.

עֹלָה

Levítico 1:3 – El primer tipo de ofrenda, ganado, representa la energía de muerte y nos ayuda a eliminar la muerte de nuestra vida.

> *El sacrificio es al nombre de Elohim, que es el lado de Guevurá para que el espíritu de Juicio sea mitigado y quebrantado y el Juicio sea así debilitado, trayendo así la Misericordia para vencer al Juicio. Por lo tanto,* ESTÁ ESCRITO: *"Los sacrificios de Elohim" para romper la fuerza y poder del Juicio severo, como está escrito: "Un espíritu quebrantado". Esto implica que el fuerte espíritu del Juicio está roto, y su espíritu y poder no serán dominantes. Así, el hombre está para pararse junto al altar con un espíritu quebrantado y sintiendo remordimiento por sus acciones, para que este fuerte espíritu sea roto, de modo que el Juicio pueda ser suavizado y la Misericordia domine al Juicio.*
> — El Zóhar, Vayikrá 6:53

Cuando las cosas buenas de cualquier clase tienen un final, la causa del "final" es el Ángel de la Muerte. Esta lectura es un arma poderosa para debilitar al Ángel de la Muerte en todos lados, hasta que finalmente alcancemos la

⁴ Pondrá su mano sobre la cabeza de la ofrenda, y le será aceptado para hacer expiación por él.

⁵ Degollará el becerro delante del Eterno y los hijos de Aharón, los sacerdotes, ofrecerán la sangre y la arrojarán por todos los lados sobre el altar que está a la entrada de la Tienda de Reunión.

⁶ Después desollará el holocausto y lo cortará en pedazos.

⁷ Y los hijos Aharón el Sacerdote pondrán fuego en el altar y colocarán leña sobre el fuego.

⁸ Luego los hijos de Aharón, los sacerdotes, arreglarán las piezas, aun la cabeza y el sebo sobre la leña que está en el fuego sobre el altar.

⁹ Él lavará las entrañas y las patas con agua, y el sacerdote lo quemará todo sobre el altar. Es un holocausto, una ofrenda ígnea, un aroma agradable para el Señor.

¹⁰ Si la ofrenda para holocausto es de los ovinos, de los corderos o de las cabras, ofrecerá un macho sin defecto.

¹¹ Y lo degollará al lado norte del altar, delante del Eterno; y los hijos de Aharón, los sacerdotes, rociarán la sangre sobre el altar, por todos los lados.

¹² Después lo dividirá en partes, con su cabeza y el sebo, y el sacerdote los colocará sobre la leña que está en el fuego sobre el altar.

¹³ Él lavará las entrañas y las patas con agua, y el sacerdote lo ofrecerá todo y lo quemará sobre el altar. Es un holocausto, una ofrenda ígnea, un aroma agradable para el Señor.

---

muerte de la muerte misma, que resultará en inmortalidad para nosotros y el mundo.

הַצֹּאן

Levítico 1:10 – Las ovejas y cabras, el segundo tipo de ofrenda, están conectadas al ego. Nuestro ego es la voz que nos convence de que tenemos la razón incluso cuando no la tenemos. Nuestro ego nos hace sentir que somos individuos de libre pensamiento, cuando en realidad somos robots que seguimos nuestros deseos egoístas preprogramados. El mismo hecho de negar que tenemos un ego es una demostración de dicho ego en funcionamiento. El ego bloquea nuestro crecimiento espiritual y es la base de todas las formas de infelicidad. Pero leer este versículo nos ayuda a controlar la influencia del ego en nuestra vida, lo que nos da una oportunidad de escapar de nuestros deseos egoístas —la mentalidad de "yo primero"— y obtener una vida de felicidad, relaciones significativas y libertad verdadera.

LA HISTORIA DE VAYIKRÁ: PRIMERA LECTURA — LEVÍTICO

4 וְסָמַךְ יָדוֹ עַל רֹאשׁ רבוע אלקים ואלקים דיודין ע"ה הָעֹלָה וְנִרְצָה לוֹ לְכַפֵּר מצפצ
עָלָיו: 5 וְשָׁחַט אֶת־בֶּן הַבָּקָר לִפְנֵי וחכמה בינה יְהֹוָאדֹנָיאהדונהי וְהִקְרִיבוּ בְּנֵי
אַהֲרֹן ע"ב ורבוע ע"ה הַכֹּהֲנִים מלה אֶת־הַדָּם רבוע אהיה וְזָרְקוּ אֶת־הַדָּם רבוע אהיה
עַל־הַמִּזְבֵּחַ זן, נגד סָבִיב אֲשֶׁר־פֶּתַח אֹהֶל לאה מוֹעֵד: 6 וְהִפְשִׁיט אֶת־הָעֹלָה
וְנִתַּח אֹתָהּ לִנְתָחֶיהָ: 7 וְנָתְנוּ אבי"ג ית"ץ, וער, אהבת חנם בְּנֵי אַהֲרֹן ע"ב ורבוע ע"ה
הַכֹּהֵן מלה אֵשׁ אלקים דיודין ע"ה עַל־הַמִּזְבֵּחַ זן, נגד וְעָרְכוּ עֵצִים עַל־הָאֵשׁ: שאה
8 וְעָרְכוּ בְּנֵי אַהֲרֹן ע"ב ורבוע ע"ה הַכֹּהֲנִים מלה אֵת הַנְּתָחִים מלה אֶת־הָרֹאשׁ
רבוע אלקים ואלקים דיודין ע"ה וְאֶת־הַפָּדֶר עַל־הָעֵצִים אֲשֶׁר עַל־הָאֵשׁ שאה
אֲשֶׁר עַל־הַמִּזְבֵּחַ זן, נגד: 9 וְקִרְבּוֹ וּכְרָעָיו יִרְחַץ בַּמָּיִם וְהִקְטִיר הַכֹּהֵן
מלה אֶת־הַכֹּל ילי הַמִּזְבֵּחָה עֹלָה אִשֵּׁה רֵיחַ־נִיחוֹחַ לַיהֹוָאדֹנָיאהדונהי: 10 וְאִם
יוהך, ע"ה מ"ב מִן־הַצֹּאן מלוי אהיה דיודין ע"ה קָרְבָּנוֹ מִן־הַכְּשָׂבִים אוֹ מִן־הָעִזִּים
לְעֹלָה זָכָר תָּמִים יַקְרִיבֶנּוּ: 11 וְשָׁחַט אֹתוֹ עַל יֶרֶךְ הַמִּזְבֵּחַ זן, נגד
צָפֹנָה לִפְנֵי וחכמה בינה יְהֹוָאדֹנָיאהדונהי וְזָרְקוּ בְּנֵי אַהֲרֹן ע"ב ורבוע ע"ה הַכֹּהֲנִים
מלה אֶת־דָּמוֹ עַל־הַמִּזְבֵּחַ זן, נגד סָבִיב: 12 וְנִתַּח אֹתוֹ לִנְתָחָיו וְאֶת־רֹאשׁוֹ
וְאֶת־פִּדְרוֹ וְעָרַךְ הַכֹּהֵן מלה אֹתָם עַל־הָעֵצִים אֲשֶׁר עַל־הָאֵשׁ שאה
אֲשֶׁר עַל־הַמִּזְבֵּחַ זן, נגד: 13 וְהַקֶּרֶב וְהַכְּרָעַיִם יִרְחַץ בַּמָּיִם וְהִקְרִיב
הַכֹּהֵן מלה אֶת־הַכֹּל ילי וְהִקְטִיר הַמִּזְבֵּחָה עֹלָה הוּא אִשֵּׁה רֵיחַ נִיחֹחַ
לַיהֹוָאדֹנָיאהדונהי:

SEGUNDA LECTURA – YITSJAK– GUEVURÁ

¹⁴ Si su ofrenda para el Señor es un holocausto de aves, entonces traerá su ofrenda de tórtolas o de pichones. ¹⁵ El sacerdote la traerá al altar, le quitará la cabeza y la quemará sobre el altar; y su sangre será exprimida sobre el costado del altar.

¹⁶ Le quitará también el buche con su contenido y lo echará al lado este del altar, donde están las cenizas. ¹⁷ La rasgará por las alas, sin dividirla por completo; y luego el sacerdote la quemará en el altar, sobre la leña que está en el fuego. Es un holocausto, una ofrenda ígnea, un aroma agradable para el Señor.

2 ¹ Cuando alguien ofrezca una ofrenda de cereal al Eterno, su ofrenda será de flor de harina, sobre la cual echará aceite y pondrá incienso.

² y la llevará a los hijos de Aharón, los sacerdotes. El sacerdote tomará de ella un puñado de la flor de harina y aceite, junto con todo el incienso, y la quemará como memorial sobre el altar; es una ofrenda ígnea, un aroma agradable para el Señor.

³ El resto de la ofrenda de cereal pertenece a Aharón y a sus hijos; es cosa santísima de las ofrendas ígneas para el Señor. ⁴ Si ofreces una ofrenda de cereal cocida al horno, será de tortas de flor de harina sin levadura y amasadas con aceite, o de hojaldres sin levadura, untados con aceite.

⁵ Si tu ofrenda de cereal es preparada en sartén, será de flor de harina sin levadura, amasada con aceite.

הָעוֹף

Levítico 1:14 – Las aves eran el tercer tipo de ofrenda. Es parte de la naturaleza humana tomar decisiones que, si bien gratifican el ego, pueden lastimar a otras personas. Pero aquí el ejemplo de la capacidad del ave de desafiar la gravedad nos da el poder de trascender los límites de nuestra propia naturaleza. Leer o escuchar esta sección nos ayuda a limpiarnos de nuestro comportamiento egoísta y superar nuestro *Deseo de Recibir para Sí Mismo*, lo que nos permite elevar nuestro ser para que podamos conectar con la Luz, la fuente de toda felicidad.

וְנֶפֶשׁ

Levítico 2:1 – Alimentos, la siguiente clase de ofrenda, nos proporciona la fortaleza para hacer nuestro trabajo; además, esto nos revela que comer implica una gran responsabilidad. Hay un alma en cada porción de alimento. Las almas atrapadas en la comida no pueden elevarse a través de acciones propias pero, una vez que nosotros comemos y estos alimentos forman parte de nosotros, nuestras acciones —tanto positivas como negativas— se conectan con las acciones de las almas en los alimentos. Tener conciencia de la responsabilidad que tenemos al comer es muy importante.

La ofrenda de alimentos no necesariamente ocurría en el altar. Por ejemplo, el *Zóhar* habla acerca del gran mérito del hombre pobre que lleva lo que puede, incluso cuando tiene poco o nada que comer.

La ofrenda del hombre pobre es de gran valor delante del Santísimo, bendito

SEGUNDA LECTURA – YITSJAK– GUEVURÁ

14 וְאִ֧ם יוהך, ע״ה מ״ב ג״פ ב״ן, יוסף, ציון מִן־הָע֛וֹף עֹלָ֥ה קָרְבָּנ֖וֹ לַיהוָ֑הליהואההיהאהדונהי וְהִקְרִ֣יב מִן־הַתֹּרִ֗ים א֛וֹ מִן־בְּנֵ֥י הַיּוֹנָ֖ה כ״ו מ״ה אֶת־קָרְבָּנֽוֹ: 15 וְהִקְרִיב֤וֹ הַכֹּהֵן֙ מלה אֶל־הַמִּזְבֵּ֔חַ זז, נגד וּמָלַק֙ אֶת־רֹאשׁ֔וֹ וְהִקְטִ֖יר הַמִּזְבֵּ֑חָה וְנִמְצָ֣ה דָמ֔וֹ עַ֖ל קִ֥יר הַמִּזְבֵּֽחַ זז, נגד: 16 וְהֵסִ֥יר אֶת־מֻרְאָת֖וֹ בְּנֹצָתָ֑הּ וְהִשְׁלִ֨יךְ אֹתָ֜הּ אֵ֤צֶל הַמִּזְבֵּ֙חַ֙ זז, נגד קֵ֔דְמָה אֶל־מְק֖וֹם יהוה ר״פ אל בַּרְבּוּעַ הַדָּֽשֶׁן: 17 וְשִׁסַּ֨ע אֹת֣וֹ בִכְנָפָיו֮ לֹ֣א יַבְדִּיל֒ וְהִקְטִ֨יר אֹת֤וֹ הַכֹּהֵן֙ מלה הַמִּזְבֵּ֔חָה עַל־הָעֵצִ֖ים אֲשֶׁ֣ר עַל־הָאֵ֑שׁ אאה עֹלָ֣ה ה֗וּא אִשֵּׁ֛ה רֵ֥יחַ נִיח֖וֹחַ לַיהוָֽהליהואההיהאהדונהי: 2 1 וְנֶ֗פֶשׁ רמ״ח + ו׳ הויות כִּֽי־תַקְרִ֞יב קָרְבַּ֤ן מִנְחָה֙ ע״ה ב״פ ב״ן לַֽיהוָ֔הליהואההיהאהדונהי סֹ֖לֶת יִהְיֶ֣ה קָרְבָּנ֑וֹ וְיָצַ֤ק עָלֶ֙יהָ֙ שֶׁ֔מֶן פהל י״פ טל, י״פ כוז״ו וְנָתַ֥ן אבגית״ץ, ועו״ר, אהבת חנם עָלֶ֖יהָ לְבֹנָֽה: 2 וֶֽהֱבִיאָ֗הּ אֶל־בְּנֵ֣י אַהֲרֹן֮ ע״ב ורבוע ע״ב הַכֹּהֲנִים֒ מלה וְקָמַ֨ץ מִשָּׁ֜ם יהוה שדי מְלֹ֣א קֻמְצ֗וֹ מִסָּלְתָּהּ֙ וּמִשַּׁמְנָ֔הּ עַ֖ל כָּל־לְבֹנָתָ֑הּ וְהִקְטִ֨יר הַכֹּהֵ֜ן מלה אֶת־אַזְכָּרָתָהּ֙ הַמִּזְבֵּ֔חָה אִשֵּׁ֛ה רֵ֥יחַ נִיחֹ֖חַ לַיהוָֽהליהואההיהאהדונהי: 3 וְהַנּוֹתֶ֙רֶת֙ מִן־הַמִּנְחָ֔ה ע״ה ב״פ ב״ן ע״ב ורבוע ע״ב לְאַהֲרֹ֖ן וּלְבָנָ֑יו קֹ֥דֶשׁ קָֽדָשִׁ֖ים מֵאִשֵּׁ֥י יְהוָֽהליהואההיהאהדונהי: 4 וְכִ֥י תַקְרִ֛ב קָרְבַּ֥ן מִנְחָ֖ה ע״ה ב״פ ב״ן מַאֲפֵ֣ה תַנּ֑וּר סֹ֣לֶת חַלּ֤וֹת מַצֹּת֙ בְּלוּלֹ֣ת בַּשֶּׁ֔מֶן י״פ טל, י״פ כוז״ו וּרְקִיקֵ֥י מַצּ֖וֹת מְשֻׁחִ֥ים בַּשָּֽׁמֶן י״פ טל, י״פ כוז״ו בטו: 5 וְאִם־ יוהך, ע״ה מ״ב מִנְחָ֥ה ע״ה ב״פ ב״ן עַל־הַמַּחֲבַ֖ת קָרְבָּנֶ֑ךָ

---

sea Él, cuando trae delante de Él dos ofrendas: una es su grasa y sangre y la otra es el sacrificio que está ofreciendo. Aunque no tiene alimento para sí mismo, de todos modos trae una ofrenda. Así su GRASA Y SU SANGRE DISMINUYERON. *La ofrenda del pobre es la más liviana: dos palomas jóvenes o dos pichones, o hasta puede traer un poco de harina y es perdonado. En ese momento, resuena una proclama que dice: "porque Él no ha despreciado ni aborrecido la aflicción de los pobres". ¿Por qué es eso? Porque la ofrenda del hombre pobre es la más valiosa de todas.*
— *El Zóhar, Vayikrá 20:129*

La ofrenda del pobre puede ser más pequeña que la de todos, pero sus pecados serán perdonados porque es como si hubiese ofrecido su propia alma como sacrificio.

⁶ *La partirás en pedazos y echarás aceite sobre ella; es una ofrenda de cereal.*

TERCERA LECTURA – YAAKOV– TIFÉRET

⁷ *Si tu ofrenda de cereal es preparada en cazuela, será hecha de flor de harina y aceite.*

⁸ *Trae al Eterno la ofrenda de cereal hecha de estas cosas; preséntala al sacerdote, quien la llevará al altar.*

⁹ *Él tomará la porción del memorial de la ofrenda de cereal y la quemará sobre el altar como ofrenda ígnea, un aroma agradable para el Eterno.*

¹⁰ *Y el resto de la ofrenda de cereal pertenece a Aharón y a sus hijos; es cosa santísima de las ofrendas ígneas para el Eterno.*

¹¹ *Cada ofrenda de cereal que ofrezcan al Eterno será hecha sin levadura, porque no quemarán ninguna levadura ni ninguna miel como ofrenda ígnea para el Eterno.*

¹² *Pueden ofrecerlas como ofrenda de primicias al Eterno, pero no ascenderán como aroma agradable sobre el altar.*

¹³ *Todas tus ofrendas de cereal sazonarás con sal. No dejes la sal del Pacto de tu Dios fuera de tus ofrendas de cereal; añade sal a todas tus ofrendas.*

¹⁴ *Si ofreces al Eterno una ofrenda de cereal de los primeros frutos, ofrecerás espigas verdes tostadas al fuego, granos tiernos desmenuzados.*

¹⁵ *Echarás aceite y pondrás incienso sobre ella; es una ofrenda de cereal.* ¹⁶ *El sacerdote quemará la porción del memorial de los granos desmenuzados y el aceite, junto con todo el incienso, como ofrenda ígnea para el Eterno.*

בְּמֶלַח

Levítico 2:13 – En tiempos antiguos, se debía incluir sal en cada ofrenda. El valor numérico de la palabra sal en arameo (*mélaj*) es tres veces el Tetragramatón: 3 x 26 = 78, el Nombre de Dios de cuatro letras. A nivel biológico, la sal es una sustancia importante; ésta hace circular la sangre en nuestro cuerpo a través del proceso de ósmosis. La sal se considera un objeto inanimado, así que nos ayuda a elevar las almas que están atrapadas en objetos inanimados; no hay otra forma de que podamos hacer esto. Podemos elevar las almas de animales al comerlos o teniéndolos como mascotas, y podemos elevar las almas de las plantas al comerlas o teniéndolas como decoración en nuestros hogares o cuidándolas en el jardín. Pero la única forma de elevar las almas de objetos inanimados es a través del consumo de sal. El verdadero propósito de todo en este mundo la elevación y la transformación, y tenemos la obligación de ayudar incluso a objetos inanimados en ese proceso.

סֹ֣לֶת בְּלוּלָ֥ה בַשֶּׁ֖מֶן ייפ טל, ייפ כוייי, ביט מַצָּ֣ה עייב סייג תִּהְיֶֽה׃ 6 פָּת֤וֹת אֹתָהּ֙ פִּתִּ֔ים וְיָצַקְתָּ֥ עָלֶ֖יהָ שָׁ֑מֶן פהל ייפ טל, ייפ כוייי, ביט מִנְחָ֖ה עייה בייפ בין הִֽוא׃

TERCERA LECTURA – YAAKOV – TIFÉRET

7 וְאִם־ יוהך, עייה מייב מִנְחָ֥ה עייה בייפ בין עַל־הַמַּחֲבַ֖ת קׇרְבָּנֶ֑ךָ סֹ֛לֶת בְּלוּלָ֥ה בַשֶּׁ֖מֶן ייפ טל, ייפ כוייי, ביט מַצָּ֥ה תִּֽהְיֶֽה׃ 8 וְהֵבֵאתָ֣ אֶת־הַמִּנְחָ֗ה עייה בייפ בין אֲשֶׁ֧ר יֵעָשֶׂ֛ה מֵאֵ֖לֶּה לַֽיהֹוָ֑הׄאהדונהי וְהִקְרִיבָהּ֙ אֶל־הַכֹּהֵ֔ן מלה וְהִגִּישָׁ֖הּ אֶל־הַמִּזְבֵּֽחַ׃ ח, נגד 9 וְהֵרִ֤ים הַכֹּהֵן֙ מלה מִן־הַמִּנְחָ֔ה עייה בייפ בין אֶת־אַזְכָּ֣רָתָ֔הּ וְהִקְטִ֖יר הַמִּזְבֵּ֑חָה אִשֵּׁ֛ה רֵ֥יחַ נִיחֹ֖חַ לַיהֹוָֽהׄאהדונהי׃ 10 וְהַנּוֹתֶ֙רֶת֙ מִן־הַמִּנְחָ֔ה עייה בייפ בין לְאַהֲרֹ֖ן עייב ורביע עייב וּלְבָנָ֑יו קֹ֥דֶשׁ קׇֽדָשִׁ֖ים מֵאִשֵּׁ֥י יְהֹוָֽהׄאהדונהי׃ 11 כׇּל־ ילי הַמִּנְחָ֗ה עייה בייפ בין אֲשֶׁ֤ר תַּקְרִ֙יבוּ֙ לַיהֹוָ֔הׄאהדונהי לֹ֥א תֵעָשֶׂ֖ה חָמֵ֑ץ כִּ֤י כׇל־ ילי שְׂאֹר֙ ג׳ מווזן דאלהים דקטנות וְכׇל־ ילי דְּבַ֔שׁ לֹֽא־תַקְטִ֧ירוּ מִמֶּ֛נּוּ אִשֶּׁ֖ה לַֽיהֹוָֽהׄאהדונהי׃ 12 קׇרְבַּ֥ן רֵאשִׁ֛ית תַּקְרִ֥יבוּ אֹתָ֖ם לַיהֹוָ֑הׄאהדונהי וְאֶל־הַמִּזְבֵּ֥חַ ח, נגד לֹא־יַעֲל֖וּ לְרֵ֥יחַ רמייח נִיחֹֽחַ׃ 13 וְכׇל־ ילי קׇרְבַּ֣ן מִנְחָתְךָ֮ בַּמֶּ֣לַח גייפ יהוה תִּמְלָח֒ וְלֹ֣א תַשְׁבִּ֗ית מֶ֚לַח גייפ יהוה בְּרִ֣ית אֱלֹהֶ֔יךָ ילה מֵעַ֖ל עלם מִנְחָתֶ֑ךָ עַ֥ל כׇּל־ ילי קׇרְבָּנְךָ֖ תַּקְרִ֥יב מֶֽלַח׃ גייפ יהוה 14 וְאִם־ יוהך, עייה מייב תַּקְרִ֛יב מִנְחַ֥ת בִּכּוּרִ֖ים לַיהֹוָ֑הׄאהדונהי אָבִ֞יב קָל֤וּי בָּאֵשׁ֙ אלהים דיודין עייה גֶּ֣רֶשׂ כַּרְמֶ֔ל תַּקְרִ֕יב אֵ֖ת מִנְחַ֥ת בִּכּוּרֶֽיךָ׃ 15 וְנָתַתָּ֤ עָלֶ֙יהָ֙ שֶׁ֔מֶן פהל ייפ טל, ייפ כוייי, ביט וְשַׂמְתָּ֥ עָלֶ֖יהָ פהל לְבֹנָ֑ה מִנְחָ֖ה עייה בייפ בין הִֽוא׃ 16 וְהִקְטִ֨יר הַכֹּהֵ֜ן מלה אֶת־אַזְכָּרָתָ֗הּ מִגִּרְשָׂהּ֙ וּמִשַּׁמְנָ֔הּ עַ֖ל כׇּל־ ילי לְבֹנָתָ֑הּ אִשֶּׁ֖ה לַיהֹוָֽהׄאהדונהי׃

CUARTA LECTURA – MOSHÉ – NÉTSAJ

3 ¹ Si su ofrenda es una ofrenda de paz y ofrece un animal de bovinos, sea macho o hembra, sin defecto la ofrecerá delante del Eterno. ² Pondrá su mano sobre la cabeza de su ofrenda y la degollará a la puerta de la Tienda de Reunión. Luego los hijos de Aharón, los sacerdotes, rociarán la sangre sobre el altar por todos los lados.

³ De la ofrenda de paz presentará una ofrenda ígnea al Eterno: la grasa que cubre las entrañas y toda la grasa que está conectada a las entrañas, ⁴ los dos riñones con la grasa que está sobre ellos y sobre los lomos, y el lóbulo del hígado, que quitará con los riñones. ⁵ Entonces, los hijos de Aharón lo quemarán en el altar, sobre el holocausto que está sobre la leña en el fuego como una ofrenda ígnea, un aroma agradable para el Señor.

⁶ Si ofrece un animal ovino como ofrenda de paz para el Eterno, sea macho o hembra, sin defecto la ofrecerá. ⁷ Si presenta un cordero como su ofrenda, lo ofrecerá delante del Señor. ⁸ Pondrá su mano sobre la cabeza de su ofrenda y la degollará delante de la Tienda de Reunión. Entonces los hijos de Aharón rociarán su sangre sobre el altar por todos los lados.

⁹ De la ofrenda de paz traerá una ofrenda ígnea al Señor: la grasa, la cola entera, que cortará cerca de la espina dorsal, la grasa que cubre las entrañas y toda la grasa que está conectada a las entrañas, ¹⁰ los dos riñones con la grasa que está sobre ellos y sobre los lomos, y el lóbulo del hígado, que quitará con los riñones.

¹¹ Y el sacerdote lo quemará sobre el altar como alimento; es una ofrenda ígnea para el Eterno. ¹² Si su ofrenda es una cabra, la ofrecerá delante del Eterno. ¹³ Pondrá su mano sobre su cabeza y la degollará delante de la Tienda de Reunión. Entonces, los hijos de Aharón rociarán su sangre sobre el altar por todos los lados.

זֶבַח שְׁלָמִים

Levítico 3:1 – Aquí leemos sobre las ofrendas de paz. La única manera de crear paz en este mundo es tratando a todos con tolerancia y respeto por su dignidad humana.

... Éstos son las ofrendas de paz que son degolladas en el lado sur del altar —EL LADO DE JÉSED, LA DERECHA— porque ofrecen paz a todos, paz para los seres superiores e inferiores, YA QUE LAS OFRENDAS DE PAZ (HEB. SHLAMIM) TRAEN PAZ (HEB. SHALOM) Y PERFECCIÓN (HEB. SHLEMUT). Son la perfección de las direcciones del mundo, perfección total del aspecto de la Fe, MALJUT. Como las ofrendas de paz son la paz total, los propietarios comen de ellas y las disfrutan, porque esto le da a uno paz y todo está en el mismo nivel. Las ofrendas por el pecado y las ofrendas por la culpa son comidas solamente por los sacerdotes, NO POR LA GENTE QUE LAS TRAJO, pues es para los sacerdotes expiar por ellos y conmutar sus pecados. De todas las ofrendas, las ofrendas de paz son las más amadas por el Santísimo, bendito sea Él, porque traen paz a los seres superiores e inferiores.
— El Zóhar, Vayikrá 24:164

CUARTA LECTURA – MOSHÉ – NÉTSAJ

3 וְאִם יהוה, ע״ה מ״ב ‏ זֶבַח שְׁלָמִים ‏ קָרְבָּנ֔וֹ אִם יהוה, ע״ה מ״ב מִן־הַבָּקָר֙ ה֣וּא מַקְרִ֔יב אִם יהוה, ע״ה מ״ב זָכָר֙ אִם יהוה, ע״ה מ״ב נְקֵבָ֔ה תָּמִ֥ים יַקְרִיבֶ֖נּוּ לִפְנֵ֥י חכמה בינה יְהֹוָ֥האדני: 2 וְסָמַ֤ךְ יָדוֹ֙ עַל־רֹ֣אשׁ רביע אלהים ואלהים דיודין ע״ה קָרְבָּנ֔וֹ וּשְׁחָט֕וֹ פֶּ֖תַח אֹ֣הֶל לאה מוֹעֵ֑ד וְזָרְק֡וּ בְּנֵי֩ אַהֲרֹ֨ן ע״ב ורביע ע״ב הַכֹּהֲנִ֧ים מלה אֶת־הַדָּ֛ם רביע אהיה עַל־הַמִּזְבֵּ֖חַ ה, נגד סָבִֽיב: 3 וְהִקְרִיב֙ מִזֶּ֣בַח הַשְּׁלָמִ֔ים אִשֶּׁ֖ה לַיהֹוָ֑האדני אֶת־הַחֵ֙לֶב֙ הַֽמְכַסֶּ֣ה אֶת־הַקֶּ֔רֶב וְאֵת֙ כָּל־י׳ הַחֵ֔לֶב אֲשֶׁ֖ר עַל־הַקֶּֽרֶב: 4 וְאֵת֙ שְׁתֵּ֣י הַכְּלָיֹ֔ת וְאֶת־הַחֵ֙לֶב֙ אֲשֶׁ֣ר עֲלֵהֶ֔ן אֲשֶׁ֖ר עַל־הַכְּסָלִ֑ים וְאֶת־הַיֹּתֶ֙רֶת֙ עַל־הַכָּבֵ֔ד עַל־הַכְּלָי֖וֹת יְסִירֶֽנָּה: 5 וְהִקְטִ֨ירוּ אֹת֤וֹ בְנֵֽי־אַהֲרֹן֙ ע״ב ורביע ע״ב הַמִּזְבֵּ֔חָה עַל־הָ֣עֹלָ֔ה אֲשֶׁ֥ר עַל־הָעֵצִ֖ים אֲשֶׁ֣ר עַל־הָאֵ֑שׁ שלה אִשֵּׁ֛ה רֵ֥יחַ נִיחֹ֖חַ לַיהֹוָֽהאדני: 6 וְאִם יהוה, ע״ה מ״ב ‏ מִן־הַצֹּ֧אן מלוי אהיה דיודין ע״ה ‏ קָרְבָּנ֛וֹ לְזֶ֥בַח שְׁלָמִ֖ים לַיהֹוָ֑האדני זָכָר֙ א֣וֹ נְקֵבָ֔ה תָּמִ֖ים יַקְרִיבֶֽנּוּ: 7 אִם יהוה, ע״ה מ״ב ‏ כֶּ֥שֶׂב ב״פ קס״א ‏ הֽוּא־מַקְרִ֖יב אֶת־קָרְבָּנ֑וֹ וְהִקְרִ֥יב אֹת֖וֹ לִפְנֵ֥י חכמה בינה יְהֹוָֽהאדני: 8 וְסָמַ֤ךְ אֶת־יָדוֹ֙ עַל־רֹ֣אשׁ רביע אלהים ואלהים דיודין ע״ה קָרְבָּנ֔וֹ וְשָׁחַ֣ט אֹת֔וֹ לִפְנֵ֖י אֹ֣הֶל לאה מוֹעֵ֑ד וְ֠זָרְקוּ בְּנֵ֨י אַהֲרֹ֧ן ע״ב ורביע ע״ב אֶת־דָּמ֛וֹ עַל־הַמִּזְבֵּ֖חַ ה, נגד סָבִֽיב: 9 וְהִקְרִ֨יב מִזֶּ֣בַח הַשְּׁלָמִים֮ אִשֶּׁ֣ה לַיהֹוָה֒אדני חֶלְבּוֹ֙ הָאַלְיָ֣ה תְמִימָ֔ה לְעֻמַּ֥ת הֶעָצֶ֖ה יְסִירֶ֑נָּה וְאֶת־הַחֵ֙לֶב֙ הַֽמְכַסֶּ֣ה אֶת־הַקֶּ֔רֶב וְאֵת֙ כָּל־י׳ הַחֵ֔לֶב אֲשֶׁ֖ר עַל־הַקֶּֽרֶב: 10 וְאֵת֙ שְׁתֵּ֣י הַכְּלָיֹ֔ת וְאֶת־הַחֵ֙לֶב֙ אֲשֶׁ֣ר עֲלֵהֶ֔ן אֲשֶׁ֖ר עַל־הַכְּסָלִ֑ים וְאֶת־הַיֹּתֶ֙רֶת֙ עַל־הַכָּבֵ֔ד עַל־הַכְּלָיֹ֖ת יְסִירֶֽנָּה: 11 וְהִקְטִיר֥וֹ הַכֹּהֵ֖ן מלה הַמִּזְבֵּ֑חָה לֶ֥חֶם ג״פ יהוה אִשֶּׁ֖ה לַיהֹוָֽהאדני: 12 וְאִם יהוה, ע״ה מ״ב ‏ עֵ֖ז קָרְבָּנ֑וֹ וְהִקְרִיב֖וֹ לִפְנֵ֥י חכמה בינה יְהֹוָֽהאדני: 13 וְסָמַ֤ךְ אֶת־יָדוֹ֙ עַל־רֹאשׁ֔וֹ וְשָׁחַ֣ט אֹת֔וֹ לִפְנֵ֖י אֹ֣הֶל לאה מוֹעֵ֑ד וְ֠זָרְקוּ

¹⁴ De lo que ofrezca, presentará su ofrenda ígnea para el Eterno: la grasa que cubre las entrañas y toda la grasa que está conectada a las entrañas, ¹⁵ los dos riñones con la grasa que está sobre ellos y sobre los lomos, y el lóbulo del hígado, que quitará con los riñones.

¹⁶ Y el sacerdote los quemará sobre el altar como alimento; es una ofrenda ígnea, un aroma agradable. Toda la grasa es del Eterno. ¹⁷ Estatuto perpetuo será por todas sus generaciones, dondequiera que habiten: ninguna grasa ni ninguna sangre comerán'".

QUINTA LECTURA – AHARÓN – HOD

4 ¹ El Señor habló a Moshé, para decir: ² "Habla a los hijos de Israel, para decir: 'Cuando alguien peque inadvertidamente en cualquiera de las cosas que el Eterno ha mandado que no se hagan, y hace alguna de ellas: ³ Si peca el sacerdote ungido, trayendo culpa sobre el pueblo, debe ofrecer al Eterno un novillo sin defecto como ofrenda por pecado, por el pecado que ha cometido.

⁴ Traerá el novillo a la puerta de la Tienda de Reunión delante del Eterno, pondrá su mano sobre la cabeza del novillo y lo degollará delante del Eterno. ⁵ Luego el sacerdote ungido tomará de la sangre del novillo y la traerá a la Tienda de Reunión, ⁶ El sacerdote mojará su dedo en la sangre y rociará de la sangre siete veces delante del Eterno, frente al velo del santuario.

⁷ El sacerdote después pondrá de esa sangre sobre los cuernos del altar del incienso aromático que está en la Tienda de Reunión delante del Eterno. Derramará el resto de la sangre del novillo al pie del altar del holocausto que está a la puerta de la Tienda de Reunión.

הַכֹּהֵן

Levítico 4:3 – Los sacerdotes también tenían que dar ofrendas por pecado. Sin importar cuán elevadas fueran sus almas, incluso los sacerdotes cometían acciones negativas ocasionalmente. Sus ofrendas por pecado eran diferentes de las del resto de las personas debido a su poder sacerdotal de influir en los demás; cualquier acción negativa de parte de ellos tenía un impacto en toda la gente en nombre de quienes ellos actuaban. Aquí aprendemos que la Ley Universal de Causa y Efecto es más estricta para aquellos que tienen una responsabilidad mayor.

Rabí Yitsjak dijo: "'Si el sacerdote ungido peca'" se refiere al sacerdote abajo, quien se prepara para el servicio EN EL TEMPLO *y es encontrado un pecado en él, esto "'trae culpabilidad sobre el pueblo'",* PORQUE LA GENTE DEBE SER CULPADA POR ESTO, PORQUE *¡Ay de aquéllos que confían* EN SU SERVICIO*! De manera similar, si es encontrado un pecado en el cantor, ¡Ay de aquéllos que confían en él! Rabí Yehuda dijo: Con más razón un sacerdote, a quien todos los hijos de Yisrael arriba y abajo miran y esperan ser bendecidos por medio de él.*
— *El Zóhar, Vayikrá 43:298*

בְּנֵי אַהֲרֹן ע״ב ורביע ע״ה אֶת־דָּמוֹ עַל־הַמִּזְבֵּחַ זן, נגד סָבִיב: 14 וְהִקְרִיב מִמֶּנּוּ קָרְבָּנוֹ אִשֶּׁה לַיהוָֹה⁧אהדונהי⁩ אֶת־הַחֵלֶב הַמְכַסֶּה אֶת־הַקֶּרֶב וְאֵת כָּל ילי ־הַחֵלֶב אֲשֶׁר עַל־הַקֶּרֶב: 15 וְאֵת שְׁתֵּי הַכְּלָיֹת וְאֶת־הַחֵלֶב אֲשֶׁר עֲלֵהֶן אֲשֶׁר עַל־הַכְּסָלִים וְאֶת־הַיֹּתֶרֶת עַל־הַכָּבֵד עַל־הַכְּלָיֹת יְסִירֶנָּה: 16 וְהִקְטִירָם הַכֹּהֵן מלה הַמִּזְבֵּחָה ג״פ יהוה לֶחֶם אִשֶּׁה לְרֵיחַ רמ״ח נִיחֹחַ כָּל ילי ־חֵלֶב לַיהוָֹה⁧אהדונהי⁩: 17 חֻקַּת עוֹלָם לְדֹרֹתֵיכֶם בְּכֹל ב״ן, לכב, יבם מוֹשְׁבֹתֵיכֶם כָּל ילי ־חֵלֶב וְכָל ־דָּם רבוע אהיה לֹא תֹאכֵלוּ:

QUINTA LECTURA – AHARÓN – HOD

14 וַיְדַבֵּר ראה יְהוָֹה⁧אהדונהי⁩ אֶל־מֹשֶׁה מהש, אל שדי לֵּאמֹר: 2 דַּבֵּר ראה אֶל־בְּנֵי יִשְׂרָאֵל לֵאמֹר נֶפֶשׁ רמ״ח ־ ז׳ הויות כִּי־תֶחֱטָא בִשְׁגָגָה מִכֹּל ילי מִצְוֹת יְהוָֹה⁧אהדונהי⁩ אֲשֶׁר לֹא תֵעָשֶׂינָה וְעָשָׂה מֵאַחַת מֵהֵנָּה מ״ה, יה: 3 אִם יוהך, ע״ה מ״ב הַכֹּהֵן מלה הַמָּשִׁיחַ יֶחֱטָא לְאַשְׁמַת הָעָם וְהִקְרִיב עַל חַטָּאתוֹ אֲשֶׁר חָטָא פַּר בן אדם, ערי, סנדלפון ־בֶּן־בָּקָר תָּמִים לַיהוָֹה⁧אהדונהי⁩ לְחַטָּאת: 4 וְהֵבִיא אֶת־הַפָּר בן אדם, ערי, סנדלפון אֶל־פֶּתַח אֹהֶל לאה מוֹעֵד לִפְנֵי וחכמה בינה יְהוָֹה⁧אהדונהי⁩ וְסָמַךְ אֶת־יָדוֹ עַל־רֹאשׁ ריבוע אלהים ואלהים דיודין ע״ה הַפָּר בן אדם, ערי, סנדלפון וְשָׁחַט אֶת־הַפָּר בן אדם, ערי, סנדלפון לִפְנֵי וחכמה בינה יְהוָֹה⁧אהדונהי⁩: 5 וְלָקַח יהוה אהיה אדני יהוה הַכֹּהֵן מלה הַמָּשִׁיחַ מִדַּם רבוע אהיה הַפָּר בן אדם, ערי, סנדלפון וְהֵבִיא אֹתוֹ אֶל־אֹהֶל לאה מוֹעֵד: 6 וְטָבַל הַכֹּהֵן מלה אֶת־אֶצְבָּעוֹ בַּדָּם רבוע אהיה וְהִזָּה ודו מִן־הַדָּם רבוע אהיה ע״ב ואלהים דיודין שֶׁבַע פְּעָמִים לִפְנֵי וחכמה בינה יְהוָֹה⁧אהדונהי⁩ אֶת־פְּנֵי וחכמה בינה פָּרֹכֶת הַקֹּדֶשׁ: 7 וְנָתַן אבגית״ץ, ושיר, אהבת חנם הַכֹּהֵן מלה מִן־הַדָּם רבוע אהיה עַל־קַרְנוֹת מִזְבַּח זן, נגד קְטֹרֶת י״א אדני הסמים ע״ה קנ״א, אלהים אדני לִפְנֵי וחכמה בינה יְהוָֹה⁧אהדונהי⁩ אֲשֶׁר בְּאֹהֶל לאה מוֹעֵד וְאֵת |

⁸ Quitará toda la grasa del novillo de la ofrenda por pecado: la grasa que cubre las entrañas y la grasa que está conectada a las entrañas,

⁹ los dos riñones con la grasa que está sobre ellos y sobre los lomos, y el lóbulo del hígado, que quitará con los riñones;

¹⁰ de la manera que se quita del novillo del sacrificio de la ofrenda de paz. Luego el sacerdote los quemará sobre el altar del holocausto.

¹¹ Pero la piel del novillo y toda su carne, con su cabeza, sus patas, sus entrañas y su estiércol, ¹² es decir, todo el resto del novillo, lo llevará fuera del campamento a un lugar ceremonialmente limpio, donde se echan las cenizas, y lo quemará al fuego sobre la leña en la pila de cenizas.

¹³ Si toda la congregación de Israel peca inadvertidamente, es decir: el asunto es desconocido por la congregación, y hacen cualquiera de las cosas que el Eterno ha prohibido hacer, son culpables.

¹⁴ Cuando se les hace saber el pecado que han cometido, entonces la asamblea ofrecerá un novillo del ganado como ofrenda por pecado y lo presentarán ante la Tienda de Reunión.

¹⁵ Los ancianos de la congregación pondrán sus manos sobre la cabeza del novillo delante del Eterno, y el novillo será degollado delante del Eterno.

¹⁶ Entonces, el sacerdote ungido traerá sangre del novillo a la Tienda de Reunión.

¹⁷ Él mojará su dedo en la sangre y la rociará siete veces delante del Eterno, frente al velo.

¹⁸ Pondrá sangre sobre los cuernos del altar que está delante del Eterno en la Tienda de Reunión. El resto de la sangre la derramará al pie del altar del holocausto, que está a la entrada de la Tienda de Reunión.

¹⁹ Le quitará toda la grasa y la quemará sobre el altar,

²⁰ y hará con el novillo lo mismo que hizo con el novillo de la ofrenda por pecado. Así el sacerdote hará expiación por ellos, y ellos serán perdonados.

כָּל־עֲדַת

Levítico 4:13 – A veces, todo un grupo o generación comete la misma acción negativa, lo cual indica que el Satán está haciendo un esfuerzo adicional. Si una persona hace algo negativo, usualmente es causado por circunstancias particulares relacionadas a esa persona; pero si muchas personas caen, esto refleja una mayor influencia del Satán. Cuando hay una masa crítica de negatividad, ésta debe ser contrarrestada con una masa crítica de energía positiva de amor y compartir.

LA HISTORIA DE VAYIKRÁ: QUINTA LECTURA — LEVÍTICO 31

כָּל ילי ־דָּ֣ם רבוע אהיה הַפָּ֗ר בזוזך, ערי, סנדלפון יִשְׁפֹּךְ֙ אֶל־יְסוֹד֙ ההע מִזְבַּ֣ח זן, נגד הָעֹלָ֔ה אֲשֶׁר־פֶּ֖תַח אֹ֣הֶל לאה מוֹעֵֽד: 8 וְאֶת־כָּל־ילי ־חֵ֛לֶב פַּ֥ר בזוזך, ערי, סנדלפון הַֽחַטָּ֖את יָרִ֣ים מִמֶּ֑נּוּ אֶת־הַחֵ֙לֶב֙ הַֽמְכַסֶּה֙ עַל־הַקֶּ֔רֶב וְאֵת֙ כָּל־ילי ־הַחֵ֔לֶב אֲשֶׁ֖ר עַל־הַקֶּֽרֶב: 9 וְאֵת֙ שְׁתֵּ֣י הַכְּלָיֹ֔ת וְאֶת־הַחֵ֙לֶב֙ אֲשֶׁ֣ר עֲלֵיהֶ֔ן אֲשֶׁ֖ר עַל־הַכְּסָלִ֑ים וְאֶת־הַיֹּתֶ֙רֶת֙ עַל־הַכָּבֵ֔ד עַל־הַכְּלָי֖וֹת יְסִירֶֽנָּה: 10 כַּאֲשֶׁ֣ר יוּרַ֔ם מִשּׁ֖וֹר אבגיתץ, ועזר, אהבת חנם זֶ֣בַח הַשְּׁלָמִ֑ים וְהִקְטִירָם֙ הַכֹּהֵ֔ן מלה עַל־מִזְבַּ֖ח זן, נגד הָעֹלָֽה: 11 וְאֶת־ע֤וֹר הַפָּר֙ בזוזך, ערי, סנדלפון וְאֶת־כָּל־ילי ־בְּשָׂר֔וֹ עַל־רֹאשׁ֖וֹ וְעַל־כְּרָעָ֑יו וְקִרְבּ֖וֹ וּפִרְשֽׁוֹ: 12 וְהוֹצִ֣יא אֶת־כָּל־ילי ־הַ֠פָּ֠ר בזוזך, ערי, סנדלפון אֶל־מִח֨וּץ לַֽמַּחֲנֶ֜ה אֶל־מָק֤וֹם יהוה ברבוע, ו"פ אל טָהוֹר֙ י"פ אכא אֶל־שֶׁ֣פֶךְ הַדֶּ֔שֶׁן וְשָׂרַ֥ף אֹת֛וֹ עַל־עֵצִ֖ים בָּאֵ֑שׁ אלהים דיודין ע"ה עַל־שֶׁ֥פֶךְ הַדֶּ֖שֶׁן יִשָּׂרֵֽף: 13 וְאִ֡ם ע"ה יוהך, ע"ה מ"ב כָּל־ילי ־עֲדַ֣ת יִשְׂרָאֵל֩ יִשְׁגּ֨וּ וְנֶעְלַ֣ם דָּבָ֗ר מֵעֵינֵי֮ רבוע מ"ה הַקָּהָל֒ ע"ב ס"ג וְ֠עָשׂ֠וּ אַחַ֨ת מִכָּל־ילי ־מִצְוֺ֧ת יְהֹוָ֛האדנילאדני אֲשֶׁ֥ר לֹא־תֵעָשֶׂ֖ינָה וְאָשֵֽׁמוּ: 14 וְנֽוֹדְעָה֙ הַֽחַטָּ֔את אֲשֶׁ֥ר חָטְא֖וּ עָלֶ֑יהָ פהל וְהִקְרִ֡יבוּ הַקָּהָל֩ ע"ב ס"ג פַּ֨ר בזוזך, ערי, סנדלפון בֶּן־בָּקָ֤ר לְחַטָּאת֙ וְהֵבִ֣יאוּ אֹת֔וֹ לִפְנֵ֖י וחכמה בינה אֹ֥הֶל לאה מוֹעֵֽד: 15 וְ֠סָמְכ֠וּ זִקְנֵ֨י הָעֵדָ֧ה אֶת־יְדֵיהֶ֛ם עַל־רֹ֥אשׁ ריבוע אלהים ואלהים דיודין ע"ה הַפָּ֖ר בזוזך, ערי, סנדלפון לִפְנֵ֣י וחכמה בינה יְהֹוָ֑האדנילאדני וְשָׁחַ֥ט אֶת־הַפָּ֖ר בזוזך, ערי, סנדלפון לִפְנֵ֥י וחכמה בינה יְהֹוָֽהאדנילאדני: 16 וְהֵבִ֛יא הַכֹּהֵ֥ן מלה הַמָּשִׁ֖יחַ מִדַּ֣ם רבוע אהיה הַפָּ֑ר בזוזך, ערי, סנדלפון אֶל־אֹ֖הֶל לאה מוֹעֵֽד: 17 וְטָבַ֧ל הַכֹּהֵ֛ן מלה אֶצְבָּע֖וֹ מִן־הַדָּ֑ם רבוע אהיה וְהִזָּ֞ה ע"ב ואלהים דיודין שֶׁ֤בַע פְּעָמִים֙ לִפְנֵ֣י וחכמה בינה יְהֹוָ֔האדנילאדני אֶת־פְּנֵ֖י וחכמה בינה הַפָּרֹֽכֶת: 18 וּמִן־הַדָּ֣ם רבוע אהיה יִתֵּ֣ן | עַל־קַרְנֹ֣ת הַמִּזְבֵּ֣חַ זן, נגד אֲשֶׁר֩ לִפְנֵ֨י וחכמה בינה יְהֹוָ֜האדנילאדני אֲשֶׁ֣ר בְּאֹ֣הֶל לאה מוֹעֵ֑ד וְאֵ֣ת כָּל־ילי ־הַדָּ֗ם רבוע אהיה יִשְׁפֹּךְ֙ אֶל־יְסוֹד֙ ההע מִזְבַּ֣ח זן, נגד הָעֹלָ֔ה אֲשֶׁר־פֶּ֖תַח אֹ֣הֶל לאה מוֹעֵֽד: 19 וְאֵ֥ת כָּל־ילי ־חֶלְבּ֖וֹ יָרִ֣ים מִמֶּ֑נּוּ וְהִקְטִ֖יר הַמִּזְבֵּֽחָה: 20 וְעָשָׂ֣ה לַפָּ֔ר בזוזך, ערי, סנדלפון כַּאֲשֶׁ֤ר עָשָׂה֙ לְפַ֣ר

²¹ Luego sacará el novillo fuera del campamento y lo quemará como quemó el primer novillo. Esta es la ofrenda por pecado de la congregación.

²² Cuando un jefe peca, e inadvertidamente hace lo que está prohibido por algún mandamiento del Eterno su Dios, es culpable. ²³ Cuando se le hace saber el pecado que ha cometido, traerá como su ofrenda un macho cabrío sin defecto.

²⁴ Pondrá su mano sobre la cabeza del macho cabrío y lo degollará en el lugar donde se degüella el holocausto delante del Eterno. Es una ofrenda por pecado.

²⁵ Y el sacerdote tomará con su dedo de la sangre de la ofrenda por pecado y la pondrá sobre los cuernos del altar del holocausto, y derramará el resto de la sangre al pie del altar del holocausto.

²⁶ Quemará toda la grasa sobre el altar como quemó la grasa de la ofrenda de paz. Así el sacerdote hará expiación por el pecado del hombre, y él será perdonado.

SEXTA LECTURA – YOSEF – YESOD

²⁷ Si alguno de la nación peca inadvertidamente, haciendo lo que está prohibido por algún mandamiento del Eterno, es culpable. ²⁸ Cuando se le hace saber el pecado que ha cometido, traerá como su ofrenda una cabra sin defecto por el pecado que ha cometido. ²⁹ Pondrá su mano sobre la cabeza de la ofrenda por pecado y la degollará en el lugar del holocausto.

נָשִׂיא יֶחֱטָא

Levítico 4:22 – La Biblia reconoce la gran probabilidad de que los gobernantes pequen, por lo cual usa la frase *"cuando un gobernante peque"* en lugar de *"si un gobernante peca"*. A menudo los gobernantes tienden a pensar en sí mismos primero, pero aquellos que sólo piensen en sí mismos caerán inevitablemente. Para ser exitosos, los gobernantes deben liberarse del dominio de su ego.

En el *Zóhar* aprendemos por qué eran los gobernantes quienes debían llevar ónix y piedras preciosas para el *Efod* (peto) que el sacerdote acostumbraba usar sobre su corazón. El texto dice:

"Dios dijo: 'Que los jefes, cuyo corazón es orgulloso, vengan y traigan estas piedras que están en el corazón del sacerdote, y el orgullo de corazón de ellos será expiado'. Es por esto que los jefes trajeron las piedras de ónix, para hacer expiación por ellos mismos".
— El Zóhar, Vayikrá 60:392

נֶפֶשׁ

Levítico 4:27 – Cuando la gente peca, no es suficiente con que corrijan su acción negativa; también deben sentir el dolor de aquellos a quienes han lastimado. Esto a veces significa que el perpetrador y la víctima tendrán que

בֹּוְזָּהֵר, ערי, סנדלפון הַחַטָּאת כֵּן יַעֲשֶׂה־לּוֹ וְכִפֶּר מצפצ עֲלֵהֶם הַכֹּהֵן מלה וְנִסְלַח
לָהֶם: 21 וְהוֹצִיא אֶת־הַפָּר בּוֹזָּהֵר, ערי, סנדלפון אֶל־מִחוּץ לַמַּחֲנֶה וְשָׂרַף אֹתוֹ
כַּאֲשֶׁר שָׂרַף אֵת הַפָּר בּוֹזָּהֵר, ערי, סנדלפון הָרִאשׁוֹן חַטַּאת הַקָּהָל ע"ב ס"ג
הוּא: 22 אֲשֶׁר נָשִׂיא יֶחֱטָא וְעָשָׂה אַחַת מִכָּל יל׳ ־מִצְוֹת יְהוָֹֽהאדניאהדונהי
אֱלֹהָיו יל׳ אֲשֶׁר לֹא־תֵעָשֶׂינָה בִּשְׁגָגָה וְאָשֵׁם: 23 אוֹ־הוֹדַע אֵלָיו וְחַטָּאתוֹ
אֲשֶׁר חָטָא בָּהּ וְהֵבִיא אֶת־קָרְבָּנוֹ שְׂעִיר עִזִּים זָכָר תָּמִים: 24 וְסָמַךְ
יָדוֹ עַל־רֹאשׁ רבוע אלהים ואלהים דיודין ע"ה הַשָּׂעִיר וְשָׁחַט אֹתוֹ בַּמָּקוֹם
יהוה ברבוע, ו"פ אל אֲשֶׁר־יִשְׁחַט אֶת־הָעֹלָה לִפְנֵי וחכמה בינה יְהוָֹֽהאדניאהדונהי חַטָּאת
הוּא: 25 וְלָקַח יהוה אהיה יהוה אדני הַכֹּהֵן רבוע אהיה מִדַּם מלה הַחַטָּאת בְּאֶצְבָּעוֹ
וְנָתַן אבגית"ץ, ושר, אהבת חנם עַל־קַרְנֹת הַמִּזְבֵּחַ זן, נגד הָעֹלָה וְאֶת־דָּמוֹ יִשְׁפֹּךְ
אֶל־יְסוֹד ההע מִזְבַּח זן, נגד הָעֹלָה: 26 וְאֶת־כָּל יל׳ ־חֶלְבּוֹ יַקְטִיר הַמִּזְבֵּחָה
כְּחֵלֶב זֶבַח הַשְּׁלָמִים וְכִפֶּר מצפצ עָלָיו הַכֹּהֵן מלה מֵחַטָּאתוֹ וְנִסְלַח לוֹ:

SEXTA LECTURA – YOSEF – YESOD

27 וְאִם יוֹהך, ע"ה מ"ב נֶפֶשׁ רמ"ח - ז' הויות אַחַת תֶּחֱטָא בִשְׁגָגָה מֵעַם הָאָרֶץ
אלהים דההין ע"ה בַּעֲשֹׂתָהּ אַחַת מִמִּצְוֹת יְהוָֹֽהאדניאהדונהי אֲשֶׁר לֹא־תֵעָשֶׂינָה
וְאָשֵׁם: 28 אוֹ הוֹדַע אֵלָיו וְחַטָּאתוֹ אֲשֶׁר חָטָא וְהֵבִיא קָרְבָּנוֹ שְׂעִירַת
עִזִּים תְּמִימָה נְקֵבָה עַל־חַטָּאתוֹ אֲשֶׁר חָטָא: 29 וְסָמַךְ אֶת־יָדוֹ עַל
רֹאשׁ רבוע אלהים ואלהים דיודין ע"ה הַחַטָּאת וְשָׁחַט אֶת־הַחַטָּאת בִּמְקוֹם

En Vayikrá 36:263, el *Zóhar* trata el significado de "él restaurará", diciendo que alguien que corrige su acción pecaminosa restaurará los manantiales de agua —es decir, la abundancia Arriba en los Reinos Celestiales— a sus lugares correctos, donde puedan surtir agua a las plantas que son las *Sefirot*.

encontrarse cara a cara. Corregirnos a nosotros mismos y prometer un mejor comportamiento en el futuro debe ser complementado con la eliminación del dolor que hemos causado a otras personas mediante nuestras acciones negativas.

30 Entonces el sacerdote tomará con su dedo de la sangre y la pondrá sobre los cuernos del altar del holocausto, y derramará el resto de la sangre al pie del altar.

31 Quitará toda la grasa, de la manera que se quitó la grasa de la ofrenda de paz, y el sacerdote la quemará sobre el altar como aroma agradable para el Eterno. Así hará el sacerdote expiación por él y será perdonado.

32 Si trae un cordero como su ofrenda por pecado, que traiga una hembra sin defecto.

33 Pondrá su mano sobre la cabeza de la ofrenda por el pecado y la degollará como ofrenda por pecado en el lugar donde se degüella el holocausto. 34 Entonces el sacerdote tomará con su dedo de la sangre de la ofrenda por pecado y la pondrá sobre los cuernos del altar del holocausto y derramará el resto de la sangre al pie del altar.

35 Quitará toda la grasa de la misma manera que se quita la grasa del cordero de la ofrenda de paz, y el sacerdote la quemará en el altar encima de las ofrendas ígneas para el Eterno. Así hará el sacerdote expiación por él, por el pecado que ha cometido, y será perdonado.

5 1 Si alguien peca porque no habla cuando se le pide testificar acerca de algo que ha presenciado, visto o conocido, será responsable. 2 O si alguien toca algo ceremonialmente inmundo, ya sea el cadáver de una fiera inmunda, o el cadáver de ganado inmundo, o el cadáver de un reptil inmundo, aunque no se dé cuenta de ello, se contamina y es culpable.

3 O si toca inmundicia humana —cualquier cosa que lo haga impuro— a pesar de que no esté consciente de ello, cuando se entere será culpable. 4 O si alguien, irreflexivamente, jura hacer algo, ya sea hacer mal o hacer bien —en cualquier asunto que alguien pueda jurar sin pensar— a pesar de que no esté consciente de ello, será culpable cuando se entere de ello de cualquier manera.

5 Cuando alguien sea culpable de cualquiera de estas cosas, debe confesar aquello en que ha pecado

6 y, como penalidad por el pecado que ha cometido, debe traer al Eterno una hembra del rebaño, una cordera o una cabra, como ofrenda por pecado; y el sacerdote le hará expiación por su pecado.

תִּשָּׁבַע

Levítico 5:4 – El habla tiene un poder increíble. Si decimos que vamos a hacer algo, es como si ya lo hubiésemos hecho. No cumplir una promesa que hicimos crea un espacio metafísico entre nuestras palabras y nuestra acción incompleta. Dado que el espacio vacío es la morada del Satán, es importante que cumplamos nuestras promesas a fin de evitar la creación de aberturas para él. Esta lectura nos da una oportunidad de aniquilar los espacios que generamos por nuestras promesas incumplidas, pero ciertamente es más fácil evitar la creación de estos espacios en primer lugar; es por ello que siempre debemos hacer lo que decimos que haremos.

LA HISTORIA DE VAYIKRÁ: SEXTA LECTURA — LEVÍTICO

הָעֹלָֽה׃ 30 וְלָקַ֨ח הַכֹּהֵ֤ן מִדָּמָהּ֙ בְּאֶצְבָּע֔וֹ וְנָתַ֕ן עַל־קַרְנֹ֖ת מִזְבַּ֣ח הָעֹלָ֑ה וְאֶת־כָּל־דָּמָ֣הּ יִשְׁפֹּ֔ךְ אֶל־יְס֖וֹד הַמִּזְבֵּֽחַ׃ 31 וְאֶת־כָּל־חֶלְבָּ֣הּ יָסִ֗יר כַּאֲשֶׁ֨ר הוּסַ֣ר חֵ֘לֶב֮ מֵעַ֣ל זֶ֣בַח הַשְּׁלָמִים֒ וְהִקְטִ֤יר הַכֹּהֵן֙ הַמִּזְבֵּ֔חָה לְרֵ֥יחַ נִיחֹ֖חַ לַיהוָ֑ה וְכִפֶּ֥ר עָלָ֛יו הַכֹּהֵ֖ן וְנִסְלַ֥ח לֽוֹ׃ 32 וְאִם־כֶּ֛בֶשׂ יָבִ֥יא קָרְבָּנ֖וֹ לְחַטָּ֑את נְקֵבָ֥ה תְמִימָ֖ה יְבִיאֶֽנָּה׃ 33 וְסָמַ֤ךְ אֶת־יָדוֹ֙ עַ֣ל רֹ֣אשׁ הַֽחַטָּ֔את וְשָׁחַ֤ט אֹתָהּ֙ לְחַטָּ֔את בִּמְק֕וֹם אֲשֶׁ֥ר יִשְׁחַ֖ט אֶת־הָעֹלָֽה׃ 34 וְלָקַ֨ח הַכֹּהֵ֜ן מִדַּ֤ם הַֽחַטָּאת֙ בְּאֶצְבָּע֔וֹ וְנָתַ֕ן עַל־קַרְנֹ֖ת מִזְבַּ֣ח הָעֹלָ֑ה וְאֶת־כָּל־דָּמָ֣הּ יִשְׁפֹּ֔ךְ אֶל־יְס֖וֹד הַמִּזְבֵּֽחַ׃ 35 וְאֶת־כָּל־חֶלְבָּ֣הּ יָסִ֗יר כַּאֲשֶׁ֨ר יוּסַ֣ר חֵֽלֶב־הַכֶּשֶׂב֮ מִזֶּ֣בַח הַשְּׁלָמִים֒ וְהִקְטִ֨יר הַכֹּהֵ֤ן אֹתָם֙ הַמִּזְבֵּ֔חָה עַ֖ל אִשֵּׁ֣י יְהוָ֑ה וְכִפֶּ֨ר עָלָ֧יו הַכֹּהֵ֛ן עַל־חַטָּאת֥וֹ אֲשֶׁר־חָטָ֖א וְנִסְלַ֥ח לֽוֹ׃ 1 וְנֶ֣פֶשׁ כִּֽי־תֶחֱטָ֗א וְשָֽׁמְעָה֙ ק֣וֹל אָלָ֔ה וְה֣וּא עֵ֔ד א֥וֹ רָאָ֖ה א֣וֹ יָדָ֑ע אִם־ל֥וֹא יַגִּ֖יד וְנָשָׂ֥א עֲוֺנֽוֹ׃ 2 א֣וֹ נֶ֗פֶשׁ אֲשֶׁ֣ר תִּגַּע֮ בְּכָל־דָּבָ֣ר טָמֵא֒ א֚וֹ בְנִבְלַ֣ת חַיָּ֣ה טְמֵאָ֔ה א֚וֹ בְּנִבְלַת֙ בְּהֵמָ֣ה טְמֵאָ֔ה א֕וֹ בְּנִבְלַ֖ת שֶׁ֣רֶץ טָמֵ֑א וְנֶעְלַ֣ם מִמֶּ֔נּוּ וְה֥וּא טָמֵ֖א וְאָשֵֽׁם׃ 3 א֣וֹ כִ֣י יִגַּע֮ בְּטֻמְאַ֣ת אָדָם֒ לְכֹל֙ טֻמְאָת֔וֹ אֲשֶׁ֥ר יִטְמָ֖א בָּ֑הּ וְנֶעְלַ֣ם מִמֶּ֔נּוּ וְה֥וּא יָדַ֖ע וְאָשֵֽׁם׃ 4 א֣וֹ נֶ֡פֶשׁ כִּ֣י תִשָּׁבַע֩ לְבַטֵּ֨א בִשְׂפָתַ֜יִם לְהָרַ֣ע ׀ א֣וֹ לְהֵיטִ֗יב לְ֠כֹל אֲשֶׁ֨ר יְבַטֵּ֧א הָאָדָ֛ם בִּשְׁבֻעָ֖ה וְנֶעְלַ֣ם מִמֶּ֑נּוּ וְהוּא־יָדַ֥ע וְאָשֵׁ֖ם לְאַחַ֥ת מֵאֵֽלֶּה׃ 5 וְהָיָ֥ה כִֽי־יֶאְשַׁ֖ם לְאַחַ֣ת מֵאֵ֑לֶּה וְהִ֨תְוַדָּ֔ה אֲשֶׁ֥ר חָטָ֖א עָלֶֽיהָ׃ 6 וְהֵבִ֣יא אֶת־אֲשָׁמ֣וֹ לַיהוָ֡ה עַ֣ל חַטָּאת֣וֹ אֲשֶׁר־חָטָ֡א נְקֵבָ֣ה מִן־הַצֹּאן֩ כִּשְׂבָּ֨ה אוֹ־שְׂעִירַ֧ת עִזִּ֛ים לְחַטָּ֖את

⁷ Si no tiene lo suficiente para ofrecer un cordero, traerá al Eterno, como penalidad por su pecado, dos tórtolas o dos pichones: uno como ofrenda por pecado y el otro como holocausto.

⁸ Los traerá al sacerdote, el cual ofrecerá primero el que es para ofrenda por pecado. Le retorcerá la cabeza por el cuello, sin arrancarla por completo.

⁹ y rociará un poco de la sangre de la ofrenda por pecado al costado del altar; el resto de la sangre será exprimida al pie del altar. Esto es una ofrenda por pecado.

¹⁰ Entonces el sacerdote ofrecerá el otro como holocausto según la ordenanza y hará expiación por él, por el pecado que ha cometido, y será perdonado.

SÉPTIMA LECTURA – DAVID – MALJUT

¹¹ Si no tiene lo suficiente para dos tórtolas o dos pichones, entonces, llevará como ofrenda una décima de un efá de flor de harina como ofrenda por pecado. No debe poner aceite ni incienso en ella, dado que es una ofrenda por pecado.

¹² La traerá al sacerdote, quien tomará de ella un puñado como memorial, y la quemará sobre el altar sobre las ofrendas ígneas para el Señor. Esto es una ofrenda por pecado.

¹³ Así el sacerdote hará expiación por él, por cualquiera de estos pecados que haya cometido, y será perdonado. El resto de la ofrenda será del sacerdote, como en el caso de la ofrenda de cereal'".

¹⁴ Habló el Señor a Moshé, para decir:

¹⁵ "Cuando alguien cometa una violación y peque inadvertidamente en las cosas sagradas del Señor, traerá al Eterno, como penalidad, un carnero del rebaño sin defecto y conforme a su valuación en plata, según el shékel del santuario. Esto es una ofrenda por culpa.

לֹא תַשִּׂיג

Levítico 5:11 – Nuestros sacrificios deben ser proporcionales con lo que podemos dar. Si no podemos pagar un sacrifico costoso, debemos ofrecer uno menos oneroso. Sin embargo, si damos menos de nuestra capacidad, es como si no hubiésemos dado nada. Por otro lado, si tenemos poco pero damos de todas formas, es como si hubiésemos dado un millón de dólares. Lo que importa es el esfuerzo que hacemos, así como la conciencia detrás de nuestro sacrificio.

בִּשְׁגָגָה

Levítico 5:15 – Si hacemos acciones negativas con o sin la intención es irrelevante: la Ley de

LA HISTORIA DE VAYIKRÁ: SÉPTIMA LECTURA

וְכִפֶּר מצפצ עָלָיו הַכֹּהֵן מלה מֵחַטָּאתוֹ מלה: 7 וְאִם יוהך, ע"ה מ"ב ־לֹא תַגִּיעַ יָדוֹ דֵּי שֶׂה וְהֵבִיא אֶת־אֲשָׁמוֹ אֲשֶׁר חָטָא שְׁתֵּי תֹרִים אוֹ־שְׁנֵי בְנֵי־יוֹנָה כּ"י מ"ה לַיהֹוָהאדניאהדונהי אֶחָד אהבה, דאגה לְחַטָּאת וְאֶחָד אהבה, דאגה לְעֹלָה: 8 וְהֵבִיא אֹתָם אֶל־הַכֹּהֵן מלה וְהִקְרִיב אֶת־אֲשֶׁר לַחַטָּאת רִאשׁוֹנָה וּמָלַק אֶת־רֹאשׁוֹ מִמּוּל עָרְפּוֹ וְלֹא יַבְדִּיל: 9 וְהִזָּה רבוע אהיה מִדַּם וּדֹ"י הַחַטָּאת עַל־קִיר הַמִּזְבֵּחַ נגד וְהַנִּשְׁאָר בַּדָּם רבוע אהיה יִמָּצֵה אֶל־יְסוֹד הַמִּזְבֵּחַ נגד חַטָּאת הוּא: 10 וְאֶת־הַשֵּׁנִי יַעֲשֶׂה עֹלָה כַּמִּשְׁפָּט ע"ה ה"פ אלהים וְכִפֶּר מצפצ עָלָיו הַכֹּהֵן מלה מֵחַטָּאתוֹ מלה אֲשֶׁר־חָטָא וְנִסְלַח לוֹ:

SÉPTIMA LECTURA – DAVID – MALJUT

11 וְאִם יוהך, ע"ה מ"ב ־לֹא תַשִּׂיג יָדוֹ לִשְׁתֵּי תֹרִים אוֹ לִשְׁנֵי בְנֵי־יוֹנָה כ"י מ"ה וְהֵבִיא אֶת־קָרְבָּנוֹ אֲשֶׁר חָטָא עֲשִׂירִת הָאֵפָה אלהים סֹלֶת לְחַטָּאת לֹא־יָשִׂים עָלֶיהָ שֶׁמֶן י"פ טל, י"פ כו"ו וְלֹא־יִתֵּן עָלֶיהָ לְבֹנָה כִּי חַטָּאת הִוא: 12 וֶהֱבִיאָהּ אֶל־הַכֹּהֵן מלה וְקָמַץ הַכֹּהֵן מלה | מִמֶּנָּה מְלוֹא קֻמְצוֹ אֶת־אַזְכָּרָתָהּ וְהִקְטִיר הַמִּזְבֵּחָה עַל אִשֵּׁי יְהֹוָהאדניאהדונהי חַטָּאת הִוא: 13 וְכִפֶּר מצפצ עָלָיו הַכֹּהֵן מלה עַל־חַטָּאתוֹ אֲשֶׁר־חָטָא מֵאַחַת מֵאֵלֶּה וְנִסְלַח לוֹ וְהָיְתָה לַכֹּהֵן כַּמִּנְחָה מלה ע"ב ב"ן: 14 וַיְדַבֵּר ראה יְהֹוָהאדניאהדונהי אֶל־מֹשֶׁה מהש, אל שדי לֵּאמֹר: 15 נֶפֶשׁ רמ"ח - ו' הויות כִּי־תִמְעֹל מַעַל וְחָטְאָה עלם בִּשְׁגָגָה מִקָּדְשֵׁי יְהֹוָהאדניאהדונהי וְהֵבִיא אֶת־אֲשָׁמוֹ לַיהֹוָהאדניאהדונהי אַיִל תָּמִים מִן־הַצֹּאן מלוי אהיה דיודין ע"ה בְּעֶרְכְּךָ כֶּסֶף־שְׁקָלִים בְּשֶׁקֶל־הַקֹּדֶשׁ

Causa y Efecto aun es ejercida. Fue el declive de nuestra conciencia espiritual para que el Satán pudiera entrar lo que nos permitió cometer la acción negativa en primer lugar. Por lo tanto, si nuestra acción no fue intencional, aún somos responsables por ésta.

¹⁶ *Hará restitución por aquello en que ha pecado en las cosas sagradas, añadirá a ello la quinta parte del valor y se lo dará al sacerdote, quien hará expiación por él con el carnero de la ofrenda por culpa, y será perdonado.*

¹⁷ *Si alguien peca y hace lo que está prohibido en alguna de las ordenanzas del Eterno, aunque no lo sepa, es culpable y será responsable.*

¹⁸ *Traerá al sacerdote un carnero del rebaño como ofrenda por culpa, sin defecto y del valor adecuado. Así el sacerdote hará expiación por él, por el error que ha cometido inadvertidamente, y será perdonado.* ¹⁹ *Es una ofrenda por culpa; ha sido culpable de obrar mal contra el Eterno".*

²⁰ *El Eterno habló a Moshé, para decir:* ²¹ *"Si alguien peca y comete una falta contra el Eterno engañando a su prójimo en cuanto a un depósito o alguna cosa que se le ha confiado, o por robo, o por extorsión,*

²² *o si ha encontrado lo que estaba perdido y ha mentido acerca de ello, o si ha jurado falsamente, o si comete cualquier pecado que la gente comete;*

²³ *cuando peque y sea culpable, debe devolver lo que tomó al robar o lo que obtuvo mediante extorsión, o el depósito que le fue confiado, o la cosa perdida que ha encontrado,*

MAFTIR

²⁴ *o cualquier cosa acerca de la cual juró falsamente. Hará completa restitución de ello, añadirá una quinta parte de su valor y lo devolverá todo al dueño el día que presente su ofrenda por culpa.*

²⁵ *Como penalidad, debe traer al sacerdote, es decir: al Eterno, su ofrenda por culpa, un carnero del rebaño, sin defecto y con el valor apropiado.*

²⁶ *Así, el sacerdote hará expiación por él delante del Eterno, y será perdonado por cualquiera de estas cosas que haya hecho por la cual sea culpable".*

וּבְמָעֲלָה

Levítico 5:21 – Cierta cantidad de dinero está destinada para nosotros cada año. Si actuamos de forma deshonesta para obtener más, el dinero que *estábamos* destinados a recibir en primer lugar no nos llegará. De esta manera, no sólo perdemos la ganancia de nuestro robo, sino que recibiremos aún menos de lo que merecíamos originalmente. Robar es una forma de evadir las leyes del universo, las cuales no pueden ser quebrantadas.

LEVÍTICO

לְאָשָׁם: 16 וְאֵת אֲשֶׁר חָטָא מִן־הַקֹּדֶשׁ יְשַׁלֵּם וְאֶת־חֲמִישִׁתוֹ יוֹסֵף
עָלָיו וְנָתַן אֹתוֹ לַכֹּהֵן וְהַכֹּהֵן יְכַפֵּר עָלָיו
בְּאֵיל הָאָשָׁם וְנִסְלַח לוֹ: 17 וְאִם־נֶפֶשׁ כִּי תֶחֱטָא
וְעָשְׂתָה אַחַת מִכָּל־מִצְוֺת יְהֹוָה אֲשֶׁר לֹא תֵעָשֶׂינָה וְלֹא־יָדַע
וְאָשֵׁם וְנָשָׂא עֲוֺנוֹ: 18 וְהֵבִיא אַיִל תָּמִים מִן־הַצֹּאן
בְּעֶרְכְּךָ לְאָשָׁם אֶל־הַכֹּהֵן וְכִפֶּר עָלָיו הַכֹּהֵן עַל שִׁגְגָתוֹ
אֲשֶׁר־שָׁגָג וְהוּא לֹא־יָדַע וְנִסְלַח לוֹ: 19 אָשָׁם הוּא אָשֹׁם אָשַׁם
לַיהֹוָה: 20 וַיְדַבֵּר יְהֹוָה אֶל־מֹשֶׁה לֵּאמֹר:
21 נֶפֶשׁ כִּי תֶחֱטָא וּמָעֲלָה מַעַל בַּיהֹוָה וְכִחֵשׁ
בַּעֲמִיתוֹ בְּפִקָּדוֹן אוֹ־בִתְשׂוּמֶת יָד אוֹ בְגָזֵל אוֹ עָשַׁק אֶת־עֲמִיתוֹ:
22 אוֹ־מָצָא אֲבֵדָה וְכִחֶשׁ בָּהּ וְנִשְׁבַּע עַל־שָׁקֶר עַל־אַחַת מִכֹּל
אֲשֶׁר־יַעֲשֶׂה הָאָדָם לַחֲטֹא בָהֵנָּה: 23 וְהָיָה כִּי־יֶחֱטָא
וְאָשֵׁם וְהֵשִׁיב אֶת־הַגְּזֵלָה אֲשֶׁר גָּזָל אוֹ אֶת־הָעֹשֶׁק אֲשֶׁר עָשָׁק אוֹ
אֶת־הַפִּקָּדוֹן אֲשֶׁר הָפְקַד אִתּוֹ אוֹ אֶת־הָאֲבֵדָה אֲשֶׁר מָצָא:

MAFTIR

24 אוֹ מִכֹּל אֲשֶׁר־יִשָּׁבַע עָלָיו לַשֶּׁקֶר וְשִׁלַּם אֹתוֹ בְּרֹאשׁוֹ
וַחֲמִשִׁתָיו יֹסֵף עָלָיו לַאֲשֶׁר הוּא לוֹ יִתְּנֶנּוּ בְּיוֹם אַשְׁמָתוֹ:
25 וְאֶת־אֲשָׁמוֹ יָבִיא לַיהֹוָה אַיִל תָּמִים מִן־הַצֹּאן
בְּעֶרְכְּךָ לְאָשָׁם אֶל־הַכֹּהֵן: 26 וְכִפֶּר עָלָיו הַכֹּהֵן לִפְנֵי
יְהֹוָה וְנִסְלַח לוֹ עַל־אַחַת מִכֹּל אֲשֶׁר־יַעֲשֶׂה לְאַשְׁמָה בָהּ:

HAFTARÁ DE VAYIKRÁ

Esta Haftará trata sobre la limpieza de todos los pecados. El Creador habla a Yaakov diciéndole: "Yo deshice como a una nube tus rebeliones y como a una niebla tus pecados. Vuélvete a Mí, porque Yo te he redimido" (*Isaías 44:22*).

ISAÍAS 43:21–44:23

43 ²¹ Este pueblo que yo he formado para Mí proclamará Mi alabanza. ²² Pero no Me has invocado, Jacob, no te has esmerado por Mí, Israel.

²³ No Me has traído las ovejas de tus holocaustos, ni Me has honrado con tus sacrificios. No te he abrumado con ofrendas de cereal ni te he cansado pidiendo olíbano.

²⁴ No Me has comprado caña aromática con dinero, ni con la grasa de tus sacrificios Me has saciado; sino que Me has abrumado con tus pecados, Me has cansado con tus iniquidades.

²⁵ Yo, Yo soy el que borro tus transgresiones por amor a Mí mismo, y no recordaré tus pecados.

²⁶ Hazme recordar, juzguemos juntos; habla tú para justificarte. ²⁷ Tu primer padre pecó, y tus voceros han transgredido contra Mí.

²⁸ Por lo tanto, he profanado a los príncipes del santuario, y he entregado a Jacob a la condena y a Israel al oprobio.

44 ¹ Pero ahora escucha, Jacob, siervo Mío, Israel, a quien he escogido.

² Así dice el Eterno que te creó y que te formó desde el vientre materno, y que te ayudará: 'No temas, Jacob, siervo Mío, ni tú Yeshurún, a quien he escogido.

³ Porque derramaré agua sobre la tierra sedienta, y torrentes sobre la tierra seca; derramaré Mi Espíritu sobre tu simiente y Mi bendición sobre tus descendientes,

⁴ y ellos brotarán entre la hierba, como sauces junto a corrientes de agua'.

⁵ Este dirá: 'Yo soy del Señor'; y se hará llamar por el nombre de Yaakov; y otro escribirá en su mano 'Del Señor' y se apellidará con el nombre de Israel"

⁶ Así dice el Señor, el Rey de Israel y su Redentor, el Señor de los Ejércitos: "Yo soy el primero y Yo soy el último; y, fuera de Mí, no hay Dios.

HAFTARÁ DE VAYIKRÁ

Esto nos enseña que, mientras sigamos en el mundo físico, siempre tenemos la oportunidad de corregirnos, transformarnos y reconectarnos con Dios.

יְשַׁעְיָה פֶּרֶק 43, פָּסוּק 21-פֶּרֶק 44, פָּסוּק 23

43 21 עַם־זוּ יָצַרְתִּי לִי תְּהִלָּתִי יְסַפֵּרוּ: 22 וְלֹא־אֹתִי קָרָאתָ יַעֲקֹב כִּי־יָגַעְתָּ בִּי יִשְׂרָאֵל: 23 לֹא־הֵבֵיאתָ לִּי שֵׂה עֹלֹתֶיךָ וּזְבָחֶיךָ לֹא כִבַּדְתָּנִי לֹא הֶעֱבַדְתִּיךָ בְּמִנְחָה וְלֹא הוֹגַעְתִּיךָ בִּלְבוֹנָה: 24 לֹא־קָנִיתָ לִּי בַכֶּסֶף קָנֶה וְחֵלֶב זְבָחֶיךָ לֹא הִרְוִיתָנִי אַךְ הֶעֱבַדְתַּנִי בְּחַטֹּאותֶיךָ הוֹגַעְתַּנִי בַּעֲוֹנֹתֶיךָ: 25 אָנֹכִי אָנֹכִי הוּא מֹחֶה פְשָׁעֶיךָ לְמַעֲנִי וְחַטֹּאתֶיךָ לֹא אֶזְכֹּר: 26 הַזְכִּירֵנִי נִשָּׁפְטָה יָחַד סַפֵּר אַתָּה לְמַעַן תִּצְדָּק: 27 אָבִיךָ הָרִאשׁוֹן חָטָא וּמְלִיצֶיךָ פָּשְׁעוּ בִי: 28 וַאֲחַלֵּל שָׂרֵי קֹדֶשׁ וְאֶתְּנָה לַחֵרֶם יַעֲקֹב וְיִשְׂרָאֵל לְגִדּוּפִים: 44 1 וְעַתָּה שְׁמַע יַעֲקֹב עַבְדִּי וְיִשְׂרָאֵל בָּחַרְתִּי בוֹ: 2 כֹּה־אָמַר יְהוָה עֹשֶׂךָ וְיֹצֶרְךָ מִבֶּטֶן יַעְזְרֶךָּ אַל־תִּירָא עַבְדִּי יַעֲקֹב וִישֻׁרוּן בָּחַרְתִּי בוֹ: 3 כִּי אֶצָּק־מַיִם עַל־צָמֵא וְנֹזְלִים עַל־יַבָּשָׁה אֶצֹּק רוּחִי עַל־זַרְעֶךָ וּבִרְכָתִי עַל־צֶאֱצָאֶיךָ: 4 וְצָמְחוּ בְּבֵין חָצִיר כַּעֲרָבִים עַל־יִבְלֵי־מָיִם: 5 זֶה יֹאמַר לַיהוָה אָנִי וְזֶה יִקְרָא בְשֵׁם־יַעֲקֹב וְזֶה יִכְתֹּב יָדוֹ לַיהוָה וּבְשֵׁם יִשְׂרָאֵל יְכַנֶּה: 6 כֹּה־אָמַר יְהוָה מֶלֶךְ־יִשְׂרָאֵל וְגֹאֲלוֹ יְהוָה צְבָאוֹת אֲנִי רִאשׁוֹן וַאֲנִי

⁷ ¿Y quién como Yo? Que lo proclame y lo declare ante Mí, dado que Yo establecí la antigua nación. Que les anuncien las cosas venideras y lo que va a acontecer.

⁸ No teman ni estén asustados, ¿no les he hecho oír y lo he anunciado desde hace tiempo? Y ustedes son Mis testigos. ¿Hay otro Dios además de Mí? ¿Acaso hay otra Roca? No conozco ninguna.

⁹ Los que dan forma a una imagen tallada, todos ellos son vanidad, y sus cosas más preciadas de nada sirven; aun sus propios testigos no ven ni entienden que deben estar avergonzados.

¹⁰ ¿Quién ha dado forma a un dios o fundido un ídolo para no tener ganancia? ¹¹ He aquí, todos sus compañeros serán avergonzados, pues los artífices son sólo hombres. Que se reúnan todos, que se levanten; ellos temerán y serán avergonzados.

¹² El herrero hace un hacha y la trabaja sobre las brasas; la forma con martillos y la forja con su brazo fuerte. Después siente hambre y flaquean sus fuerzas; no bebe agua y desfallece.

¹³ El carpintero extiende el cordel de medir, traza el diseño con tiza, lo labra con gubias, lo traza con el compás y le da forma de hombre y belleza humana para colocarlo en una casa. ¹⁴ Corta cedros para sí, toma un ciprés o una encina, y hace que sea fuerte entre los árboles del bosque; planta un pino y la lluvia lo hace crecer.

¹⁵ Luego el hombre lo usa como combustible, y toma uno y se calienta; también hace fuego para cocer pan; además hace un dios y lo adora; hace de él una imagen tallada y se postra ante ella.

¹⁶ La mitad del leño quema en el fuego; sobre esta mitad prepara un asado, come carne y se sacia. También se calienta, y dice: '¡Ah!, me he calentado, he visto la llama'.

¹⁷ Y del resto hace un dios, una imagen tallada; se postra delante de él, lo adora, y le ruega, diciendo: 'Líbrame, pues mi dios eres tú'.

¹⁸ Ellos no saben ni entienden, sus ojos han sido cegados para que no vean y su corazón para que no comprendan.

¹⁹ Ninguno analiza de corazón, ni tienen conocimiento ni inteligencia para decir: 'He quemado la mitad en el fuego y también he cocido pan sobre sus brasas. He asado carne y la he comido; y del resto ¿haré una abominación? ¿Me postraré ante un pedazo de madera?'.

²⁰ Se alimenta de cenizas; el corazón engañado le ha extraviado de modo que no pueda liberar a su alma o decir: '¿No es una mentira lo que tengo en mi diestra?'.

²¹ Recuerda estas cosas, Yaakov e Israel, porque Mi siervo eres; Yo te he formado, siervo Mío eres; Israel, no te olvides de Mí.

אַחֲרוֹן וּמִבַּלְעָדַי אֵין אֱלֹהִים מוּם, אהיה אדני ; ילה: 7 וּמִי־יקֹ כָמוֹנִי יִקְרָא וְיַגִּידֶהָ וְיַעְרְכֶהָ לִי מִשּׂוּמִי עַם־עוֹלָם וְאֹתִיּוֹת וַאֲשֶׁר תָּבֹאנָה יַגִּידוּ לָמוֹ: 8 אַל־תִּפְחֲדוּ וְאַל־תִּרְהוּ הֲלֹא מֵאָז וּמב הִשְׁמַעְתִּיךָ וְהִגַּדְתִּי וְאַתֶּם עֵדָי הֲיֵשׁ אֱלוֹהַּ מִבַּלְעָדַי וְאֵין צוּר אלהים ע"ה דההין בַּל־יָדָעְתִּי: 9 יֹצְרֵי־פֶסֶל כֻּלָּם תֹּהוּ וַחֲמוּדֵיהֶם בַּל־יוֹעִילוּ וְעֵדֵיהֶם הֵמָּה בַּל־יִרְאוּ וּבַל־יֵדְעוּ לְמַעַן יֵבֹשׁוּ: 10 מִי־יקֹ יָצַר אֵל ילא" וּפֶסֶל נָסָךְ לְבִלְתִּי הוֹעִיל: 11 הֵן כָּל־יקֹ חֲבֵרָיו יֵבֹשׁוּ וְחָרָשִׁים הֵמָּה מֵאָדָם מ"ה יִתְקַבְּצוּ כֻלָּם יַעֲמֹדוּ יִפְחֲדוּ יֵבֹשׁוּ יָחַד: כ"ב אתוון 12 חָרַשׁ בַּרְזֶל ר"ת בלהה רחל וזלפה לאה מַעֲצָד וּפָעַל בַּפֶּחָם וּבַמַּקָּבוֹת יִצְּרֵהוּ וַיִּפְעָלֵהוּ בִּזְרוֹעַ כֹּחוֹ גַּם יג"ל רָעֵב ע"ב ורבוע אלהים וְאֵין כֹּחַ לֹא־שָׁתָה מַיִם וַיִּיעָף: 13 חָרַשׁ עֵצִים נָטָה קָו יְתָאֲרֵהוּ בַשֶּׂרֶד יַעֲשֵׂהוּ בַּמַּקְצֻעוֹת וּבַמְּחוּגָה יְתָאֳרֵהוּ וַיַּעֲשֵׂהוּ כְּתַבְנִית אִישׁ ע"ה קנ"א קס"א כְּתִפְאֶרֶת אָדָם מ"ה לָשֶׁבֶת בָּיִת ב"פ ראה: 14 לִכְרָת־לוֹ אֲרָזִים וַיִּקַּח וֹאב תִּרְזָה וְאַלּוֹן וַיְאַמֶּץ־לוֹ בַּעֲצֵי־יָעַר נָטַע אֹרֶן וְגֶשֶׁם יְגַדֵּל: 15 וְהָיָה יהוה לְאָדָם מ"ה לְבָעֵר וַיִּקַּח וֹאב מֵהֶם וַיָּחָם אַף־יַשִּׂיק וְאָפָה אלהים לָחֶם ג"פ יהוה אַף־יִפְעַל־אֵל ילא" וַיִּשְׁתָּחוּ עָשָׂהוּ פֶסֶל וַיִּסְגָּד־לָמוֹ: 16 חֶצְיוֹ שָׂרַף בְּמוֹ־אֵשׁ אלהים דיודין ע"ה עַל־חֶצְיוֹ בָּשָׂר יֹאכֵל יִצְלֶה צָלִי וְיִשְׂבָּע אַף־יָחֹם וְיֹאמַר הֶאָח רָאִיתִי אוּר רז, אין סוף: 17 וּשְׁאֵרִיתוֹ לְאֵל ילא" עָשָׂה לְפִסְלוֹ יסגוד (יִסְגָּד־) לוֹ וְיִשְׁתַּחוּ וְיִתְפַּלֵּל אֵלָיו וְיֹאמַר הַצִּילֵנִי כִּי אֵלִי אָתָּה: 18 לֹא יָדְעוּ וְלֹא יָבִינוּ כִּי טַח מֵרְאוֹת עֵינֵיהֶם ריבוע מ"ה מֵהַשְׂכִּיל לִבֹּתָם: 19 וְלֹא־יָשִׁיב אֶל־לִבּוֹ וְלֹא דַעַת וְלֹא־תְבוּנָה לֵאמֹר חֶצְיוֹ שָׂרַפְתִּי בְמוֹ־אֵשׁ אלהים דיודין ע"ה וְאַף אָפִיתִי עַל־גֶּחָלָיו לֶחֶם ג"פ יהוה אֶצְלֶה בָשָׂר וְאֹכֵל אל יהוה וְיִתְרוֹ לְתוֹעֵבָה אֶעֱשֶׂה לְבוּל עֵץ ע"ה קס"א אֶסְגּוֹד: 20 רֹעֶה רהע אֵפֶר בוזר"ך ע"ה לֵב הוּתַל הִטָּהוּ וְלֹא־יַצִּיל אֶת־נַפְשׁוֹ וְלֹא יֹאמַר הֲלוֹא שֶׁקֶר בִּימִינִי: 21 זְכָר־אֵלֶּה יַעֲקֹב ג"פ יהוה, יאהדונהי אהדונהי וְיִשְׂרָאֵל כִּי

²² *He disipado como una densa nube tus transgresiones y como espesa niebla tus pecados. Vuélvete a Mí, porque Yo te he redimido.*

²³ *Canten, Cielos, porque el Eterno ha hecho esto. Griten de alegría, profundidades de la Tierra. Eleven cánticos, montes, bosques y todo árbol, porque el Señor ha redimido a Jacob y ha mostrado Su gloria en Israel.*

LA HISTORIA DE VAYIKRÁ: HAFTARÁ — LEVÍTICO

עַבְדִּי־אַ֣תָּה יְצַרְתִּ֤יךָ עֶֽבֶד־לִי֙ אַ֔תָּה יִשְׂרָאֵ֖ל לֹ֥א תִנָּשֵֽׁנִי: 22 מָחִ֤יתִי כָעָב֙ פְּשָׁעֶ֔יךָ וְכֶעָנָ֖ן חַטֹּאותֶ֑יךָ שׁוּבָ֥ה אֵלַ֖י כִּ֥י גְאַלְתִּֽיךָ: 23 רָנּ֨וּ שָׁמַ֜יִם כִּֽי־עָשָׂ֣ה יְהֹוָ֗הּ הָרִ֙יעוּ֙ תַּחְתִּיּ֣וֹת אָ֔רֶץ פִּצְח֤וּ הָרִים֙ רִנָּ֔ה יַ֖עַר וְכָל־עֵ֣ץ בּ֑וֹ כִּֽי־גָאַ֤ל יְהֹוָה֙ יַעֲקֹ֔ב וּבְיִשְׂרָאֵ֖ל יִתְפָּאָֽר:

TSAV

LA LECCIÓN DE TSAV
(Levítico 6:1 – 8:26)

Está escrito en la *Guemará*: "En el futuro, Dios sacará el Sol de Su bolsillo y los *tsadikim* (los justos) serán sanados por éste y los perversos serán lastimados" (*Nedarim* 8b). En este versículo, el Sol es un símbolo de la Luz del Creador. En la presencia de la Luz, un *tsadik* será "sanado", que quiere decir "satisfecho". Él ha deseado la Luz durante toda su vida; ahora la Luz está dentro de él, y cualquier temor que haya estado perturbando su vida es ahora eliminado.

A menudo no pensamos que los *tsadikim* viven con temor, pero el pensamiento de "tal vez no estoy haciendo lo suficiente" siempre está en ellos. Esto es lo único que realmente atemoriza a una persona verdaderamente justa, como está escrito: "Dichoso aquél que siempre esté temeroso" (Proverbios 28:14). Él sabe que debe trabajar para recibir la Luz. Ese conocimiento lo motiva a realizar acciones justas, lo cual resulta en un recibimiento de Luz. No obstante, los perversos no son temerosos ni valientes; sencillamente son indiferentes. Una persona perversa tal vez se diga a sí misma: "No me importa nada. No importa si recibo la Luz o no". Pero está equivocado, por supuesto. Cuando la Luz llegue a él, será como la llegada de la muerte misma, como está escrito en la *Guemará*: "los perversos serán lastimados". Esto es porque la intensidad positiva de la Luz no puede ser soportada por alguien que resuene con la oscuridad.

Una persona puede ser un *tsadik* o un pecador, pero la verdad de sus logros espirituales no puede ocultarse. Quiénes y qué somos se revelará siempre al final. Al emplear el Sol como símbolo de la Luz, la *Guemará* nos recuerda cómo podemos conocer la verdad de la gente. Podemos aprender que alguien que parece bastante negativo es en realidad un *tsadik* o que alguien que parece justo en realidad es un individuo muy destructivo.

Rav Brandwein una vez le dijo algo muy importante a Rav Berg: "Cuando llegamos al mundo de la verdad, piden que nombremos el mayor logro de nuestra vida. A veces, la gente dice 'todos me querían'. Pero esas personas están profundamente equivocadas. Están diciendo que no hicieron nada en su vida más que aquello que los demás querían que hicieran; y cualquier cosa que eso fuera, estaban dispuestos a hacerlo". Debemos aprender a actuar en concordancia con la Luz, incluso si la verdadera naturaleza de nuestras acciones no es evidente a los demás.

Ángeles

Acerca de los ángeles está escrito: "Y sus piernas son una pierna recta". También está escrito que la gente debe procurar ser como los ángeles. Si estamos tratando de imitar a los ángeles, debemos entender esta enseñanza sobre una "pierna recta".

Los ángeles se mueven hacia adelante. Ellos no ven a la derecha ni a la izquierda, no les afecta en absoluto lo que se diga o piense de ellos. Nada disuade a un ángel de su trabajo, y este es el nivel que deberíamos desear alcanzar en nuestro trabajo espiritual. Podemos llegar a este nivel al realizar acciones que sabemos que son correctas, en lugar de sucumbir ante la influencia de otras personas.

> *"Y sus pies eran pies derechos..." (Yejezkel 1:7). Porque los pies de los demonios están torcidos, mientras que acerca de sus pies, a saber: los pies de las criaturas vivientes santas, está dicho: "Y sus pies eran pies derechos". Y es por esto que "Y sus pies eran pies derechos" "porque los caminos de HaShem son derechos" (Hoshea 14:10). Los sabios de la Mishná dijeron: Uno que ora debe arreglar sus pies durante su oración como los ángeles ministros,* A SABER: SUS PIES DEBEN ESTAR DERECHOS *"como la planta del pie de un ternero", a saber: estar* ASÍ *marcados entre ellos. Y por esta razón los sabios enseñaban: Cuando uno ora, debe colocar sus pies en la posición apropiada, como dice: "Y sus pies eran pies derechos". Y el Santísimo, bendito sea Él, dijo* A LOS ÁNGELES MINISTROS: *'Aquéllos que son así destacados en su oración: que colocan sus pies como lo hacen ustedes, porque ellos abren las puertas del templo para dar entrada a esta visión'.*
> —El Zóhar, Pinjás 51:317-321

La mayoría de la gente vive como si fuesen candidatos políticos. Para obtener tantos votos como sea posible, dicen sólo aquello que los demás quieren escuchar. Debemos "salir de la candidatura". Debemos aprender de los ángeles, no de los candidatos políticos.

El capítulo de Tsav contiene un pasaje en el cual el Creador instruye a Moshé acerca de la manera en la que los *cohanim* (sacerdotes) deberían realizar el sacrificio de la ofrenda quemada: "Él debe quitarse estos ropajes y colocarse otros, y sacar las cenizas fuera del campamento, a un lugar que esté ceremonialmente limpio" (Levítico 6:4). ¿Qué aprendemos del hecho de que tanto el *Cohén HaGadol* (el Sumo Sacerdote) como los demás sacerdotes se quitaban la ropa? ¿Y por qué tenían que vestir atuendos diferentes para las varias ceremonias que realizaban?

La siguiente historia acerca de un maestro espiritual nos proporciona una explicación metafórica. Era sabido que cuando la gente visitaba a este maestro a pedirle su consejo, él sudaba abundantemente. Un día, uno de sus estudiantes le preguntó a su maestro por qué siempre estaba sudando; después de todo, no estaba realizando ninguna acción física, sino que estaba sentado en casa todo el día, atendiendo a una persona tras otra.

Pacientemente, el maestro contestó: "Cuando alguien viene a pedirme una bendición, un consejo o la solución a un problema, no puedo ayudarlos si no puedo sentir la posición en la que se encuentran. Para poder escuchar realmente el problema, tengo que quitarme mis ropajes espirituales y usar los de la persona que necesita ayuda. Después de escuchar la pregunta, tengo que ponerme nuevamente mis ropajes para dar la respuesta. Y es así cada día. Después de cambiarse de atuendo diez veces en una hora, ¿quién no estaría sudoroso?".

El *Cohén HaGadol* y los demás sacerdotes no sólo se cambiaban sus ropajes físicos; al quitarse su vestimenta mundana y usar los atuendos sacerdotales, ellos estaban alterando su nivel de conciencia. En el caso de nosotros, nuestra negatividad forma una cubierta que nos separa de la Luz y de los demás. Tenemos que aprender a liberarnos de esta cubierta (metafóricamente "quitarnos nuestra vestimenta") para progresar en nuestro trabajo espiritual y relacionarnos de forma proactiva con las demás personas.

Se dice que cuando el santo Maguid de Metsritch (Rav Dov Ber, 1704-1772) estaba a punto de abandonar este mundo, decidió regalarle algo a cada uno de sus estudiantes. A uno le dio su rectitud; a otro su sabiduría. Pero a Rav Elimélej, el Maguid le dio el trabajo de "mejorar el mundo". Después del fallecimiento del Maguid, Rav Elimélej visitó todas las aldeas cercanas intentando unir a la gente, ofreciéndoles maneras de conectar con la Luz del Creador. Pasaron dos años y se encontraba en su casa preguntándose si realmente estaba haciendo el trabajo que se le había confiado. Esa noche, mientras dormía, el Maguid se presentó en un sueño y le dijo: "Has viajado muy lejos mientras intentas cambiar el mundo, pero ¿cuánto has viajado en tu esfuerzo de cambiarte a ti mismo?".

Es mucho más fácil para nosotros ver qué anda mal con los demás en lugar de ver nuestras propias fallas, pero el verdadero trabajo comienza con nuestro proceso de corrección interno, nuestro *tikún* individual. El propósito del Centro de Kabbalah es simplemente ayudar a la gente con el proceso de *tikún* y la transformación personal, empleando las herramientas de la Kabbalah en todas sus presentaciones.

Hay un breve relato que ilustra esta idea. Un hombre había sido enviado por su jefe a entregar un camión lleno de mercancía a una distancia lejana. Después de unos días, el hombre regresó con una sonrisa en su rostro y dijo: "He cumplido exitosamente con la tarea que me asignó". El empleado contó con sus dedos para no escatimar nada: "Primero que nada, hice todo el recorrido sin haber recibido ni una multa. No maté ni lastimé a nadie. No tuve ninguna llanta pinchada ni ninguna clase de avería". "¿Pero qué hay de la entrega?", preguntó su jefe. "Ah, la entrega. Por casualidad olvidé cargar el camión…". ¡Obviamente, su jefe estaba muy decepcionado!

Cada día nos comportamos igual que este empleado. ¿En realidad nos pusieron en este mundo para evitar multas? Nuestra misión en la vida es mucho más que eso: estamos aquí para manifestar la Luz dentro de nosotros, a fin de que el mundo en su totalidad pueda revelar su Luz también. Este es nuestro verdadero propósito; y el propósito por el cual Rav Áshlag fundó el Centro de Kabbalah.

SINOPSIS DE TSAV

El valor numérico de la palabra *tsav* (mandato) es igual al número de versículos (96) en este capítulo de la Biblia. Esta coincidencia del nombre de un capítulo con su contenido no ocurre en ningún otro lugar de la Biblia. En este capítulo, Dios le dice a Moshé que instruya a Aharón y a sus hijos acerca de la correcta práctica de las ofrendas quemadas. La lección aquí es que cuando hacemos sacrificios al Creador con un deseo de conectar con Él, evitamos la idolatría. La idolatría es más que adorar estatuas; en ésta se incluye la transferencia del poder a cosas externas de nosotros y de la Luz. También tiene que ver con tomar decisiones y reaccionar con motivos puramente egoístas; por orgullo, la necesidad de impresionar a los demás y así sucesivamente. Todas nuestras acciones deben estar motivadas por un deseo de conectar con el Creador, un deseo que seguidamente generará esa misma conexión. Si la intención de conectar con el Creador no antecede a una acción, esa acción constituye la idolatría.

PRIMERA LECTURA – AVRAHAM – JÉSED

6:1 El Eterno habló a Moshé, para decir: **2** "Ordena a Aharón y a sus hijos, diciendo: 'Esta es la ley del holocausto: El holocausto mismo permanecerá sobre el altar toda la noche hasta la mañana, y el fuego del altar ha de mantenerse encendido en él.

3 El sacerdote vestirá su túnica de lino con calzoncillos de lino fino sobre su cuerpo, y tomará las cenizas del holocausto que el fuego ha consumido sobre el altar y las pondrá junto al altar.

4 Después se quitará estas vestiduras, se pondrá otras vestiduras, y llevará las cenizas fuera del campamento a un lugar ceremonialmente limpio.

5 El fuego sobre el altar debe mantenerse encendido; no debe apagarse. Cada mañana el sacerdote quemará leña en él y pondrá el holocausto sobre él, y quemará sobre él la grasa de las ofrendas de paz. **6** El fuego sobre el altar debe mantenerse encendido; no debe apagarse.

COMENTARIO DEL RAV

La palabra tsav significa "mandamiento". El Zóhar dice muy claramente que "mandamiento" es idolatría. ¿Pero qué es lo que hacemos en un templo sino seguir los mandamientos? ¿Deberíamos considerar nuestra presencia en este templo, ordenada por Dios, como condicional e idólatra? La idolatría tiene sólo una definición: es la realidad del caos, dictado, gobernado y dominado por el Satán.

Dondequiera que vayamos, hay caos. No podemos escapar de esta conciencia del dominio del caos en nuestro mundo humano. Sin embargo, aquí estamos intentando reestructurar nuestra conciencia, deshacer milenios de pensamiento, para poder cambiar. Este cambio requiere un sistema de apoyo constante; no es suficiente con solamente pensar que esta realidad de caos es ilusoria. Necesitamos un sistema de apoyo, y es por ello que venimos aquí cada Shabat. Es imposible modificar nuestra conciencia sin tener este sustento; y, no obstante, el mundo continúa con el concepto fabricado de qué es Dios.

Y no sólo me refiero a la religión judía, sino a todas las religiones —ya sea en el nombre de Alá, en el nombre de Jesús o en el nombre de Dios— "porque esto es lo que Dios quiere". No obstante, hemos encontrado y aprendido según los principios de la Kabbalah, que tienen origen en este Zóhar, que Dios nunca manda. Dios simplemente nos abastece con la metodología, la tecnología, por medio de la cual podemos evitar las trampas del caos. Y de esta manera, tenemos una oportunidad de entender que Dios simplemente no nos echó en este mundo de caos sin darnos una forma de salir.

El Zóhar y los kabbalistas explican que la palabra "sacrificio", mencionada acá en la Lección de Tsav, significa "sacrificar nuestro caos". Los sacrificios son nuestro medio para conectar y beneficiarnos del poder de la Luz en nuestra vida. Cada sacrificio mencionado en este capítulo corresponde a un nivel diferente de caos.

PRIMERA LECTURA – AVRAHAM – JÉSED

6 1 וַיְדַבֵּר ראה יְהֹוָאדהנויאהדונהי אֶל־מֹשֶׁה מהש, אל שדי לֵּאמֹר׃ 2 צַו פוי אֶת־אַהֲרֹן
ע״ב ורבוע ע״ב וְאֶת־בָּנָיו לֵאמֹר זֹאת תּוֹרַת הָעֹלָה הִוא הָעֹלָה עַל מוֹקְדָה
עַל־הַמִּזְבֵּחַ זן, נגד כָּל ילי ־הַלַּיְלָה מלה עַד־הַבֹּקֶר וְאֵשׁ אלהים דיודין ע״ה הַמִּזְבֵּחַ
זן, נגד תּוּקַד בּוֹ׃ 3 וְלָבַשׁ הַכֹּהֵן מלה מִדּוֹ בַד וּמִכְנְסֵי־בַד יִלְבַּשׁ עַל־בְּשָׂרוֹ
וְהֵרִים אֶת־הַדֶּשֶׁן אֲשֶׁר תֹּאכַל הָאֵשׁ שאה אֶת־הָעֹלָה עַל־הַמִּזְבֵּחַ זן, נגד
וְשָׂמוֹ אֵצֶל הַמִּזְבֵּחַ זן, נגד׃ 4 וּפָשַׁט אֶת־בְּגָדָיו וְלָבַשׁ בְּגָדִים אֲחֵרִים
וְהוֹצִיא אֶת־הַדֶּשֶׁן אֶל־מִחוּץ לַמַּחֲנֶה אֶל־מָקוֹם יהוה ברבוע, ו״פ אל טָהוֹר
י״פ אכא׃ 5 וְהָאֵשׁ שאה עַל־הַמִּזְבֵּחַ זן, נגד תּוּקַד־בּוֹ לֹא תִכְבֶּה וּבִעֵר עָלֶיהָ
פהל הַכֹּהֵן מלה עֵצִים בַּבֹּקֶר בַּבֹּקֶר וְעָרַךְ עָלֶיהָ פהל הָעֹלָה וְהִקְטִיר עָלֶיהָ
פהל חֶלְבֵי הַשְּׁלָמִים׃ 6 אֵשׁ אלהים דיודין ע״ה תָּמִיד ע״ה נתה, קס״א קנ״א קמ״ג תּוּקַד

Tenemos que entender que el caos viene en varios niveles y en varias intensidades. Los distintos sacrificios son nuestro medio de eliminar estos niveles y tipos de caos de nuestra vida.

Una persona que hace un sacrificio recibe la oportunidad y capacidad de trascender tiempo, espacio y movimiento, y de reparar el caos que ha creado en el universo. Los sacrificios irradian una energía que va más allá de nuestra percepción y tienen el poder de reparar instantáneamente las acciones negativas que se hayan realizado años atrás y a grandes distancias.

הָעֹלָה

Levítico 6:2 – La primera ofrenda mencionada en este capítulo es la ofrenda quemada, la cual simboliza la destrucción de nuestras intenciones ocultas. Si hacemos las cosas para beneficio personal, cometeremos errores y, por consiguiente, sufriremos las consecuencias de nuestras malas decisiones. Por otro lado, si “quemamos” nuestras intenciones ocultas, apoyándonos solamente en la orientación Divina, entonces nuestras decisiones serán correctas.

מוֹקְדָה

Levítico 6:2 – Hay una pequeña *Mem* en la palabra *mokdá*, la cual significa “se queda en la flama”. El valor numérico de *Mem* es 40, un número que tiene muchas connotaciones espirituales: el número de días que Moshé estuvo en la montaña, la edad en la cual nuestra alma se vuelve elevada, el número de años que Moshé vivió en Egipto. Los kabbalistas enseñan que cuarenta también es una referencia al puente entre los Mundos Superiores y los Mundos Inferiores, pero es un puente angosto. Podemos cruzarlo solamente cuando reconocemos que el Creador es la fuente de todo, cuando alcanzamos ese punto en el cual entendemos que siempre y eternamente estamos recibiendo ayuda de Arriba.

⁷ Esta es la ley de la ofrenda de cereal: los hijos de Aharón la presentarán delante del Eterno, frente al altar.

⁸ El sacerdote tomará un puñado de flor de harina y aceite, junto con todo el incienso que hay en la ofrenda de cereal, y quemará el memorial sobre el altar; es aroma agradable para el Señor.

⁹ Aharón y sus hijos comerán lo que quede de éste, pero debe comerse sin levadura en lugar santo; en el atrio de la Tienda de Reunión lo comerán. ¹⁰ No debe cocer con levadura. Se la he dado como su parte en las ofrendas ígneas hechas para Mí. Es cosa santísima, como la ofrenda por pecado y la ofrenda por culpa.

¹¹ Todo varón descendiente de Aharón puede comerla. Es su porción perpetua de las ofrendas ígneas dedicadas al Señor para las generaciones siguientes. Todo lo que las toque quedará consagrado".

SEGUNDA LECTURA – YITSJAK – GUEVURÁ

¹² Entonces habló el Eterno a Moshé, diciendo:

¹³ "Esta es la ofrenda que Aharón y sus hijos han de ofrecer al Eterno el día de su unción: la décima parte de un efá de flor de harina como ofrenda perpetua de cereal, la mitad en la mañana y la mitad en la tarde. ¹⁴ Se preparará con aceite en sartén; tráela bien mezclada y presenta la ofrenda de cereal dividida en porciones como aroma agradable para el Eterno.

תּוֹרַת הַמִּנְחָה

Levítico 6:7 – La ofrenda de harina nos permite inclinar las balanzas de la justicia en el mundo de negativas a positivas al ayudarnos a transformar esos mundos de la Izquierda a la Derecha. La Columna Derecha representa la energía de misericordia y compartir; la Columna Izquierda representa la energía de juicio. Cuando actuamos de forma egoísta, entregamos el poder a las fuerzas de la Columna Izquierda, de juicio. Además, cada acción negativa de nuestra parte fortalece al Lado Negativo. Afortunadamente, este principio funciona de la misma manera con acciones positivas, de modo que cada acción positiva que hacemos fortalece el Lado Positivo universal.

El valor numérico de la palabra aramea para "ofrenda de harina" (*Minjá*) es 130. Según el *Zóhar*, hay 130 palabras que conectan con la Columna Izquierda. El Arí escribió:

"Hemos explicado que Minjá es 130 mundos en la mano izquierda, y que esto es el significado de: 'y tomó de lo que le vino a la mano un regalo' (Génesis 32:14); no en sus 'manos', sino en su 'mano', que son las Guevurot de esta mano individual, el secreto de Minjá'.
— *Los escritos del Arí (Kitvéi HaArí), Compilaciones de la Torá 3, Vayishlaj 3*

עַל־הַמִּזְבֵּחַ לֹא תִכְבֶּה: 7 וְזֹאת תּוֹרַת הַמִּנְחָה הַקְרֵב אֹתָהּ בְּנֵי־אַהֲרֹן לִפְנֵי יְהֹוָאדֹנָי אֶל־פְּנֵי הַמִּזְבֵּחַ: 8 וְהֵרִים מִמֶּנּוּ בְּקֻמְצוֹ מִסֹּלֶת הַמִּנְחָה וּמִשַּׁמְנָהּ וְאֵת כָּל־הַלְּבֹנָה אֲשֶׁר עַל־הַמִּנְחָה וְהִקְטִיר הַמִּזְבֵּחַ רֵיחַ נִיחֹחַ אַזְכָּרָתָהּ לַיהֹוָאדֹנָי: 9 וְהַנּוֹתֶרֶת מִמֶּנָּה יֹאכְלוּ אַהֲרֹן וּבָנָיו מַצּוֹת תֵּאָכֵל בְּמָקוֹם קָדֹשׁ בַּחֲצַר אֹהֶל־מוֹעֵד יֹאכְלוּהָ: 10 לֹא תֵאָפֶה חָמֵץ חֶלְקָם נָתַתִּי אֹתָהּ מֵאִשָּׁי קֹדֶשׁ קָדָשִׁים הִוא כַּחַטָּאת וְכָאָשָׁם: 11 כָּל־זָכָר בִּבְנֵי אַהֲרֹן יֹאכְלֶנָּה חָק־עוֹלָם לְדֹרֹתֵיכֶם מֵאִשֵּׁי יְהֹוָאדֹנָי כֹּל אֲשֶׁר־יִגַּע בָּהֶם יִקְדָּשׁ:

SEGUNDA LECTURA – YITSJAK – GUEVURÁ

12 וַיְדַבֵּר יְהֹוָאדֹנָי אֶל־מֹשֶׁה לֵּאמֹר: 13 זֶה קָרְבַּן אַהֲרֹן וּבָנָיו אֲשֶׁר־יַקְרִיבוּ לַיהֹוָאדֹנָי בְּיוֹם הִמָּשַׁח אֹתוֹ עֲשִׂירִת הָאֵפָה סֹלֶת מִנְחָה תָּמִיד מַחֲצִיתָהּ בַּבֹּקֶר וּמַחֲצִיתָהּ בָּעָרֶב: 14 עַל־מַחֲבַת בַּשֶּׁמֶן תֵּעָשֶׂה מֻרְבֶּכֶת תְּבִיאֶנָּה תֻּפִינֵי מִנְחַת פִּתִּים תַּקְרִיב

קָרְבַּן

Levítico 6:13 – Los sacrificios realizados por Aharón y sus hijos son descritos en esta sección. Como se mencionó anteriormente, a través del sacrificio podemos purificarnos. La lectura de esta sección nos ayuda a desear una conexión con la energía de la Columna Derecha.

Es importante entender cuánto depende de nuestras acciones. En la época del Templo, los sacerdotes realizaban sacrificios y otros rituales en nombre del pueblo. Hoy día no tenemos Templo físico, cada uno de nosotros debe producir los mismos resultados a través de la fortaleza de nuestro propio compromiso espiritual y mediante nuestras decisiones, intenciones y acciones. Es necesario tomar la decisión de desconectar de nuestros deseos egoístas y volvernos seres más dadores, porque necesitamos fungir como nuestros propios "*cohanim*" y realizar la *Minjá* nosotros mismos.

15 El hijo que suceda a Aharón como sacerdote ungido la ofrecerá. Es la porción perpetua del Eterno y ha de quemarse completamente. 16 Cada ofrenda de cereal de un sacerdote debe quemarse por completo. No se comerá". 17 Y el Eterno habló a Moshé, para decir:

18 "Habla a Aharón y a sus hijos y diles: 'Esta es la ley de la ofrenda por pecado: la ofrenda por pecado será sacrificada delante del Eterno en el mismo lugar donde es realizado el holocausto; es cosa santísima.

19 El sacerdote que la ofrezca la comerá; se comerá en un lugar santo, en el atrio de la Tienda de Reunión. 20 Todo el que toque su carne quedará consagrado, y si la sangre salpica sobre una vestidura, en un lugar santo la lavarás.

21 La vasija de barro en la cual fue hervida la carne será quebrada; pero, si se hirvió en una vasija de bronce, se fregará y se lavará con agua.

22 Todo varón de entre los sacerdotes puede comer de ella; es cosa santísima.

23 Pero no se comerá de ninguna ofrenda por pecado cuya sangre se haya traído a la Tienda de Reunión para hacer expiación en el lugar santo; debe ser quemada.

7 1 Esta es la ley de la ofrenda por culpa; es cosa santísima:

הַחַטָּאת

Levítico 6:18 – Las ofrendas por pecado nos ayudan a expiar cualquier clase de fechoría y limpiar la negatividad que tenemos dentro. A menudo nos falta la valentía y la fortaleza para corregir todos nuestros defectos, escogemos vernos a nosotros mismos como víctimas sin culpa en vez de como seres responsables, completamente a cargo del estado de nuestra vida.

El *Zóhar* nos dice que quien se despierta en la noche para estudiar la Biblia (la sabiduría espiritual) es informado por la Biblia acerca de sus pecados.

> *A quien se levanta en la noche para estudiar la Torá, la Torá le informa de su pecado. No es castigo severo, sino una madre que habla a su hijo con palabras consoladoras. Y él no olvida sino que se arrepiente delante de su Señor.*
> — *El Zóhar, Vayikrá 61:405*

Vemos que la Biblia no actúa con juicio severo, sino que le revela el error al hombre de la forma que la haría un padre cariñoso: con firmeza pero calmadamente, y con misericordia. Esto despierta el arrepentimiento del hombre para que pueda comenzar a purificarse.

De acuerdo con la Kabbalah, una persona puede limpiarse a través del dolor o la transformación proactiva. Cuando experimentamos una salud poco favorable, si perdemos nuestro negocio o caemos en la bancarrota, si nuestro matrimonio fracasa o nuestros hijos nos dan dolores de cabeza, estamos siendo limpiados espiritualmente aunque de forma dolorosa. Pero, en lugar de ello, podemos escoger usar las herramientas espirituales, como esta lectura, para corregir nuestras iniquidades pasadas y así no tener que experimentar dolor para ser purificados.

הָאָשָׁם

Levítico 7:1 – La ofrenda por culpabilidad, mencionada en este versículo, no tiene nada que

רֵיחַ־נִיחֹוחַ לַיהוָֹהאהדונהי: 15 וְהַכֹּהֵן מלה הַמָּשִׁיחַ תַּחְתָּיו מִבָּנָיו יַעֲשֶׂה
אֹתָהּ חָק־עוֹלָם לַיהוָֹהאהדונהי כָּלִיל תָּקְטָר: 16 וְכָל־ ילי ־מִנְחַת כֹּהֵן מלה
כָּלִיל תִּהְיֶה לֹא תֵאָכֵל: 17 וַיְדַבֵּר ראה יְהוָֹהאהדונהי אֶל־מֹשֶׁה מהש, אל שדי לֵּאמֹר: 18 דַּבֵּר ראה אֶל־אַהֲרֹן ע"ב ורבוע ע"ב וְאֶל־בָּנָיו לֵאמֹר זֹאת תּוֹרַת הַחַטָּאת בִּמְקוֹם יהוה אל ברבוע, ו"פ אל אֲשֶׁר תִּשָּׁחֵט הָעֹלָה תִּשָּׁחֵט הַחַטָּאת
לִפְנֵי וחכמה בינה יְהוָֹהאהדונהי קֹדֶשׁ קָדָשִׁים הִוא: 19 הַכֹּהֵן מלה הַמְחַטֵּא
אֹתָהּ יֹאכֲלֶנָּה בְּמָקוֹם יהוה אל ברבוע, ו"פ אל קָדֹשׁ תֵּאָכֵל בַּחֲצַר אֹהֶל לאה מוֹעֵד:
20 כֹּל ילי אֲשֶׁר־יִגַּע בִּבְשָׂרָהּ יִקְדָּשׁ וַאֲשֶׁר יִזֶּה מִדָּמָהּ עַל־הַבֶּגֶד אֲשֶׁר
יִזֶּה עָלֶיהָ פהל תְּכַבֵּס בְּמָקוֹם יהוה אל ברבוע, ו"פ אל קָדֹשׁ: 21 וּכְלִי־ כלי ־חֶרֶשׂ אֲשֶׁר
תְּבֻשַּׁל־בּוֹ יִשָּׁבֵר וְאִם יוהך, ע"ה מ"ב ־בִּכְלִי־ כלי ־נְחֹשֶׁת בֻּשָּׁלָה וּמֹרַק וְשֻׁטַּף
בַּמָּיִם: 22 כָּל ילי ־זָכָר בַּכֹּהֲנִים מלה יֹאכַל אֹתָהּ קֹדֶשׁ קָדָשִׁים הִוא:
23 וְכָל־ ילי ־חַטָּאת אֲשֶׁר יוּבָא מִדָּמָהּ אֶל־אֹהֶל לאה מוֹעֵד לְכַפֵּר מצפץ
בַּקֹּדֶשׁ לֹא תֵאָכֵל בָּאֵשׁ אלהים דיודין ע"ה תִּשָּׂרֵף: 7 1 וְזֹאת תּוֹרַת הָאָשָׁם

ver con la culpabilidad tradicional; esa sensación incómoda que acompaña alguna acción negativa que hayamos hecho. La ofrenda por culpabilidad es acerca del verdadero arrepentimiento. Conectar con este versículo en particular nos otorga el mismo beneficio que traía la ofrenda por culpabilidad presentada en el Templo. El beneficio de la ofrenda por culpabilidad es el poder que nos da de regresar al preciso momento antes de nuestra infracción. Entonces podemos meditar con verdadero remordimiento para eliminar el defecto en nuestro carácter que motivó esa acción negativa. El *Zóhar* dice:

> ... la contrición llega a través de las palabras de la Torá. ¿Por qué? Es porque las palabras de la Torá son superiores a todos los sacrificios. Como ha sido aceptado, está escrito: "'Ésta es la Torá de la ofrenda quemada, la de granos, la del pecado, y la de la culpa...'" (Levítico 7:37). Esto indica que la Torá es igual para todos los sacrificios en el mundo. Respondió: Ciertamente es así. Porque aun si una pena del Cielo ha sido decretada contra el que se afana en la Torá, la pena es cancelada debido a que el estudio de la Torá es mejor para él que todos los sacrificios y ofrendas.
> — El Zóhar, Kedoshim 3:10

La Kabbalah explica que no hay víctimas: la gente que es lastimada por nuestras acciones merecen sus heridas debido a malas acciones que cometieron en el pasado. Sin embargo, es vital entender que nuestro arrepentimiento depende de nuestra empatía por el dolor de ellos. Sólo a través de nuestra empatía y sincero arrepentimiento podemos ser limpiados de las consecuencias de nuestras propias acciones negativas e hirientes. La conexión con la ofrenda por culpabilidad en esta lectura nos purifica y disminuye el lado oscuro de nuestra naturaleza sin necesidad de dolor.

² la ofrenda por culpa han de degollarla en el lugar donde degüellan el animal para el holocausto, y su sangre debe ser rociada por todos los lados. ³ Toda su grasa debe ser ofrecida: la cola con grasa y la grasa que cubre las entrañas,

⁴ los dos riñones con la grasa que hay sobre ellos y sobre los lomos, y quitará el lóbulo del hígado con los riñones.

⁵ Y el sacerdote los quemará sobre el altar como ofrenda ígnea para el Eterno. Esto es una ofrenda por culpa.

⁶ Todo varón entre los sacerdotes puede comer de ella, pero debe comerla en un lugar santo; es cosa santísima.

⁷ Hay una misma ley para la ofrenda por culpa y la ofrenda por pecado: les pertenecen al sacerdote que hace expiación con ellas.

⁸ El sacerdote que presente el holocausto de alguien, puede conservar para sí la piel del holocausto.

⁹ Toda ofrenda de cereal cocida al horno y todo lo que sea preparado en cazuela o en sartén pertenecerá al sacerdote que la presente,

¹⁰ y toda ofrenda de cereal, ya sea mezclada con aceite o seca, pertenece a todos los hijos de Aharón, a todos por igual.

TERCERA LECTURA – YAAKOV – TIFÉRET

¹¹ Esta es la ley del sacrificio de la ofrenda de paz que será ofrecido al Señor: ¹² Si lo ofrece en acción de gracias, entonces, junto con el sacrificio de acción de gracias, ofrecerá tortas sin levadura amasadas con aceite, hojaldres sin levadura untados con aceite y tortas de flor de harina bien mezclada, amasadas con aceite.

בַּכֹּהֲנִים

Levítico 7:6 – En la época del Templo, se le daban presentes a los *cohanim* como una forma de diezmar. Los sacerdotes eran como cableado eléctrico que ayudaban a la gente a conectar con la Luz. Al no tener esa clase de intermediario actualmente, nosotros debemos actuar como nuestros propios *cohanim*, buscando maneras de compartir y diezmar. Debemos buscar personas a quienes les podamos dar y con quienes podamos compartir.

זֶבַח הַשְּׁלָמִים

Levítico 7:11 – Una rama de olivo era presentada como ofrenda de paz. En un nivel físico, todos

LA HISTORIA DE TSAV: TERCERA LECTURA — LEVÍTICO

קֹדֶשׁ קָדָשִׁים הוּא: 2 בִּמְקוֹם אֲשֶׁר יִשְׁחֲטוּ אֶת־הָעֹלָה יִשְׁחֲטוּ אֶת־הָאָשָׁם וְאֶת־דָּמוֹ יִזְרֹק עַל־הַמִּזְבֵּחַ סָבִיב: 3 וְאֵת כָּל־חֶלְבּוֹ יַקְרִיב מִמֶּנּוּ אֵת הָאַלְיָה וְאֶת־הַחֵלֶב הַמְכַסֶּה אֶת־הַקֶּרֶב: 4 וְאֵת שְׁתֵּי הַכְּלָיֹת וְאֶת־הַחֵלֶב אֲשֶׁר עֲלֵיהֶן אֲשֶׁר עַל־הַכְּסָלִים וְאֶת־הַיֹּתֶרֶת עַל־הַכָּבֵד עַל־הַכְּלָיֹת יְסִירֶנָּה: 5 וְהִקְטִיר אֹתָם הַכֹּהֵן הַמִּזְבֵּחָה אִשֶּׁה לַיהוה אָשָׁם הוּא: 6 כָּל־זָכָר בַּכֹּהֲנִים יֹאכְלֶנּוּ בְּמָקוֹם קָדוֹשׁ יֵאָכֵל קֹדֶשׁ קָדָשִׁים הוּא: 7 כַּחַטָּאת כָּאָשָׁם תּוֹרָה אַחַת לָהֶם הַכֹּהֵן אֲשֶׁר יְכַפֶּר־בּוֹ לוֹ יִהְיֶה: 8 וְהַכֹּהֵן הַמַּקְרִיב אֶת־עֹלַת אִישׁ עוֹר הָעֹלָה אֲשֶׁר הִקְרִיב לַכֹּהֵן לוֹ יִהְיֶה: 9 וְכָל־מִנְחָה אֲשֶׁר תֵּאָפֶה בַּתַּנּוּר וְכָל־נַעֲשָׂה בַמַּרְחֶשֶׁת וְעַל־מַחֲבַת לַכֹּהֵן הַמַּקְרִיב אֹתָהּ לוֹ תִהְיֶה: 10 וְכָל־מִנְחָה בְלוּלָה־בַשֶּׁמֶן וַחֲרֵבָה לְכָל־בְּנֵי אַהֲרֹן תִּהְיֶה אִישׁ כְּאָחִיו:

TERCERA LECTURA – YAAKOV – TIFÉRET

11 וְזֹאת תּוֹרַת זֶבַח הַשְּׁלָמִים אֲשֶׁר יַקְרִיב לַיהוה: 12 אִם עַל־תּוֹדָה יַקְרִיבֶנּוּ וְהִקְרִיב ׀ עַל־זֶבַח הַתּוֹדָה חַלּוֹת מַצּוֹת בְּלוּלֹת בַּשֶּׁמֶן וּרְקִיקֵי מַצּוֹת מְשֻׁחִים בַּשָּׁמֶן

---

recibían una parte de esta ofrenda: Dios, el sacerdote y la persona que ofrecía el sacrificio.

Para que la paz prevalezca, cada parte en una relación difícil tiene que tener sus necesidades satisfechas. Cuando alguno desea más de lo que merece, surgen los problemas. Si recordamos esto, nos ayudará a enfocar nuestra atención en los demás en vez de en nosotros mismos, para así poder alcanzar la paz tanto a nivel personal como a nivel global.

¹³ Juntamente con su ofrenda de paz en acción de gracias, presentará su ofrenda con tortas de pan leudado.

¹⁴ Presentará una parte de cada ofrenda como contribución al Eterno; será para el sacerdote que rocía la sangre de las ofrendas de paz.

¹⁵ La carne de su ofrenda de paz en acción de gracias se comerá el día que la ofrezca; no dejará nada para la mañana siguiente.

¹⁶ Pero si su ofrenda es por un voto o una ofrenda voluntaria, se comerá el sacrificio en el día que lo ofrezca; pero cualquier sobra se podrá comer al día siguiente.

¹⁷ Cualquier carne que quede como sobra podrá quemarse hasta al tercer día.

¹⁸ Si se come de la carne de la ofrenda de paz al tercer día, no será acepto. No se le tendrá en cuenta al que la ofreció, porque es inmunda; la persona que coma de ella será responsable.

¹⁹ La carne que toque cualquier cosa ceremonialmente inmunda no se comerá; debe ser quemada. En cuanto a otra carne, cualquiera que esté ceremonialmente limpio puede comer de ella.

²⁰ Pero si alguien inmundo come de la carne de las ofrendas de paz que pertenecen al Eterno, esa persona será cortada de entre su pueblo.

²¹ Si alguien toca alguna cosa inmunda, ya sea inmundicia humana, un animal inmundo o cualquier cosa abominable e inmunda, y come de la carne de la ofrenda de paz que pertenece al Señor, esa persona será cortada de entre su pueblo'".

²² El Eterno habló a Moshé, para decir:

²³ "Habla a los hijos de Israel para decirles: 'Ninguna grasa de buey, ni de cordero, ni de cabra comerán.

²⁴ La grasa de un animal muerto y la grasa de un animal despedazado por las bestias podrá servir para cualquier uso, pero no deben comerla.

²⁵ Cualquier persona que coma grasa del animal del cual se ofrece una ofrenda ígnea al Eterno deberá ser cortada de entre su pueblo.

²⁶ Y en ningún lugar en que habiten comerán sangre, ni de ave ni de animal.

LEVÍTICO

13 עַל־חַלֹּת לֶחֶם וְסֹלֶת מֻרְבֶּכֶת וְחַלֹּת בְּלוּלֹת בַּשָּׁמֶן
14 וְהִקְרִיב מִמֶּנּוּ יַקְרִיב קָרְבָּנוֹ עַל־זֶבַח תּוֹדַת שְׁלָמָיו
אֶחָד מִכָּל־קָרְבָּן תְּרוּמָה לַיהוָה לַכֹּהֵן הַזֹּרֵק
אֶת־דַּם הַשְּׁלָמִים לוֹ יִהְיֶה: 15 וּבְשַׂר זֶבַח תּוֹדַת שְׁלָמָיו בְּיוֹם
קָרְבָּנוֹ יֵאָכֵל לֹא־יַנִּיחַ מִמֶּנּוּ עַד־בֹּקֶר: 16 וְאִם־
נֶדֶר ׀ אוֹ נְדָבָה זֶבַח קָרְבָּנוֹ בְּיוֹם הַקְרִיבוֹ
אֶת־זִבְחוֹ יֵאָכֵל וּמִמָּחֳרָת וְהַנּוֹתָר מִמֶּנּוּ יֵאָכֵל: 17 וְהַנּוֹתָר מִבְּשַׂר
הַזָּבַח בַּיּוֹם הַשְּׁלִישִׁי בָּאֵשׁ יִשָּׂרֵף: 18 וְאִם
הֵאָכֹל יֵאָכֵל מִבְּשַׂר־זֶבַח שְׁלָמָיו בַּיּוֹם הַשְּׁלִישִׁי
לֹא יֵרָצֶה הַמַּקְרִיב אֹתוֹ לֹא יֵחָשֵׁב לוֹ פִּגּוּל יִהְיֶה וְהַנֶּפֶשׁ
הָאֹכֶלֶת מִמֶּנּוּ עֲוֺנָהּ תִּשָּׂא: 19 וְהַבָּשָׂר אֲשֶׁר־יִגַּע בְּכָל־טָמֵא
לֹא יֵאָכֵל בָּאֵשׁ יִשָּׂרֵף וְהַבָּשָׂר כָּל־טָהוֹר יֹאכַל
בָּשָׂר: 20 וְהַנֶּפֶשׁ אֲשֶׁר־תֹּאכַל בָּשָׂר מִזֶּבַח הַשְּׁלָמִים אֲשֶׁר
לַיהוָה וְטֻמְאָתוֹ עָלָיו וְנִכְרְתָה הַנֶּפֶשׁ הַהִוא מֵעַמֶּיהָ:
21 וְנֶפֶשׁ כִּי־תִגַּע בְּכָל־טָמֵא בְּטֻמְאַת אָדָם
אוֹ ׀ בִּבְהֵמָה טְמֵאָה אוֹ בְּכָל־שֶׁקֶץ טָמֵא וְאָכַל
מִבְּשַׂר־זֶבַח הַשְּׁלָמִים אֲשֶׁר לַיהוָה וְנִכְרְתָה הַנֶּפֶשׁ
הַהִוא מֵעַמֶּיהָ: 22 וַיְדַבֵּר יְהוָה אֶל־מֹשֶׁה לֵּאמֹר:
23 דַּבֵּר אֶל־בְּנֵי יִשְׂרָאֵל לֵאמֹר כָּל־חֵלֶב שׁוֹר
וְכֶשֶׂב וָעֵז לֹא תֹאכֵלוּ: 24 וְחֵלֶב נְבֵלָה וְחֵלֶב טְרֵפָה
יֵעָשֶׂה לְכָל־מְלָאכָה וְאָכֹל לֹא תֹאכְלֻהוּ: 25 כִּי כָּל־אֹכֵל
חֵלֶב מִן־הַבְּהֵמָה אֲשֶׁר יַקְרִיב מִמֶּנָּה אִשֶּׁה לַיהוָה
וְנִכְרְתָה הַנֶּפֶשׁ הָאֹכֶלֶת מֵעַמֶּיהָ: 26 וְכָל־דָּם לֹא
תֹאכְלוּ בְּכֹל מוֹשְׁבֹתֵיכֶם לָעוֹף וְלַבְּהֵמָה:

²⁷ Cualquiera que coma sangre, esa persona será cortada de entre su pueblo".

²⁸ El Eterno habló a Moshé, para decir:

²⁹ "Habla a los hijos de Israel para decirles: 'Quien ofrezca una ofrenda de paz al Eterno, traerá parte de ésta como su sacrificio al Eterno.

³⁰ Con sus propias manos traerá la ofrenda ígnea al Eterno; traerá la grasa del pecho, junto con el pecho, y lo ondeará ante el Eterno como una ofrenda mecida.

³¹ El sacerdote quemará la grasa sobre el altar, pero el pecho pertenecerá a Aharón y a sus hijos.

³² Darán al sacerdote la pierna derecha de sus ofrendas de paz como contribución.

³³ El hijo de Aharón que ofrezca la sangre y la grasa de las ofrendas de paz recibirá la pierna derecha como su porción.

³⁴ Yo he tomado el pecho que es ondeado y la pierna presentada de las ofrendas de paz de los hijos de Israel y los he entregado a Aharón, el sacerdote, y sus hijos como porción perpetua de parte de los hijos de Israel".

³⁵ Esta es la porción de las ofrendas ígneas hechas al Eterno que estaba destinada a Aharón y sus hijos desde el día que fueron presentados para servir al Eterno como sacerdotes.

³⁶ En el día que fueron ungidos, el Eterno ordenó que los hijos de Israel les dieran esto como su porción perpetua, por todas las generaciones siguientes.

³⁷ Esta es la ley del holocausto, la ofrenda de cereal, la ofrenda por pecado, la ofrenda por culpa, la ofrenda de consagración y la ofrenda de paz,

³⁸ que el Eterno ordenó a Moshé en el Monte Sinaí, el día en que Él mandó a los hijos de Israel que presentaran sus ofrendas al Eterno en el desierto de Sinaí.

מִשִׁוֹת

Levítico 7:35 – Originalmente, los *cohanim* eran escogidos entre la gente ordinaria y se les daba la asombrosa labor de canalizar energía para todos los demás. Ellos estaban completamente dedicados a los sacrificios y ceremonias que realizaban. Su dedicación sirve de inspiración para que podamos pasar el proceso de elevarnos y transformarnos a nosotros mismos. Todos tenemos nuestro trabajo mundano y diario que hacer; no obstante, debemos recordar que nuestro trabajo "real" en este mundo es hacer nuestra corrección (*tikún*) y que tenemos una obligación de elevarnos y transformarnos. Esta sección nos recuerda el orden y el proceso de nuestra corrección. Nuestra transformación ocurre con cierta secuencia, empleando problemas específicos como catalizadores. Tenemos que corregirnos y cambiarnos, y como resultado de este crecimiento y entendimiento, nos convertimos en seres más dadores y elevados.

LA HISTORIA DE TSAV: TERCERA LECTURA — LEVÍTICO

27 כָּל־נֶ֣פֶשׁ אֲשֶׁר־תֹּאכַ֣ל כָּל־דָּ֑ם וְנִכְרְתָ֛ה הַנֶּ֥פֶשׁ הַהִ֖וא מֵֽעַמֶּֽיהָ׃ 28 וַיְדַבֵּ֥ר יְהֹוָ֖ה אֶל־מֹשֶׁ֥ה לֵּאמֹֽר׃ 29 דַּבֵּ֞ר אֶל־בְּנֵ֤י יִשְׂרָאֵל֙ לֵאמֹ֔ר הַמַּקְרִ֞יב אֶת־זֶ֤בַח שְׁלָמָיו֙ לַֽיהֹוָ֔ה יָבִ֧יא אֶת־קׇרְבָּנ֛וֹ לַיהֹוָ֖ה מִזֶּ֥בַח שְׁלָמָֽיו׃ 30 יָדָ֣יו תְּבִיאֶ֔ינָה אֵ֖ת אִשֵּׁ֣י יְהֹוָ֑ה אֶת־הַחֵ֤לֶב עַל־הֶֽחָזֶה֙ יְבִיאֶ֔נּוּ אֵ֣ת הֶֽחָזֶ֗ה לְהָנִ֥יף אֹת֛וֹ תְּנוּפָ֖ה לִפְנֵ֥י יְהֹוָֽה׃ 31 וְהִקְטִ֧יר הַכֹּהֵ֛ן אֶת־הַחֵ֖לֶב הַמִּזְבֵּ֑חָה וְהָיָה֙ הֶֽחָזֶ֔ה לְאַהֲרֹ֖ן וּלְבָנָֽיו׃ 32 וְאֵת֙ שׁ֣וֹק הַיָּמִ֔ין תִּתְּנ֥וּ תְרוּמָ֖ה לַכֹּהֵ֑ן מִזִּבְחֵ֖י שַׁלְמֵיכֶֽם׃ 33 הַמַּקְרִ֞יב אֶת־דַּ֧ם הַשְּׁלָמִ֛ים וְאֶת־הַחֵ֖לֶב מִבְּנֵ֣י אַהֲרֹ֑ן ל֧וֹ תִהְיֶ֛ה שׁ֥וֹק הַיָּמִ֖ין לְמָנָֽה׃ 34 כִּי֩ אֶת־חֲזֵ֨ה הַתְּנוּפָ֜ה וְאֵ֣ת ׀ שׁ֣וֹק הַתְּרוּמָ֗ה לָקַ֙חְתִּי֙ מֵאֵ֣ת בְּנֵֽי־יִשְׂרָאֵ֔ל מִזִּבְחֵ֖י שַׁלְמֵיהֶ֑ם וָאֶתֵּ֣ן אֹ֠תָ֠ם לְאַהֲרֹ֨ן הַכֹּהֵ֤ן וּלְבָנָיו֙ לְחׇק־עוֹלָ֔ם מֵאֵ֖ת בְּנֵ֥י יִשְׂרָאֵֽל׃ 35 זֹ֣את מִשְׁחַ֤ת אַהֲרֹן֙ וּמִשְׁחַ֣ת בָּנָ֔יו מֵאִשֵּׁ֖י יְהֹוָ֑ה בְּיוֹם֙ הִקְרִ֣יב אֹתָ֔ם לְכַהֵ֖ן לַיהֹוָֽה׃ 36 אֲשֶׁר֩ צִוָּ֨ה יְהֹוָ֜ה לָתֵ֣ת לָהֶ֗ם בְּיוֹם֙ מׇשְׁח֣וֹ אֹתָ֔ם מֵאֵ֖ת בְּנֵ֣י יִשְׂרָאֵ֑ל חֻקַּ֥ת עוֹלָ֖ם לְדֹרֹתָֽם׃ 37 זֹ֣את הַתּוֹרָ֗ה לָֽעֹלָה֙ לַמִּנְחָ֔ה וְלַֽחַטָּ֖את וְלָאָשָׁ֑ם וְלַ֨מִּלּוּאִ֔ים וּלְזֶ֖בַח הַשְּׁלָמִֽים׃ 38 אֲשֶׁ֨ר צִוָּ֧ה יְהֹוָ֛ה אֶת־מֹשֶׁ֖ה בְּהַ֣ר סִינָ֑י בְּי֨וֹם צַוֺּת֜וֹ אֶת־בְּנֵ֣י יִשְׂרָאֵ֗ל לְהַקְרִ֧יב אֶת־קׇרְבְּנֵיהֶ֛ם לַיהֹוָ֖ה בְּמִדְבַּ֥ר סִינָֽי׃

CUARTA LECTURA – MOSHÉ – NÉTSAJ

8 ¹ El Eterno habló a Moshé, para decir:

² "Toma a Aharón y a sus hijos, las vestiduras, el aceite de unción, el novillo de la ofrenda por pecado, los dos carneros y la cesta del pan sin levadura,

³ y reúne a toda la congregación a la entrada de la Tienda de Reunión".

⁴ Moshé hizo según el Eterno le ordenó, y la congregación se había reunido a la entrada de la Tienda de Reunión.

⁵ Moshé dijo a la congregación: "Esto es lo que el Eterno ha ordenado hacer".

⁶ Entonces Moshé hizo que Aharón y sus hijos se acercaran, y los lavó con agua.

⁷ Puso la túnica sobre Aharón, lo ciñó con el cinturón, lo vistió con el manto y le puso el efod. También lo ciñó con el cinto tejido del efod, con el cual se lo ató.

⁸ Le puso el peto y dentro de éste puso el Urim y el Tumim.

⁹ Luego puso el turbante sobre su cabeza, y sobre el turbante, al frente, puso la lámina de oro, la diadema santa, tal como el Eterno había ordenado a Moshé.

¹⁰ Y Moshé tomó el aceite de unción y ungió el tabernáculo y todo lo que en él había, y los consagró.

¹¹ Roció con aceite el altar siete veces, ungiendo el altar y todos sus utensilios, y la pila y su base, para consagrarlos. ¹² Derramó del aceite de unción sobre la cabeza de Aharón y lo ungió para consagrarlo.

¹³ Luego hizo que los hijos de Aharón se acercaran, los vistió con túnicas, los ciñó con cinturones y les ajustó los turbantes tal como el Eterno había ordenado a Moshé.

בֹּ

Levítico 8:7 – Con la palabra *bo* (con él), llegamos a la mitad del rollo de la Torá. Cuando hay dos mitades de algo, hay una oportunidad de conectar con la energía de la Columna Central. Sin embargo, antes de poder hacer esto, necesitamos resistencia para revelar la Luz. Así como una bombilla no puede generar luz sin la resistencia simultánea del filamento por medio del cual pasa la electricidad, de la misma manera nosotros debemos resistir nuestros deseos egoístas antes de que podamos revelar la Luz en nuestra vida. Además, tenemos que entender el significado de las energías de las Columnas Izquierda y Derecha antes de que podamos utilizar la energía de la Columna Central. La energía de la Columna Izquierda es de juicio y recepción, la de la Columna Derecha es misericordia y compartir, y el equilibrio entre estas energías (la Columna Central) es el nivel del *Deseo de Recibir para Dar y Compartir*.

CUARTA LECTURA – MOSHÉ – NÉTSAJ

8 1 וַיְדַבֵּר רא״ה יְהֹוָהאדנ״יאהדונ״הי אֶל־מֹשֶׁה מה״ע, אל שד״י לֵּאמֹר: 2 קַח אֶת־אַהֲרֹן
ע״ב ורבוע ע״ב וְאֶת־בָּנָיו אִתּוֹ וְאֵת הַבְּגָדִים וְאֵת שֶׁמֶן י״פ טל, י״פ כוז״ו, ביט
הַמִּשְׁחָה וְאֵת | פַּר בזו״הך, ער״י, סנדלפו״ן הַחַטָּאת וְאֵת שְׁנֵי הָאֵילִים וְאֵת סַל
הַמַּצּוֹת: 3 וְאֵת כָּל־יל״י הָעֵדָה הַקְהֵל ע״ב ס״ג אֶל־פֶּתַח אֹהֶל לא״ה מוֹעֵד:
4 וַיַּעַשׂ מֹשֶׁה מה״ע, אל שד״י כַּאֲשֶׁר צִוָּה פו״י יְהֹוָהאדנ״יאהדונ״הי אֹתוֹ וַתִּקָּהֵל הָעֵדָה
אֶל־פֶּתַח אֹהֶל לא״ה מוֹעֵד: 5 וַיֹּאמֶר מֹשֶׁה מה״ע, אל שד״י אֶל־הָעֵדָה זֶה
הַדָּבָר רא״ה אֲשֶׁר־צִוָּה פו״י יְהֹוָהאדנ״יאהדונ״הי לַעֲשׂוֹת: 6 וַיַּקְרֵב מֹשֶׁה מה״ע, אל שד״י
אֶת־אַהֲרֹן ע״ב ורבוע ע״ב וְאֶת־בָּנָיו וַיִּרְחַץ אֹתָם בַּמָּיִם: 7 וַיִּתֵּן י״פ מלוי ע״ב עָלָיו
אֶת־הַכֻּתֹּנֶת וַיַּחְגֹּר אֹתוֹ בָּאַבְנֵט וַיַּלְבֵּשׁ אֹתוֹ אֶת־הַמְּעִיל וַיִּתֵּן עָלָיו
אֶת־הָאֵפֹד ע״ה אלהים וַיַּחְגֹּר אֹתוֹ בְּחֵשֶׁב הָאֵפֹד ע״ה אלהים וַיֶּאְפֹּד לוֹ בּוֹ:
8 וַיָּשֶׂם עָלָיו אֶת־הַחֹשֶׁן שד״י ורבוע אהי״ה וַיִּתֵּן י״פ מלוי ע״ב אֶל־הַחֹשֶׁן שד״י ורבוע אהי״ה
אֶת־הָאוּרִים וְאֶת־הַתֻּמִּים: 9 וַיָּשֶׂם אֶת־הַמִּצְנֶפֶת עַל־רֹאשׁוֹ וַיָּשֶׂם
עַל־הַמִּצְנֶפֶת אֶל־מוּל פָּנָיו אֵת צִיץ הַזָּהָב יה״ו נֵזֶר הַקֹּדֶשׁ כַּאֲשֶׁר
צִוָּה פו״י יְהֹוָהאדנ״יאהדונ״הי אֶת־מֹשֶׁה מה״ע, אל שד״י: 10 וַיִּקַּח וזעם מֹשֶׁה מה״ע, אל שד״י
אֶת־שֶׁמֶן י״פ טל, י״פ כוז״ו, ביט הַמִּשְׁחָה וַיִּמְשַׁח אֶת־הַמִּשְׁכָּן ב״פ (רבוע אלהים + ה)
וְאֶת־כָּל־יל״י אֲשֶׁר־בּוֹ וַיְקַדֵּשׁ אֹתָם: 11 וַיַּז מִמֶּנּוּ עַל־הַמִּזְבֵּחַ זז, נגד
שֶׁבַע ע״ב ואלהים דיודין פְּעָמִים וַיִּמְשַׁח אֶת־הַמִּזְבֵּחַ זז, נגד וְאֶת־כָּל־יל״י כֵּלָיו
וְאֶת־הַכִּיֹּר וְאֶת־כַּנּוֹ לְקַדְּשָׁם: 12 וַיִּצֹק י״פ טל, י״פ כוז״ו, ביט מִשֶּׁמֶן הַמִּשְׁחָה
עַל רֹאשׁ ריבוע אלהים ואלהים דיודין ע״ה אַהֲרֹן ע״ב ורבוע ע״ב וַיִּמְשַׁח אֹתוֹ לְקַדְּשׁוֹ:
13 וַיַּקְרֵב מֹשֶׁה מה״ע, אל שד״י אֶת־בְּנֵי אַהֲרֹן ע״ב ורבוע ע״ב וַיַּלְבִּשֵׁם כֻּתֳּנֹת
וַיַּחְגֹּר אֹתָם אַבְנֵט וַיַּחֲבֹשׁ לָהֶם מִגְבָּעוֹת כַּאֲשֶׁר צִוָּה פו״י יְהֹוָהאדנ״יאהדונ״הי
אֶת־מֹשֶׁה מה״ע, אל שד״י:

QUINTA LECTURA – AHARÓN – HOD

¹⁴ Entonces trajo el novillo de la ofrenda por pecado, y Aharón y sus hijos pusieron sus manos sobre la cabeza del novillo de la ofrenda por pecado.

¹⁵ Moshé degolló el novillo y tomó de la sangre y con su dedo puso parte de ella en los cuernos del altar por todos los lados y purificó el altar. Derramó el resto de la sangre al pie del altar. Lo consagró para hacer expiación por él.

¹⁶ Moshé tomó también toda la grasa que había en las entrañas, el lóbulo del hígado y los dos riñones con su grasa, y los quemó sobre el altar.

¹⁷ Pero el novillo, con su piel, su carne y su estiércol, lo quemó fuera del campamento, tal como el Eterno había mandado a Moshé.

¹⁸ Luego presentó el carnero del holocausto, y Aharón y sus hijos pusieron sus manos sobre la cabeza del carnero.

¹⁹ Después Moshé lo degolló y roció la sangre sobre el altar, por todos los lados.

²⁰ Cortó el carnero en pedazos y quemó la cabeza, los pedazos y la grasa.

²¹ Lavó las entrañas y las patas con agua, y quemó todo el carnero sobre el altar como holocausto, un aroma agradable; una ofrenda ígnea para el Eterno, tal como el Eterno había ordenado a Moshé.

הַוֹּטָּאת

Levítico 8:14 – Aquí se trata sobre la ofrenda por pecado. Este era el primer sacrificio en el proceso de transformación de los *cohanim*. Debido al poder que poseían, los sacerdotes tenían que alcanzar y mantener unos parámetros espirituales más elevados que la mayoría de las personas. Incluso Aharón, quien era sumamente elevado, aún tenía aspectos de sí mismo que necesitaba limpiar. Cuando alcanzamos niveles espirituales elevados, la tarea de autopurificación se vuelve más rigurosa. En los niveles inferiores, podríamos hacer muchas acciones poco ilustres sin efectos negativos aparentes. Pero a medida que avanzamos, realizar la misma clase de acciones se vuelve venenoso para nosotros, lo que nos hace caer a un nivel espiritual más bajo.

אַיִל

Levítico 8:18 – Este versículo trata sobre el carnero, acerca del cual los kabbalistas dicen que representa el ego. Cuanto más poderoso se vuelve un individuo, más ego ha invertido en ese poder. El ego es el enemigo más peligroso y poderoso de una persona elevada.

Rav Brandwein, en una carta dirigida a Rav Berg, escribió acerca de Rav Áshlag y su relación con su maestro:

"Desde entonces, comencé a adquirir un poco de ego, y en la medida que mi ego crecía, en esa medida mi maestro de santa memoria continuaba distanciándose de mí. Ni si quiera me di cuenta de ello. Esto prosiguió alrededor de tres meses hasta que, finalmente, en los últimos días, nunca

QUINTA LECTURA – AHARÓN – HOD

14 וַיַּגֵּשׁ אֵת פַּר בֹּזְחָרְ, עֲרִי, סַנְדַלְפוֹ"ן הַ֣חַטָּאת וַיִּסְמֹ֨ךְ אַהֲרֹ֤ן ע"ב ורבוע ע"ב וּבָנָיו֙ אֶת־יְדֵיהֶ֔ם עַל־רֹ֖אשׁ רבוע אלהים ואלהים דיודין ע"ה פַּ֥ר בֹּזְחָרְ, עֲרִי, סַנְדַלְפוֹ"ן הַֽחַטָּֽאת: 15 וַיִּשְׁחָ֗ט וַיִּקַּ֨ח מֹשֶׁ֤ה וחֹעם אל שדי אֶת־הַדָּם֙ רבוע אהיה וַיִּתֵּ֨ן י"פ מלוי ע"ב עַל־קַרְנ֤וֹת הַמִּזְבֵּ֨חַ֙ זן, נגד סָבִיב֙ בְּאֶצְבָּע֔וֹ וַיְחַטֵּ֖א אֶת־הַמִּזְבֵּ֑חַ זן, נגד וְאֶת־הַדָּ֗ם רבוע אהיה יָצַק֙ אֶל־יְס֣וֹד הטעם הַמִּזְבֵּ֔חַ זן, נגד וַֽיְקַדְּשֵׁ֖הוּ לְכַפֵּ֥ר מצפצ עָלָֽיו: 16 וַיִּקַּ֗ח וחֹעם אֶֽת־כָּל־ילי הַחֵ֘לֶב֮ אֲשֶׁ֣ר עַל־הַקֶּרֶב֒ וְאֵת֙ יֹתֶ֣רֶת הַכָּבֵ֔ד וְאֶת־שְׁתֵּ֥י הַכְּלָיֹ֖ת וְאֶֽת־חֶלְבְּהֶ֑ן וַיַּקְטֵ֥ר מֹשֶׁ֖ה מהע, אל שדי הַמִּזְבֵּֽחָה: 17 וְאֶת־הַפָּ֤ר בֹּזְחָרְ, עֲרִי, סַנְדַלְפוֹ"ן וְאֶת־עֹרוֹ֙ וְאֶת־בְּשָׂר֣וֹ וְאֶת־פִּרְשׁ֔וֹ שָׂרַ֥ף בָּאֵ֖שׁ אלהים דיודין ע"ה מִח֣וּץ לַֽמַּחֲנֶ֑ה כַּאֲשֶׁ֛ר צִוָּ֥ה פי יְהֹוָ֖ה אֲדֹנִי אֶת־מֹשֶֽׁה מהע, אל שדי: 18 וַיַּקְרֵ֕ב אֵ֖ת אֵ֣יל הָעֹלָ֑ה וַֽיִּסְמְכ֞וּ אַהֲרֹ֧ן ע"ב ורבוע ע"ב וּבָנָ֛יו אֶת־יְדֵיהֶ֖ם עַל־רֹ֥אשׁ רבוע אלהים ואלהים דיודין ע"ה הָאָֽיִל: 19 וַיִּשְׁחָ֑ט וַיִּזְרֹ֨ק מֹשֶׁ֤ה מהע, אל שדי אֶת־הַדָּם֙ רבוע אהיה עַל־הַמִּזְבֵּ֖חַ סָבִֽיב: 20 וְאֶ֨ת־הָאַ֔יִל נִתַּ֖ח לִנְתָחָ֑יו וַיַּקְטֵ֤ר מֹשֶׁה֙ מהע, אל שדי אֶת־הָרֹ֔אשׁ רבוע אלהים ואלהים דיודין ע"ה וְאֶת־הַנְּתָחִ֖ים וְאֶת־הַפָּֽדֶר: 21 וְאֶת־הַקֶּ֥רֶב וְאֶת־הַכְּרָעַ֖יִם רָחַ֣ץ בַּמָּ֑יִם וַיַּקְטֵר֩ מֹשֶׁ֨ה מהע, אל שדי אֶת־כָּל־ילי הָאַ֜יִל הַמִּזְבֵּ֗חָה עֹלָ֨ה ה֤וּא לְרֵֽיחַ־נִיחֹ֨חַ֙ רמ"ח אִשֶּׁ֥ה ה֨וּא לַֽיהֹוָ֔ה אֲדֹנִי כַּאֲשֶׁ֛ר צִוָּ֥ה פי יְהֹוָ֖ה אֲדֹנִי אֶת־מֹשֶֽׁה מהע, אל שדי:

Al día siguiente, el amado maestro de Rav Áshlag falleció. A Rav Áshlag le causó mucho pesar saber que había perdido tiempo tan valioso alejado de su maestro debido a su propio ego. De esta manera, podemos ver que incluso personas espiritualmente elevadas deben lidiar con su ego durante sus vidas y deben mantenerse conscientes constantemente de la influencia maligna en sus acciones.

lo podía encontrar en casa. Lo buscaba, pero no lo encontraba. Fue en ese entonces que me di cuenta que él en realidad se había aislado de mí. Sentí gran dolor y comencé a mejorar mis costumbres. Y en el noveno día de Nisán en la mañana, lo encontré y me arrepentí de lo que había hecho, y él me aceptó, de la misma forma que él que era conmigo antes".

— *Yedid Nafshí, Parte III, Ensayo 1*

SEXTA LECTURA – YOSEF – YESOD

²² Luego presentó el segundo carnero, el carnero de consagración, y Aharón y sus hijos pusieron sus manos sobre la cabeza del carnero.

²³ Moshé lo degolló y tomó de la sangre y la puso en el lóbulo de la oreja derecha de Aharón, en el pulgar de su mano derecha y en el pulgar de su pie derecho.

²⁴ Moshé hizo también que se acercaran los hijos de Aharón y puso sangre en el lóbulo de la oreja derecha de ellos, en el pulgar de su mano derecha y en el pulgar de su pie derecho. Entonces roció el resto de la sangre sobre el altar, por todos los lados.

²⁵ Tomó la grasa y la cola gorda, y toda la grasa que estaba en las entrañas, el lóbulo del hígado, los dos riñones con su grasa y la pierna derecha.

²⁶ Luego, de la cesta del pan sin levadura que estaba delante del Eterno, tomó una torta sin levadura, una mezclada con aceite y un hojaldre, y los puso sobre las porciones de grasa y sobre la pierna derecha.

²⁷ Puso todo en las manos de Aharón y sus hijos, y lo ondeó como una ofrenda mecida delante del Eterno.

²⁸ Después Moshé tomó todo esto de las manos de ellos y lo quemó en el altar encima del holocausto como ofrenda de consagración, un aroma agradable, una ofrenda ígnea para el Eterno.

²⁹ Tomó también el pecho y lo ondeó como ofrenda mecida delante del Eterno; era la porción del carnero de la consagración que pertenecía a Moshé, tal como el Eterno le había ordenado.

SEXTA LECTURA – YOSEF – YESOD

22 וַיַּקְרֵב֙ אֶת־הָאַ֣יִל הַשֵּׁנִ֔י אֵ֖יל הַמִּלֻּאִ֑ים וַֽיִּסְמְכ֡וּ אַהֲרֹ֨ן ע״ב ורבוע ע״ב
וּבָנָ֧יו אֶת־יְדֵיהֶ֛ם עַל־רֹ֥אשׁ רבוע אלהים ואלהים דיודין הָאָֽיִל: ע״ה הָאֶ֫דַּת 23 וַיִּשְׁחָ֓ט ׀ וַיִּקַּ֨ח
מֹשֶׁ֜ה מהע, אל שדי מִדָּמ֗וֹ וַיִּתֵּ֛ן י״פ מלוי ע״ב עַל־תְּנ֥וּךְ אֹ֛זֶן יוד הי ואו הה אַֽהֲרֹן֙
הַיְמָנִ֔ית ע״ב ורבוע ע״ב וְעַל־בֹּ֥הֶן יָד֛וֹ הַיְמָנִ֖ית וְעַל־בֹּ֥הֶן רַגְל֖וֹ הַיְמָנִֽית:
24 וַיַּקְרֵ֞ב אֶת־בְּנֵ֣י אַהֲרֹ֗ן ע״ב ורבוע ע״ב וַיִּתֵּ֨ן י״פ מלוי ע״ב מֹשֶׁ֤ה מהע, אל שדי מִן־הַדָּם֙
עַל־תְּנ֤וּךְ רבוע אהיה אָזְנָם֙ הַיְמָנִ֔ית וְעַל־בֹּ֥הֶן יָדָם֙ הַיְמָנִ֔ית וְעַל־בֹּ֥הֶן
רַגְלָ֖ם הַיְמָנִ֑ית וַיִּזְרֹ֨ק מֹשֶׁ֧ה מהע, אל שדי אֶת־הַדָּ֛ם רבוע אהיה עַל־הַמִּזְבֵּ֖חַ זו, נגד
סָבִֽיב: 25 וַיִּקַּ֣ח וזה אֶת־הַחֵ֗לֶב וְאֶת־הָֽאַלְיָה֙ וְאֶת־כָּל־הַחֵ֨לֶב֙ י׳ אֲשֶׁ֣ר
עַל־הַקֶּ֔רֶב וְאֵת֙ יֹתֶ֣רֶת הַכָּבֵ֔ד וְאֶת־שְׁתֵּ֥י הַכְּלָיֹ֖ת וְאֶֽת־חֶלְבְּהֶ֑ן וְאֵ֖ת
שׁ֥וֹק הַיָּמִֽין: 26 וּמִסַּ֨ל הַמַּצּ֜וֹת אֲשֶׁ֣ר ׀ לִפְנֵ֣י חכמה בינה יְהֹוָ֗הֵאלֹהֵינו לָקַ֞ח
יהוה אהיה יהוה אדני חַלַּ֤ת מַצָּה֙ ע״ב ס״ג אַחַ֔ת וְחַלַּ֥ת לֶ֛חֶם ג״פ יהוה שֶׁ֖מֶן י״פ טל, י״פ כוז״ו, ביט
אַחַ֣ת וְרָקִ֣יק אֶחָ֑ד אהבה, דאגה וַיָּ֨שֶׂם֙ עַל־הַ֣חֲלָבִ֔ים וְעַ֖ל שׁ֥וֹק הַיָּמִֽין: 27 וַיִּתֵּ֣ן
י״פ מלוי ע״ב אֶת־הַכֹּ֔ל י׳ עַ֚ל כַּפֵּ֣י אַהֲרֹ֔ן ע״ב ורבוע ע״ב וְעַ֖ל כַּפֵּ֣י בָנָ֑יו וַיָּ֧נֶף אֹתָ֛ם
תְּנוּפָ֖ה לִפְנֵ֥י חכמה בינה יְהֹוָֽהֵאלֹהֵינו: 28 וַיִּקַּ֨ח וזה מֹשֶׁ֤ה מהע, אל שדי אֹתָם֙ מֵעַ֣ל
כַּפֵּיהֶ֔ם וַיַּקְטֵ֥ר הַמִּזְבֵּ֖חָה עַל־הָעֹלָ֑ה מִלֻּאִ֥ים הֵם֙ לְרֵ֣יחַ רמ״ח נִיחֹ֔חַ
אִשֶּׁ֥ה ה֖וּא לַֽיהֹוָֽהֵאלֹהֵינו: 29 וַיִּקַּ֨ח וזה מֹשֶׁ֤ה מהע, אל שדי אֶת־הֶֽחָזֶה֙ וַיְנִיפֵ֥הוּ
תְנוּפָ֖ה לִפְנֵ֣י חכמה בינה יְהֹוָֽהֵאלֹהֵינו מֵאֵ֣יל הַמִּלֻּאִ֗ים לְמֹשֶׁ֤ה הָיָה֙ לְמָנָ֔ה
ע״ה ס״ג כַּאֲשֶׁ֛ר צִוָּ֥ה ס״ג יְהֹוָ֖הֵאלֹהֵינו אֶת־מֹשֶֽׁה מהע, אל שדי:

SÉPTIMA LECTURA – DAVID – MALJUT

30 Luego tomó Moshé del aceite de unción y de la sangre que estaba sobre el altar, y roció a Aharón y sus vestiduras, y a sus hijos y las vestiduras de sus hijos. Y consagró a Aharón y sus vestiduras, y a sus hijos y las vestiduras de sus hijos.

31 Entonces Moshé dijo a Aharón y a sus hijos: "Hiervan la carne a la entrada de la Tienda de Reunión, y cómanla allí junto con el pan que está en la cesta de la ofrenda de consagración, tal como me ha sido ordenado, para decir: 'Aharón y sus hijos lo comerán'. 32 Luego quemarán el resto de la carne y el pan.

MAFTIR

33 No salgan de la entrada de la Tienda de Reunión por siete días, hasta que termine el período de su consagración; porque por siete días serán consagrados. 34 El Eterno ha mandado hacer tal como se ha hecho hoy, para hacer expiación a su favor.

35 Deben permanecer a la entrada de la Tienda de Reunión día y noche por siete días, y guardarán la ordenanza del Eterno para que no mueran, porque así se me ha ordenado". 36 Y Aharón y sus hijos hicieron todas las cosas que el Eterno había ordenado por medio de Moshé.

וּמִפֶּתַח

Levítico 8:33 – Aharón y sus hijos tuvieron que ir a un retiro por siete días antes de convertirse en sacerdotes. Moshé hizo esto también y él terminó elevándose al nivel más alto que un ser humano haya alcanzado; él se volvió un eslabón entre la humanidad y el Creador. Podemos conectar con ese eslabón mediante sueños y visiones. A través de la reclusión y dedicación, podemos vincularnos a la sabiduría y presencia de Moshé, incluso hoy en día.

"'Y no saldrán ustedes de la puerta de la Tienda de Asamblea durante siete días… porque siete días Él los consagrará'" (Levítico 8:33). Esos siete, QUE SON BINÁ CON LOS SEIS DÍAS INCLUIDOS DENTRO, COMO SE MENCIONÓ ARRIBA, fueron perfeccionados y adornados y ungidos por los sacerdotes en todo. Cuando ellos llegaron a la Congregación de Yisrael, QUE ES MALJUT, siendo el octavo DÍA, QUE VIENE DESPUÉS DE LOS SIETE DÍAS —BINÁ, JÉSED, GUEVURÁ, TIFÉRET, NÉTSAJ, HOD Y YESOD— se ordenó a Aharón ofrecer un becerro, que es el hijo de una vaca, QUE ALUDE A MALJUT. Esto fue para expiar el pecado de ese otro 'becerro' que fue creado por Aharón, pecando con eso contra la "vaca", QUE ES MALJUT, y que es el octavo DÍA DE ESOS SIETE DÍAS MENCIONADOS ARRIBA, PORQUE ELLA ES LLAMADA 'la pacífica y fiel en Yisrael'. ENTONCES, el sacerdote es considerado completo en todo, en las ocho vestiduras sacerdotales de gloria, completo en todas las Sefirot arriba y abajo.

— El Zóhar, Sheminí, 4:26, 29

SÉPTIMA LECTURA – DAVID – MALJUT

30 וַיִּקַּ֨ח חועם מֹשֶׁ֜ה מהע׳, אל עדי מִשֶּׁ֥מֶן י״ס טל, י״פ כוז״ו, ביט הַמִּשְׁחָ֛ה וּמִן־הַדָּ֖ם רבוע אהיה אֲשֶׁ֣ר עַל־הַמִּזְבֵּ֑חַ זו, נגד וַיַּ֤ז ע״ב ורבוע ע״ב עַל־אַהֲרֹן֙ עַל־בְּגָדָ֔יו וְעַל־בָּנָ֛יו וְעַל־בִּגְדֵ֥י בָנָ֖יו אִתּ֑וֹ וַיְקַדֵּ֧שׁ אֶֽת־אַהֲרֹ֛ן אֶת־בְּגָדָ֗יו וְאֶת־בָּנָ֛יו וְאֶת־בִּגְדֵ֥י בָנָ֖יו אִתּֽוֹ׃ 31 וַיֹּ֨אמֶר מֹשֶׁ֜ה מהע׳, אל עדי אֶֽל־אַהֲרֹ֣ן ע״ב ורבוע ע״ב וְאֶל־בָּנָיו֮ בַּשְּׁל֣וּ אֶת־הַבָּשָׂר֮ פֶּ֣תַח לאה אֹ֣הֶל מוֹעֵד֒ וְשָׁם֙ יהוה תֹּאכְל֣וּ עדי אֹת֔וֹ וְאֶ֨ת־הַלֶּ֔חֶם ג״פ יהוה אֲשֶׁ֖ר בְּסַ֣ל הַמִּלֻּאִ֑ים כַּאֲשֶׁ֤ר צִוֵּ֙יתִי֙ לֵאמֹ֔ר אַהֲרֹ֥ן ע״ב ורבוע ע״ב וּבָנָ֖יו יֹאכְלֻֽהוּ׃ 32 וְהַנּוֹתָ֥ר בַּבָּשָׂ֖ר וּבַלָּ֑חֶם ג״פ יהוה בָּאֵ֖שׁ אלהים דיודין ע״ה תִּשְׂרֹֽפוּ׃

MAFTIR

33 וּמִפֶּ֩תַח֩ אֹ֨הֶל לאה מוֹעֵ֜ד לֹ֤א תֵֽצְאוּ֙ שִׁבְעַ֣ת יָמִ֔ים נלך עַ֚ד יוֹם֙ ע״ה = נגד, זן, מזבח מְלֹ֔את יְמֵ֖י מִלֻּאֵיכֶ֑ם כִּ֚י שִׁבְעַ֣ת יָמִ֔ים נלך יְמַלֵּ֖א אֶת־יֶדְכֶֽם׃ 34 כַּאֲשֶׁ֥ר עָשָׂ֖ה בַּיּ֣וֹם ע״ה = נגד, זן, מזבח הַזֶּ֑ה ודו צִוָּ֧ה פוי יְהֹוָ֛ה אדני לַעֲשֹׂ֖ת לְכַפֵּ֥ר מצפצ עֲלֵיכֶֽם׃ 35 וּפֶ֩תַח֩ אֹ֨הֶל לאה מוֹעֵ֜ד תֵּשְׁב֗וּ יוֹמָ֤ם וָלַ֙יְלָה֙ מלה שִׁבְעַ֣ת יָמִ֔ים נלך וּשְׁמַרְתֶּ֛ם אֶת־מִשְׁמֶ֥רֶת יְהֹוָ֖ה אדני וְלֹ֣א תָמ֑וּתוּ כִּי־כֵ֖ן צֻוֵּֽיתִי׃ 36 וַיַּ֥עַשׂ אַהֲרֹ֖ן ע״ב ורבוע ע״ב וּבָנָ֑יו אֵ֚ת כָּל־הַדְּבָרִ֔ים ילי אֲשֶׁר־צִוָּ֥ה פוי יְהֹוָ֖ה אדני בְּיַד־מֹשֶֽׁה מהע׳, אל עדי ׃

HAFTARÁ DE TSAV

En esta Haftará, Yirmiyá predice los graves eventos que les ocurrirían a los hijos de Israel si no cambiaban. Esto nos recuerda que, para prevenir la desgracia y traer bienaventuranza a nuestro

JEREMÍAS 7:21-8:3; 9:22-23

7 ^{21} Así dice el Eterno de los Ejércitos, el Dios de Israel: Añadan sus holocaustos a sus sacrificios y coman la carne.

^{22} Porque Yo no hablé a sus padres, ni les ordené nada en cuanto a los holocaustos y sacrificios, el día que los saqué de la tierra de Egipto,

^{23} sino que esto es lo que les mandé, diciendo: "Escuchen Mi voz y Yo seré su Dios y ustedes serán Mi pueblo, y andarán en todo camino que yo les envíe para que les vaya bien".

^{24} Pero ellos no escucharon ni inclinaron su oído, sino que anduvieron en sus propias deliberaciones y en la terquedad de su malvado corazón, y fueron hacia atrás y no hacia adelante,

^{25} desde el día que sus padres salieron de la tierra de Egipto hasta hoy, les he enviado a todos Mis Siervos los Profetas, madrugando cada día y enviándolos,

^{26} pero no me escucharon ni inclinaron su oído, sino que endurecieron su cuello y actuaron peor que sus padres.

^{27} Por lo tanto, les dirás todas estas palabras, pero no te escucharán; los llamarás y no te responderán.

^{28} Pero les dirás: "Esta es la nación que no escuchó la voz del Eterno su Dios, ni aceptó corrección. Ha perecido la verdad y ha sido cortada de su boca.

^{29} Córtate el cabello y tíralo, Jerusalén, y entona un lamento en las alturas, porque el Eterno ha desechado y abandonado a la generación objeto de Su furor".

^{30} Porque los hijos de Yehuda han hecho lo que es malo ante Mis ojos, declara el Eterno. Han puesto sus abominaciones en la casa que es llamada por Mi Nombre, profanándola.

HAFTARÁ DE TSAV

futuro, es necesario que nos transformemos para que podamos atraer la Luz del Creador a nuestra vida.

ירמיהו פרק 7, פסוקים 21–34; פרק 8 פסוקים 1–3;
פרק 9 פסוקים 22–23

21 כֹּה אָמַר יְהֹוָה(אדני/יאהדונהי) צְבָאוֹת אֱלֹהֵי יִשְׂרָאֵל עֹלוֹתֵיכֶם סְפוּ עַל־זִבְחֵיכֶם וְאִכְלוּ בָשָׂר: 22 כִּי לֹא־דִבַּרְתִּי אֶת־אֲבוֹתֵיכֶם וְלֹא צִוִּיתִים בְּיוֹם (כתיב: הוֹצִיא) הוֹצִיאִי אוֹתָם מֵאֶרֶץ מִצְרָיִם עַל־דִּבְרֵי עוֹלָה וָזָבַח: 23 כִּי אִם־אֶת־הַדָּבָר הַזֶּה צִוִּיתִי אוֹתָם לֵאמֹר שִׁמְעוּ בְקוֹלִי וְהָיִיתִי לָכֶם לֵאלֹהִים וְאַתֶּם תִּהְיוּ־לִי לְעָם וַהֲלַכְתֶּם בְּכָל־הַדֶּרֶךְ אֲשֶׁר אֲצַוֶּה אֶתְכֶם לְמַעַן יִיטַב לָכֶם: 24 וְלֹא שָׁמְעוּ וְלֹא־הִטּוּ אֶת־אָזְנָם וַיֵּלְכוּ בְּמֹעֵצוֹת בִּשְׁרִרוּת לִבָּם הָרָע וַיִּהְיוּ לְאָחוֹר וְלֹא לְפָנִים: 25 לְמִן־הַיּוֹם אֲשֶׁר יָצְאוּ אֲבוֹתֵיכֶם מֵאֶרֶץ מִצְרַיִם עַד הַיּוֹם הַזֶּה וָאֶשְׁלַח אֲלֵיכֶם אֶת־כָּל־עֲבָדַי הַנְּבִיאִים יוֹם הַשְׁכֵּם וְשָׁלֹחַ: 26 וְלוֹא שָׁמְעוּ אֵלַי וְלֹא הִטּוּ אֶת־אָזְנָם וַיַּקְשׁוּ אֶת־עָרְפָּם הֵרֵעוּ מֵאֲבוֹתָם: 27 וְדִבַּרְתָּ אֲלֵיהֶם אֶת־כָּל־הַדְּבָרִים הָאֵלֶּה וְלֹא יִשְׁמְעוּ אֵלֶיךָ וְקָרָאתָ אֲלֵיהֶם וְלֹא יַעֲנוּכָה: 28 וְאָמַרְתָּ אֲלֵיהֶם זֶה הַגּוֹי אֲשֶׁר לוֹא־שָׁמְעוּ בְּקוֹל יְהֹוָה(אדני/יאהדונהי) אֱלֹהָיו וְלֹא לָקְחוּ מוּסָר אָבְדָה הָאֱמוּנָה וְנִכְרְתָה מִפִּיהֶם: 29 גָּזִּי נִזְרֵךְ וְהַשְׁלִיכִי וּשְׂאִי עַל־שְׁפָיִם קִינָה כִּי מָאַס יְהֹוָה(אדני/יאהדונהי) וַיִּטֹּשׁ אֶת־דּוֹר עֶבְרָתוֹ: 30 כִּי־עָשׂוּ בְנֵי־יְהוּדָה הָרַע בְּעֵינַי

³¹ Y han edificado los lugares altos de Tofet, en el valle de Ben Hinom, para quemar a sus hijos y a sus hijas en el fuego, lo cual Yo no mandé, ni me cruzó por el corazón.

³² Por tanto, he aquí vienen días, dice el Eterno, en los que no se dirá más Tofet, ni valle de Ben Hinom, sino el Valle de la Matanza; porque enterrarán muertos en Tofet hasta que no haya más lugar.

³³ Y los cadáveres de este pueblo servirán de comida para las aves del cielo y para las bestias de la tierra, sin que nadie las espante.

³⁴ Entonces haré cesar de las ciudades de Judá y de las calles de Jerusalén la voz de gozo y la voz de alegría, la voz del novio y la voz de la novia; porque la tierra quedará desolada.

8 ¹ En aquel tiempo, dice el Eterno, sacarán de sus tumbas los huesos de los reyes de Judá, los huesos de sus príncipes, los huesos de los sacerdotes, los huesos de los profetas y los huesos de los habitantes de Jerusalén.

² Y los esparcirán al Sol, la Luna y todos los ejércitos del Cielo, a quienes amaron y sirvieron, y a quienes siguieron, a quienes buscaron y adoraron. No serán recogidos ni enterrados; serán como estiércol sobre la faz de la Tierra.

³ Y escogerá la muerte en lugar de la vida todo el remanente que quede de este linaje malvado, los que queden en todos los lugares a donde los he arrojado, declara el Señor de los ejércitos.

9 ²² Así ha dicho Dios: No se alabe el sabio en su sabiduría, ni en su valentía se alabe el valiente, ni el rico se alabe en sus riquezas.

²³ Mas alábese en esto el que haya de alabarse: en entenderme y conocerme, porque Yo soy Dios, que hago misericordia, juicio y justicia en la tierra, porque estas cosas me agradan, dijo el Señor".

נְאֻם־יְהֹוָ֑הֲאֲדֹנָי֙ שָׂמ֣וּ שִׁקּוּצֵיהֶ֔ם בַּבַּ֧יִת ב״פ ראה אֲשֶׁר־נִקְרָא־שְׁמִ֛י
רבוע ע״ב ורבוע ס״ג עָלָ֖יו לְטַמְּא֑וֹ: 31 וּבָנ֞וּ בָּמ֣וֹת הַתֹּ֗פֶת אֲשֶׁר֙ בְּגֵ֣יא בֶן־הִנֹּ֔ם
לִשְׂרֹ֛ף אֶת־בְּנֵיהֶ֥ם וְאֶת־בְּנֹתֵיהֶ֖ם בָּאֵ֑שׁ אלהים דיודין ע״ה אֲשֶׁר֙ לֹ֣א צִוִּ֔יתִי
וְלֹ֥א עָלְתָ֖ה עַל־לִבִּֽי: 32 לָכֵ֞ן הִנֵּֽה־יָמִ֥ים מ״ה יה בָּאִ֛ים נגד נְאֻם־יְהֹוָ֖הֲאֲדֹנָי֙
וְלֹא־יֵאָמֵ֨ר ע֜וֹד הַתֹּ֗פֶת וְגֵיא֙ בֶן־הִנֹּ֔ם כִּ֖י אִם־ ע״ה מ״ב יוהך, גֵּ֣יא הַהֲרֵגָ֑ה
וְקָבְר֥וּ בְתֹ֖פֶת מֵאֵ֥ין מָקֽוֹם יהוה ברבוע, ר״פ אל: 33 וְֽהָ֨יְתָ֜ה נִבְלַ֨ת הָעָ֤ם הַזֶּה֙
לְמַֽאֲכָ֔ל יהוה אדני, ג״פ ב״ן, יוסף, ציון לְע֥וֹף הַשָּׁמַ֖יִם י״פ טל, י״פ כוזו וּלְבֶֽהֱמַ֣ת הָאָ֑רֶץ
אלהים דההין ע״ה וְאֵ֖ין מַֽחֲרִֽיד: 34 וְהִשְׁבַּתִּ֣י ׀ מֵֽעָרֵ֣י יְהוּדָ֗ה וּמֵֽחֻצוֹת֙ יְר֣וּשָׁלַ֔ם
רי״ו ע״ע ק֣וֹל ע״ב ס״ג ע״ה שָׂשׂ֤וֹן וְקוֹל֙ ע״ב ס״ג ע״ה שִׂמְחָ֔ה ע״ב ס״ג ע״ה ק֥וֹל ע״ב ס״ג ע״ה חָתָ֖ן וְק֣וֹל
ע״ב ס״ג ע״ה כַּלָּ֑ה כִּ֥י לְחָרְבָּ֖ה תִּֽהְיֶ֥ה הָאָֽרֶץ אלהים דההין ע״ה: 8 1 בָּעֵ֨ת י״פ אהיה י׳ הויות
הַהִ֜יא נְאֻם־יְהֹוָ֗הֲאֲדֹנָי֙ יוֹצִ֨יאוּ (כתיב: ויציאו) אֶת־עַצְמ֥וֹת מַלְכֵֽי־יְהוּדָ֛ה
וְאֶת־עַצְמ֥וֹת שָׂרָ֖יו וְאֶת־עַצְמ֣וֹת הַכֹּֽהֲנִ֗ים מלה וְאֵ֣ת ׀ עַצְמ֣וֹת הַנְּבִיאִ֗ים
וְאֵ֛ת עַצְמ֥וֹת יֽוֹשְׁבֵֽי־יְרֽוּשָׁלַ֖ם רי״ו ע״ע מִקִּבְרֵיהֶֽם: 2 וּשְׁטָח֣וּם לַשֶּׁ֣מֶשׁ
ב״פ ע״ך וְלַיָּרֵ֡חַ וּלְכֹ֣ל ׀ יה אדני צְבָ֣א הַשָּׁמַ֡יִם י״פ טל, י״פ כוזו אֲשֶׁ֣ר אֲהֵב֡וּם וַֽאֲשֶׁ֣ר
עֲבָדוּם֩ וַֽאֲשֶׁ֨ר הָֽלְכ֜וּ מ״ה אַֽחֲרֵיהֶ֗ם וַֽאֲשֶׁר֙ דְּרָשׁ֔וּם וַֽאֲשֶׁ֖ר הִשְׁתַּֽחֲו֣וּ
לָהֶ֑ם לֹ֤א יֵאָֽסְפוּ֙ וְלֹ֣א יִקָּבֵ֔רוּ לְדֹ֛מֶן עַל־פְּנֵ֥י וחכמה בינה הָֽאֲדָמָ֖ה יִֽהְיֽוּ: אל:
3 וְנִבְחַ֣ר מָ֔וֶת מֵֽחַיִּ֑ים אהיה אהיה יהוה אהיה ע״ה, בינה ע״ה לְכֹ֗ל יה אדני הַשְּׁאֵרִית֙ הַנִּשְׁאָרִ֔ים
מִן־הַמִּשְׁפָּחָ֥ה הָֽרָעָ֖ה רה״ע הַזֹּ֑את בְּכָל־ ב״ן, לכב, יבמ הַמְּקֹמ֣וֹת הַנִּשְׁאָרִ֗ים
אֲשֶׁ֤ר הִדַּחְתִּים֙ שָׁ֔ם יהוה עדי נְאֻ֖ם יְהֹוָ֥הֲאֲדֹנָי֙ צְבָאֽוֹת: נתה ורבוע אהיה:
9 22 כֹּ֣ה היי ׀ אָמַ֣ר יְהֹוָ֗הֲאֲדֹנָי֙ אַל־יִתְהַלֵּ֤ל חָכָם֙ וחיים, בינה ע״ה בְּחָכְמָת֔וֹ
וְאַל־יִתְהַלֵּ֥ל הַגִּבּ֖וֹר בִּגְבֽוּרָת֑וֹ אַל־יִתְהַלֵּ֥ל עָשִׁ֖יר בְּעָשְׁרֽוֹ: 23 כִּ֣י אִם־
יוהך, ע״ה מ״ב בְּזֹ֞את יִתְהַלֵּ֣ל הַמִּתְהַלֵּ֗ל הַשְׂכֵּל֘ וְיָדֹ֣עַ אוֹתִי֒ כִּ֚י אֲנִ֣י אלף, טדה״ד כוז״ו
יְהֹוָ֔הֲאֲדֹנָי֙ עֹ֥שֶׂה חֶ֛סֶד ע״ב, רבוע יהוה מִשְׁפָּ֥ט ע״ב ה״ה אלהים ד״פ ה״ה אלהים וּצְדָקָ֖ה ע״ה רבוע אלהים
בָּאָ֑רֶץ אלהים דאלפין כִּֽי־בְאֵ֥לֶּה חָפַ֖צְתִּי נְאֻם־יְהֹוָֽהֲאֲדֹנָי֙:

SHEMINÍ

LA LECCIÓN DE SHEMINÍ
(Levítico 9:1-11:47)

Este capítulo describe la muerte de los dos hijos de Aharón, Nadav y Avihú. Existen algunas similitudes entre este evento y la historia de Yosef relatada en Génesis.

Cuando Yosef fue vendido como esclavo en Egipto por sus hermanos, ellos confesaron y dijeron: "Somos culpables". Sin embargo, está dicho que los hermanos en principio no entendían realmente la profunda iniquidad de lo que habían cometido. Esto fue claro para ellos solamente después de que se presentaron ante Yaakov, su padre, y vieron su terrible dolor, como está escrito: "Entonces Yaakov rasgó sus vestidos, se puso ropa áspera sobre sus caderas y guardó luto por su hijo durante muchos días… y él no quiso recibir consuelo" (Génesis 37:34-35). Efectivamente, Yaakov lloró y guardó luto por 22 años, y nuestros sabios nos enseñan que Yehuda, uno de los hermanos mayores de Yosef, estaba triste porque no podía hallar manera de consolar a su padre.

Pero la tristeza de Yehuda estaba enfocada en el luto que sentía Yaakov, en nada más. Más allá de eso, no hay nada en la Biblia, el *Midrash* o el *Zóhar* que indique que Yehuda y sus hermanos entendían la gravedad del terrible error que habían cometido. Ellos pensaban que no había nada pecaminoso en lo que habían hecho y, además, ellos vieron que la *Shejiná* seguía con ellos a pesar de sus malas acciones. Tenemos evidencia de esto en el versículo: "sus hermanos fueron a apacentar las ovejas de su padre" (Génesis 37:12). La palabra *et* tiene dos puntos sobre las letras, estos puntos nos indica que la *Shejiná* estaba en la presencia de ellos.

> … *todas las letras que están incluidas en la Shejiná,* LA CUAL ES MALJUT LLAMADA ET (ÁLEF, TAV) YA QUE INCLUYE TODAS LAS 22 LETRAS DE LA ÁLEF A LA TAV, SE ORIGINAN *de los aspectos de las 22 letras de la Torá.*
> — *El Zóhar, Hashmatot 7:43*

A pesar de que les tomó 22 años reconocer su falla, finalmente llegó un momento en el que los hermanos de Yosef entendieron claramente el error que habían cometido. Pero incluso cuando comenzaron a sentir el dolor físico del hambre durante la época de la gran hambruna, ellos todavía no se daban cuenta de que algún pecado o transgresión de su parte podría haber causado tal devastación. Este es el poder de nuestro ego, el cual nubla nuestra percepción acerca de la verdadera causa del dolor en nuestra vida.

Cualquier forma de sufrimiento, ya sea físico o emocional, es un mecanismo para despertarnos ante la necesidad de examinar nuestra vida. Si observamos atentamente, con honestidad y motivación sincera, podremos ver en qué nos hemos equivocado.

Cuando Aharón supo acerca de la muerte de sus hijos, se quedó en silencio. Él sabía que sus muertes habían ocurrido debido a la participación de Aharón en la creación del Becerro de Oro. Fue Aharón quien había reunido el oro del pueblo y lo había transformado en un becerro, y con esta acción él transfirió su Luz espiritual —su energía— a esta abominable criatura para que pudiera cobrar vida. El *Zóhar* dice:

> *Aarón tenía que ser purificado más, porque si no hubiese sido por él, el becerro podía no haber sido hecho. ¿Por qué? Porque Aarón es la Derecha, y la fuerza del Sol. El oro es del Sol,* porque el Sol, que es Tiféret, está constituido de derecha e izquierda. En consecuencia, el oro viene de la izquierda, pero la fuerza y el dominio del Sol es de la derecha. *El espíritu de la impiedad descendió para ser incluido* en el oro con que fue hecho el becerro, *y así los hijos de Yisrael fueron contaminados y así fue él,* Aharón, *hasta que se purificaron.*
> El Zóhar, Pekudéi 35:314

Cuando algo doloroso ocurre en nuestra vida, inmediatamente preguntamos: "¿Por qué a mí? ¿Qué he hecho para merecer esto? ¿Por qué Dios permite que esto me pase?". Las personas justas como Aharón entienden la verdad. Puede que tome un largo período de reflexión, como ocurrió en el caso de los hermanos de Yosef que tardaron 22 años, pero ellos finalmente se abrieron a la verdad y fueron capaces de decir: "Cometimos un error".

Con la ayuda de Dios, podremos alcanzar este nivel de conciencia en nuestra propia vida.

SINOPSIS DE SHEMINÍ

Sheminí significa "el octavo" en arameo. El número ocho nos conecta con la *Sefirá* de *Biná*, la octava *Sefirá* en cuenta ascendente desde *Maljut*. El número ocho también es el valor numérico de la palabra aramea para circuncisión (*brit*), la cual tiene una conexión espiritual directa con *Biná*. Una conexión con *Biná* nos ayuda a internalizar la información que absorbemos constantemente durante el día y a convertirla en un conocimiento que es entendido con nuestro corazón, no sólo con nuestra cabeza. Esta es la clase de entendimiento que necesitamos alcanzar para poder conectar con la Luz y ayudar a los demás a hacer lo mismo también.

Biná en este capítulo nos da la oportunidad de conectar con la Luz de forma directa, sin necesidad de intermediarios. El idioma arameo como tal nos permite hacer esta conexión directa también; es por ello que el *Zóhar* está escrito en arameo. La Kabbalah enseña que incluso los ángeles no entienden arameo, así que los circunvalamos y vamos directamente al Mundo Superior de *Biná*. Al igual que leer o recorrer visualmente el *Zóhar*, la lectura de este capítulo de la Biblia nos ayuda a alcanzar a *Biná* directamente.

PRIMERA LECTURA – AVRAHAM – JÉSED

9 ¹ En el octavo día, Moisés llamó a Aharón, a sus hijos y a los ancianos de Israel; ² y dijo a Aharón: "Toma un becerro para la ofrenda por pecado, y un carnero para el holocausto, ambos sin defecto, y ofrécelos ante el Eterno.

³ Luego hablarás a los hijos de Israel, para decir: 'Tomen un macho cabrío para la ofrenda por pecado, y un becerro y un cordero, ambos de un año y sin defecto, para el holocausto,

⁴ y un toro y un carnero para las ofrendas de paz, para sacrificar ante el Eterno, y una ofrenda de cereal mezclado con aceite; porque hoy se aparecerá el Eterno ante ustedes'". ⁵ Llevaron al frente de la Tienda de Reunión lo que Moisés había ordenado, y toda la congregación se acercó y permaneció de pie delante del Eterno.

⁶ Y Moisés dijo: "Esto es lo que el Eterno ha mandado que hagan, para que la gloria del Eterno se aparezca ante ustedes".

⁷ Entonces Moisés dijo a Aharón: "Acércate al altar y sacrifica tu ofrenda por pecado y tu holocausto, para que hagas expiación por ti mismo y por el pueblo; sacrifica la ofrenda que es por el pueblo y haz expiación por ellos, tal como el Eterno ha ordenado".

COMENTARIO DEL RAV

Nadav y Avihú, los hijos de Aharón, el Sumo Sacerdote, fueron consumidos por el fuego; sólo sus almas quedaron intactas. Tenemos que entender qué ocurrió aquí, porque Nadav y Avihú eran *tsadikim* (personas justas), no borrachos ni individuos de los bajos fondos.

A pesar de lo que el mundo decía, estos dos hijos —estos dos *tsadikim*— y sus otros dos hermanos hacían lo que tenían que hacer, incluso sabiendo que ello los dejaría en vergüenza. Ellos lo hacían de todas maneras porque sentían que sería una lección eterna de la cual Israel aprendería.

Cuando sientes que algo es lo correcto, lo haces y, sin importar cómo transcurran las cosas, al final terminará bien. Para Nadav y Avihú, a nivel superficial, parece que no terminó bien porque ellos murieron.

La gran lección aquí es que no importa lo que esté en riesgo, debes hacer lo correcto. Haces lo correcto incluso si tu vida depende de ello; lo cual Nadav y Avihú sabían que era una posibilidad.

Siempre estamos preocupados por las opiniones: lo que nuestros amigos puedan pensar de nosotros, lo que nuestra familia pensará de nosotros. Siempre estamos inhibidos por las opiniones de aquellos que nos rodean, lo cual limita nuestras acciones y evita que hagamos las cosas en las que creemos.

Yo no vivo según esa normativa. Si es lo correcto, voy a hacerlo. Lo que la gente a mi alrededor pueda pensar al respecto es un asunto completamente diferente.

PRIMERA LECTURA – AVRAHAM – JÉSED

9 וַיְהִי בַּיּוֹם הַשְּׁמִינִי קָרָא מֹשֶׁה לְאַהֲרֹן וּלְבָנָיו וּלְזִקְנֵי יִשְׂרָאֵל: 2 וַיֹּאמֶר אֶל־אַהֲרֹן קַח־לְךָ עֵגֶל בֶּן־בָּקָר לְחַטָּאת וְאַיִל לְעֹלָה תְּמִימִם וְהַקְרֵב לִפְנֵי יְהוָֹהאדני: 3 וְאֶל־בְּנֵי יִשְׂרָאֵל תְּדַבֵּר לֵאמֹר קְחוּ שְׂעִיר־עִזִּים לְחַטָּאת וְעֵגֶל וָכֶבֶשׂ בְּנֵי־שָׁנָה תְּמִימִם לְעֹלָה: 4 וְשׁוֹר וָאַיִל לִשְׁלָמִים לִזְבֹּחַ לִפְנֵי יְהוָֹהאדני וּמִנְחָה בְּלוּלָה בַשָּׁמֶן כִּי הַיּוֹם יְהוָֹהאדני נִרְאָה אֲלֵיכֶם: 5 וַיִּקְחוּ אֵת אֲשֶׁר צִוָּה מֹשֶׁה אֶל־פְּנֵי אֹהֶל מוֹעֵד וַיִּקְרְבוּ כָּל־הָעֵדָה וַיַּעַמְדוּ לִפְנֵי יְהוָֹהאדני: 6 וַיֹּאמֶר מֹשֶׁה זֶה הַדָּבָר אֲשֶׁר־צִוָּה יְהוָֹהאדני תַּעֲשׂוּ וְיֵרָא אֲלֵיכֶם כְּבוֹד יְהוָֹהאדני: 7 וַיֹּאמֶר מֹשֶׁה אֶל־אַהֲרֹן קְרַב אֶל־הַמִּזְבֵּחַ וַעֲשֵׂה אֶת־חַטָּאתְךָ וְאֶת־עֹלָתֶךָ וְכַפֵּר בַּעַדְךָ וּבְעַד הָעָם וַעֲשֵׂה

וַיְהִי

Levítico 9:1 – El mes de Aries, el primer signo del Zodíaco, controla todos los 12 signos. La naturaleza de todas las Vasijas es el *Deseo de Recibir*. El deseo en sí no es negativo, es lo que hacemos con él —ya sea que compartamos o seamos egoístas— lo que importa. La constelación de Aries, la cual representa el mes de Nisán, puede activar fácilmente nuestro *Deseo de Recibir para Sí Mismo*. No obstante, tenemos que estar conscientes de que incluso acciones dadoras pueden provenir del egoísmo. Es por ello que es tan importante reflexionar constantemente acerca de nuestras intenciones cuando compartimos con los demás.

קַח־לְךָ

Levítico 9:2 – Los comentarios sobre los sacrificios aquí nos enseñan que los sacrificios personales son necesarios para conectar con el poder de la Luz. Tenemos que abandonar los placeres momentáneos para obtener realización eterna.

וַעֲשֵׂה

Levítico 9:7 – Cuando Aharón realizaba los sacrificios, se enfocaba en las necesidades de la gente. Como *Cohén HaGadol* (Sumo Sacerdote), su trabajo espiritual era atraer la Luz para los demás, una tarea para la cual había sido escogido por Dios. De la misma manera, cuando hacemos

⁸ Se acercó Aharón al altar y degolló el becerro de la ofrenda por pecado que era por sí mismo. ⁹ Sus hijos le presentaron la sangre, y él mojó su dedo en la sangre y puso parte de ella sobre los cuernos del altar; el resto lo derramó al pie del altar.

¹⁰ Quemó sobre el altar la grasa, los riñones y el lóbulo del hígado de la ofrenda por pecado, tal como el Eterno había ordenado a Moisés; ¹¹ la carne y la piel las quemó en el fuego fuera del campamento. ¹² Luego degolló el holocausto. Sus hijos le dieron la sangre y él la roció sobre el altar, por todos los lados.

¹³ Ellos le dieron el holocausto parte por parte, aun la cabeza, y él los quemó sobre el altar. ¹⁴ Lavó también las entrañas y las patas, y las quemó con el holocausto sobre el altar.

¹⁵ Luego Aharón presentó la ofrenda que era por el pueblo, y tomó el macho cabrío para la ofrenda por pecado que era por el pueblo, lo degolló y lo ofreció como ofrenda por pecado, como hizo con el primero. ¹⁶ Presentó también el holocausto, y lo ofreció conforme a la ordenanza.

SEGUNDA LECTURA – YITSJAK – GUEVURÁ

¹⁷ También presentó la ofrenda de cereal, tomó un puñado y la quemó sobre el altar, además del holocausto de la mañana. ¹⁸ Degolló el buey y el carnero como la ofrenda de paz por el pueblo. Sus hijos le dieron la sangre y él la roció sobre el altar, por todos los lados.

¹⁹ Pero los pedazos de grasa del toro y del carnero —la cola con grasa, la capa de grasa, los riñones y el lóbulo del hígado— ²⁰ los pusieron sobre los pechos; y luego Aharón quemó la grasa sobre el altar. ²¹ Aharón ondeó los pechos y la pierna derecha como ofrenda mecida ante el Eterno, tal como Moisés había ordenado.

---

nuestro propio trabajo espiritual, nuestro enfoque debe estar en compartir. Cuando recibimos Luz, tenemos que compartirla. En todo momento de nuestro trabajo espiritual debemos estar pensando en los demás.

En todas las ocasiones Arriba, alguna clase de acto debe ser manifestado ABAJO. *Por lo tanto, una ceremonia era realizada con Aharón Abajo,* SIGNIFICANDO QUE ÉL NO DEJABA EL TABERNÁCULO DURANTE SIETE DÍAS Y OFRECÍA EL SACRIFICIO EN EL DÍA OCTAVO. *Con ese acto, él producía una respuesta Arriba y, de esta manera, todo se vuelve uno y todos los mundos son bendecidos a través del sacerdote. Con este acto, el sacerdote estaba completo, con toda* PERFECCIÓN, *como él debe estar. Ven y ve: la Congregación de Yisrael es bendecida por el sacerdote, y los hijos de Yisrael son bendecidos por el sacerdote, y el sacerdote es bendecido por Sacerdote Celestial,* QUIEN ES JÉSED DE ZEIR ANPÍN, *como está escrito: "'Y pondrán Mi Nombre sobre los hijos de Yisrael y Yo los bendeciré'" (Números 6:27).*
— *El Zóhar, Sheminí 4:30,41*

LA HISTORIA DE SHEMINÍ: SEGUNDA LECTURA — LEVÍTICO

8 וַיִּקְרַ֣ב יְהוָ֔ה־אֲדֹנָ֑י פי צִוָּ֖ה כַּאֲשֶׁ֥ר בַּעֲדָ֖ם מצפא וְכִפֶּ֥ר הָעָ֔ם קָרְבַּ֣ן אֶת־
אַהֲרֹן֮ ע״ב ורבוע ע״ב אֶל־הַמִּזְבֵּ֒חַ֒ זז, נגד וַיִּשְׁחָ֗ט אֶת־עֵ֥גֶל הַחַטָּ֖את אֲשֶׁר־לֽוֹ׃
9 וַ֠יַּקְרִבוּ בְּנֵ֨י אַהֲרֹ֣ן ע״ב ורבוע ע״ב אֶת־הַדָּם֮ רבוע אהיה אֵלָיו֒ וַיִּטְבֹּ֤ל אֶצְבָּעוֹ֙
בַּדָּ֔ם רבוע אהיה וַיִּתֵּ֕ן י״ס מלוי ע״ב עַל־קַרְנ֖וֹת הַמִּזְבֵּ֑חַ זז, נגד וְאֶת־הַדָּ֣ם רבוע אהיה יָצַ֔ק
אֶל־יְס֖וֹד ההע הַמִּזְבֵּֽחַ׃ זז, נגד 10 וְאֶת־הַחֵ֨לֶב וְאֶת־הַכְּלָיֹ֜ת וְאֶת־הַיֹּתֶ֤רֶת
מִן־הַכָּבֵד֙ מִן־הַ֣חַטָּ֔את הִקְטִ֖יר הַמִּזְבֵּ֑חָה כַּאֲשֶׁ֛ר צִוָּ֥ה פי יְהוָ֖ה־אֲדֹנָ֑י
אֶת־מֹשֶֽׁה׃ מהע, אל שדי 11 וְאֶת־הַבָּשָׂ֖ר וְאֶת־הָע֑וֹר שָׂרַ֣ף בָּאֵ֔שׁ אלהים דיודין ע״ה
מִח֖וּץ לַֽמַּחֲנֶֽה׃ 12 וַיִּשְׁחַ֖ט אֶת־הָעֹלָ֑ה וַ֠יַּמְצִ֠אוּ בְּנֵ֨י אַהֲרֹ֤ן ע״ב ורבוע ע״ב
אֵלָיו֙ אֶת־הַדָּ֔ם רבוע אהיה וַיִּזְרְקֵ֥הוּ עַל־הַמִּזְבֵּ֖חַ זז, נגד 13 סָבִ֑יב וְאֶת־הָעֹלָ֗ה
הִמְצִ֧יאוּ אֵלָ֛יו לִנְתָחֶ֖יהָ וְאֶת־הָרֹ֑אשׁ ריבוע אלהים ואלהים דיודין ע״ה וַיַּקְטֵ֖ר
עַל־הַמִּזְבֵּֽחַ׃ 14 וַיִּרְחַ֥ץ אֶת־הַקֶּ֖רֶב וְאֶת־הַכְּרָעָ֑יִם וַיַּקְטֵ֥ר עַל־הָעֹלָ֖ה
הַמִּזְבֵּֽחָה׃ 15 וַיַּקְרֵ֕ב אֵ֖ת קָרְבַּ֣ן הָעָ֑ם וַיִּקַּ֞ח וזה אֶת־שְׂעִ֤יר הַֽחַטָּאת֙
אֲשֶׁ֣ר לָעָ֔ם עלם וַיִּשְׁחָטֵ֥הוּ וַֽיְחַטְּאֵ֖הוּ כָּרִאשֽׁוֹן׃ 16 וַיַּקְרֵ֖ב אֶת־הָעֹלָ֑ה
וַֽיַּעֲשֶׂ֖הָ כַּמִּשְׁפָּֽט׃ ע״ה ה״פ אלהים

SEGUNDA LECTURA – YITSJAK – GUEVURÁ

17 וַיַּקְרֵב֙ אֶת־הַמִּנְחָ֔ה ע״ה ב״פ ב״ן וַיְמַלֵּ֤א כַפּוֹ֙ מִמֶּ֔נָּה וַיַּקְטֵ֖ר עַל־הַמִּזְבֵּ֑חַ
זז, נגד מִלְּבַ֖ד אבגית״ץ, וע״ר, אהבת חנם עֹלַ֥ת הַבֹּֽקֶר׃ 18 וַיִּשְׁחַ֤ט אֶת־הַשּׁוֹר֙
אבגית״ץ, וע״ר, אהבת חנם וְאֶת־הָאַ֔יִל זֶ֥בַח הַשְּׁלָמִ֖ים אֲשֶׁ֣ר לָעָ֑ם עלם וַ֠יַּמְצִ֠אוּ
בְּנֵ֨י אַהֲרֹ֤ן ע״ב ורבוע ע״ב אֶת־הַדָּם֙ רבוע אהיה אֵלָ֔יו וַיִּזְרְקֵ֥הוּ עַל־הַמִּזְבֵּ֖חַ זז, נגד
סָבִֽיב׃ 19 וְאֶת־הַחֲלָבִ֖ים מִן־הַשּׁ֑וֹר אבגית״ץ, וע״ר, אהבת חנם וּמִן־הָאַ֔יִל הָאַלְיָ֤ה
וְהַֽמְכַסֶּה֙ וְהַכְּלָיֹ֔ת וְיֹתֶ֖רֶת הַכָּבֵֽד׃ 20 וַיָּשִׂ֥ימוּ אֶת־הַחֲלָבִ֖ים עַל־הֶחָז֑וֹת
וַיַּקְטֵ֥ר הַחֲלָבִ֖ים הַמִּזְבֵּֽחָה׃ 21 וְאֵ֣ת הֶחָז֗וֹת וְאֵת֙ שׁ֣וֹק הַיָּמִ֔ין הֵנִ֥יף

²² Entonces Aharón alzó sus manos hacia el pueblo y lo bendijo. Después de ofrecer la ofrenda por pecado, el holocausto y las ofrendas de paz, descendió. ²³ Y Moisés y Aharón entraron en la Tienda de Reunión. Cuando salieron, bendijeron al pueblo; y la gloria del Eterno apareció para todo el pueblo.

TERCERA LECTURA – YAAKOV – TIFÉRET

²⁴ Fuego salió de la presencia del Eterno y consumió el holocausto y los pedazos de grasa sobre el altar. Al verlo, todo el pueblo aclamó y se postró rostro en tierra.

10 ¹ Los hijos de Aharón, Nadav y Avihú, tomaron sus respectivos incensarios, pusieron fuego en ellos y añadieron incienso; y ofrecieron fuego desautorizado delante del Eterno, contrario a Sus ordenanzas.

² Así, de la presencia del Eterno salió fuego que los consumió, y murieron delante del Eterno.

³ Entonces Moisés dijo a Aharón: "Esto es de lo que el Eterno habló cuando dijo: 'Entre aquéllos que se acerquen a Mí, me mostraré santo; en presencia de todo el pueblo seré honrado'". Aharón guardó silencio. ⁴ Moisés llamó a Mishael y Eltzafán, hijos de Uziel, tío de Aharón, y les dijo: "Acérquense, llévense a sus primos de delante del santuario, fuera del campamento".

וַיְבָרְכֵם

Levítico 9:22 – Después de que Aharón bendecía al pueblo, la Presencia Divina —la *Shejiná*— entraba en el Tabernáculo. Esa fue la primera vez en la historia en la que hubo un lugar en este mundo físico para que el Creador estuviera presente en forma física. El Tabernáculo era una Vasija para la Luz. Es con esto con lo que queremos conectar cuando necesitamos Luz. Más importante todavía, necesitamos ser Vasijas para la Luz para que ésta pueda morar en nosotros.

וַיִּקְחוּ

Levítico 10:1 – Este versículo está relacionado con la muerte de los hijos de Aharón, Nadav y Avihú. A pesar de que ellos estaban entre las almas más elevadas de la nación, aún podían ser afectados por el Satán, lo que demuestra que, indiferentemente de nuestro nivel espiritual, siempre somos vulnerables a nuestro Oponente. Los hijos de Aharón pensaron que como la Luz había entrado a este mundo, significaba que la humanidad había alcanzado la masa crítica necesaria para vencer al Satán para siempre y que la batalla entre el bien y el mal había acabado. Pero, aunque la gente estaba en presencia de la Luz, ellos no habían sido imbuidos completamente de la Luz; un requerimiento vital para la erradicación total y final del Satán. El *Zóhar* dice:

> Esto fue hasta que llegó la hora en que Nadav y Avihú se levantaron y echaron a perder el gozo general, de modo que la ira descendió sobre el mundo, como está escrito:"…y la gloria de Dios apareció a todo el pueblo" (Levítico 9:23). Entonces de inmediato, "…los hijos de Aharón tomaron cada uno un incensario…" (Levítico 10:1). De muchas maneras, ellos estropearon la alegría de la Congregación

LA HISTORIA DE SHEMINÍ: TERCERA LECTURA — LEVÍTICO

אַהֲרֹן ע״ב ורבוע ע״ב תְּנוּפָה לִפְנֵי יְהֹוָאדְהֹנָהִי וחכמה בינה כַּאֲשֶׁר צִוָּה פי׳ מֹשֶׁה מהעו, אל סדי: 22 וַיִּשָּׂא אַהֲרֹן ע״ב ורבוע ע״ב אֶת־יָדוֹ אֶל־הָעָם וַיְבָרְכֵם וַיֵּרֶד רי׳ מֵעֲשֹׂת הַחַטָּאת וְהָעֹלָה וְהַשְּׁלָמִים: 23 וַיָּבֹא מֹשֶׁה מהעו, אל סדי וְאַהֲרֹן ע״ב ורבוע ע״ב אֶל־אֹהֶל לאה מוֹעֵד וַיֵּצְאוּ וַיְבָרְכוּ אֶת־הָעָם וַיֵּרָא אלף למד יהוה כְּבוֹד רי״ו, גבורה יְהֹוָאדְהֹנָהִי אֶל־כָּל־יִלי־הָעָם:

TERCERA LECTURA – YAAKOV – TIFÉRET

24 וַתֵּצֵא אֵשׁ אלהים דיודין ע״ה מִלִּפְנֵי יְהֹוָאדְהֹנָהִי וחכמה בינה וַתֹּאכַל עַל־הַמִּזְבֵּחַ זו, נגד אֶת־הָעֹלָה וְאֶת־הַחֲלָבִים וַיַּרְא אלף למד יהוה כָּל־יִלי־הָעָם וַיָּרֹנּוּ וַיִּפְּלוּ עַל־פְּנֵיהֶם: 10 1 וַיִּקְחוּ וזעם בְנֵי־אַהֲרֹן ע״ב ורבוע ע״ב נָדָב ע״ה אהיה יוד ה״ן וַאֲבִיהוּא אִישׁ ע״ה קנ״א מַחְתָּתוֹ וַיִּתְּנוּ בָהֵן אֵשׁ אלהים דיודין ע״ה וַיָּשִׂימוּ עָלֶיהָ פהל קְטֹרֶת י״א אדני וַיַּקְרִיבוּ לִפְנֵי יְהֹוָאדְהֹנָהִי וחכמה בינה אֵשׁ אלהים דיודין ע״ה זָרָה אֲשֶׁר לֹא צִוָּה פי׳ אֹתָם: 2 וַתֵּצֵא אֵשׁ אלהים דיודין ע״ה מִלִּפְנֵי יְהֹוָאדְהֹנָהִי וַתֹּאכַל אוֹתָם וַיָּמֻתוּ לִפְנֵי וחכמה בינה יְהֹוָאדְהֹנָהִי: 3 וַיֹּאמֶר מֹשֶׁה מהעו, אל סדי אֶל־אַהֲרֹן ע״ב ורבוע ע״ב הוּא אֲשֶׁר־דִּבֶּר ראה יְהֹוָאדְהֹנָהִי | לֵאמֹר בִּקְרֹבַי סדי אֶקָּדֵשׁ וְעַל־פְּנֵי וחכמה בינה כָל־יִלי־הָעָם אֶכָּבֵד וַיִּדֹּם אַהֲרֹן ע״ב ורבוע ע״ב: 4 וַיִּקְרָא מֹשֶׁה מהעו, אל סדי אֶל־מִישָׁאֵל וְאֶל אֶלְצָפָן בְּנֵי עֻזִּיאֵל דֹּד עם ה׳ אותיות = ב״פ קס״א

---

de Yisrael. No tomaron mujer, porque no eran merecedores de una ofrenda y los mundos no fueron bendecidos por ellos. También, no era el tiempo apropiado PARA OFRECER EL INCIENSO, PORQUE NO ERA EL MOMENTO DE ENCENDER LAS VELAS; *y ellos también adelantaron el momento* DE HEREDAR EL SACERDOCIO MIENTRAS SU PADRE TODAVÍA ESTABA VIVO. *Aún antes de que* OFRECIERON EL INCIENSO, *estaban condenados,* COMO ESTÁ ESCRITO: *"...y presentaron un fuego extraño delante de Dios..."* (Levítico 10:1). *Otra cosa,* SIGNIFICANDO EL OTRO LADO, *estaba conectada por ese lazo, y ellos dejaron fuera a la Congregación de Yisrael,* QUE ES MALJUT.
— El Zóhar, Sheminí 4:36, 38

La muerte de sus hijos fue una limpieza para Aharón debido a su participación en la creación del Becerro de Oro. Dado que él entendía esto, Aharón permaneció en silencio cuando ellos murieron, en lugar de clamar a Dios como protesta.

⁵ *Y ellos se acercaron y los llevaron, todavía en sus túnicas, fuera del campamento, como Moisés había ordenado.* ⁶ *Luego Moisés dijo a Aharón y a sus hijos, Eleazar e Itamar: "No permitan que su cabello se despeine ni rasguen sus vestidos, para que no mueran y para que Él no desate todo Su enojo contra toda la congregación. Pero sus parientes, toda la casa de Israel, podrían lamentarse por aquéllos que el Eterno destruyó mediante el fuego.* ⁷ *No abandonen la entrada de la Tienda de Reunión o morirán, porque el aceite de unción del Eterno está sobre ustedes". Y ellos hicieron conforme al mandato de Moisés.* ⁸ *Entonces el Eterno habló a Aharón, diciendo:* ⁹ *"Tú y tus hijos no beberán vino ni otra bebida fermentada cuando entren en la Tienda de Reunión, o morirán. Es estatuto perpetuo por todas las generaciones.* ¹⁰ *Deben distinguir entre lo santo y lo profano, entre lo inmundo y lo limpio,* ¹¹ *y deben enseñar a los hijos de Israel todos los estatutos que el Eterno les ha dicho por medio de Moisés".*

CUARTA LECTURA – MOSHÉ – NÉTSAJ

¹² *Moisés dijo a Aharón y a los hijos que le quedaban, Eleazar e Itamar: "Tomen la ofrenda de cereal que resta de las ofrendas ígneas presentadas al Eterno, y cómanla sin levadura junto al altar, porque es santísima.*

אַל־תֵּשְׁתְּ

Levítico 10:9 – Dios ordenó a Aharón y a sus otros dos hijos, Elazar e Itamar, a que no obraran en el Tabernáculo si habían estado intoxicados con vino recientemente, lo cual nos recuerda que no debemos estar intoxicados por ninguna sustancia cuando queremos conectar con la Luz. La Luz es la única fuerza que nos eleva. Esto no quiere decir que esté mal que bebamos en otras ocasiones; lo que importa es nuestra conciencia.

Por lo tanto, cuando un sacerdote entra al Santuario para realizar un servicio divino, le está prohibido beber vino, porque todas sus acciones son realizadas en silencio. Se concentra EN LAS ARMONÍAS en silencio, se une a ellos a quienes debe unirse, A SABER: MASCULINO Y FEMENINO, y obtiene bendiciones para todos los mundos. Y todo es hecho en silencio, porque todas sus acciones son hechas en secreto. POR LO TANTO, LE ESTÁ PROHIBIDO BEBER vino porque éste revela un secreto, PORQUE "CUANDO EL VINO ENTRA, UN SECRETO SALE", *y estimula la elevación de la voz.*
— El Zóhar, Sheminí 6:66

El *Zóhar* ofrece una hermosa explicación sobre el significado interno del vino: "El vino satisface todo". La interpretación de Rav Áshlag es que "esta es la Iluminación de *Jojmá*, que es llamada vino".

Ven y ve: El aceite, EL SECRETO DE LA DERECHA, es para los sacerdotes, y el vino, EL SECRETO DE LA IZQUIERDA, es para los levitas. Esto no es porque ellos deben BEBER vino, sino porque éste viene Y SE PRODUCE del vino conservado, QUE ES LA ABUNDANCIA DE JOJMÁ, DE LA COLUMNA IZQUIERDA DE BINÁ. Viene a ellos, COMO SE MENCIONÓ ARRIBA, para unir los mundos y animarlos a todos ellos, de modo que la Derecha y la Izquierda estén completamente incorporadas, una dentro de la otra, y toda la amistad y el amor de los fieles estén con ellos. PORQUE CUANDO LA DERECHA Y LA IZQUIERDA ESTÁN INCORPORADAS UNA DENTRO DE LA OTRA, TODOS LOS GRADOS SE VUELVEN COMPLETOS.
— El Zóhar, Sheminí 11:91

LA HISTORIA DE SHEMINÍ: CUARTA LECTURA

אַהֲרֹן ע״ב ורביע ע״ב וַיֹּאמֶר אֲלֵהֶם קִרְבוּ שְׂאוּ אֶת־אֲחֵיכֶם מֵאֵת פְּנֵי וחכמה בינה הַקֹּדֶשׁ אֶל־מִחוּץ לַמַּחֲנֶה: 5 וַיִּקְרְבוּ וַיִּשָּׂאֻם בְּכֻתֳּנֹתָם אֶל־מִחוּץ לַמַּחֲנֶה כַּאֲשֶׁר דִּבֶּר ראה דבר מֹשֶׁה מהע, אל עדי: 6 וַיֹּאמֶר מֹשֶׁה מהע, אל עדי אֶל־אַהֲרֹן ע״ב ורביע ע״ב וּלְאֶלְעָזָר וּלְאִיתָמָר | בָּנָיו רָאשֵׁיכֶם אַל־תִּפְרָעוּ | וּבִגְדֵיכֶם לֹא־תִפְרֹמוּ וְלֹא תָמֻתוּ וְעַל כָּל־הָעֵדָה יכי יִקְצֹף וַאֲחֵיכֶם כָּל־בֵּית יכי ב״ן ראה יִשְׂרָאֵל יִבְכּוּ אֶת־הַשְּׂרֵפָה אֲשֶׁר שָׂרַף יְהֹוָה אדני אהדונהי: 7 וּמִפֶּתַח אֹהֶל לאה מוֹעֵד לֹא תֵצְאוּ פֶּן־תָּמֻתוּ כִּי־שֶׁמֶן י״ס טל, י״ס כוז״ו, ביט מִשְׁחַת יְהֹוָה אדני אהדונהי עֲלֵיכֶם וַיַּעֲשׂוּ כִּדְבַר ראה מֹשֶׁה מהע, אל עדי: 8 וַיְדַבֵּר ראה יְהֹוָה אדני אהדונהי אֶל־אַהֲרֹן ע״ב ורביע ע״ב לֵאמֹר: 9 יַיִן מיכ, י״ס האא, י״ס ב״ן וְשֵׁכָר י״ס ב״ן אַל־תֵּשְׁתְּ | אַתָּה | וּבָנֶיךָ אִתָּךְ בְּבֹאֲכֶם אֶל־אֹהֶל לאה מוֹעֵד וְלֹא תָמֻתוּ חֻקַּת עוֹלָם אהיה דההין לְדֹרֹתֵיכֶם: 10 וּלְהַבְדִּיל בֵּין הַקֹּדֶשׁ וּבֵין הַחֹל וּבֵין הַטָּמֵא וּבֵין הַטָּהוֹר י״ס אכא: 11 וּלְהוֹרֹת אֶת־בְּנֵי יִשְׂרָאֵל אֵת כָּל־הַחֻקִּים יכי אֲשֶׁר דִּבֶּר ראה יְהֹוָה אדני אהדונהי אֲלֵיהֶם בְּיַד־מֹשֶׁה מהע, אל עדי:

CUARTA LECTURA – MOSHÉ – NÉTSAJ

12 וַיְדַבֵּר ראה מֹשֶׁה מהע, אל עדי אֶל־אַהֲרֹן ע״ב ורביע ע״ב וְאֶל אֶלְעָזָר וְאֶל־אִיתָמָר | בָּנָיו הַנּוֹתָרִים קְחוּ ע״ה ב״ן ב״ן הַנֹּתֶרֶת מֵאִשֵּׁי אֶת־הַמִּנְחָה יְהֹוָהאדניאהדונהי וְאִכְלוּהָ מַצּוֹת אֵצֶל הַמִּזְבֵּחַ זן, נגד כִּי קֹדֶשׁ קָדָשִׁים הִוא:

קְוֹזוּ

Levítico 10:12 – Moshé le dijo a Aharón que, aunque estuviera de luto por sus hijos, Aharón debía continuar realizando su trabajo como *Cohén HaGadol*. Esto nos enseña que no importa cuán desalentados estemos, no podemos olvidar nuestro trabajo, oraciones diarias y conexiones que necesitamos.

13 La comerán en un lugar santo, porque es la porción tuya y la porción de tus hijos de las ofrendas ígneas presentadas al Eterno; porque así se me ha ordenado. 14 Pero tú y tus hijos y tus hijas pueden comer el pecho que fue ondeado y la pierna que fue presentada. Cómanlos en un lugar ceremonialmente limpio; les han sido dados como la porción tuya y la de tus hijos de los sacrificios de las ofrendas de paz de los hijos de Israel.

15 La pierna que fue ofrecida y el pecho que fue ondeado deben ser traídos junto con los pedazos de grasa de las ofrendas ígneas, para ondearlos ante el Eterno como ofrenda mecida. Esta será para siempre la porción tuya y la de tus hijos, tal como el Eterno ha ordenado".

QUINTA LECTURA – AHARÓN – HOD

16 Cuando Moisés inquirió por el macho cabrío de la ofrenda por pecado y supo que había sido quemado, se enojó con Eleazar e Itamar, los hijos que le habían quedado a Aharón, y preguntó: 17 "¿Por qué no comieron la ofrenda por pecado en el área del santuario? Es santísima y les fue dada para quitar la culpa de la congregación mediante hacer expiación por ellos ante el Eterno. 18 Puesto que su sangre no había sido llevada dentro del Lugar Santo, debieron haberlo comido en el santuario, tal como yo ordené".

19 Aharón contestó a Moshé: "Hoy ellos han sacrificado su ofrenda por pecado y su holocausto ante el Eterno, pero cosas como estas me han ocurrido a mí. Si yo hubiera comido hoy de la ofrenda por pecado, ¿habría sido grato a los ojos del Eterno?".

20 Cuando Moisés oyó esto, quedó satisfecho.

דָּרֹשׁ

Levítico 10:16 – De acuerdo con la Kabbalah, todo lo que está a la mitad de algo nos conecta con la energía de la Columna Central y el equilibrio. La Columna Central nos ayuda a reactivar nuestro sistema inmunológico en áreas donde lo hemos desactivado. La mitad de la Torá está marcada bien sea por una letra, una palabra o la misma mitad de la Torá en general.

Aquí, con la palabra *darosh* (inquirió), llegamos a la mitad de la Torá en cuanto al número de palabras. Otro aspecto interesante es que la palabra aramea pera "palabra" es *teivá* que también significa "protección" o "Arca", como el Arca de Nóaj. Por lo tanto, cuando conectamos con la palabra *darosh*, no sólo recibimos la energía de equilibrio y reactivación de nuestro sistema inmunológico, también recibimos protección.

וַיִּקְצֹף

Levítico 10:16 – En esta sección hay una discusión entre Moshé y los hijos restantes de Aharón, Elazar e Itamar, respecto a los sacrificios. A pesar de que todos ellos estuvieran dedicados a la obra de Dios, ellos no llegaban a un acuerdo en cuanto a la mejor forma de ejecutarla. Es importante reconocer en nuestras propias discusiones que la otra persona puede estar dedicada al mismo fin que nosotros, aunque ésta tenga una perspectiva diferente acerca de la mejor forma

LEVÍTICO

13 וַאֲכַלְתֶּ֤ם אֹתָהּ֙ בְּמָק֣וֹם קָד֔וֹשׁ כִּ֣י חָקְךָ֤ וְחָק־בָּנֶ֙יךָ֙ הִ֔וא מֵאִשֵּׁ֖י יְהֹוָ֑ה כִּי־כֵ֖ן צֻוֵּֽיתִי: 14 וְאֵת֩ חֲזֵ֨ה הַתְּנוּפָ֜ה וְאֵ֣ת ׀ שׁ֣וֹק הַתְּרוּמָ֗ה תֹּֽאכְלוּ֙ בְּמָק֣וֹם טָה֔וֹר אַתָּ֕ה וּבָנֶ֥יךָ וּבְנֹתֶ֖יךָ אִתָּ֑ךְ כִּֽי־חָקְךָ֤ וְחָק־בָּנֶ֙יךָ֙ נִתְּנ֔וּ מִזִּבְחֵ֥י שַׁלְמֵ֖י בְּנֵ֥י יִשְׂרָאֵֽל: 15 שׁ֣וֹק הַתְּרוּמָ֞ה וַחֲזֵ֣ה הַתְּנוּפָ֗ה עַ֣ל אִשֵּׁ֤י הַחֲלָבִים֙ יָבִ֔יאוּ לְהָנִ֥יף תְּנוּפָ֖ה לִפְנֵ֣י יְהֹוָ֑ה וְהָיָ֨ה לְךָ֜ וּלְבָנֶ֤יךָ אִתְּךָ֙ לְחָק־עוֹלָ֔ם כַּאֲשֶׁ֖ר צִוָּ֥ה יְהֹוָֽה:

QUINTA LECTURA – AHARÓN – HOD

16 וְאֵ֣ת ׀ שְׂעִ֣יר הַֽחַטָּ֗את דָּרֹ֥שׁ דָּרַ֛שׁ מֹשֶׁ֖ה וְהִנֵּ֣ה שֹׂרָ֑ף וַיִּקְצֹ֨ף עַל־אֶלְעָזָ֜ר וְעַל־אִֽיתָמָ֗ר בְּנֵ֧י אַהֲרֹ֛ן הַנּוֹתָרִ֖ם לֵאמֹֽר: 17 מַדּ֗וּעַ לֹֽא־אֲכַלְתֶּ֤ם אֶת־הַֽחַטָּאת֙ בִּמְק֣וֹם הַקֹּ֔דֶשׁ כִּ֛י קֹ֥דֶשׁ קָֽדָשִׁ֖ים הִ֑וא וְאֹתָ֣הּ ׀ נָתַ֣ן לָכֶ֗ם לָשֵׂאת֙ אֶת־עֲוֺ֣ן הָעֵדָ֔ה לְכַפֵּ֥ר עֲלֵיהֶ֖ם לִפְנֵ֥י יְהֹוָֽה: 18 הֵ֚ן לֹא־הוּבָ֣א אֶת־דָּמָ֔הּ אֶל־הַקֹּ֖דֶשׁ פְּנִ֑ימָה אָכ֨וֹל תֹּאכְל֥וּ אֹתָ֛הּ בַּקֹּ֖דֶשׁ כַּאֲשֶׁ֥ר צִוֵּֽיתִי: 19 וַיְדַבֵּ֨ר אַהֲרֹ֜ן אֶל־מֹשֶׁ֗ה הֵ֣ן הַ֠יּ֠וֹם הִקְרִ֨יבוּ אֶת־חַטָּאתָ֤ם וְאֶת־עֹֽלָתָם֙ לִפְנֵ֣י יְהֹוָ֔ה וַתִּקְרֶ֥אנָה אֹתִ֖י כָּאֵ֑לֶּה וְאָכַ֤לְתִּי חַטָּאת֙ הַיּ֔וֹם הַיִּיטַ֖ב בְּעֵינֵ֥י יְהֹוָֽה: 20 וַיִּשְׁמַ֣ע מֹשֶׁ֔ה וַיִּיטַ֖ב בְּעֵינָֽיו:

---

de realizar el trabajo. Al respetar el conocimiento y el aporte de los demás, y también al tratarlos con dignidad humana, podemos obtener una solución pacífica a nuestras discusiones. Muy a menudo, cuando discutimos con alguien, tendemos a ver a la otra persona en términos de aquello que nos desagrada de esa persona. Debemos restringir nuestra disputa al tema en específico que se esté tratando y no permitir que se engrandezca debido a otras dificultades anteriores que se hayan tenido con esa persona.

SEXTA LECTURA – YOSEF – YESOD

11 ¹ *El Eterno habló a Moshé y a Aharón, para decir:* ² *"Digan a los hijos de Israel: De entre todos los animales que hay sobre la tierra, estos son los que podrán comer:*

³ *Pueden comer cualquier animal que tiene la pezuña completamente dividida y rumia.*

⁴ *De los que rumian o tienen pezuña dividida, no comerán éstos: El camello porque, aunque rumia, no tiene pezuña dividida; es ceremonialmente inmundo para ustedes.*

⁵ *El conejo porque, aunque rumia, no tiene pezuña dividida; es inmundo para ustedes.*

⁶ *La liebre porque, aunque rumia, no tiene pezuña dividida; es inmunda para ustedes.*

⁷ *Y el cerdo porque, aunque tiene la pezuña completamente dividida, no rumia; es inmundo para ustedes.* ⁸ *No comerán de su carne ni tocarán sus cadáveres; son inmundos para ustedes.*

⁹ *Pueden comer de todas las criaturas que viven en el agua que tengan aletas y escamas, y que vivan en océanos o ríos.*

¹⁰ *Pero todas las criaturas en los mares o ríos que no tienen aletas ni escamas —entre todo lo que se mueve en las aguas y entre todas las criaturas vivientes que están en el agua— son abominación para ustedes* ¹¹ *Y dado que son abominables para ustedes, no comerán de su carne y abominarán sus cadáveres.*

תֹּאכֵלוּ

Levítico 11:2 – La siguiente sección trata acerca de las leyes de la *kashrut* (*kosher* o alimentos aptos para su consumo). La razón espiritual por la cual algunos alimentos pueden ser consumidos o no está completamente relacionada con la reencarnación. Cuando las almas reencarnan como animales, su propósito para ese tiempo de vida es elevarse al ser servidos como alimento para la gente. Pero este es el caso sólo para aquellos alimentos identificados como *kosher*. Si las almas reencarnan en alimentos que no son *kosher*, están destinadas a ser elevadas de otras formas. Identificar un animal como *kosher* nos da la seguridad de que esa carne en particular contiene un alma que necesita ser elevada mediante el consumo; esto nos ayuda a meditar en el alma y no sólo comer la parte física del alimento. Dado que la comida es el combustible empleado para realizar acciones, queremos ser energizados por la acción positiva de elevar un alma.

Rabí Elazar dijo: "'Ésta es la criatura viviente de entre todo animal que comerán ustedes'", SIGNIFICA *que les está permitido a ustedes comer de todo aquello que pertenece al lado* DE LA PUREZA*, pero no se les permite comer aquello que no pertenece a este lado. Hay animales que vienen del lado* DE LA PUREZA *y otros del otro lado, impuro. Esto se deduce del versículo: "'...lo que tenga el casco hendido y las pezuñas partidas'" (Levítico 11:3). Hemos aprendido que todos ellos están marcados y la Escritura los especifica a todos. Por lo tanto, quien come de esos que vienen del lado impuro se contamina y contamina su alma, la cual brota del lado puro.*

SEXTA LECTURA – YOSEF – YESOD

11 1 וַיְדַבֵּר רא״ה יְהֹוָ֗הֹאהדונהי אדני אהדונהי מהע, אל שדי אֶל־מֹשֶׁ֥ה וְאֶֽל־אַהֲרֹ֖ן ע״ב ורבוע ע״ב לֵאמֹ֥ר אֲלֵהֶֽם׃ 2 דַּבְּר֛וּ רא״ה אֶל־בְּנֵ֥י יִשְׂרָאֵ֖ל לֵאמֹ֑ר זֹ֤את הַֽחַיָּה֙ אֲשֶׁ֣ר תֹּֽאכְל֔וּ מִכָּל־ ילי הַבְּהֵמָ֖ה ב״ן, לכב, יבמ אֲשֶׁ֥ר עַל־הָאָֽרֶץ׃ אלהים דההין ע״ה 3 כֹּ֣ל ילי ׀ מַפְרֶ֣סֶת פַּרְסָ֗ה בזוזך אדני וְשֹׁסַ֤עַת שֶׁ֙סַע֙ פְּרָסֹ֔ת מַעֲלַ֥ת גֵּרָ֖ה בַּבְּהֵמָ֑ה ב״ן, לכב, יבמ אֹתָ֖הּ תֹּאכֵֽלוּ׃ 4 אַ֤ךְ אההיה אֶת־זֶה֙ לֹ֣א תֹֽאכְל֔וּ מִֽמַּעֲלֵי֙ הַגֵּרָ֔ה ד״פ ב״ן וּמִמַּפְרִיסֵ֖י הַפַּרְסָ֑ה בזוזך אדני אֶֽת־הַ֠גָּמָל ג״פ יהוה כִּֽי־מַעֲלֵ֨ה גֵרָ֜ה ד״פ ב״ן ה֗וּא וּפַרְסָה֙ בזוזך אדני אֵינֶ֣נּוּ מַפְרִ֔יס טָמֵ֥א ה֖וּא לָכֶֽם׃ 5 וְאֶת־הַשָּׁפָ֗ן כִּֽי־מַעֲלֵ֤ה גֵרָה֙ ד״פ ב״ן ה֔וּא וּפַרְסָ֖ה בזוזך אדני לֹ֣א יַפְרִ֑יס טָמֵ֥א ה֖וּא לָכֶֽם׃ 6 וְאֶת־הָאַרְנֶ֗בֶת כִּֽי־מַעֲלַ֤ת גֵּרָה֙ ד״פ ב״ן הִ֔וא וּפַרְסָ֖ה בזוזך אדני לֹ֣א הִפְרִ֑יסָה טְמֵאָ֥ה הִ֖וא לָכֶֽם׃ 7 וְאֶת־הַ֠חֲזִיר כִּֽי־מַפְרִ֨יס פַּרְסָ֜ה בזוזך אדני ה֗וּא וְשֹׁסַ֥ע שֶׁ֙סַע֙ פַּרְסָ֔ה בזוזך אדני וְה֖וּא גֵּרָ֣ה ד״פ ב״ן לֹֽא־יִגָּ֑ר טָמֵ֥א ה֖וּא לָכֶֽם׃ 8 מִבְּשָׂרָם֙ לֹ֣א תֹאכֵ֔לוּ וּבְנִבְלָתָ֖ם לֹ֣א תִגָּ֑עוּ טְמֵאִ֥ים הֵ֖ם לָכֶֽם׃ 9 אֶת־זֶה֙ תֹּֽאכְל֔וּ מִכֹּ֖ל ילי אֲשֶׁ֣ר בַּמָּ֑יִם כֹּ֣ל ילי אֲשֶׁר־לוֹ֩ סְנַפִּ֨יר וְקַשְׂקֶ֜שֶׂת בַּמַּ֗יִם בַּיַּמִּים֙ גך וּבַנְּחָלִ֔ים אֹתָ֖ם תֹּאכֵֽלוּ׃ 10 וְכֹ֣ל ילי אֲשֶׁ֣ר אֵֽין־לוֹ֩ סְנַפִּ֨יר וְקַשְׂקֶ֜שֶׂת בַּיַּמִּים֙ גך וּבַנְּחָלִ֔ים מִכֹּל֙ ילי שֶׁ֣רֶץ הַמַּ֔יִם וּמִכֹּ֛ל ילי נֶ֥פֶשׁ רמ״ח ילי הַֽחַיָּ֖ה הוי״ה ב ד׳ וייח אֲשֶׁ֣ר בַּמָּ֑יִם שֶׁ֥קֶץ הֵ֖ם לָכֶֽם׃ 11 וְשֶׁ֖קֶץ יִֽהְי֣וּ אל לָכֶ֑ם מִבְּשָׂרָם֙ לֹ֣א תֹאכֵ֔לוּ וְאֶת־נִבְלָתָ֖ם תְּשַׁקֵּֽצוּ׃

En el ganado, las criaturas vivientes, los pájaros y los peces son vistos signos de la Derecha o de la Izquierda. Podemos comer lo que viene de la Derecha, pero no podemos comer lo que viene de la Izquierda, porque todos ellos están en el grado de impureza y todos ellos son impuros. Un espíritu impuro habita en ellos. Por lo tanto, el Espíritu Santo de Yisrael nunca debe ser mezclado con ellos ni ser contaminado por ellos, para que los hijos de Yisrael *puedan permanecer santos y ser reconocidos como tales arriba y abajo.*
— *El Zóhar, Sheminí 14:105, 109*

¹² Todo lo que vive en las aguas que no tenga aletas ni escamas, será abominación para ustedes.

¹³ Estas son las aves que abominarán y no comerán porque son abominación: el águila, el buitre y el buitre negro,

¹⁴ el milano y el buitre según sus especies, ¹⁵ toda clase de cuervo, ¹⁶ el avestruz, la lechuza, la gaviota y el gavilán según sus especies;

¹⁷ el búho, el cormorán, el ibis, ¹⁸ el lagarto, el pelícano, el buitre,

¹⁹ la cigüeña, cualquier clase de garza, la abubilla y el murciélago.

²⁰ Todo insecto alado que ande sobre cuatro patas será abominación para ustedes.

²¹ De esas criaturas aladas que andan sobre cuatro patas, estos son los que pueden comer: las que tienen patas impulsoras para saltar con ellas sobre la tierra.

²² De ellos pueden comer el arbe según su especie, el salam según su especie, el jargal según su specie,

²³ Pero todos los demás insectos alados que tengan cuatro patas serán abominación para ustedes.

²⁴ Se harán inmundos mediante estos animales; todo el que toque sus cadáveres quedará inmundo hasta el atardecer.

²⁵ Todo el que levante parte de sus cadáveres debe lavar sus vestidos y quedará inmundo hasta el atardecer.

²⁶ Todo animal que tiene pezuña dividida pero no completamente o que no rumia, es inmundo para ustedes; todo el que lo toque quedará inmundo.

²⁷ De todos los animales que andan sobre cuatro patas, los que andan sobre sus garras son inmundos para ustedes; todo el que toque sus cadáveres quedará inmundo hasta el atardecer.

²⁸ Cualquiera que levante sus cadáveres debe lavar sus ropas y quedará inmundo hasta el atardecer. Ellos son inmundos para ustedes.

²⁹ De entre los animales que se arrastran sobre la tierra, éstos serán inmundos para ustedes: la comadreja, el ratón, la tortuga,

³⁰ la lagartija, el varánido, la lagartija roquera, el esnícido y el camaleón.

LA HISTORIA DE SHEMINÍ: SEXTA LECTURA — LEVÍTICO

12 כֹּ֣ל ילי אֲשֶׁ֥ר אֵֽין־ל֛וֹ סְנַפִּ֥יר וְקַשְׂקֶ֖שֶׂת בַּמָּ֑יִם שֶׁ֥קֶץ ה֖וּא לָכֶֽם׃
13 וְאֶת־אֵ֙לֶּה֙ תְּשַׁקְּצ֣וּ מִן־הָע֔וֹף ג"פ ב"ן, יוסף, ציון לֹ֥א יֵאָכְל֖וּ שֶׁ֣קֶץ הֵ֑ם אֶת־הַנֶּ֙שֶׁר֙ וְאֶת־הַפֶּ֔רֶס וְאֵ֖ת הָעָזְנִיָּֽה׃ 14 וְאֶת־הַדָּאָ֕ה וְאֶת־הָאַיָּ֖ה לְמִינָֽהּ׃ 15 אֵ֥ת כָּל־ ילי עֹרֵ֖ב לְמִינֽוֹ׃ 16 וְאֵת֙ בַּ֣ת הַֽיַּעֲנָ֔ה וְאֶת־הַתַּחְמָ֖ס וְאֶת־הַשָּׁ֑חַף וְאֶת־הַנֵּ֖ץ מום, אלהים, אהיה אדני לְמִינֵֽהוּ׃ 17 וְאֶת־הַכּ֥וֹס וְאֶת־הַשָּׁלָ֖ךְ וְאֶת־הַיַּנְשֽׁוּף׃ 18 וְאֶת־הַתִּנְשֶׁ֥מֶת וְאֶת־הַקָּאָ֖ת וְאֶת־הָרָחָֽם׃ אברהם, רז"פ אל, רמ"ז 19 וְאֵ֖ת הַחֲסִידָ֑ה הָאֲנָפָה֙ לְמִינָ֔הּ וְאֶת־הַדּוּכִיפַ֖ת וְאֶת־הָעֲטַלֵּֽף׃ 20 כֹּ֚ל ילי שֶׁ֣רֶץ הָע֔וֹף ג"פ ב"ן, יוסף, ציון הַהֹלֵ֖ךְ מ"ה עַל־אַרְבַּ֑ע שֶׁ֥קֶץ ה֖וּא לָכֶֽם׃ 21 אַ֤ךְ אהיה אֶת־זֶה֙ תֹּֽאכְל֔וּ מִכֹּל֙ ילי שֶׁ֣רֶץ הָע֔וֹף הַהֹלֵ֖ךְ מ"ה עַל־אַרְבַּ֑ע אֲשֶׁר־ל֣וֹ (לא) כְרָעַ֔יִם מִמַּ֣עַל עלם לְרַגְלָ֔יו לְנַתֵּ֥ר בָּהֵ֖ן עַל־הָאָֽרֶץ׃ אלהים דההין ע"ה 22 אֶת־אֵ֤לֶּה מֵהֶם֙ תֹּאכֵ֔לוּ אֶת־הָֽאַרְבֶּ֣ה יצחק, ד"פ ב"ן לְמִינ֔וֹ וְאֶת־הַסָּלְעָ֖ם לְמִינֵ֑הוּ וְאֶת־הַחַרְגֹּ֣ל לְמִינֵ֔הוּ וְאֶת־הֶחָגָ֖ב לְמִינֵֽהוּ׃ 23 וְכֹל֙ ילי שֶׁ֣רֶץ הָע֔וֹף ג"פ ב"ן, יוסף, ציון אֲשֶׁר־ל֖וֹ אַרְבַּ֣ע רַגְלָ֑יִם שֶׁ֥קֶץ ה֖וּא לָכֶֽם׃ 24 וּלְאֵ֖לֶּה תִּטַּמָּ֑אוּ כָּל־ ילי הַנֹּגֵ֥עַ בְּנִבְלָתָ֖ם יִטְמָ֥א עַד־הָעָֽרֶב׃ רבוע יהוה ורבוע אלהים 25 וְכָל־ ילי הַנֹּשֵׂ֖א מִנִּבְלָתָ֑ם יְכַבֵּ֥ס בְּגָדָ֖יו וְטָמֵ֥א עַד־הָעָֽרֶב׃ רבוע יהוה ורבוע אלהים 26 לְֽכָל־ יה אדני הַבְּהֵמָ֡ה ב"ן, לכב, יבמ אֲ֠שֶׁר הִ֣וא מַפְרֶ֨סֶת פַּרְסָ֜ה בזו"ך ר אדני וְשֶׁ֣סַע ׀ אֵינֶ֣נָּה שֹׁסַ֗עַת וְגֵרָה֙ ד"פ ב"ן אֵינֶ֣נָּה מַעֲלָ֔ה טְמֵאִ֥ים הֵ֖ם לָכֶ֑ם כָּל־ ילי הַנֹּגֵ֥עַ בָּהֶ֖ם יִטְמָֽא׃ 27 וְכֹ֣ל ׀ ילי הוֹלֵ֣ךְ עַל־כַּפָּ֗יו בְּכָל־ ב"ן, לכב, יבמ הַֽחַיָּה֙ הַהֹלֶ֣כֶת עַל־אַרְבַּ֔ע טְמֵאִ֥ים הֵ֖ם לָכֶ֑ם כָּל־ ילי הַנֹּגֵ֥עַ בְּנִבְלָתָ֖ם יִטְמָ֥א עַד־הָעָֽרֶב׃ רבוע יהוה ורבוע אלהים 28 וְהַנֹּשֵׂא֙ אֶת־נִבְלָתָ֔ם יְכַבֵּ֥ס בְּגָדָ֖יו וְטָמֵ֣א עַד־הָעָ֑רֶב רבוע יהוה ורבוע אלהים טְמֵאִ֥ים הֵ֖מָּה לָכֶֽם׃ 29 וְזֶ֤ה לָכֶם֙ הַטָּמֵ֔א בַּשֶּׁ֖רֶץ הַשֹּׁרֵ֣ץ עַל־הָאָ֑רֶץ אלהים דההין ע"ה הַחֹ֥לֶד וְהָעַכְבָּ֖ר וְהַצָּ֥ב לְמִינֵֽהוּ׃ 30 וְהָאֲנָקָ֧ה וְהַכֹּ֛חַ וְהַלְּטָאָ֖ה

³¹ *De entre todos los animales que se arrastran, estos serán inmundos para ustedes. Todo el que los toque cuando estén muertos quedará inmundo hasta el atardecer.*

³² *Cualquier cosa sobre la cual caiga muerto uno de ellos, dicho artículo, indiferentemente de su uso, también quedará inmundo; ya sea que esté hecho de madera, tela, piel o saco. Será puesto en el agua y estará inmundo hasta el atardecer; entonces quedará limpio.*

SÉPTIMA LECTURA – DAVID – MALJUT

³³ *Si uno de ellos cae en una vasija de barro, lo que está en la vasija quedará inmundo y deben quebrar la vasija.* ³⁴ *Todo alimento que se come sobre el cual caiga agua de esta vasija quedará inmundo, y todo líquido que se beba en tal vasija quedará inmundo.* ³⁵ *Todo aquello sobre lo cual caiga parte de sus cadáveres quedará inmundo; el horno o cazo serán destruidos. Son inmundos y deben seguir considerándolos como tal.*

³⁶ *Sin embargo, una fuente o cisterna donde se recoge agua permanecerá limpia, pero quien toque uno de estos cadáveres quedará inmundo.* ³⁷ *Si un cadáver cae sobre cualquier semilla que se ha de sembrar, quedará limpia.*

³⁸ *Pero si se pone agua en la semilla y un cadáver cae sobre ella, será inmunda para ustedes.* ³⁹ *Si muere uno de los animales que pueden comer, el que toque su cadáver quedará inmundo hasta el atardecer.*

⁴⁰ *Quien que coma parte de su cadáver debe lavar sus vestidos y quedará inmundo hasta el atardecer. Quien levante el cadáver debe lavar sus vestidos y quedará inmundo hasta el atardecer.*

יִפֹּל

Levítico 11:32 – Aprendemos que las Vasijas espirituales pueden contaminarse a través de acciones negativas como, por ejemplo, tocar un cadáver. Si una Vasija se contamina, la negatividad puede eliminarse mediante el lavado.

De eso, está escrito: "'… Ni se harán ustedes impuros (heb. venitmetem) con ellos'" (Levítico 11:43), sin la Álef, PARA MOSTRAR que no hay remedio para su impureza y que él nunca puede recobrarse de su contaminación. Rabí Elazar estaba una vez sentado delante de su padre, Rabí Shimón, y le dijo: Hemos aprendido que el Santísimo, bendito sea Él, purificará un día a los hijos de Yisrael. ¿Con qué LOS PURIFICARÁ? Respondió: Con eso que está escrito en el versículo: "'Y rociaré sobre ustedes agua pura y serán purificados…'" (Ezequiel 36:25).
— El Zóhar, Sheminí 15:112, 117

Todas nuestras acciones crean entidades positivas, de las cuales podemos obtener gran beneficio, o entidades negativas, las cuales nos hacen sufrir daños físicos o espirituales; esto es una realidad ya sea que las entidades las hayamos creado nosotros u otras personas.

וְהַחֹמֶט וְהַתִּנְשָׁמֶת: 31 אֵלֶּה הַטְּמֵאִים לָכֶם בְּכָל־הָשָׁרֶץ כָּל־הַנֹּגֵעַ בָּהֶם בְּמֹתָם יִטְמָא עַד־הָעָרֶב: 32 וְכֹל אֲשֶׁר־יִפֹּל־עָלָיו מֵהֶם ׀ בְּמֹתָם יִטְמָא מִכָּל־כְּלִי־עֵץ אוֹ בֶגֶד אוֹ־עוֹר אוֹ שָׂק כָּל־כְּלִי אֲשֶׁר־יֵעָשֶׂה מְלָאכָה בָּהֶם בַּמַּיִם יוּבָא וְטָמֵא עַד־הָעֶרֶב וְטָהֵר:

SÉPTIMA LECTURA – DAVID – MALJUT

33 וְכָל־כְּלִי־חֶרֶשׂ אֲשֶׁר־יִפֹּל מֵהֶם אֶל־תּוֹכוֹ כֹּל אֲשֶׁר בְּתוֹכוֹ יִטְמָא וְאֹתוֹ תִשְׁבֹּרוּ: 34 מִכָּל־הָאֹכֶל אֲשֶׁר יֵאָכֵל אֲשֶׁר יָבוֹא עָלָיו מַיִם יִטְמָא וְכָל־מַשְׁקֶה אֲשֶׁר יִשָּׁתֶה בְּכָל־כְּלִי יִטְמָא: 35 וְכֹל אֲשֶׁר־יִפֹּל מִנִּבְלָתָם ׀ עָלָיו יִטְמָא תַּנּוּר וְכִירַיִם יֻתָּץ טְמֵאִים הֵם וּטְמֵאִים יִהְיוּ לָכֶם: 36 אַךְ מַעְיָן וּבוֹר מִקְוֵה־מַיִם יִהְיֶה טָהוֹר וְנֹגֵעַ בְּנִבְלָתָם יִטְמָא: 37 וְכִי יִפֹּל מִנִּבְלָתָם עַל־כָּל־זֶרַע זֵרוּעַ אֲשֶׁר יִזָּרֵעַ טָהוֹר הוּא: 38 וְכִי יֻתַּן־מַיִם עַל־זֶרַע וְנָפַל מִנִּבְלָתָם עָלָיו טָמֵא הוּא לָכֶם: 39 וְכִי יָמוּת מִן־הַבְּהֵמָה אֲשֶׁר־הִיא לָכֶם לְאָכְלָה הַנֹּגֵעַ בְּנִבְלָתָהּ יִטְמָא עַד־הָעָרֶב: 40 וְהָאֹכֵל מִנִּבְלָתָהּ יְכַבֵּס בְּגָדָיו וְטָמֵא עַד־הָעָרֶב וְהַנֹּשֵׂא אֶת־נִבְלָתָהּ יְכַבֵּס בְּגָדָיו וְטָמֵא עַד־הָעָרֶב:

Cuando hacemos acciones positivas, la Luz nos protege de este daño potencial.

יִטְמָא

Levítico 11:39 – Si un animal que estaba destinado a ser consumido no cumple el propósito por el cual fue creado, entonces ese animal se vuelve vacío. Podemos contaminarnos por los cuerpos de animales muertos porque son Vasijas vacías. Debemos evitar cualquier Vasija que esté vacía. Los individuos completamente egoístas son Vasijas vacías; los seres humanos que son negativos o que no comparten son Vasijas vacías.

⁴¹ *Todo animal que se arrastra sobre la tierra es abominable; no se comerá.*

⁴² *No comerán ninguna criatura que se arrastra sobre la tierra, ya sea que ande sobre su vientre o camine sobre cuatro patas o sobre muchos pies; es abominación.*

⁴³ *No se hagan abominables por alguna de cualquiera de estas criaturas. No se contaminen con ellos ni se hagan inmundos a través de ellos.*

⁴⁴ *Porque Yo soy el Eterno su Dios; conságrense y sean santos, porque Yo soy santo. No se contaminen con ningún animal que se arrastra sobre la tierra.*

MAFTIR

⁴⁵ *Porque Yo soy el Eterno que los sacó de la tierra de Egipto para ser su Dios; por lo tanto, sean santos porque Yo soy santo.*

⁴⁶ *Estos son los estatutos acerca de los animales, las aves, todo ser viviente que se mueve en el agua y todo animal que se arrastra sobre la tierra.*

⁴⁷ *Para distinguir entre lo inmundo y lo limpio, entre las criaturas vivientes que se pueden comer y aquéllas que no se puede comer".*

Levítico 11:42 – La letra *Vav* grande en la palabra *gajón* (vientre) está en la mitad de la Biblia en cuanto a número de letras en el pergamino de la Torá. Los kabbalistas enseñan que la letra *Vav*, en esta posición de Columna Central, nos recuerda que tenemos una responsabilidad con la Luz de Dios dentro de nosotros. Dado que contenemos Luz, debemos ser responsables de todo lo que hacemos.

LA HISTORIA DE SHEMINÍ: MAFTIR — LEVÍTICO

41 וְכֹל ילי ־הַשֶּׁ֣רֶץ הַשֹּׁרֵ֥ץ עַל־הָאָ֖רֶץ אלהים דההין ע"ה שֶׁ֣קֶץ ה֑וּא לֹ֥א יֵאָכֵֽל׃
42 כֹּל֩ ילי הוֹלֵ֨ךְ עַל־גָּח֜וֹן וְכֹ֣ל ילי ׀ הוֹלֵ֣ךְ עַל־אַרְבַּ֗ע עַ֚ד כָּל־ילי ־מַרְבֵּ֣ה רַגְלַ֔יִם לְכָל־אדני ־הַשֶּׁ֖רֶץ הַשֹּׁרֵ֣ץ עַל־הָאָ֑רֶץ אלהים דההין ע"ה לֹ֥א תֹאכְל֖וּם כִּי־שֶׁ֥קֶץ הֵֽם׃ 43 אַל־תְּשַׁקְּצוּ֙ אֶת־נַפְשֹׁ֣תֵיכֶ֔ם בְּכָל־ב"ן, לכב, יבמ ־הַשֶּׁ֖רֶץ הַשֹּׁרֵ֑ץ וְלֹ֤א תִֽטַּמְּאוּ֙ בָּהֶ֔ם וְנִטְמֵתֶ֖ם בָּֽם׃ מ"ב: 44 כִּ֣י אֲנִ֤י אני, טדה"ד כו"ו יְהֹוָה֙ אדני אֱלֹ֣הֵיכֶ֔ם ילה וְהִתְקַדִּשְׁתֶּם֙ וִהְיִיתֶ֣ם קְדֹשִׁ֔ים כִּ֥י קָד֖וֹשׁ אָ֑נִי אני, טדה"ד כו"ו וְלֹ֤א תְטַמְּאוּ֙ אֶת־נַפְשֹׁ֣תֵיכֶ֔ם בְּכָל־ב"ן, לכב, יבמ ־הַשֶּׁ֣רֶץ הָרֹמֵ֖שׂ עַל־הָאָֽרֶץ׃ אלהים דההין ע"ה

MAFTIR

45 כִּ֣י ׀ אֲנִ֣י אני, טדה"ד כו"ו יְהֹוָ֗ה אדני הַמַּעֲלֶ֤ה אֶתְכֶם֙ מֵאֶ֣רֶץ אלהים דאלפין מִצְרַ֔יִם מצר לִהְיֹ֥ת לָכֶ֖ם לֵאלֹהִ֑ים מום, אהיה אדני, ילה וִהְיִיתֶ֣ם קְדֹשִׁ֔ים כִּ֥י קָד֖וֹשׁ אָֽנִי׃ אני, טדה"ד כו"ו 46 זֹ֣את תּוֹרַ֤ת הַבְּהֵמָה֙ ב"ן, לכב, יבמ וְהָע֔וֹף ג"פ ב"ן, יוסף, ציון וְכֹל֙ ילי ֶ֣נפֶשׁ רמ"ח ו' הויות הַֽחַיָּ֔ה הָרֹמֶ֖שֶׂת בַּמָּ֑יִם וּלְכָל־יה אדני ־נֶ֖פֶשׁ רמ"ח ו' הויות הַשֹּׁרֶ֥צֶת עַל־הָאָֽרֶץ׃ אלהים דההין ע"ה 47 לְהַבְדִּ֕יל בֵּ֥ין הַטָּמֵ֖א וּבֵ֣ין הַטָּהֹ֑ר י"פ אכא וּבֵ֤ין הַֽחַיָּה֙ הַֽנֶּאֱכֶ֔לֶת וּבֵין֙ הַֽחַיָּ֔ה אֲשֶׁ֖ר לֹ֥א תֵאָכֵֽל׃

HAFTARÁ DE SHEMINÍ

El Rey David rescató el Arca del Pacto después de que había sido llevado en la batalla, lo cual le permitió al pueblo de Israel reconectar con éste. Metafóricamente hablando,

II SAMUEL 6:1-19

6 *¹ Nuevamente, David reunió a todos los hombres escogidos de Israel, treinta mil en total.*

² Y David se levantó y fue con todo el pueblo que estaba con él de Baaléi Yehuda para subir desde allí el Arca de Dios, cuyo Nombre es llamado por el Nombre del Eterno de los Ejércitos, que se aposenta entre los querubines que están sobre el Arca.

³ Y pusieron el Arca de Dios sobre un carro nuevo y lo llevaron a la casa de Avinadav, la cual estaba en la colina. Uzá y Ajío, hijos de Avinadav, guiaban el carro nuevo.

⁴ Y lo llevaron con el Arca de Dios de la casa de Avinadav, la cual estaba en la colina, y Ajío iba delante del Arca.

⁵ Y David y toda la casa de Israel se regocijaban delante del Eterno con toda clase de instrumentos hechos de madera de ciprés, y con arpas, liras, panderos, sistros y címbalos.

⁶ Y cuando llegaron a la era de Nacón, Uzá extendió la mano hacia el Arca de Dios y la sostuvo, porque las vacas casi la volcaron.

⁷ Y se encendió la ira del Eterno contra Uzá, y Dios lo hirió allí por su error; y allí murió junto al Arca de Dios.

⁸ Entonces David estaba disgustado porque el Eterno había estallado en ira contra Uzá, y hasta el día de hoy ese lugar es llamado Perets Uzá.

⁹ Y David tuvo temor del Eterno aquel día, y dijo: "¿Cómo podrá venir a mí el Arca del Eterno?".

HAFTARÁ DE SHEMINÍ

a veces hacemos acciones que envían el Arca de regreso a su cautividad. Esta Haftará nos ayuda a hacer la limpieza espiritual necesaria para que el Arca nos pueda ser devuelta.

שמואל ב׳, פרק 6, פסוקים 1-19

¹⁰ *Así que David no quiso trasladar el Arca del Señor con él a la Ciudad de David, David la llevó a la casa de Obed Edom, el geteo.*

¹¹ *Y permaneció el Arca del Eterno en la casa de Obed Edom, el geteo, por tres meses; y bendijo el Señor a Obed Edom y toda su casa.*

¹² *Y se dio aviso al Rey David, diciéndole: "El Eterno ha bendecido la casa de Obed Edom y todo lo que le pertenece a causa del Arca de Dios". Y David fue e hizo subir el Arca de Dios de la casa de Obed Edom a la Ciudad de David con regocijo.*

¹³ *Y sucedió que, cuando los portadores del Arca del Eterno habían andado seis pasos, él (David) sacrificó un toro y un carnero engordado.*

¹⁴ *Y David, vestido con un efod de lino, danzaba con toda su fuerza ante el Eterno.*

¹⁵ *Así, David y toda la casa de Israel hicieron subir el arca del Señor con aclamación y sonido de trompeta.*

¹⁶ *Sucedió que, cuando el Arca del Eterno entraba a la Ciudad de David, Mijal, la hija de Shaúl, miró desde la ventana y vio al Rey David saltando y danzando ante el Eterno, y lo despreció en su corazón.*

¹⁷ *Y trajeron el Arca del Eterno y la colocaron en su lugar dentro de la tienda que David había levantado para ella, y David ofreció holocaustos y ofrendas de paz ante el Eterno.*

¹⁸ *Y cuando David terminó de ofrecer el holocausto y las ofrendas de paz, bendijo al pueblo en el Nombre del Eterno de los Ejércitos.*

¹⁹ *Y repartió a todo el pueblo, a toda la multitud de Israel, tanto a hombres como a mujeres, una hogaza de pan, y una tarta hecha en una sartén y una tarta dulce. Y todo el pueblo se puso en camino y se fueron a sus hogares.*

LA HISTORIA DE SHEMINÍ: HAFTARÁ — LEVÍTICO

ע"ה = נגד, זן, מזבח הַהוּא וַיֹּאמֶר אֵיךְ אל־לבוא יָבוֹא אֵלַי אֲרוֹן ע"ה ג"פ אלהים יְ‍הֹוָ‍ה‎אדניאהדונהי׃

10 וְלֹא־אָבָה דָוִד לְדָ‍ן, ערי, סנדלפון לְהָסִיר אֵלָיו אֶת־אֲרוֹן ע"ה ג"פ אלהים יְ‍הֹוָ‍ה‎אדניאהדונהי עַל־עִיר בזוזר, ערי, סנדלפון דָּוִד וַיַּטֵּהוּ דָוִד בֵּית ב"פ ראה עֹבֵד־אֱדֹם מ"ה הַגִּתִּי׃

11 וַיֵּשֶׁב אֲרוֹן ע"ה ג"פ אלהים יְ‍הֹוָ‍ה‎אדניאהדונהי בֵּית ב"פ ראה עֹבֵד אֱדֹם מ"ה הַגִּתִּי שְׁלֹשָׁה חֳדָשִׁים וַיְבָרֶךְ עסמ"ב יְ‍הֹוָ‍ה‎אדניאהדונהי אֶת־עֹבֵד אֱדֹם מ"ה וְאֶת־כָּל ילה ־בֵּיתוֹ׃

12 וַיֻּגַּד לַמֶּלֶךְ דָּוִד לֵאמֹר בֵּרַךְ יְ‍הֹוָ‍ה‎אדניאהדונהי אֶת־בֵּית ב"פ ראה עֹבֵד אֱדֹם מ"ה וְאֶת־כָּל ילי ־אֲשֶׁר־לוֹ בַּעֲבוּר אֲרוֹן ע"ה ג"פ אלהים הָאֱלֹהִים מום, אהיה אדני; ילה וַיֵּלֶךְ כלו דָּוִד וַיַּעַל אֶת־אֲרוֹן ע"ה ג"פ אלהים הָאֱלֹהִים מום, אהיה אדני; ילה מִבֵּית ב"פ ראה עֹבֵד אֱדֹם מ"ה עִיר בזוזר, ערי, סנדלפון דָּוִד בְּשִׂמְחָה׃

13 וַיְהִי כִּי צָעֲדוּ נֹשְׂאֵי אֲרוֹן ע"ה ג"פ אלהים יְ‍הֹוָ‍ה‎אדניאהדונהי שִׁשָּׁה צְעָדִים וַיִּזְבַּח שׁוֹר אבגיתץ, ועיר, אהבת חנם וּמְרִיא׃

14 וְדָוִד מְכַרְכֵּר בְּכָל־ב"ן, לכב, יבמ עֹז אני יהוה לִפְנֵי יְ‍הֹוָ‍ה‎אדניאהדונהי וחכמה בינה וְדָוִד חָגוּר אֵפוֹד יהוה אדני בָּד׃

15 וְדָוִד וְכָל ילי ־בֵּית ב"פ ראה יִשְׂרָאֵל מַעֲלִים אֶת־אֲרוֹן ע"ה ג"פ אלהים יְ‍הֹוָ‍ה‎אדניאהדונהי בִּתְרוּעָה וּבְקוֹל ע"ב ס"ג ע"ה שׁוֹפָר רבוע אלהים מלוי אלהים ואלהים׃

16 וְהָיָה יהוה ע"ה ג"פ אלהים אֲרוֹן יְ‍הֹוָ‍ה‎אדניאהדונהי בָּא עִיר בזוזר, ערי, סנדלפון דָּוִד וּמִיכַל בַּת־שָׁאוּל נִשְׁקְפָה ׀ בְּעַד הַחַלּוֹן מגד וַתֵּרֶא אֶת־הַמֶּלֶךְ דָּוִד מְפַזֵּז וּמְכַרְכֵּר לִפְנֵי וחכמה בינה יְ‍הֹוָ‍ה‎אדניאהדונהי וַתִּבֶז לוֹ בְּלִבָּהּ׃

17 וַיָּבִאוּ אֶת־אֲרוֹן ע"ה ג"פ אלהים יְ‍הֹוָ‍ה‎אדניאהדונהי וַיַּצִּגוּ אֹתוֹ בִּמְקוֹמוֹ בְּתוֹךְ הָאֹהֶל לאה אֲשֶׁר נָטָה־לוֹ דָּוִד וַיַּעַל דָּוִד עֹלוֹת לִפְנֵי וחכמה בינה יְ‍הֹוָ‍ה‎אדניאהדונהי וּשְׁלָמִים׃

18 וַיְכַל דָּוִד מֵהַעֲלוֹת הָעוֹלָה וְהַשְּׁלָמִים וַיְבָרֶךְ עסמ"ב אֶת־הָעָם בְּשֵׁם יהוה ערי יְ‍הֹוָ‍ה‎אדניאהדונהי צְבָאוֹת נתה ורבוע אהיה׃

19 וַיְחַלֵּק לְכָל יה אדני ־הָעָם יה אדני לְכָל יה אדני ־הֲמוֹן יִשְׂרָאֵל לְמֵאִישׁ ע"ה קנ"א קס"א וְעַד־אִשָּׁה לְאִישׁ ע"ה קנ"א קס"א חַלַּת לֶחֶם ג"פ יהוה אַחַת וְאֶשְׁפָּר אֶחָד אהבה, דאגה וַאֲשִׁישָׁה אֶחָת וַיֵּלֶךְ כלו כָּל ילי ־הָעָם אִישׁ ע"ה קנ"א קס"א לְבֵיתוֹ׃

TAZRÍA

LA LECCIÓN DE TAZRÍA
(Levítico 12:2-13:59)

¿Por qué la gente padece de lepra?

El capítulo de Tazría describe las aflicciones de la piel y revela la causa de estas aflicciones. La mayoría de la gente es cuidadosa con lo que entra en su boca, pero ¿cuántos son cuidadosos acerca de lo que sale de su boca? Lo que decimos puede ser tan negativo y destructivo como la mala comida lo es para nuestro cuerpo. En arameo, la palabra lepra (*tsaráat*) se correlaciona con la negatividad verbal, como el habla maliciosa (*lashón hará*). Pero la negatividad en el habla no se limita a lo que decimos como tal; también puede relacionarse con lo que no decimos, lo que escuchamos e, inclusive, con lo que no escuchamos. El hecho es que la mayoría del tiempo hablamos, hablamos y hablamos, pero no escuchamos lo que los demás nos están diciendo.

> *Así como el castigo es aplicado al hombre por hablar maliciosamente, así es castigado debido a que pudo haber pronunciado palabras buenas pero no lo hizo. Porque él manchó a ese espíritu parlante, que está compuesto como para hablar arriba y hablar abajo, y todo está en santidad. Esto es aún más cierto si la nación camina por el camino errado y él puede hablarles y reprobarlos pero se queda callado y no habla. Como dije, ESTO ESTÁ DICHO DE ÉL: "Enmudecí con silencio, contuve mi paz y no tuve reposo Y mi pena se agitó" (Salmos 39:3), agitada por plagas de impureza.*
> — El Zóhar, Tazría 18:87

Una vez un rabino fue invitado a dar un sermón antes de la lectura de la Torá en un templo. Sin embargo, él estaba muy cansado y sentía que no tenía la fuerza para cumplir. Aun así, no quería decepcionar a las personas que lo habían invitado, así que dijo a la congregación: "He dado muchos sermones durante años, pero en esta oportunidad me gustaría escuchar lo que ustedes tienen que decir".

La importancia de escuchar a los demás es algo que las personas en un nivel espiritual elevado siempre han entendido. Indiferentemente de que la gente tenga la razón o no, tenemos la responsabilidad de escucharlos. Si no cumplimos con esta responsabilidad, ¿cómo podemos esperar que los demás nos escuchen?

Había un gran sabio que, al final de sus días, estaba tan enfermo y débil que sólo podía susurrar. No obstante, él seguía instruyendo a sus alumnos, los cuales se sentaban muy cerca para escucharlo. Un rabino de la localidad fue a observar este hecho. Vio al gran maestro susurrando, a veces durante horas, y a sus estudiantes inclinados para escucharlo.

"No lo entiendo", le dijo el rabino a uno de sus estudiantes. "En mi templo, si hablo más de 30 minutos, quieren bajarme del púlpito. Ustedes no sólo escuchan a su maestro durante muchas horas, ¡sino que lo escuchan a pesar del hecho de que apenas puede hablar!".

"Escuchamos atentamente y durante mucho tiempo", le contestó el alumno, "porque sabemos que si uno de nosotros tuviese que hablar con nuestro maestro y tuviésemos que susurrar, él se inclinaría para escuchar lo que tenemos que decir por el tiempo que fuese necesario".

Si queremos alcanzar un nivel desde el cual podamos enseñarle a otras personas, también debemos alcanzar el nivel en el cual escuchemos atentamente a los demás. Para ser protegidos de la lepra espiritual, debemos aprender a escuchar y no solamente a hablar.

Zalman Shazar era miembro de la Knéset (Asamblea Legislativa de Israel) antes de que se convirtiera en presidente de Israel. Un día, él viajó desde Jerusalén a Tel Aviv para reunirse con Rav Áshlag. Cuando Zalman Shazar llegó, Rav Áshlag le preguntó: "¿Y qué hay de nuevo en la Knéset?". Shazar contestó: "Perdóneme, pero no vine a escuchar lo que yo tengo que decir. Me habría podido quedar en Jerusalén para eso. Vine a escuchar solamente lo que usted tiene que decir".
Sin embargo, tampoco basta con tan sólo escuchar. Aprendemos de Iyov que hay momentos en los que debemos hablar y decir lo que se tiene que decir. Junto con Bileam y Yitró, Iyov era uno de los tres consejeros del Faraón durante la época de Moshé. Cuando el Faraón les preguntó qué debía hacer con los hijos de Israel, Bileam recomendó que fuesen asesinados. Yitró se opuso y se fue a Midián, e Iyov permaneció callado. Está escrito que todo lo que le ocurrió a Iyov más adelante en su vida fue porque él no dijo lo que tenía que decirse en defensa de su gente.

Con frecuencia, no es lo que decimos sino lo que no decimos lo que siembra la semilla de la negatividad. Está escrito en la Biblia: "No aborrecerás a tu hermano en tu corazón" (*Levítico 19:17*). No sólo dice "no aborrecerás", también añade "en tu corazón". Si tenemos odio en nuestro corazón, el daño está hecho indiferentemente de que hablemos o permanezcamos en silencio. Por lo tanto, cuando llega el momento de hablar, no debemos quedarnos callados. Por supuesto, esto no quiere decir que debemos ser reactivos y soltar lo primero que se nos viene a la mente. Si estamos molestos, por ejemplo, es importante dejar que pase un poco de tiempo antes de reaccionar. Cuando finalmente hablamos, no sólo habremos liberado nuestro dolor personal, sino, más importante aún, somos capaces de revelar la Luz del Creador. De este modo podemos ser como el Creador. Podemos ser la Causa en vez del Efecto y evitar acciones que provienen desde un marco mental reactivo.

La conexión del Creador con nosotros nunca cambia debido a la forma en que actuamos. Todo lo que nos ocurre es sólo para ayudarnos en nuestro camino espiritual. Tal vez necesitemos algunas "sacudidas" para alcanzar la realización, pero todo lo que el Creador hace proviene de una intención de ayudarnos y de mejorar las cosas para nosotros.

El secreto en "... será llevado al sacerdote" (*Levítico 13:2*)

Está escrito que si una persona aparentaba tener lepra, tenía que acudir al *Cohén HaGadol* (el Sumo Sacerdote) quién decidiría si tenía lepra o no.

> *Rabí Yitsjak dijo: Aprendimos que en "'la plaga de la lepra'" plaga SIGNIFICA Juicio severo que descansa sobre el mundo. Lepra SIGNIFICA apagar, como aprendimos, que es un apagar de la luz celestial, evitando que la bondad celestial descienda al mundo. "'...esté en un hombre'": hombre en general ALUDE A AMBOS, EL HOMBRE ARRIBA Y EL HOMBRE ABAJO. "'...será traído al sacerdote'", A SABER: el sacerdote abajo, quien está bien informado acerca de encender y apagar las lámparas, QUE SON LAS SEFIROT, de modo que a través de él habrá bendiciones arriba y abajo, y que la plaga será eliminada y desaparecerá, y la luz de la misericordia morará en todo. Por esa razón, "'será traído al sacerdote'".*
> — El Zóhar, Tazría 25:137

¿Pero por qué la Biblia no indica sencillamente los síntomas para diagnosticar la lepra en lugar de decir que la persona debía ir a ver al sacerdote? En cambio, si queremos saber cuánta *tsedaká* (caridad) dar, está escrito muy claramente que debemos diezmar el diez por ciento. Usualmente, cuando queremos saber algo, podemos ir directamente a la Biblia y encontramos la respuesta. ¿Por qué es diferente con la lepra?

En respuesta a esto, la *Guemará* enseña que nosotros no podemos ver nuestras propias aflicciones, sino solamente las aflicciones de las demás personas. Es por ello que se debía consultar al *Cohén* acerca de la lepra. Si nosotros mismos tenemos que decidir si somos puros o no, es parte de nuestra naturaleza que siempre decidamos a nuestro favor. Sin duda alguna, este principio aplica a muchas más cosas que la lepra. Siempre vemos qué está mal en los demás, pero no lo que está mal en nosotros. El Maguid de Metsritch, Rav Dov Ber, enseñó que cualquier característica que observamos en los demás en realidad está presente en nosotros. Es por ello que cuando el Creador nos muestra un problema en alguien, no es para que señalemos las fallas de esa persona: es para que nosotros veamos el problema en nuestra vida.

Incluso si entendemos por qué debemos acudir a otra persona para saber qué está mal en nosotros, ¿por qué la persona debe ser un *cohén*? ¿Qué cualidades posee un sacerdote que no tienen los demás? Una historia de Rav Yehuda responde esta pregunta hermosamente.

Había una vez una princesa que adoraba en gran manera la sabiduría de Rav Yehuda, a pesar del hecho de que él tenía una terrible joroba. Un día, la princesa le preguntó: "¿Por qué el Creador dio una sabiduría tan magnánima a una vasija tan fea?". Rav Yehuda contestó con la pregunta: "¿Dónde guarda el vino tu padre?". "En una botella de arcilla", contestó ella. "La gente pobre también guarda su vino en una botella de arcilla", dijo Rav Yehuda. "Pero tu padre tiene todo el dinero del mundo. ¿Por qué no guarda su vino en botellas de oro?".

La princesa fue a casa y le dijo a sus siervos que almacenaran el vino del rey en botellas de oro. Después de cierto tiempo, cuando sirvieron el vino en una cena de estado, estaba dañado. El rey estaba furioso y quería saber quién había arruinado su vino. Cuando la princesa confesó, el rey le preguntó: "¿No sabes que el vino siempre debe guardarse en una botella de arcilla?".

Lo que vemos en el exterior rara vez refleja la naturaleza interior de una persona. Esta es una enseñanza muy importante, pero la pregunta sigue en pie: ¿Por qué un sacerdote es el único que puede ver cómo alguien es realmente?

Considera lo siguiente: Un hombre muy versado una vez se quejó con su rabino diciendo que las personas que iban al templo en *Shabat* estaban llenas de orgullo y pensaban sólo en sí mismas. Para su sorpresa, el rabino le contestó: "Tal vez tú también estés lleno de orgullo. Se dice que en el Templo Sagrado había un espejo en el cual no sólo se podía ver a la persona física, sino también la espiritualidad de una persona. En nuestros días, dado que el Templo Sagrado no existe, cada persona es un espejo de otra. Lo que vemos en los demás en realidad está en nosotros".

Es por ello que está escrito en la Torá que uno debe acudir a un *Cohén*. El *Cohén* que revisaba la presencia de lepra en la persona se revisaba a sí mismo primero. Si él no se revisaba con absoluta verdad y desprendimiento, no podría ser honesto con los demás.

En términos espirituales, el *Cohén* representa la *Sefirá* de *Jésed* (benevolencia, misericordia), lo que quiere decir que el sacerdote tenía la capacidad de "salir de sí mismo". Él no se concentraba en sus propias necesidades, sino que, en lugar de ello, estaba preocupado por las necesidades de otras personas.

Era para servir las necesidades de los demás que Avraham el Patriarca —la personificación misma de *Jésed*— tenía una tienda con cuatro aberturas. Él quería que la gente pudiera llegar a él tan fácilmente como fuese posible y que entraran por cualquier abertura. Sólo alguien que abandona su sentido de autoimportancia, sus propias necesidades y deseos puede ver qué anda mal consigo mismo y no sólo lo que anda mal con los demás. Es por ello que sólo un *Cohén* podía decidir quién era puro y quién no.

SINOPSIS DE TAZRÍA

El número de versículos en este capítulo es también el valor numérico de la palabra *Biná*. *Biná* es una dimensión no física de la Luz y es el almacén o contenedor de energía para todo lo que necesitamos y deseamos en la vida. Hoy en día, el cáncer es un azote que nos aflige de la misma manera que la lepra solía hacerlo con las generaciones de la Biblia. La conexión con *Biná* en esta lectura nos ayuda a elevarnos a una dimensión en la cual el cáncer no existe.

PRIMERA LECTURA – AVRAHAM – JÉSED

12 ¹ El Eterno habló a Moshé, para decir: ² "Habla a los hijos de Israel y diles: Una mujer que se embarace y dé a luz a un varón quedará ceremonialmente impura por siete días, así como es impura durante los días de su período mensual.

³ Al octavo día, la carne del prepucio del niño será circuncidada.

⁴ Ella debe esperar treinta y tres días para ser purificada de su sangramiento. No tocará ninguna cosa consagrada ni entrará al santuario hasta que los días de su purificación sean cumplidos.

⁵ Si da a luz una niña, quedará impura por dos semanas, como en los días de su período. Debe esperar sesenta y seis días para ser purificada de su sangramiento.

⁶ Cuando se cumplan los días de su purificación por un hijo o por una hija, traerá un cordero de un año como holocausto y un pichón o una tórtola como ofrenda por pecado al sacerdote, a la entrada de la Tienda de Reunión.

⁷ Él los ofrecerá ante el Eterno para hacer expiación por ella, y quedará ceremonialmente limpia del flujo de su sangre. Esta es la ley para la que da a luz, sea hijo o hija. ⁸ Si no le alcanzan los recursos para ofrecer un cordero, tomará dos tórtolas o dos pichones, uno para el holocausto y el otro para la ofrenda por pecado. De este modo, el sacerdote hará expiación por ella, y quedará limpia".

COMENTARIO DEL RAV

Levítico 13:33 es específicamente para sanar todos los tipos de cáncer cerebral. Hay una *Guímel* grande en la palabra *vehitgalaj* (rasurar o cortar), lo cual ayuda a conectarnos con *Biná* y el Universo Perfecto. La *Guímel* también representa la palabra *gomel* (la naturaleza dadora y proactiva del Creador que reside en cada uno de nosotros). El poder del *Cohén* (el sacerdote) es lo que nos permite cortar y superar la intolerancia y la falta de dignidad, que es la causa de todo nuestro sufrimiento. Ya es hora de que asumamos la responsabilidad de, al menos, eliminar el caos dentro de nosotros.

¿Acaso todos entendemos cuál es el poder de la Fuerza de Luz de Dios y que tenemos el mérito de tener las herramientas para conectar con su Fuerza de Luz, herramientas recomendadas por Avraham el Patriarca hace unos 4.000 años? ¿Con cuánta seriedad asumimos esto? ¿Cuánto está presente en nuestra conciencia? Sí, sentimos algo. ¿Pero entendemos su alcance? Cuando digo que la Fuerza de Luz de Dios puede eliminar todo lo negativo y caótico, no estoy repitiendo alguna teoría mía; es el resultado de una investigación que yo realicé.

No nos damos cuenta de lo desesperadamente necesario que es estar

PRIMERA LECTURA – AVRAHAM – JÉSED

12 1 וַיְדַבֵּר רְאֵה יְהֹוָאדְהָאדֹנָי מהע, אל שדי אֶל־מֹשֶׁה לֵּאמֹר: 2 דַּבֵּר רְאֵה
אֶל־בְּנֵי יִשְׂרָאֵל לֵאמֹר אִשָּׁה כִּי תַזְרִיעַ וְיָלְדָה זָכָר וְטָמְאָה שִׁבְעַת
יָמִים גלך כִּימֵי נִדַּת דְּוֺתָהּ תִּטְמָא: 3 וּבַיּוֹם הַשְּׁמִינִי יִמּוֹל בְּשַׂר עָרְלָתוֹ:
4 וּשְׁלֹשִׁים יוֹם ע"ה = נגד, זן, מזבח וּשְׁלֹשֶׁת יָמִים תֵּשֵׁב בִּדְמֵי טָהֳרָה בְּכָל
ב"ן, לכב, יבמ ־קֹדֶשׁ לֹא־תִגָּע וְאֶל־הַמִּקְדָּשׁ לֹא תָבֹא עַד־מְלֹאת יְמֵי
טָהֳרָהּ: 5 וְאִם יוהך, ע"ה מ"ב ־נְקֵבָה תֵלֵד וְטָמְאָה שְׁבֻעַיִם כְּנִדָּתָהּ וְשִׁשִּׁים
יוֹם ע"ה = נגד, זן, מזבח וְשֵׁשֶׁת יָמִים תֵּשֵׁב עַל־דְּמֵי טָהֳרָה: 6 וּבִמְלֹאת | יְמֵי
טָהֳרָהּ לְבֵן אוֹ לְבַת תָּבִיא כֶּבֶשׂ ב"פ קס"א בֶּן־שְׁנָתוֹ לְעֹלָה וּבֶן־יוֹנָה כ"ו מ"ה
אוֹ־תֹר לְחַטָּאת אֶל־פֶּתַח אֹהֶל לאה ־מוֹעֵד אֶל־הַכֹּהֵן מלה: 7 וְהִקְרִיבוֹ
לִפְנֵי וחכמה בינה יְהֹוָאדְהָאדֹנָי וְכִפֶּר מצפצ עָלֶיהָ פהל וְטָהֲרָה מִמְּקֹר דָּמֶיהָ
זֹאת תּוֹרַת הַיֹּלֶדֶת לַזָּכָר אוֹ לַנְּקֵבָה: 8 וְאִם יוהך, ע"ה מ"ב ־לֹא תִמְצָא
יָדָהּ דֵּי שֶׂה וְלָקְחָה שְׁתֵּי־תֹרִים אוֹ שְׁנֵי בְנֵי יוֹנָה כ"ו מ"ה אֶחָד אהבה, דאגה
לְעֹלָה וְאֶחָד אהבה, דאגה לְחַטָּאת וְכִפֶּר מצפצ עָלֶיהָ פהל הַכֹּהֵן מלה וְטָהֵרָה:

---

conscientes del poder de la negatividad en este planeta. Si cambiamos nuestro comportamiento de estar fundamentado en el egoísmo a estar fundamentado en el interés por los demás y el compartir, no le estamos haciendo un favor a nadie. ¿Por qué sentimos tanto placer o nos maravillamos cuando alguien es más proactivo? Es cuestión de vida o muerte.

una oportunidad de hacer acciones dadoras extraordinarias, en especial con alguien con quien hemos tenido un problema en el pasado o, tal vez, incluso con un desconocido. Este compartir nos ayuda a cambiar de una forma que antes no era posible.

Compartir atrae mucha Luz, pero a veces, después de que conectamos con una enorme cantidad de Luz, hay una sensación terrible de desaliento. Es igualmente importante ser tan fuerte *después* de haber conectado con la Luz como lo somos *durante* la conexión, para que ese desaliento no sea muy severo.

תַזְרִיעַ

Levítico 12:2 – *Tazría* significa "ella se embaraza". Traer vida a este mundo es la máxima acción de compartir. A través del poder de *Tazría*, tenemos

13 ¹ El Señor habló a Moshé y a Aharón, para decir:

² "Cuando un hombre tenga en la piel hinchazón, o erupción, o mancha blanca lustrosa que se pueda convertir en la plaga de la lepra, será traído a Aharón el sacerdote o a uno de sus hijos que sea sacerdote.

³ El sacerdote examinará la infección en la piel, y si el pelo en la plaga se ha vuelto blanco, y la plaga parece más profunda que la piel de su cuerpo, es una plaga de lepra. Cuando el sacerdote lo haya examinado, lo declarará inmundo.

⁴ Si la mancha en su piel es blanca, y no parece ser más profunda que la piel, y el pelo en ella no se ha vuelto blanco, entonces el sacerdote aislará por siete días al que tiene la infección.

⁵ Al séptimo día, el sacerdote lo examinará, y si él ve que la plaga no ha cambiado y la plaga no se ha extendido en la piel, entonces el sacerdote lo aislará por otros siete días.

אָדָם

Levítico 13:2 – La lepra, en todas sus variantes, es el tema predominante en esta lectura de la Biblia en particular. Al principio, la lepra era diagnosticada por el *Cohén*. Según la Kabbalah, la lepra en realidad servía como una limpieza espiritual y, por ende, creaba una protección para la persona afectada. Pero es mucho mejor limpiarnos a nosotros mismos de forma proactiva en lugar de ser limpiados por un proceso que está fuera de nuestro control. Leer este versículo y pasar por una transformación espiritual es una limpieza que podemos escoger proactivamente, pero no es un proceso que ocurrirá de la noche a la mañana. El potencial para muchas enfermedades existe dentro de nosotros, y hay muchas formas de limpiarlas. Los problemas cutáneos, por ejemplo, indican un problema que necesita limpiarse a través de nuestras acciones. La limpieza y transformación espiritual no sólo curan la enfermedad, sino que pueden evitar que las enfermedades ocurran en primer lugar o prevenir su reaparición.

Como se mencionó anteriormente, según el *Zóhar*, la palabra "plaga" (de la frase "una plaga de lepra") se refiere a los juicios severos que penden sobre el mundo como resultado de la negatividad colectiva de la humanidad. En el idioma arameo del Zóhar, la palabra "lepra" es definida como "cierre".

Este pasaje del Zóhar se refiere al cierre de las puertas que protegen el Reino del 99 Por Ciento de la Luz espiritual; la fuente de toda dicha, bienestar y realización duradera. Cuando estas puertas están cerradas, la Luz no puede entrar en nuestro mundo, y la oscuridad y el juicio reinan.

En realidad, la oscuridad es la verdadera plaga de plagas, el suelo fértil que produce todos los otros tipos de plagas; ya sea cáncer, enfermedades cardíacas, virus exóticos, pobreza, terrorismo, depresión o cualquier otra clase de aflicción individual o social.

וְהוּבָא

Levítico 13:2 – "Será llevado al sacerdote". El sacerdote que examinaba a una persona debido a la lepra representaba la Luz que fluye a través de las Diez *Sefirot*, las diez dimensiones que existen entre la humanidad y el Creador. El Zóhar explica que el sacerdote "enciende las lámparas", las cuales son las *Sefirot*, de modo que las bendiciones lluevan sobre nosotros para así sanar nuestra aflicción.

Al sacerdote le está ordenado arreglar diariamente las lámparas en el Templo. Hemos explicado esto con relación al candelabro. Este secreto está en la

LA HISTORIA DE TAZRÍA: PRIMERA LECTURA — LEVÍTICO

13 1 וַיְדַבֵּר רָאה יְהוָֹהאדנייאהדונהי מהוע, אל שדי אֶל־מֹשֶׁה וְאֶל־אַהֲרֹן ע״ב ורביע ע״ב לֵאמֹר: 2 אָדָם מ״ה כִּי־יִהְיֶה ייי בְעוֹר־בְּשָׂרוֹ אל ואדני מלא שְׂאֵת אוֹ־סַפַּחַת אתבע׳ אדני ע״ה אוֹ בַהֶרֶת מלוי אדני ע״ה וְהָיָה יהוה בְעוֹר־בְּשָׂרוֹ לְנֶגַע מלוי אהיה דאלפין צָרָעַת וְהוּבָא אֶל־אַהֲרֹן ע״ב ורביע ע״ב מלה הַכֹּהֵן אוֹ אֶל־אַחַד אתבה, דאגה מִבָּנָיו הַכֹּהֲנִים מלה: 3 וְרָאָה הַכֹּהֵן מלה אֶת־הַנֶּגַע מלוי אהיה דאלפין בְּעוֹר־הַבָּשָׂר וְשֵׂעָר בַּנֶּגַע מלוי אהיה דאלפין הָפַךְ מלוי אהיה דאלפין | לָבָן וּמַרְאֵה הַנֶּגַע מלוי אהיה דאלפין עָמֹק מֵעוֹר בְּשָׂרוֹ נֶגַע מלוי אהיה דאלפין צָרַעַת הוּא וְרָאָהוּ הַכֹּהֵן מלה וְטִמֵּא אֹתוֹ: 4 וְאִם יוהך, ע״ה, מ״ב בַּהֶרֶת מלוי אדני ע״ה לְבָנָה הִוא בְּעוֹר בְּשָׂרוֹ וְעָמֹק אֵין־מַרְאֶהָ מִן־הָעוֹר וּשְׂעָרָה לֹא־הָפַךְ לָבָן וְהִסְגִּיר הַכֹּהֵן אֶת־הַנֶּגַע מלה מלוי אהיה דאלפין שִׁבְעַת יָמִים גלך: 5 וְרָאָהוּ הַכֹּהֵן מלה בַּיּוֹם נגד = זן, מזבח הַשְּׁבִיעִי וְהִנֵּה הַנֶּגַע מ״ה יה מלוי אהיה דאלפין עָמַד בְּעֵינָיו לֹא־פָשָׂה מ״ה רביע מ״ה הַנֶּגַע מלוי אהיה דאלפין בָּעוֹר וְהִסְגִּירוֹ הַכֹּהֵן מלה שִׁבְעַת יָמִים גלך שֵׁנִית:

---

semejanza de Arriba, ya que la Luz Celestial en el aceite de ungir primero escurre sobre la cabeza del Sacerdote Celestial, EL CUAL ES LAS PRIMERAS TRES SEFIROT DE ZEIR ANPÍN. Entonces él enciende las lámparas, A SABER: LAS SEFIROT DE MALJUT, LAS ILUMINACIONES DEL FUEGO, y las hace que iluminen, como está escrito: "Es como el ungüento precioso sobre la cabeza..." (Salmos 133:2), y: "'...el aceite de ungir de su Elohim está sobre él...'" (Levítico 21:12).

— *El Zóhar, Emor 4:14*

Cada uno de nosotros es un sacerdote por derecho propio. A través de nuestras acciones, nosotros mismos encendemos las lámparas —las Sefirot— para estimular la revelación de bendiciones y Luz. Esta Energía Divina inmediatamente nos sana a nosotros y al mundo de todas las enfermedades y aflicciones.

וְהִסְגִּיר

Levítico 13:4 – El concepto de "cierre" también se refiere a la manera en que nuestro ego nos cierra ante nuestra alma. De forma instintiva, estamos cerrados a las verdades kabbalísticas que a menudo desafían nuestra forma convencional de pensar. Cuando nos abrimos a la sabiduría de la Kabbalah y a la idea del cambio y la transformación persona, abrimos las puertas a nuestra alma y al Mundo Superior. Entonces, la Luz es libre para fluir y satisfacernos, y así elimina la oscuridad y el juicio, y erradica todas las plagas. Cuando conectamos con este versículo con una mente abierta y un corazón receptivo, las puertas del Mundo Superior se abren de par en par.

La Biblia describe algunas de las maneras en la que la lepra se puede manifestar. Cada una de estas aflicciones provienen se una causa espiritual profunda y oculta. Por ejemplo, una inflamación en la piel puede estar asociada con un ego inflado. Problemas asociados con

EN AÑO BISIESTO: SEGUNDA LECTURA – YITSJAK – GUEVURÁ

⁶ El sacerdote lo examinará de nuevo al séptimo día, y si la plaga se ha atenuado y la plaga no se ha extendido en la piel, el sacerdote lo declarará limpio; es sólo una escara, y el hombre debe lavar sus vestidos y quedará limpio. ⁷ Pero si la escara se extiende en la piel después que él se haya mostrado al sacerdote para su purificación, debe volver a presentarse ante el sacerdote. ⁸ Y el sacerdote lo examinará, y si la escara se ha extendido en la piel, entonces el sacerdote lo declarará inmundo; es lepra. ⁹ Cuando haya plaga de lepra en un hombre, será traído al sacerdote.

¹⁰ El sacerdote lo examinará, y si hay hinchazón blanca en la piel, y el pelo se ha vuelto blanco, y hay carne viva en la hinchazón,

---

la cabeza pueden relacionarse con el estado de nuestra conciencia: si estamos en un espacio negativo, mental o emocionalmente, esto puede expresarse mediante enfermedades de la cabeza. Aflicciones en el rostro pueden ser causadas por nuestro propio mal de ojo; las miradas envidiosas o vengativas que dirigimos a otras personas. Las enfermedades de la boca pueden ocurrir cuando practicamos el habla maliciosa o el chisme. Las quemadas en la piel pueden estar relacionadas con la ira y la rabia que arde en nuestro corazón. Cada clase de aflicción física tiene su raíz en un defecto espiritual que gobierna nuestro comportamiento y nuestras acciones con las demás personas.

En términos espirituales, cada uno de nosotros puede ser transmisor de una plaga si hablamos mal de nuestros amigos o enemigos, si nos juntamos con gente que realiza acciones egocéntricas, si demostramos intolerancia o si albergamos odio por los demás en nuestro corazón. Pero la Luz que se ha halla aquí, en las palabras que tratan las variantes de la lepra, puede expulsar el odio y la intolerancia de nuestro corazón, lo que nos permite protegernos a nosotros mismos de la enfermedad y de ser un transmisor de plagas. La Luz erradica las plagas y enfermedades de nuestro planeta, e inspira alegría, compasión y amor incondicional en el corazón de toda la humanidad.

Cuando permitimos que nuestros deseos carnales dictaminen nuestro comportamiento, contaminamos el cuerpo, fortalecemos el ego y debilitamos la influencia del alma. Cuando existe el peligro de inclinar permanentemente la balanza al lado oscuro del ego, ocurren las enfermedades para debilitar y destruir las influencias negativas del cuerpo. En este sentido, la enfermedad es purificación.

Esta purificación es el propósito tanto detrás de las enfermedades y las plagas. De acuerdo con la Kabbalah, cuando alguien se enferma, es una señal de alerta que inicia el proceso de limpieza. Las enfermedades y las plagas no tienen que ser permanentes. El cuerpo es el reflejo físico del alma: cuando un cuerpo se enferma, es porque parte de nuestra alma necesita nuestra atención y trabajo espiritual. Una vez que comenzamos la autotransformación, la enfermedad deja de ser una herramienta necesaria para despertar el cambio; así que es eliminada.

> *Ustedes pueden preguntar de dónde vienen estas enfermedades que caen sobre ellos. Ven y ve: Está escrito: "Pero HaShem se complació en aplastarlo con enfermedad..." (Isaías 53:10). "Se complació Hashem en aplastarlo", es decir: que Él desea golpearlo y causarle enfermedades, para garantizarle méritos en el Mundo por Venir. Pero ellas no vienen del Otro Lado. Son llamadas 'sufrimientos de amor'. Y equivalen a una unidad de peso de santidad.*
> — *El Zóhar, Pikudei 44:468*

EN AÑO BISIESTO: SEGUNDA LECTURA – YITSJAK – GUEVURÁ

6 וְרָאָה הַכֹּהֵן מלה אֹתוֹ ע"ה = נגד, זן, מובוח בַּיּוֹם הַשְּׁבִיעִי שֵׁנִית וְהִנֵּה מ"ה יה
כֵּהָה הַנֶּגַע מלוי אהיה דאלפין וְלֹא־פָשָׂה הַנֶּגַע מלוי אהיה דאלפין בָּעוֹר וְטִהֲרוֹ הַכֹּהֵן
מִסְפַּחַת מלה אתב"ע אדנ"י ע"ה הוּא ע"ה וְכִבֶּס בְּגָדָיו יפ אכא"א וְטָהֵר יוהך, ע"ה מ"ב 7 וְאִם־
פָּשֹׂה תִפְשֶׂה הַמִּסְפַּחַת בָּעוֹר אַחֲרֵי הֵרָאֹתוֹ אֶל־הַכֹּהֵן מלה לְטָהֳרָתוֹ
וְנִרְאָה ע"ב ורבוע ע"ב שֵׁנִית אֶל־הַכֹּהֵן מלה: 8 וְרָאָה הַכֹּהֵן מלה וְהִנֵּה פָּשְׂתָה
הַמִּסְפַּחַת בָּעוֹר וְטִמְּאוֹ הַכֹּהֵן צָרַעַת הִוא: 9 נֶגַע מלוי אהיה דאלפין צָרַעַת
כִּי תִהְיֶה בְּאָדָם מה וְהוּבָא אֶל־הַכֹּהֵן מלה: 10 וְרָאָה הַכֹּהֵן מלה וְהִנֵּה מ"ה יה
שְׂאֵת אל ואדני מלא ־לְבָנָה בָּעוֹר וְהִיא הָפְכָה שֵׂעָר לָבָן וּמִחְיַת בָּשָׂר חַי

Hay muchas maneras fiables para perpetuar la buena salud en el cuerpo. La primera es restringir el ego, la voz interna que quiere que culpemos o controlemos a los demás a fin de sentirnos bien o valiosos. La voz que causa que juzguemos a los demás porque creemos que lo que vemos es lo que existe. También es la voz de esa parte de nosotros que cree que tiene derecho a enojarse cuando las cosas no marchan a nuestra manera, ¡como si nuestra manera hubiese sido exitosa anteriormente! La segunda forma de alcanzar bienestar es a través de la purificación, y una de sus vertientes es el dolor y el sufrimiento. La tercera forma es usar las herramientas y la tecnología de la Kabbalah, la cual incluye escuchar esta lectura en *Shabat*, escanear el *Zóhar*, meditar y recitar el *Aná Bejóaj*, y meditar en los 72 Nombres de Dios. Estas son herramientas que nos dan la energía de crear la transformación espiritual de manera proactiva. El mayor regalo que el Creador nos ha dado es el instrumento del pergamino de la Torá —y este capítulo en particular— que nos permite superar las exigencias del ego y limpiarnos proactivamente —sin sufrimiento— a través de la Luz purificadora conjurada por estos versículos.

Mediante la sabiduría de la Kabbalah, ahora podemos usar estas herramientas espirituales para abolir a nuestro ego en lugar de que las enfermedades destruyan nuestro cuerpo. Las palabras reales que hablan de plagas y lepra se convierten en antídotos y agentes purificadores que nos liberan perpetuamente del juicio y la enfermedad.

נֶגַע צָרַעַת

Levítico 13:9 – Esta sección trata los diferentes tipos de lepra. Cuando la Torá describe alguna condición, de cualquier clase, la descripción misma actúa como un antídoto para esta condición; de la misma manera en que la inyección de veneno de serpiente es la única cura para una mordida letal de serpiente. La lepra es la única plaga que se describe con tanto detalle en la Biblia, pero representa muchas variables de dolencias que infectan nuestra vida. El cáncer, por ejemplo, es la plaga de nuestra generación; al hacer una conexión con esta lectura, podemos eliminar cualquier vestigio de enfermedad, así como también podemos protegernos de alguna infección potencial.

¹¹ es lepra vieja en la piel de su cuerpo, y el sacerdote lo declarará inmundo; no lo aislará, porque ya es inmundo. ¹² Si la lepra brota y se extiende en la piel y, hasta donde pueda ver el sacerdote, la lepra cubre toda la piel de la persona infectada desde la cabeza hasta los pies,

¹³ el sacerdote lo examinará y verá si la lepra ha cubierto toda su carne, declarará limpio al infectado dado que se ha vuelto blanca; él está limpio. ¹⁴ Pero cuando aparezca en él carne viva, será inmundo.

¹⁵ Y cuando el sacerdote vea la carne viva, lo declarará inmundo; la carne viva es inmunda, es lepra. ¹⁶ Pero si la carne viva cambia nuevamente y se vuelve blanca, entonces vendrá al sacerdote, ¹⁷ y el sacerdote lo examinará y verá si la plaga se ha vuelto blanca; entonces el sacerdote declarará limpio al que tenía la infección; entonces estará limpio.

EN AÑO BISIESTO: TERCERA LECTURA – YAAKOV – TIFÉRET

¹⁸ Cuando la piel tenga una úlcera y se sane, ¹⁹ y en el lugar de la úlcera haya hinchazón blanca o una mancha lustrosa, blanca rojiza, será mostrada al sacerdote. ²⁰ El sacerdote la examinará, y si parece estar a un nivel más profundo que la piel y el pelo se ha vuelto blanco, el sacerdote lo declarará inmundo; es plaga de lepra que ha brotado en el lugar de la úlcera. ²¹ Pero si el sacerdote la examina, y no hay pelos blancos en ella, y no está a nivel más profundo que la piel y se ha atenuado, el sacerdote lo aislará por siete días.

²² Si se extiende en la piel, el sacerdote lo declarará inmundo; es una plaga. ²³ Pero si la mancha lustrosa permanece en su lugar y no se extiende, es sólo la cicatriz de la úlcera y el sacerdote lo declarará limpio.

לְבָנָה אֲדַמְדֶּמֶת

Levítico 13:19 – La Biblia explica cómo los colores rojo y blanco corresponden respectivamente a la suciedad y la pureza. El Zóhar explica que el rojo se refiere a la fuerza de Juicio, mientras que el blanco corresponde a la energía de Misericordia:

> *Así como la rosa entre las espinas está matizada con rojo y blanco, así está la Congregación de Israel afectada por las cualidades de Juicio y Misericordia.*
> — El Zóhar, Prólogo 1:1

Las palabras sagradas de este versículo eliminan ahora el Juicio (rojo) de este mundo al impartir Misericordia (blanco), lo cual sanará a toda la humanidad. Además, nuestra inclinación a juzgar severamente a los demás es anulada, mientras que a la compasión y la misericordia —que bloqueamos a menudo— les es permitido fluir desde nuestro corazón.

LA HISTORIA DE TAZRÍA: EN AÑO BISIESTO TERCERA LECTURA — LEVÍTICO

בִּשְׂאֵת אל ואדני מלא 11 צָרַעַת נוֹשֶׁנֶת הִוא בְּעוֹר בְּשָׂרוֹ וְטִמְּאוֹ הַכֹּהֵן מלה
לֹא יַסְגִּרֶנּוּ כִּי טָמֵא הוּא׃ 12 וְאִם־פָּרוֹחַ תִּפְרַח הַצָּרַעַת בָּעוֹר יוּדך, ע"ה מ"ב
וְכִסְּתָה הַצָּרַעַת אֵת כָּל־יולי עוֹר הַנֶּגַע מלוי אהיה דאלפין מֵרֹאשׁוֹ וְעַד־רַגְלָיו
לְכָל־אדני מַרְאֵה עֵינֵי רבוע מ"ה הַכֹּהֵן מלה: 13 וְרָאָה הַכֹּהֵן מלה מ"ה יה וְהִנֵּה
כִּסְּתָה הַצָּרַעַת אֶת־כָּל־יולי בְּשָׂרוֹ וְטִהַר י"פ אכא אֶת־הַנֶּגַע מלוי אהיה דאלפין
כֻּלּוֹ הָפַךְ לָבָן טָהוֹר י"פ אכא הוּא׃ 14 וּבְיוֹם הֵרָאוֹת בּוֹ בָּשָׂר חַי יִטְמָא׃
15 וְרָאָה הַכֹּהֵן מלה אֶת־הַבָּשָׂר הַחַי וְטִמְּאוֹ הַבָּשָׂר הַחַי טָמֵא הוּא
צָרַעַת הוּא׃ 16 אוֹ כִי יָשׁוּב הַבָּשָׂר הַחַי וְנֶהְפַּךְ לְלָבָן וּבָא אֶל־הַכֹּהֵן
מלה: 17 וְרָאָהוּ הַכֹּהֵן מלה וְהִנֵּה מ"ה יה נֶהְפַּךְ הַנֶּגַע מלוי אהיה דאלפין לְלָבָן וְטִהַר
הַכֹּהֵן מלה אֶת־הַנֶּגַע מלוי אהיה דאלפין טָהוֹר י"פ אכא הוּא׃

EN AÑO BISIESTO: TERCERA LECTURA – YAAKOV – TIFÉRET

18 וּבָשָׂר כִּי־יִהְיֶה יהוה בוֹ־בְעֹרוֹ שְׁחִין וְנִרְפָּא׃ 19 וְהָיָה יהוה בִּמְקוֹם
הַשְּׁחִין יהוה ברבוע, ר"פ אל שְׂאֵת אל ואדני מלא לְבָנָה אוֹ בַהֶרֶת מלוי אדני ע"ה
לְבָנָה אֲדַמְדָּמֶת וְנִרְאָה ע"ב ורבוע ע"ב אֶל־הַכֹּהֵן מלה: 20 וְרָאָה הַכֹּהֵן מלה
וְהִנֵּה מ"ה יה מַרְאֶהָ שָׁפָל מִן־הָעוֹר וּשְׂעָרָהּ הָפַךְ לָבָן וְטִמְּאוֹ הַכֹּהֵן מלה
נֶגַע מלוי אהיה דאלפין צָרַעַת הִוא בַּשְּׁחִין פָּרָחָה׃ 21 וְאִם ע"ה מ"ב יִרְאֶנָּה
הַכֹּהֵן מלה וְהִנֵּה מ"ה יה אֵין־בָּהּ שֵׂעָר לָבָן וּשְׁפָלָה אֵינֶנָּה מִן־הָעוֹר וְהִיא
כֵהָה וְהִסְגִּירוֹ הַכֹּהֵן מלה שִׁבְעַת יָמִים נלך: 22 וְאִם־פָּשֹׂה תִפְשֶׂה
בָּעוֹר וְטִמֵּא הַכֹּהֵן מלה אֹתוֹ נֶגַע מלוי אהיה דאלפין הִוא׃ 23 וְאִם
תַּחְתֶּיהָ תַעֲמֹד הַבַּהֶרֶת מלוי אדני ע"ה לֹא פָשָׂתָה צָרֶבֶת הַשְּׁחִין הִוא
וְטִהֲרוֹ הַכֹּהֵן מלה:

EN AÑO BISIESTO: CUARTA LECTURA – MOSHÉ – NÉTSAJ
CUANDO ESTÁN CONECTADAS: SEGUNDA LECTURA – YITSJAK – GUEVURÁ

²⁴ Cuando alguien tiene en su piel una quemadura de fuego y la piel sana de la quemadura se vuelve una mancha lustrosa, blanca rojiza o sólo blanca,

²⁵ entonces el sacerdote la examinará y verá si el pelo en la mancha lustrosa se ha vuelto blanco, y la mancha parece estar más profunda que la piel, es lepra que ha brotado en la quemadura. El sacerdote lo declarará inmundo; es la plaga de la lepra.

²⁶ Pero si el sacerdote la examina, y no hay pelo blanco en la mancha lustrosa y no está más profunda que la piel sino que se ha atenuado, entonces el sacerdote lo aislará por siete días.

²⁷ Al séptimo día, el sacerdote lo examinará y, si se ha extendido en la piel, el sacerdote lo declarará inmundo; es la plaga de la lepra.

²⁸ Y si la mancha lustrosa permanece en su lugar y no se ha extendido en la piel, sino que se ha atenuado, es la hinchazón de la quemadura; y el sacerdote lo declarará limpio, pues es sólo la cicatriz de la quemadura.

מִכְוַת־אֵשׁ

Levítico 13:24 – En este versículo, la Biblia trata las quemaduras y cicatrices. Los kabbalistas explican que las quemaduras en la piel son un indicador de "fuego" en el estómago, hígado e intestinos. Cada parte del cuerpo asume un aspecto de nuestra corrección. Fuego o calor en el estómago, hígado o intestinos es una manifestación física de la ira. Este versículo sana los efectos de la ira en nuestros órganos internos. Sin embargo, debemos asumir la responsabilidad de nuestras emociones y comprometernos a cambiar, o la restauración será sólo temporal.

Y es por esto que las úlceras y la lepra y los abscesos de todos los miembros son del hígado, derivados de la suciedad que permanece allí. Del corazón viene la salud para todos los miembros, porque así es como es esto: dado que el corazón tomó todo lo que es puro, limpio, y brillante, el hígado toma todo lo que queda de la suciedad y la mugre y la distribuye a todos los otros miembros, que son las otras naciones idólatras, contra su voluntad. Y del desecho del hígado, el bazo, QUE ES LILIT, *toma, acerca de quien está dicho: "… ¡Haya luminares (heb. meorot)…!" (Bereshit 1:14),* DONDE LA PALABRA 'MEOROT' ESTÁ ESCRITA SIN VAV, Y TAMBIÉN PUEDE SER LEÍDA COMO MEERAT, 'LA MALDICIÓN DE', PORQUE LILIT FUE CREADA, *como en el versículo: "La maldición (heb. meerat) del Eterno está en la casa del perverso…" (Mishlei 3:33).*
— El Zóhar, Pinjás, 61:375

Y dado que la ira se despierta de ésta, DE LA BILIS, *hacia el hígado, los sabios enseñaron en la Mishná: Cualquiera que está iracundo es como si adorara ídolos. Y además, cualquier ardor y calor que viene con alguna de las enfermedades de las partes del cuerpo es sólo de la bilis,* PORQUE, EN EL TIEMPO DE LA ENFERMEDAD *rodea las arterias del hígado de llamas y desea*

EN AÑO BISIESTO: CUARTA LECTURA – MOSHÉ – NÉTSAJ
CUANDO ESTÁN CONECTADAS: SEGUNDA LECTURA – YITSJAK – GUEVURÁ

24 אוֹ בָשָׂ֗ר כִּֽי־יִהְיֶ֥ה ייי בְעֹר֖וֹ מִכְוַת־אֵ֑שׁ וְהָֽיְתָ֞ה מִֽחְיַ֣ת הַמִּכְוָ֗ה בַּהֶ֛רֶת לְבָנָ֥ה אֲדַמְדֶּ֖מֶת א֥וֹ לְבָנָֽה: 25 וְרָאָ֣ה אֹתָ֣הּ הַכֹּהֵ֡ן וְהִנֵּ֣ה נֶהְפַּךְ֩ שֵׂעָ֨ר לָבָ֜ן בַּבַּהֶ֗רֶת וּמַרְאֶ֙הָ֙ עָמֹ֣ק מִן־הָע֔וֹר צָרַ֣עַת הִ֔וא בַּמִּכְוָ֖ה פָּרָ֑חָה וְטִמֵּ֨א אֹת֤וֹ הַכֹּהֵן֙ נֶ֣גַע צָרַ֖עַת הִֽוא: 26 וְאִ֣ם ׀ יִרְאֶ֣נָּה הַכֹּהֵ֗ן וְהִנֵּ֤ה אֵֽין־בַּבַּהֶ֙רֶת֙ שֵׂעָ֣ר לָבָ֔ן וּשְׁפָלָ֥ה אֵינֶ֛נָּה מִן־הָע֖וֹר וְהִ֣וא כֵהָ֑ה וְהִסְגִּיר֥וֹ הַכֹּהֵ֖ן שִׁבְעַ֥ת יָמִֽים: 27 וְרָאָ֥הוּ הַכֹּהֵ֖ן בַּיּ֣וֹם הַשְּׁבִיעִ֑י אִם־פָּשֹׂ֤ה תִפְשֶׂה֙ בָּע֔וֹר וְטִמֵּ֨א הַכֹּהֵ֤ן אֹתוֹ֙ נֶ֣גַע צָרַ֖עַת הִֽוא: 28 וְאִם־תַּחְתֶּ֩יהָ֩ תַעֲמֹ֨ד הַבַּהֶ֜רֶת לֹא־פָשְׂתָ֤ה בָעוֹר֙ וְהִ֣וא כֵהָ֔ה שְׂאֵ֥ת הַמִּכְוָ֖ה הִ֑וא וְטִֽהֲרוֹ֙ הַכֹּהֵ֔ן כִּֽי־צָרֶ֥בֶת הַמִּכְוָ֖ה הִֽוא:

---

quemar todo el cuerpo. Es como una tormenta en el mar y sus olas llegan hasta el cielo y desean ir más allá de sus límites y destruir al mundo. Y esto sucedería si no fuera por la Shejiná, que es para una persona enferma como es la arena al mar, rodeándolo para que no pueda derramarse. Así también es la Shejiná envolviendo al cuerpo y asistiéndolo, como está escrito: "HaShem lo fortalece sobre su lecho de enfermo..." (Tehilim 41:4).
— El Zóhar, Pinjás, 68:413

EN AÑO BISIESTO: QUINTA LECTURA – AHARÓN – HOD

²⁹ Si un hombre o una mujer tiene una plaga en la cabeza o en la barba,

³⁰ entonces el sacerdote le examinará la plaga, y si parece estar más profunda que la piel y hay en ella pelo fino y amarillento, entonces el sacerdote lo declarará inmundo; es tiña, es lepra de la cabeza o de la barba.

³¹ Y si cuando el sacerdote examina la infección de la tiña, y no parece ser más profunda que la piel y no hay en ella pelo negro, el sacerdote aislará por siete días a la persona con la infección de la tiña.

³² Al séptimo día, el sacerdote examinará la infección, y si la tiña no se ha extendido, ni hay en ella pelo amarillento, ni la tiña parece ser más profunda que la piel,

³³ debe rasurarse, pero no rasurará la parte con tiña; y el sacerdote lo aislará por otros siete días.

³⁴ Al séptimo día, el sacerdote examinará la tiña, y verá si ésta no se ha extendido en la piel y no parece estar más profunda que la piel; entonces el sacerdote lo declarará limpio y él debe lavar sus vestidos y quedará limpio.

³⁵ Pero si la tiña se extiende en la piel después de que es declarado limpio,

³⁶ el sacerdote lo examinará, y si la tiña se ha extendido en la piel, el sacerdote no tiene que buscar pelo amarillento; el individuo es inmundo.

בְּרֹאשׁ

Levítico 13:29 – Aquí la Torá trata los aspectos de la cabeza y el cerebro. Según la Kabbalah, el cerebro físico es sólo un receptor de información. Existen dos "emisoras de radio" que envían señales constantes: la Luz y el Lado Negativo. Nuestra mente es la parte no física de nosotros que tiene el libre albedrío de escoger a cuál de las estaciones queremos escuchar. Los pensamientos negativos —tales como incertidumbre, angustia, temor y los pensamientos terribles que tenemos acerca de las personas que nos alteran— son los pensamientos más nítidos y audibles que tienen origen en la estación de radio del Lado Negativo.

La predisposición a una estación u otra proviene de nuestro corazón, no de nuestra mente. Es un corazón frío lo que crea la abertura para una arremetida de pensamientos dañinos, improductivos y negativos, mientras que un corazón cálido y abierto sella esas aberturas de modo que podamos bloquear la señal del Lado Negativo y sintonizar con la Luz y el sonido ligero y sutil de nuestra alma.

וְהִתְגַּלָּח

Levítico 13:33 – La letra *Guímel* grande en la palabra *vehitgalaj*, que quiere decir "él se rasurará", representa nuestra oportunidad de eliminar el orgullo; uno de los enemigos más mortíferos de nuestra alma. La palabra aramea para orgullo, *gaavá*, comienza con la letra *Guímel*. La *Guímel* es la única de las 22 letras del alfabeto arameo que no está presente en

EN AÑO BISIESTO: QUINTA LECTURA – AHARÓN – HOD

29 וְאִישׁ ע״ה קנ״א קס״א אוֹ אִשָּׁה כִּי־יִהְיֶה יי בוֹ נֶגַע מלוי אהיה דאלפין בְּרֹאשׁ
רביוע אלהים ואלהים דיודין ע״ה אוֹ בְזָקָן ע״ה קנאה, ציון, יוסף: 30 וְרָאָה הַכֹּהֵן מלה אֶת־הַנֶּגַע
מלוי אהיה דאלפין וְהִנֵּה מ״ה יה מַרְאֵהוּ עָמֹק מִן־הָעוֹר וּבוֹ שֵׂעָר צָהֹב דָּק וְטִמֵּא
אֹתוֹ הַכֹּהֵן מלה נֶתֶק הוּא צָרַעַת הָרֹאשׁ רביוע אלהים ואלהים דיודין ע״ה אוֹ הַזָּקָן
ע״ה קנאה, ציון, יוסף הוּא: 31 וְכִי־יִרְאֶה רי״ו, גבורה הַכֹּהֵן מלה אֶת־נֶגַע מלוי אהיה דאלפין
הַנֶּתֶק וְהִנֵּה מ״ה יה אֵין־מַרְאֵהוּ עָמֹק מִן־הָעוֹר וְשֵׂעָר שָׁחֹר אֵין בּוֹ וְהִסְגִּיר
הַכֹּהֵן מלה אֶת־נֶגַע מלוי אהיה דאלפין הַנֶּתֶק שִׁבְעַת יָמִים נגד: 32 וְרָאָה ראה הַכֹּהֵן
מלה אֶת־הַנֶּגַע מלוי אהיה דאלפין בַּיּוֹם ע״ה = נגד, זן, מזבח הַשְּׁבִיעִי וְהִנֵּה מ״ה יה לֹא־פָשָׂה
הַנֶּתֶק וְלֹא־הָיָה בוֹ שֵׂעָר צָהֹב וּמַרְאֵה הַנֶּתֶק אֵין עָמֹק מִן־הָעוֹר:
33 וְהִתְגַּלָּח וְאֶת־הַנֶּתֶק לֹא יְגַלֵּחַ וְהִסְגִּיר הַכֹּהֵן מלה אֶת־הַנֶּתֶק שִׁבְעַת
יָמִים נגד שֵׁנִית: 34 וְרָאָה הַכֹּהֵן מלה ראה אֶת־הַנֶּתֶק מלה בַּיּוֹם ע״ה = נגד, זן, מזבח
הַשְּׁבִיעִי וְהִנֵּה מ״ה יה לֹא־פָשָׂה הַנֶּתֶק בָּעוֹר וּמַרְאֵהוּ אֵינֶנּוּ עָמֹק מִן־הָעוֹר
וְטִהַר י״פ אכא אֹתוֹ הַכֹּהֵן מלה וְכִבֶּס בְּגָדָיו וְטָהֵר י״פ אכא: 35 וְאִם ע״ה מ״ב
פָּשֹׂה יִפְשֶׂה הַנֶּתֶק בָּעוֹר אַחֲרֵי טָהֳרָתוֹ: 36 וְרָאָהוּ הַכֹּהֵן מלה וְהִנֵּה
מ״ה יה פָּשָׂה הַנֶּתֶק בָּעוֹר לֹא־יְבַקֵּר הַכֹּהֵן מלה לַשֵּׂעָר הַצָּהֹב טָמֵא הוּא:

ninguno de los 72 Nombres de Dios. El *Zóhar* explica que la Luz no puede residir en una Vasija que también contiene orgullo. La profunda Luz de mente sobre materia que nos confieren los 72 Nombres de Dios no puede ser alcanzada mientras el orgullo exista dentro de nosotros. El orgullo es un efecto del ego: cuando el ego siembra las semillas, el orgullo es la cosecha que recogemos. El orgullo es una señal de alerta que nos indica que nuestro ego está predominando hasta los momentos.

Cuando el ego está al mando, somos infelices porque el ego es la base de toda nuestra desdicha. El ego nos obliga a intentar convencer a los demás de que tenemos la razón. El ego nos crea la ilusión de que somos libres cuando, en realidad, somos prisioneros de sus deseos. Al conectar con la *Guímel* en esta sección estamos, de hecho, recibiendo una inmunización contra el orgullo y, de esta manera, se nos da la mayor libertad de todas: la libertad de nuestros deseos egoístas. En su lugar, obtenemos los verdaderos regalos duraderos de la vida: familia, amistad y realización.

³⁷ Pero si la tiña ha permanecido igual y ha crecido pelo negro en ella, la tiña ha sanado; es limpio, y el sacerdote lo declarará limpio.

³⁸ Y si un hombre o una mujer tiene manchas lustrosas en la piel, o aun manchas blancas lustrosas,

³⁹ el sacerdote las examinará, y si las manchas lustrosas en la piel de su cuerpo son de color blanquecino, es eczema que ha brotado en la piel; la persona es limpia.

EN AÑO BISIESTO: SEXTA LECTURA – YOSEF – YESOD
CUANDO ESTÁN CONECTADAS: TERCERA LECTURA – YAAKOV – TIFÉRET

⁴⁰ Y si un hombre pierde el pelo de la cabeza y es calvo, es limpio.

⁴¹ Y si su cabeza pierde el pelo por delante y es calvo en la frente, es limpio.

⁴² Pero si en la calva de la cabeza o de la frente aparece una erupción blanca rojiza, es lepra que brota en la calva de su cabeza o su frente.

⁴³ Entonces el sacerdote lo examinará y si la plaga inflamada en la cabeza o la frente es blanca rojiza, como la apariencia de la lepra en la piel,

⁴⁴ es un leproso y es inmundo, y el sacerdote ciertamente lo declarará inmundo porque su plaga está en su cabeza.

⁴⁵ Y el leproso usará vestidos rasgados, dejará su cabello sin cortar y se cubrirá el bigote y gritará: 'Inmundo, inmundo'.

⁴⁶ Mientras tenga la plaga, permanecerá inmundo; es inmundo; debe vivir solo; debe vivir fuera del campamento.

קָרֵחַ

Levítico 13:40 – De acuerdo con la Kabbalah, la calvicie repentina en realidad previene la muerte repentina. Cuando un hombre está bloqueado terminantemente por una sobreabundancia de acciones kármicas con consecuencias negativas, le es decretada la muerte. No obstante, la pérdida repentina de cabello funciona como una purificación que lo salva de la muerte. El cabello es una antena, un cable conectado al Mundo Superior, la Fuente de la vida. Cuando alguien queda calvo de pronto, el cabello muere en lugar de la persona.

"'Y un hombre a quien se le ha caído el pelo de su cabeza, es calvo, pero es puro...'" (Levítico 13:40). Ven y ve: Hay

37 וְאִם יוהך, ע"ה מ"ב ־בְּעֵינָיו מ"ב ע"ה ־בְּעֵינָיו ריבוע מ"ה עָמַד הַנֶּתֶק וְשֵׂעָר שָׁחֹר צָמַח
יהוה אהיה יהוה אדני ־בּוֹ נִרְפָּא הַנֶּתֶק טָהוֹר י"פ אכא הוּא וְטִהֲרוֹ הַכֹּהֵן מלה:
38 וְאִישׁ ע"ה קנ"א קס"א אוֹ־אִשָּׁה כִּי־יִהְיֶה יי' בְעוֹר־בְּשָׂרָם בֶּהָרֹת מלוי אדני ע"ה
בֶּהָרֹת מלוי אדני ע"ה לְבָנֹת: 39 וְרָאָה מ"ה יה מלה הַכֹּהֵן וְהִנֵּה בְעוֹר־בְּשָׂרָם
בֶּהָרֹת מלוי אדני ע"ה כֵּהוֹת לְבָנֹת בֹּהַק הוּא פָּרַח רפ"ח בָּעוֹר טָהוֹר י"פ אכא
הוּא:

EN AÑO BISIESTO: SEXTA LECTURA – YOSEF – YESOD
CUANDO ESTÁN CONECTADAS: TERCERA LECTURA – YAAKOV – TIFÉRET

40 וְאִישׁ ע"ה קנ"א קס"א כִּי יִמָּרֵט רֹאשׁוֹ קֵרֵחַ הוּא טָהוֹר י"פ אכא הוּא:
41 וְאִם יוהך, ע"ה מ"ב מִפְּאַת פָּנָיו יִמָּרֵט רֹאשׁוֹ גִּבֵּחַ הוּא טָהוֹר י"פ אכא הוּא:
42 וְכִי־יִהְיֶה יי' בַקָּרַחַת אוֹ בַגַּבַּחַת נֶגַע מלוי אהיה דאלפין לָבָן אֲדַמְדָּם
צָרַעַת פֹּרַחַת הִוא בְּקָרַחְתּוֹ אוֹ בְגַבַּחְתּוֹ: 43 וְרָאָה אֹתוֹ הַכֹּהֵן מלה
וְהִנֵּה מ"ה יה שְׂאֵת אל ואדני מלא ־הַנֶּגַע מלוי אהיה דאלפין לְבָנָה אֲדַמְדֶּמֶת בְּקָרַחְתּוֹ
אוֹ בְגַבַּחְתּוֹ כְּמַרְאֵה צָרַעַת עוֹר בָּשָׂר: 44 אִישׁ ע"ה קנ"א צָרוּעַ
הוּא טָמֵא הוּא טַמֵּא יְטַמְּאֶנּוּ הַכֹּהֵן מלה בְּרֹאשׁוֹ נִגְעוֹ: 45 וְהַצָּרוּעַ
אֲשֶׁר־בּוֹ הַנֶּגַע מלוי אהיה דאלפין בְּגָדָיו אל פרמים יִהְיוּ פְרֻמִים וְרֹאשׁוֹ יִהְיֶה יי' פָרוּעַ
וְעַל־שָׂפָם יַעְטֶה וְטָמֵא | טָמֵא יִקְרָא: 46 כָּל יל"י ־יְמֵי אֲשֶׁר הַנֶּגַע

---

una chispa dura sobre la cabeza de ese hombre, y por esa razón su cráneo es rojo como una rosa y el pelo es rojo dentro de la rubicundez DEL CRÁNEO. Las Sefirot inferiores de abajo son suspendidas de él, que despierta Juicios en el mundo. Una vez que el cabello ha sido removido de él y está calvo, todo está firmemente establecido por medio de Jésed celestial, YA QUE LA ILUMINACIÓN DE JOJMÁ EN ÉL ES ESTABLECIDA A TRAVÉS DE JÉSED CELESTIAL, y él es nombrado puro según ésta.
— El Zóhar, Tazría 23:119-120

⁴⁷ Si algún vestido está contaminado con lepra, sea un vestido de lana o de lino,

⁴⁸ sea en la urdimbre o en la trama, de lino o de lana, en cuero o en cualquier artículo hecho de cuero,

⁴⁹ si la plaga es verdosa o rojiza, ya sea en el vestido o en el cuero, en la urdimbre o en la trama, o en cualquier artículo de cuero, es marca de lepra y le será mostrada al sacerdote.

⁵⁰ Y el sacerdote examinará la plaga y aislará el artículo afectado por siete días.

⁵¹ Al séptimo día, examinará el artículo; si la plaga se ha extendido en el vestido, sea en la urdimbre o en la trama, o en el cuero, cualquiera que sea el uso que se le dé al cuero, la plaga es una lepra maligna; el artículo es inmundo.

⁵² Y él debe quemar el vestido, ya sea la urdimbre o la trama, en lana o en lino, o cualquier artículo de cuero que tenga la plaga, porque es una lepra maligna; el artículo debe ser quemado.

⁵³ Y si el sacerdote la examina, y ve que la plaga no se ha extendido en el vestido, en la urdimbre o en la trama, o en cualquier artículo de cuero,

⁵⁴ ordenará lavar el artículo leproso, y lo aislará por otros siete días.

בָּדָד יֵשֵׁב

Levítico 13:46 – El aislamiento del leproso es tratado aquí, y la lección y el poder que podemos recibir de este versículo corresponde al ego. Nuestro ego es la razón de nuestra reclusión y desdicha. Si un individuo no puede reconocer a su propio ego en una situación, entonces el ego ha cegado a la persona y la ha puesto en un confinamiento solitario. La manera en la que vencemos al ego es dedicando tiempo proactivamente para pensar. Al hacer esto, aflojamos el agarre que el ego tiene sobre nosotros y le damos la oportunidad de "hablar" a nuestra alma, para que así podamos entender qué estamos haciendo.

Cuando conectamos con esta lectura, nos despojamos del grillete del ego, que es la verdadera causa de nuestro aislamiento.

En tiempos bíblicos, las personas moribundas pasaban por un proceso de aislamiento. Esto no necesariamente se debía a que eran contagiosos y tenían que estar en cuarentena, sino porque debían realizar algún tipo de trabajo espiritual interno. El aislamiento físico daba tiempo para que la persona reflexionara. Cuando algo se manifiesta de forma física, siempre tenemos que pensar acerca de qué hicimos espiritualmente para ocasionarlo.

וְהַבֶּגֶד

Levítico 13:47 – En esta sección se nos habla acerca de enfermedades en prendas de vestir. Según la Kabbalah, nuestra vestimenta representa nuestra Luz Circundante así como nuestro entorno. El Zóhar explica que cada aspecto del mundo físico, indiferentemente de que esté en el reino inanimado, vegetal o animal, fue creado para asistir a la humanidad en la compleción del *Tikún HaOlam*, la Corrección del Mundo. Todo lo que hacemos contribuye ya sea a la purificación o a la contaminación de nuestro universo. Si compartimos, nos ocupamos de los demás y nos extendemos más allá de nuestra

LA HISTORIA DE TAZRÍA: EN AÑO BISIESTO SEXTA LECTURA — LEVÍTICO

מלוי אהיה דאלפין בּוֹ יִטְמָא טָמֵא הוּא בָּדָד יֵשֵׁב מִחוּץ לַמַּחֲנֶה מוֹשָׁבוֹ:

47 וְהַבֶּגֶד כִּי־יִהְיֶה יהוה בוֹ נֶגַע מלוי אהיה דאלפין צָרַעַת בְּבֶגֶד צֶמֶר מצר אוֹ בְבֶגֶד פִּשְׁתִּים: 48 אוֹ בִשְׁתִי אוֹ בְעֵרֶב רבוע יהוה ורבוע אלהים לַפִּשְׁתִּים וְלַצָּמֶר אוֹ בְעוֹר אוֹ בְּכָל ב״ן, לכב, יבמ ־מְלֶאכֶת עוֹר: 49 וְהָיָה יהוה הַנֶּגַע מלוי אהיה דאלפין יְרַקְרַק | אוֹ אֲדַמְדָּם בַּבֶּגֶד אוֹ בָעוֹר אוֹ־בַשְּׁתִי אוֹ־בָעֵרֶב רבוע יהוה ורבוע אלהים אוֹ בְכָל ב״ן, לכב, יבמ ־כְּלִי־עוֹר נֶגַע מלוי אהיה דאלפין צָרַעַת הוּא וְהָרְאָה אֶת־הַכֹּהֵן: 50 וְרָאָה ראה הַכֹּהֵן מלה אֶת־הַנֶּגַע מלוי אהיה דאלפין וְהִסְגִּיר אֶת־הַנֶּגַע מלוי אהיה דאלפין שִׁבְעַת יָמִים נגד: 51 וְרָאָה ראה אֶת־הַנֶּגַע מלוי אהיה דאלפין בַּיּוֹם ע״ה = נגד, ז, מזבח הַשְּׁבִיעִי כִּי־פָשָׂה הַנֶּגַע מלוי אהיה דאלפין בַּבֶּגֶד אוֹ־בַשְּׁתִי אוֹ־בָעֵרֶב רבוע יהוה ורבוע אלהים אוֹ בָעוֹר לְכֹל אדני יה אֲשֶׁר־יֵעָשֶׂה הָעוֹר לִמְלָאכָה אל אדני צָרַעַת מַמְאֶרֶת הַנֶּגַע מלוי אהיה דאלפין הוּא טָמֵא הוּא: 52 וְשָׂרַף אֶת־הַבֶּגֶד אוֹ אֶת־הַשְּׁתִי | אוֹ אֶת־הָעֵרֶב רבוע יהוה ורבוע אלהים בַּצֶּמֶר מצר אוֹ בַפִּשְׁתִּים אוֹ אֶת־כָּל ילי ־כְּלִי כלי הָעוֹר אֲשֶׁר־יִהְיֶה יהוה בוֹ הַנֶּגַע מלוי אהיה דאלפין כִּי־צָרַעַת מַמְאֶרֶת הִוא בָּאֵשׁ אלהים דיודין ע״ה תִּשָּׂרֵף: 53 וְאִם יוהך, ע״ה מ״ב יִרְאֶה רי״ו, גבורה הַכֹּהֵן מלה מ״ה יה וְהִנֵּה מלה לֹא־פָשָׂה הַנֶּגַע מלוי אהיה דאלפין בַּבֶּגֶד אוֹ בַשְּׁתִי אוֹ בָעֵרֶב רבוע יהוה ורבוע אלהים אוֹ בְּכָל ב״ן, לכב, יבמ ־כְּלִי כלי ־עוֹר: 54 וְצִוָּה פוי הַכֹּהֵן מלה וְכִבְּסוּ אֵת אֲשֶׁר־בּוֹ הַנֶּגַע מלוי אהיה דאלפין וְהִסְגִּירוֹ שִׁבְעַת־יָמִים נגד שֵׁנִית:

---

naturaleza egoísta, entonces el universo estará en armonía. Si estamos ocupados creando basura, entonces el universo se convierte en un basurero gigante. Ahora mismo, en este momento, podemos asumir la responsabilidad de nuestros pensamientos y nuestras acciones, y comprometernos al nivel de la semilla —que es el nivel de nuestras intenciones— para purificarnos a nosotros mismos y, por ende, al universo.

EN AÑO BISIESTO: SÉPTIMA LECTURA – DAVID – MALJUT
CUANDO ESTÁN CONECTADAS: CUARTA LECTURA – MOSHÉ – NÉTSAJ

⁵⁵ Después que el artículo con la plaga haya sido lavado, el sacerdote lo examinará otra vez, y si ve que la marca no ha cambiado de aspecto, aun cuando la marca no se haya extendido, es inmundo y debes quemarlo en el fuego, es una corrosión, ya sea el desgaste esté por el derecho o el revés.

⁵⁶ Y si cuando el sacerdote lo examina, la plaga se ha atenuado después de haber sido lavada, arrancará la plaga del vestido o del cuero, sea de la urdimbre o de la trama.

EN AÑO BISIESTO: MAFTIR

⁵⁷ Y todavía si aparece en el vestido, sea en la urdimbre o en la trama, o en cualquier artículo de cuero, es algo que brota repetidamente; el artículo con la plaga será quemado en el fuego.

⁵⁸ El vestido, sea en la urdimbre o en la trama, o cualquier artículo de cuero del cual se haya quitado la plaga después de haberlo lavado, será lavado por segunda vez y quedará limpio".

⁵⁹ Esta es la ley para la plaga de la lepra en un vestido de lana o de lino, sea en la urdimbre o en la trama, o en cualquier artículo de cuero, para declararlo limpio o inmundo.

EN AÑO BISIESTO: SÉPTIMA LECTURA – DAVID – MALJUT
CUANDO ESTÁN CONECTADAS: CUARTA LECTURA – MOSHÉ – NÉTSAJ

55 וְרָאָ֨ה רֹאה הַכֹּהֵ֜ן מלה אַחֲרֵ֣י | הֻכַּבֵּ֗ס אֶת־הַנֶּ֘גַע֮ מלוי אהיה דאלפין וְ֠הִנֵּה מ"ה
לֹֽא־הָפַ֨ךְ הַנֶּ֤גַע מלוי אהיה דאלפין אֶת־עֵינוֹ֙ וְהַנֶּ֣גַע מ"ה ריבוע מ"ה מלוי אהיה דאלפין לֹֽא־פָשָׂ֔ה
טָמֵ֣א ה֔וּא בָּאֵ֖שׁ אלהים דיודין ע"ה תִּשְׂרְפֶ֑נּוּ פְּחֶ֣תֶת הִ֔וא בְּקָרַחְתּ֖וֹ א֥וֹ
בְגַבַּחְתּֽוֹ׃ 56 וְאִם֩ יהוך, ע"ה מ"ב רָאָ֨ה רֹאה הַכֹּהֵ֜ן מלה וְ֠הִנֵּה מ"ה כֵּהָ֤ה הַנֶּ֙גַע֙
מלוי אהיה דאלפין אַחֲרֵ֖י הֻכַּבֵּ֣ס אֹת֑וֹ וְקָרַ֣ע ב"פ אלף למד, ע"ע אֹת֗וֹ מִן־הַבֶּ֙גֶד֙ א֣וֹ
מִן־הָע֔וֹר א֥וֹ מִן־הַשְּׁתִ֖י א֥וֹ מִן־הָעֵֽרֶב רבוע יהוה ורבוע אלהים ׃

EN AÑO BISIESTO: MAFTIR

57 וְאִם־ יהוך, ע"ה מ"ב תֵּרָאֶ֨ה ע֜וֹד בַּבֶּ֤גֶד אוֹ־בַשְּׁתִי֙ אוֹ־בָ֣עֵ֔רֶב רבוע יהוה ורבוע אלהים
א֖וֹ בְכׇל־ ב"ן, לכב, יבמ כְּלִי־ כלי ע֑וֹר פֹּרַ֣חַת הִ֔וא בָּאֵ֖שׁ אלהים דיודין ע"ה תִּשְׂרְפֶ֕נּוּ
אֵ֖ת אֲשֶׁר־בּ֥וֹ הַנָּֽגַע מלוי אהיה דאלפין ׃ 58 וְהַבֶּ֡גֶד מלוי אהיה דאלפין אֽוֹ־הַשְּׁתִ֣י אוֹ־הָעֵ֡רֶב
רבוע יהוה ורבוע אלהים אֽוֹ־כׇל־ ילי כְּלִי־ כלי הָעוֹר֩ אֲשֶׁ֨ר תְּכַבֵּ֜ס וְסָ֤ר י' הויות
מֵהֶם֙ הַנֶּ֔גַע מלוי אהיה דאלפין וְכֻבַּ֥ס שֵׁנִ֖ית וְטָהֵֽר ׃ 59 זֹ֠את אכא"ה י"פ תּוֹרַ֨ת נֶ֣גַע
מלוי אהיה דאלפין ־צָרַ֜עַת בֶּ֥גֶד הַצֶּ֣מֶר | א֣וֹ הַפִּשְׁתִּ֗ים מצר או הַשְּׁתִי֙ א֣וֹ הָעֵ֔רֶב
רבוע יהוה ורבוע אלהים א֖וֹ כׇּל־ ילי כְּלִי־ כלי ע֑וֹר לְטַהֲר֖וֹ א֥וֹ לְטַמְּאֽוֹ׃

EN AÑO BISIESTO: HAFTARÁ DE TAZRÍA

Naamán, la cabeza del ejército de la nación de Aram, vino a Israel para ser sanado de su lepra y fue curado por el profeta Elishá. Este acto de sanación realizado por Elishá indica que la Biblia y la Kabbalah no están destinadas solamente a los israelitas, sino a toda la humanidad. Primero, la Torá en el Monte Sinaí fue entregada en 70 idiomas para que toda la humanidad escuchara. Segundo, la Kabbalah misma antecede todas las religiones y es, de hecho, considerada como la fuente de todas las enseñanzas espirituales; el puente que une a todas las tradiciones.

II REYES 4:42-5:19

4 ^{42} Y vino un hombre de Baal Shalishá y trajo al hombre de Dios panes de primicias, veinte panes de cebada y espigas de grano nuevo en su bolsa. Y él dijo: "Dalos a la gente para que coman".

^{43} Y su sirviente dijo: "¿Cómo pondré esto delante de cien hombres?". Pero él respondió: "Dalos a la gente para que coman, porque así dice el Eterno: 'Comerán y sobrará'".

^{44} Así lo puso delante de ellos, y comieron y sobró, conforme a la palabra del Eterno.

5 ^{1} Ahora Naamán, capitán del ejército del rey de Aram, era un gran hombre delante de su señor y tenido en alta estima, porque por medio de él el Eterno había dado la victoria a Aram. Él era un guerrero valiente, pero tenía lepra.

^{2} Y habían salido los arameos y habían tomado cautiva a una doncella muy joven de la tierra de Israel, y ella estaba al servicio de la mujer de Naamán.

^{3} Y ella dijo a su señora: "¡Ah, si tan sólo mi señor estuviera con el profeta que está en Samaria, él lo curaría de su lepra!".

^{4} Y Naamán entró y habló a su señor, diciendo: "La doncella de la tierra de Israel ha dicho esto y aquello".

^{5} Y el rey de Aram dijo: "Ve ahora, y enviaré una carta al rey de Israel". Y él fue y llevó consigo diez talentos de plata y seis mil siclos de oro y diez mudas de ropa.

^{6} Y llevó al rey de Israel la carta que decía: "Y ahora, cuando llegue a ti esta carta, verás que te he enviado a Naamán, mi siervo, para que lo cures de su lepra".

EN AÑO BISIESTO: HAFTARÁ DE TAZRÍA

Después, el Nombre de los 72 Nombres de Dios que proporciona la energía de construir puentes es אום y es el origen del mantra "Om", el cual es parte de los sistemas espirituales del Oriente. Y, finalmente, según los kabbalistas, Jesús y Mahoma profundizaron en el estudio de la Kabbalah durante sus vidas.

מלכים ב', פרק 4, פסוק 42-פרק 5, פסוק 19

⁷ Y sucedió que, cuando el rey de Israel leyó la carta, rasgó sus vestidos y dijo: "¿Acaso soy yo Dios, para dar muerte y para dar vida, para que éste me mande a decir que cure a un hombre de su lepra? Pero observen, les ruego, ¡vean cómo él está intentando buscar pleito conmigo!".

⁸ Y al oír Elishá, el hombre de Dios, que el rey de Israel había rasgado sus vestidos, envió un mensaje al rey diciendo: "¿Por qué has rasgado tus vestidos? Haz que el hombre venga a mí ahora, y sabrá que hay profeta en Israel".

⁹ Vino, pues, Naamán con sus caballos y con su carro, y se detuvo a la entrada de la casa de Elishá.

¹⁰ Y Elishá le envió un mensajero, diciendo: "Ve y lávate en el Jordán siete veces, y tu carne será restaurada y quedarás limpio".

¹¹ Pero Naamán se fue enojado y dijo: "Pensé que él seguramente él vendría mí, y se detendría e invocaría el nombre del Eterno, su Dios, movería su mano sobre la parte enferma y curaría la lepra.

¹² ¿No son el Abaná y el Farpar, ríos de Damasco, mejor que todas las aguas de Israel? ¿No pudiera yo lavarme en ellos y ser limpio?". Se dio la vuelta y se fue enfurecido.

¹³ Y sus siervos se le acercaron y le hablaron, diciendo: "Padre mío, si el profeta te hubiera dicho que hicieras alguna gran cosa, ¿no la habrías hecho? ¡Cuánto más cuando te dice: 'Lávate, y quedarás limpio'!".

¹⁴ Entonces él bajó y se sumergió siete veces en el Jordán, conforme a la palabra del hombre de Dios; y su carne se restauró como la carne de un niño pequeño, y quedó limpio.

¹⁵ Y regresó al hombre de Dios, él y toda su compañía, y fue y se puso delante de él, y dijo: "He aquí, ahora conozco que no hay Dios en toda la Tierra, excepto en Israel. Te ruego, pues, que recibas ahora un presente de tu siervo".

¹⁶ Pero él respondió: "Así como es seguro que el Eterno vive, a quien yo sirvo, no aceptaré nada". Y Naamán le insistió para que lo recibiera, pero él se rehusó.

¹⁷ Y Naamán dijo: "Pues si no aceptas, te ruego que de esta tierra se le dé a tu siervo la carga de un par de mulos, porque tu siervo ya no ofrecerá holocausto ni sacrificará a otros dioses, sino al Eterno.

LA HISTORIA DE TAZRÍA: EN AÑO BISIESTO HAFTARÁ — LEVÍTICO

הִנֵּה מ"ה יה שָׁלַ֤חְתִּי אֵלֶ֙יךָ֙ אני אֶת־נַעֲמָ֣ן עַבְדִּ֔י וַאֲסַפְתּ֖וֹ מִצָּרַעְתּֽוֹ: 7 וַיְהִ֡י
אל כִּקְרֹא֩ מֶֽלֶךְ־יִשְׂרָאֵ֨ל אֶת־הַסֵּ֜פֶר וַיִּקְרַ֣ע בְּגָדָ֗יו וַיֹּ֙אמֶר֙ הָאֱלֹהִ֔ים
מום, אהיה אדני; ילה אני, טדה"ד כו"ו אָ֣נִי לְהָמִ֣ית וּֽלְהַחֲי֗וֹת כִּֽי־זֶה֙ שֹׁלֵ֣חַ אֵלַ֔י לֶאֱסֹ֥ף
אִ֖ישׁ ע"ה קנ"א קס"א מִצָּֽרַעְתּ֑וֹ כִּ֤י אַךְ־דְּעֽוּ־נָא֙ וּרְא֔וּ כִּֽי־מִתְאַנֶּ֥ה ה֖וּא לִֽי:
8 וַיְהִ֞י אל כשמוע ׀ אֱלִישָׁ֣ע אִישׁ־ ע"ה קנ"א קס"א הָאֱלֹהִ֗ים מום, אהיה אדני; ילה כִּֽי־קָרַ֤ע
מֶֽלֶךְ־יִשְׂרָאֵל֙ אֶת־בְּגָדָ֔יו וַיִּשְׁלַח֙ אֶל־הַמֶּ֣לֶךְ לֵאמֹ֔ר לָ֥מָּה קָרַ֖עְתָּ
בְּגָדֶ֑יךָ יָֽבֹא־נָ֣א אֵלַ֔י וְיֵדַ֕ע כִּ֛י יֵ֥שׁ נָבִ֖יא בְּיִשְׂרָאֵֽל: 9 וַיָּבֹ֥א נַעֲמָ֖ן בְּסוּסָ֣יו
וּבְרִכְבּ֑וֹ וַיַּעֲמֹ֥ד פֶּֽתַח־הַבַּ֖יִת ב"פ ראה לֶאֱלִישָֽׁע: 10 וַיִּשְׁלַ֥ח אֵלָ֛יו אֱלִישָׁ֖ע
מַלְאָ֣ךְ יאהדונהי לֵאמֹ֑ר הָל֗וֹךְ וְרָחַצְתָּ֤ שֶֽׁבַע־פְּעָמִים֙ בַּיַּרְדֵּ֔ן י"פ יהוה ור' אותיות
וְיָשֹׁ֧ב בְּשָׂרְךָ֛ לְךָ֖ וּטְהָֽר: 11 וַיִּקְצֹ֥ף נַעֲמָ֖ן וַיֵּלַ֑ךְ כלי וַיֹּ֗אמֶר הִנֵּ֤ה מ"ה יה
אָמַ֙רְתִּי֙ י"פ אדני אֵלַ֣י ׀ יֵצֵ֣א יָצ֗וֹא וְעָמַד֙ וְקָרָא֙ בְּשֵׁם־ יהוה שדי יְהוָֽה֙ יאהדונהי
אֱלֹהָ֔יו ילה וְהֵנִ֥יף יָד֛וֹ אֶל־הַמָּק֖וֹם קנ"א, אלהים אדני וְאָסַ֥ף הַמְּצֹרָֽע: 12 הֲלֹ֡א
ט֣וֹב הוּ אֲמָנָ֤ה (כתיב: אבנה) וּפַרְפַּר֙ נַהֲר֣וֹת דַּמֶּ֔שֶׂק מִכֹּ֖ל יל מֵימֵ֣י יִשְׂרָאֵ֑ל
הֲלֹֽא־אֶרְחַ֥ץ בָּהֶ֖ם וְטָהָ֑רְתִּי וַיִּ֥פֶן וַיֵּ֖לֶךְ בְּחֵמָֽה: 13 וַיִּגְּשׁ֣וּ עֲבָדָיו֮ וַיְדַבְּר֣וּ
ראה אֵלָיו֒ וַיֹּאמְר֗וּ אָבִי֙ דָּבָ֤ר ראה גָּדוֹל֙ לחו, מבה, יזל, אום הַנָּבִ֛יא ראה דִּבֶּ֥ר אֵלֶ֖יךָ
אני הֲל֣וֹא תַעֲשֶׂ֑ה וְאַ֛ף כִּֽי־אָמַ֥ר אֵלֶ֖יךָ אני רְחַ֥ץ רי וּטְהָֽר: 14 וַיֵּ֗רֶד וַיִּטְבֹּ֤ל
בַּיַּרְדֵּן֙ י"פ יהוה ור' אותיות שֶׁ֣בַע ע"ב ואלהים דיודין פְּעָמִ֔ים כִּדְבַ֖ר ראה אִ֣ישׁ ע"ה קנ"א קס"א
הָאֱלֹהִ֑ים מום, אהיה אדני; ילה וַיָּ֣שָׁב בְּשָׂר֗וֹ כִּבְשַׂ֛ר נַ֥עַר קָטֹ֖ן וַיִּטְהָֽר: 15 וַיָּשָׁב֩
אֶל־אִ֨ישׁ ע"ה קנ"א קס"א הָאֱלֹהִ֜ים מום, אהיה אדני; ילה ה֗וּא וְכָל־ ילי מַֽחֲנֵ֘הוּ֮ וַיָּבֹא֒
וַיַּעֲמֹ֣ד לְפָנָיו֒ וַיֹּ֗אמֶר הִנֵּה־ מ"ה יה נָ֤א יָדַ֙עְתִּי֙ כִּ֣י אֵ֤ין אֱלֹהִים֙ מום, אהיה אדני; ילה
בְּכָל־ ב"ן, לכב, יבמ הָאָ֔רֶץ אלהים דההין ע"ה כִּ֖י אִם־ יוהך, ע"ה מ"ב בְּיִשְׂרָאֵ֑ל וְעַתָּ֛ה
קַח־נָ֥א בְרָכָ֖ה מֵאֵ֥ת עַבְדֶּֽךָ: פי"ו 16 וַיֹּ֕אמֶר חַי־יְהוָ֛ה יאהדונהי אֲשֶׁר־עָמַ֥דְתִּי
לְפָנָ֖יו אִם־ יוהך, ע"ה מ"ב אֶקָּ֑ח וַיִּפְצַר־בּ֥וֹ לָקַ֖חַת וַיְמָאֵֽן: 17 וַיֹּאמֶר֮ נַעֲמָן֒ וָלֹ֕א
יֻתַּן־נָ֣א לְעַבְדְּךָ֗ פי מַשָּׂ֥א צֶֽמֶד־פְּרָדִ֖ים אֲדָמָ֑ה כִּ֠י לֽוֹא־יַעֲשֶׂ֨ה ע֜וֹד

¹⁸ Que el Eterno perdone a tu siervo en esto: Cuando mi señor entre en el templo de Rimón para adorar allí y se apoye en mi mano, y yo me incline en el templo de Rimón cuando tenga que adorar allí, que el Eterno perdone a tu siervo por esto".

¹⁹ Y él le dijo: "Vete en paz". Y se alejó de él a cierta distancia.

עַבְדְּךָ פי׳ עֹלָה וָזֶבַח לֵאלֹהִים מום, אהיה אדני, ילה אֲחֵרִים כִּי אִם יוהך, ע״ה מ״ב
־לַיהוָֹה ואדניאהדונהי: 18 לַדָּבָר ראה הַזֶּה והו יִסְלַח יְהוָֹה ואדניאהדונהי לְעַבְדֶּךָ פי׳
בְּבוֹא אֲדֹנִי ללה בֵית ב״ס ראה ־רִמּוֹן לְהִשְׁתַּחֲוֺת שָׁמָּה מהש,משה, אל שדי וְהוּא ׀
נִשְׁעָן עַל־יָדִי וְהִשְׁתַּחֲוֵיתִי בֵּית ב״ס ראה רִמֹּן בְּהִשְׁתַּחֲוָיָתִי בֵּית ב״ס ראה
רִמֹּן יִסְלַח־נָא (כתיב ולא קריאה) יְהוָֹה ואדניאהדונהי לְעַבְדְּךָ פי׳ בַּדָּבָר ראה הַזֶּה והו:
19 וַיֹּאמֶר לוֹ לֵךְ לְשָׁלוֹם וַיֵּלֶךְ כלי מֵאִתּוֹ כִּבְרַת־אָרֶץ אלהים דאלפין:

METSORÁ

LA LECCIÓN DE METSORÁ
(Levítico 14:1-15:33)

El leproso

Aprendemos del *Zóhar* y de la *Guemará* (*Arajín* 15b) que la lepra es un castigo por *lashón hará* (habla maliciosa). El *Zóhar* explica que *metsorá*, la palabra aramea para "lepra", es una variación de *motsí ra*, que significa "inventar rumores". Por lo tanto, un leproso era alguien infectado con una tendencia a rumorear y chismear. La consecuencia de la lepra era la reclusión obligatoria, dado que ésta era la única manera de lidiar con la "adicción" al habla maliciosa del individuo. Por ende, todos los leprosos debían ser aislados del resto de la gente.

Rav Yisrael de Koznits, en su libro *Avodat Yisrael*, explica que la purificación del habla maliciosa puede ocurrir solamente cuando el leproso permite que su alma regrese a su verdadera Fuente, dentro del Creador. Ahí, él encontrará la misericordia y la sanación que hacen posible una cura a nivel físico. En otras palabras, la lepra sólo puede ser curada cuando el leproso entiende primero la naturaleza de su impureza y cómo la acción física de su habla ha corrompido su alma. Sólo cuando él comienza a ver las consecuencias de sus palabras es que puede empezar a sanar.

El asunto del habla maliciosa es extremadamente importante, lo que hace necesario que todos estemos conscientes de nuestra tendencia a hablar sin pensar y evitar hacerlo. Esta clase de habla a menudo se convierte en chisme; sencillamente es nuestra naturaleza. Debido a esto, las enseñanzas acerca de la lepra merecen ser estudiadas con minuciosidad.

El Creador hizo las arterias que transportan la sangre a través del cuerpo, llevando oxígeno al cerebro y a cada órgano. Si una de las arterias principales se bloquea, no podríamos sobrevivir. Hay otros órganos en el cuerpo cuyo propósito es misterioso, pero su importancia y función son explicadas en *Kitvei HaArí*, los escritos de Rav Yitsjak Luria (el Arí):

> *Más allá de las necesidades físicas del cuerpo, éste también tiene necesidades a nivel espiritual, y los órganos del cuerpo sirven a ambos tipos de necesidades. Por ejemplo, el cerebro ejecuta las funciones vitales del cuerpo. Si hay una falla de comunicación entre el cerebro y los nervios, puede ocurrir una parálisis física. De manera similar, la parálisis espiritual puede ocurrir cuando perdemos nuestra conexión con la Luz del Creador. Es por ello que la gente viene a rezar con los tsadikim (personas justas) o a pedirles bendiciones, de modo que los tsadikim puedan traerles Luz y solicitarle ayuda al Creador para que todos sus cuerpos comiencen a funcionar correctamente, tanto físicamente como espiritualmente.*

La interconexionalidad de la fisicalidad y la espiritualidad es muy evidente en el caso de la lepra. El leproso debe aislarse para aquietar la descarga de impulsos de su cerebro que le hicieron pecar. El problema debe ser tratado a nivel de la semilla, que es la única manera de purificar al cuerpo físico de las consecuencias del habla maliciosa. Mientras esa purificación ocurre, el leproso puede rogarle a un *tsadik* para que ore a fin de que su cuerpo funcione correctamente de nuevo. A través de su conexión espiritual —volviéndose al Creador con todo su corazón y prometiendo nunca más pecar— el leproso verá su espíritu renovado y será merecedor de la purificación.

El asunto de la lepra es una demostración asombrosa de cómo las acciones negativas pueden influir en nuestro cuerpo físico:

> *Ven y ve: el Santísimo, bendito sea Él, otorga el perdón para todos los pecados del mundo, salvo para la mala lengua, porque este hombre habla mal de otro, como está escrito: "'Ésta será la Torá del leproso (heb. metsorá)'" (Levítico 14:2). ESTO ES: habla mal de su amigo, YA QUE "METSORÁ" ESTÁ ESCRITO CON LAS MISMAS LETRAS DE LAS PALABRAS MOTSÍ RA ('DIFUNDE LO MALO'). Rabí Jiyá dijo: Si alguien difunde un nombre malicioso, todos sus miembros se contaminan y él debe ser aislado, porque su plática maliciosa se eleva en el aire y pide que baje un Espíritu impuro sobre él, y es contaminado. El que intenta contaminar es contaminado; por la acción abajo otra es provocada.*
>
> — *El Zóhar, Metsorá 4:14*

Las leyes espirituales dictaminan que hay una *mitsvá* (precepto) para cada parte del cuerpo: 248 ordenanzas positivas para las 248 partes del cuerpo y 365 ordenanzas negativas para los tendones del cuerpo. Conectar con este capítulo bíblico nos proporciona el poder de no sólo purificar nuestro cuerpo de la lepra, sino también limpiar nuestro *Deseo de Recibir para Sí Mismo*. Si verdaderamente podemos entender qué nos trae situaciones negativas tanto físicamente como espiritualmente, veremos que nosotros mismos estamos creando estos bloqueos.

Hay una conexión especial entre el capítulo bíblico de Metsorá y *Shabat HaGadol* (el *Shabat* antes del evento cósmico de *Pésaj*). Sin el *Deseo de Recibir para Sí Mismo*, seríamos capaces de alcanzar la certeza absoluta de que nada malo puede ocurrirnos; ni mala salud ni infortunio en cualquier otra área de nuestra vida. Por otro lado, si no estamos conectados a la Luz que nos es entregada por el Creador, no podemos disfrutar ninguna clase de realización. En *Shabat HaGadol* desconectamos de nuestro *Deseo de Recibir para Sí Mismo*, lo que nos permite atraer Luz a las partes de nuestro cuerpo que carecen de ésta.

Previamente, había una referencia a una lección vital acerca de vvnuestra habla. Esto es especialmente importante con relación al habla que contiene reprimenda o crítica, porque cualquier cosa negativa que salga de tu boca es considerada como *motsí ra*. Está escrito en la Biblia: "No odiarás a tu hermano en tu corazón: ciertamente reprenderás a tu prójimo…" (Levítico 19:17). El *Zóhar* explica:

> *"'¡No odiarás a tu hermano en tu corazón; ciertamente reprenderás a tu prójimo…!'" (Levítico 19:17). Este precepto es para reprender a uno que ha pecado y para mostrarle que él lo ama, para que EL REPRENDEDOR no sea castigado. Con relación al Santísimo, bendito sea Él, está escrito: "Porque al que ama, Dios lo reconviene…" (Proverbios 3:12). Así como el Santísimo, bendito sea Él, reprende a aquéllos a quienes ama, así debe el hombre aprender de esta*

práctica y reprender a su prójimo A QUIEN AMA. ¿Con qué reprende al hombre el Santísimo, bendito sea Él? Lo reprende con amor, en secreto. Si él acepta Su REPRENSIÓN, está bien. Si no, Él lo reprende abiertamente entre sus compañeros. Si acepta eso, entonces todo está bien. Si no, Él lo reprende públicamente, delante de todos. Si acepta, todo está bien. Si no, Él lo abandona y no le reprende MÁS; lo deja ir y hacer lo que le venga en gana.
— El Zóhar, Kedoshim 17:100

Es muy difícil criticar con amor. Cada día encaramos situaciones, ya sea en el trabajo o en el hogar con la familia, donde tenemos que decir a alguien que lo que está haciendo no es aceptable. Pero no es fácil. Si nuestro hijo está haciendo algo que no es correcto, es nuestra responsabilidad corregirlo, como aprendemos del ejemplo del padre de Absalom, el Rey David. El Rey David nunca habló una palabra de crítica a su hijo en toda su vida, pero eventualmente Absalom lideró una rebelión contra su padre. En el trabajo, también, cuando alguien no está cumpliendo con sus responsabilidades, estamos obligados a decirle algo, estando conscientes al mismo tiempo de que no debemos herir a nuestro compañero de trabajo creando así más negatividad.

Entonces, ¿qué hacemos? Al pensar en una respuesta, uno piensa en el *Ohev Yisrael* (Amante de Israel), Rav Avraham Yehoshua Heshel de Apta, también conocido como el Apta Rebe. Su apodo se refiere al hecho de que él amaba a todas y cada una de las personas, y todas lo amaban a él. Él nunca le dijo a nadie qué hacer. De manera similar, Rav Zusha contó la historia acerca de su maestro, el Maguid de Mezritch, quien lo bendijo para que sólo pudiera ver lo bueno en los demás. Estos *tsadikim* (personas justas) nunca reprendieron a nadie. Los piadosos en general creen en *ahavat Yisrael*, o el amor por su prójimo, y los *tsadikim* tenían formas de decirle a la gente qué andaba mal con su comportamiento sin reprenderlos. Siempre hay maneras para decir las cosas sin que la gente se sienta que está siendo sermoneada. Rav Elimélej y su hermano, Rav Zusha, ciertamente les decían a los demás lo que estaban haciendo mal, pero lo hacían de una forma especial y sólo cuando realmente les importaba la persona.

La misma perspectiva aplica a la corrección del habla maliciosa. Si realmente nos importa una persona, no hay forma de que hablemos mal de ella. Los *tsadikim* reprendían a los malhechores, pero nadie se sentía lastimado; ellos sólo sentían la preocupación y el interés del *tsadik*. La causa de la lepra es una falta de interés entre las personas hasta el punto en el que comienzan a hablar mal unos de los otros. Si queremos alcanzar un nivel en el que no hablemos *lashón hará* de los demás, tenemos que comenzar a ser más sensibles por las personas que nos rodean.

Se dice que la lepra primero comienza con una mancha en las paredes de la casa de la persona. Si ella no entiende el mensaje, aparece una mancha blanca en sus ropas. Sólo después que ignora estos dos mensajes es que la lepra brota en su cuerpo. En cada aspecto de la vida, el Creador intenta darnos pistas acerca de las formas en que podemos cambiar. Debemos preguntarnos qué significan estos mensajes. Por ejemplo, ¿por qué vimos un accidente automovilístico en el camino pero no fuimos parte de ese accidente, el cual ocurrió unos segundos antes de que nosotros pasáramos? Si no entendemos el mensaje, entonces esos eventos de "advertencia" se acercarán más y más a nosotros. Si no cambiamos, éstos se acercarán de tal manera que podrían afectar nuestro cuerpo físicamente. Todo esto ocurre porque no prestamos atención a las pistas que el Creador, con gran misericordia, nos envía a través de nuestro entorno.

Esta lección también se aplica en nuestra conversación acerca de reprender a los demás. Debemos imitar al Creador, dando todas las pistas que podamos hasta que la persona acepte que lo que está haciendo está mal. Si todavía no ve su error, debemos ser más directos. Sólo si ellos ignoran el mensaje, podemos abrirnos y decirlo directamente; pero, incluso en ese caso, sólo debemos hacerlo si realmente nos interesa la otra persona, y sólo si pensamos que responderá de forma positiva a ese interés, aceptará nuestro consejo y lo pondrá en práctica.

Hay una historia acerca del proceso de represión que contó Rav Yejezkel HaLeví, el hijo de Rav Yisrael, el Maguid de Koznits. Él dijo: "Dos personas vinieron a mí para atestiguar contra un aldeano, afirmando que lo habían visto haciendo una transgresión detestable. Anuncié de inmediato que todos en las aldeas cercanas debían venir a Shabat para escuchar mi sermón esa semana".

"Los aldeanos llegaron y comencé mi sermón, llenándolo con mensajes y enseñanzas a través de las cuales hablaba de este aldeano y su transgresión; pero sin mencionar su nombre. Observé que muchos de los aldeanos se llenaron de arrepentimiento por mis palabras y casi todos los ojos estaban con lágrimas en la congregación. Yo observaba constantemente al aldeano en cuestión, y notaba que él era el único que no estaba conmovido y no se veía afectado por mis palabras. No podía aguantar más, así que llamé al hombre al podio y le dije: 'Podrías, al menos, agradecerme por el sermón que acabo de dar, porque fue todo por ti. Algunos de tus compañeros vinieron a mí y mencionaron lo que estabas haciendo'".

"El aldeano contestó: 'Yo no cometí ningún pecado'. Yo reiteré mi mensaje, pero él seguía negando su culpabilidad, así que les dije a los aldeanos que, al día siguiente, les mostraría cómo castigarían al hombre. Pero esa noche, mientras dormía, mi padre me visitó en un sueño y me dijo: 'Hijo, ¿qué has hecho? Le has causado una enorme vergüenza a uno de los *tsadikim* más grandes de tu generación, uno de los *tsadikim* ocultos que sostienen el mundo. Debes visitarlo inmediatamente y retractar tus acciones, de modo que nadie sepa el daño que has hecho, como está escrito:

"והצנע לכת עם ה' אלוהיך"

Miqueas 6:8: "y caminar humildemente con tu Dios"'.

"Cuando desperté, sabía que no podía castigar al hombre como había pensado. Mi padre me visitó la noche siguiente y también la noche después de esa. Finalmente, alquilé un carruaje y viajé a la casa del hombre, pero él no se encontraba por ningún lado. Le pregunté a su esposa dónde estaba y ella dijo que justo había salido de la casa. Esperé por él, pero él no regresó ese día, esa semana o, incluso, todo ese mes. Finalmente, entendí que mientras yo sienta el dolor de haberlo avergonzado, estoy protegido por los Cielos. Por lo tanto, con su propio poder de profecía, él puede verme cada vez que intento visitarlo para enmendar mis acciones y desaparece".

Aquí podemos ver cómo nuestras palabras pueden influir en nuestra vida, para bien o para mal. A menudo, es como está escrito: "La muerte y la vida están en poder de la lengua" (*Proverbios 18:21*). Que todos tengamos el mérito de recibir la vida, especialmente durante *Pésaj*, en "las manos de nuestra boca".

SINOPSIS DE METSORÁ

A menudo se piensa que Metsorá (lepra) es un resultado del habla maliciosa. Conectar con estos capítulos nos ayuda a tener la fortaleza para superar nuestro deseo de chismear, indiferentemente de que lo que digamos sea verdad o no.

EN AÑO BISIESTO: PRIMERA LECTURA – AVRAHAM – JÉSED

14 ¹ El Señor habló a Moshé, para decir: ² "Esta es la ley del leproso en los días de su purificación. Será llevado al sacerdote:

³ Y el sacerdote saldrá fuera del campamento y el sacerdote lo examinará para ver si la plaga ha sido sanada en el leproso.

⁴ Entonces el sacerdote mandará a traer dos avecillas vivas y limpias, madera de cedro, un cordón escarlata e hisopo para el que ha de ser purificado.

⁵ Luego el sacerdote mandará degollar una de las avecillas sobre agua corriente en una vasija de barro.

⁶ Después tomará a la avecilla viva, junto con la madera de cedro, el cordón escarlata y el hisopo, y los mojará en la sangre del ave que fue degollada sobre el agua corriente.

⁷ Y él rociará siete veces al que ha de ser purificado de la lepra, lo declarará limpio, y soltará al ave viva en campo abierto.

COMENTARIO DEL RAV

En el Centro de Kabbalah, estamos muy adelantados para nuestra época; o la Kabbalah está muy adelantada para su época y se encuentra en la ciencia del siglo XXV. Pueda que suene egocéntrico, pero lamento decirles, mis amigos, que todo lo que está contenido en este capítulo de Metsorá es física del siglo XXV.

¿Sabías que los árboles sufren ataques cardíacos? Tenemos un problema muy serio: el planeta entero está siendo amenazado como nunca antes. Los árboles están padeciendo de cualquier variedad de enfermedades; los ladrillos también están sufriendo de las mismas enfermedades. Estamos bebiendo agua muerta. No tenemos protección; es como si no hubiésemos bebido agua en lo absoluto. A nivel subatómico también está ocurriendo la misma clase de deterioro en todas partes. Todas las enfermedades que existen en este mundo tienen un origen: todo se reduce básicamente a un colapso del sistema inmunológico. ¿Cómo se transmiten las enfermedades? ¿Cómo se transportan a través del aire? Rav Shimón bar Yojái dice que es por medio de la lepra. ¿Qué es la lepra?

La psoriasis es una versión moderna de la lepra. ¿Por qué son tan prevalecientes las irritaciones y aflicciones de la piel? La primera y principal razón, dice Rav Shimón, es que la lepra es causada por el habla maliciosa. La humanidad es la culpable. La Metsorá dice que es mejor evitar los "asuntos de la mala lengua" porque, de lo contrario, podemos contagiarnos de las diferentes enfermedades aerotransportadas. Paredes, casas, personas; todo puede infectarse.

Fortalecer nuestro sistema inmunológico es de todo lo que trata el mensaje interno de Metsorá. Acerca de la impureza, la Torá dice en Levítico 15:31: "Sepárense"; es decir, hagan que desaparezca la impureza. Sin embargo, según la ciencia moderna,

EN AÑO BISIESTO: PRIMERA LECTURA – AVRAHAM – JÉSED

14 1 וַיְדַבֵּר יְהֹוָה אֶל־מֹשֶׁה לֵּאמֹר: 2 זֹאת תִּהְיֶה תּוֹרַת הַמְּצֹרָע בְּיוֹם טָהֳרָתוֹ וְהוּבָא אֶל־הַכֹּהֵן: 3 וְיָצָא הַכֹּהֵן אֶל־מִחוּץ לַמַּחֲנֶה וְרָאָה הַכֹּהֵן וְהִנֵּה נִרְפָּא נֶגַע־הַצָּרַעַת מִן־הַצָּרוּעַ: 4 וְצִוָּה הַכֹּהֵן וְלָקַח לַמִּטַּהֵר שְׁתֵּי־צִפֳּרִים חַיּוֹת טְהֹרוֹת וְעֵץ אֶרֶז וּשְׁנִי תוֹלַעַת וְאֵזֹב: 5 וְצִוָּה הַכֹּהֵן וְשָׁחַט אֶת־הַצִּפּוֹר הָאֶחָת אֶל־כְּלִי־חֶרֶשׂ עַל־מַיִם חַיִּים: 6 אֶת־הַצִּפֹּר הַחַיָּה יִקַּח אֹתָהּ וְאֶת־עֵץ הָאֶרֶז וְאֶת־שְׁנִי הַתּוֹלַעַת וְאֶת־הָאֵזֹב וְטָבַל אוֹתָם וְאֵת ׀ הַצִּפֹּר הַחַיָּה בְּדַם הַצִּפֹּר הַשְּׁחֻטָה עַל הַמַּיִם הַחַיִּים: 7 וְהִזָּה עַל הַמִּטַּהֵר מִן־הַצָּרַעַת שֶׁבַע פְּעָמִים וְטִהֲרוֹ וְשִׁלַּח אֶת־הַצִּפֹּר הַחַיָּה עַל־פְּנֵי הַשָּׂדֶה:

תּוֹרַת הַמְּצֹרָע

Levítico 14:2 – Así como hay tres etapas para la purificación de cualquier cosa, también la purificación del leproso tenía tres etapas: la introspección, cortar por lo sano y comenzar nuevamente con un compromiso de hacer las cosas de forma diferente en el futuro. La primera etapa —la introspección— era a veces suficiente para que desapareciera la dolencia externa. En la siguiente etapa —cortar por lo sano— el leproso se rasuraba la cabeza. Esta rasurada simbolizaba tres cosas: la desconexión de la energía negativa, el embarcarse en un proceso de nuevo inicio físico y espiritual, y la eliminación de cualquier conexión con la vida anterior del leproso. La etapa final —comprometerse a reformar su vida— requería que el leproso ofreciera un sacrificio y prometiera transformar aquellos pensamientos y acciones que acarrearon la lepra inicialmente.

esto es una imposibilidad física. No puedes hacer que algo desaparezca, sino que puedes transformarlo en otro estado físico. El agua, por ejemplo, se convierte en vapor, forma nubes, y se convierte en agua nuevamente y así continua reciclando la materia física. No hay muerte. Por lo tanto, cuando separamos, creamos purificación. Podemos separar el material tóxico de las propiedades nutritivas de una sustancia, así como lo hacemos con el agua destilada. Pero aun así nos quedan los sedimentos que se acumulan, así como los químicos empleados en el proceso de destilación: en esta sección del Zóhar y a través de esta lectura, podemos tener la capacidad de transformar todo en Luz, cambiar la estructura molecular incluso del material más venenoso en Luz.

⁸ El que ha de ser purificado lavará su ropa, se rasurará todo el cabello y se bañará en agua; y quedará limpio. Después de esto, podrá entrar al campamento, pero permanecerá fuera de su tienda por siete días.

⁹ En el séptimo día, se rasurará todo el pelo: se rasurará la cabeza, la barba, las cejas y el resto de su pelo. Lavará su ropa y se lavará el cuerpo en agua, y quedará limpio.

¹⁰ Y en el octavo día tomará dos corderos sin defecto y una cordera de un año sin defecto, junto con tres décimas de un efá de flor de harina mezclada con aceite como ofrenda de cereal y un log de aceite.

¹¹ El sacerdote que lo declaró limpio presentará ante el Eterno tanto al hombre que ha de ser purificado como a las ofrendas, a la entrada de la Tienda de Reunión.

¹² Entonces el sacerdote tomará uno de los corderos y lo traerá como ofrenda por culpa, junto con el log de aceite; los ondeará como ofrenda mecida ante el Eterno.

EN AÑO BISIESTO: SEGUNDA LECTURA – YITSJAK – GUEVURÁ

¹³ Degollará el cordero en el lugar santo donde degüellan la ofrenda por pecado y el holocausto. Porque, igual que la ofrenda por pecado, la ofrenda por culpa pertenece al sacerdote; es cosa santísima.

¹⁴ El sacerdote tomará de la sangre de la ofrenda por culpa y la pondrá sobre el lóbulo de la oreja derecha del que ha de ser purificado, sobre el pulgar de su mano derecha y sobre el pulgar de su pie derecho.

¹⁵ Luego el sacerdote tomará del log de aceite, lo derramará en la palma de su mano izquierda,

¹⁶ mojará el dedo de su mano derecha en el aceite que está en la palma de su mano izquierda, y con el dedo rociará del aceite siete veces ante el Eterno.

LA HISTORIA DE METSORÁ: EN AÑO BISIESTO SEGUNDA LECTURA — LEVÍTICO

8 וְכִבֶּס הַמִּטַּהֵר אֶת־בְּגָדָיו וְגִלַּח אֶת־כָּל־שְׂעָרוֹ וְרָחַץ בַּמַּיִם וְטָהֵר וְאַחַר יָבוֹא אֶל־הַמַּחֲנֶה וְיָשַׁב מִחוּץ לְאָהֳלוֹ שִׁבְעַת יָמִים: 9 וְהָיָה בַיּוֹם הַשְּׁבִיעִי יְגַלַּח אֶת־כָּל־שְׂעָרוֹ אֶת־רֹאשׁוֹ וְאֶת־זְקָנוֹ וְאֵת גַּבֹּת עֵינָיו וְאֶת־כָּל־שְׂעָרוֹ יְגַלֵּחַ וְכִבֶּס אֶת־בְּגָדָיו וְרָחַץ אֶת־בְּשָׂרוֹ בַּמַּיִם וְטָהֵר: 10 וּבַיּוֹם הַשְּׁמִינִי יִקַּח שְׁנֵי־כְבָשִׂים תְּמִימִם וְכַבְשָׂה אַחַת בַּת־שְׁנָתָהּ תְּמִימָה וּשְׁלֹשָׁה עֶשְׂרֹנִים סֹלֶת מִנְחָה בְּלוּלָה בַשֶּׁמֶן וְלֹג אֶחָד שָׁמֶן: 11 וְהֶעֱמִיד הַכֹּהֵן הַמְטַהֵר אֵת הָאִישׁ הַמִּטַּהֵר וְאֹתָם לִפְנֵי יְהוָֹה פֶּתַח אֹהֶל מוֹעֵד: 12 וְלָקַח הַכֹּהֵן אֶת־הַכֶּבֶשׂ הָאֶחָד וְהִקְרִיב אֹתוֹ לְאָשָׁם וְאֶת־לֹג הַשָּׁמֶן וְהֵנִיף אֹתָם תְּנוּפָה לִפְנֵי יְהוָֹה:

EN AÑO BISIESTO: SEGUNDA LECTURA – YITSJAK – GUEVURÁ

13 וְשָׁחַט אֶת־הַכֶּבֶשׂ בִּמְקוֹם אֲשֶׁר יִשְׁחַט אֶת־הַחַטָּאת וְאֶת־הָעֹלָה בִּמְקוֹם הַקֹּדֶשׁ כִּי כַּחַטָּאת הָאָשָׁם הוּא לַכֹּהֵן קֹדֶשׁ קָדָשִׁים הוּא: 14 וְלָקַח הַכֹּהֵן מִדַּם הָאָשָׁם וְנָתַן הַכֹּהֵן עַל־תְּנוּךְ אֹזֶן הַמִּטַּהֵר הַיְמָנִית וְעַל־בֹּהֶן יָדוֹ הַיְמָנִית וְעַל־בֹּהֶן רַגְלוֹ הַיְמָנִית: 15 וְלָקַח הַכֹּהֵן מִלֹּג הַשָּׁמֶן וְיָצַק עַל־כַּף הַכֹּהֵן הַשְּׂמָאלִית: 16 וְטָבַל הַכֹּהֵן אֶת־אֶצְבָּעוֹ הַיְמָנִית מִן־הַשֶּׁמֶן אֲשֶׁר עַל־כַּפּוֹ הַשְּׂמָאלִית וְהִזָּה מִן־הַשֶּׁמֶן בְּאֶצְבָּעוֹ שֶׁבַע פְּעָמִים לִפְנֵי יְהוָֹה:

¹⁷ El sacerdote pondrá un poco de lo que reste del aceite que está en su mano sobre el lóbulo de la oreja derecha del que se ha de purificar, sobre el pulgar de su mano derecha y sobre el pulgar de su pie derecho, encima de la sangre de la ofrenda por culpa. ¹⁸ Lo que reste del aceite que está en la mano del sacerdote, lo pondrá sobre la cabeza del que ha de ser purificado y hará expiación por él ante el Eterno.

¹⁹ Después el sacerdote sacrificará la ofrenda por pecado y hará expiación por el que se ha de purificar de su inmundicia. Después de ello, degollará el holocausto

²⁰ y lo ofrecerá sobre el altar, junto con la ofrenda de cereal, y así hará expiación el sacerdote por él, y quedará limpio.

EN AÑO BISIESTO: TERCERA LECTURA – YAAKOV – TIFÉRET
CUANDO ESTÁN CONECTADAS: QUINTA LECTURA – AHARÓN – HOD

²¹ Sin embargo, si es pobre y no tiene suficientes recursos, entonces tomará un cordero como ofrenda por culpa, para ondearlo a fin de hacer expiación por él, junto con una décima de un efá de flor de harina mezclada con aceite para ofrenda de cereal, un log de aceite,

²² y dos tórtolas o dos pichones, según sus recursos, uno será como ofrenda por pecado y el otro para holocausto.

²³ Al octavo día, los llevará al sacerdote para ofrecerlos por su purificación, a la entrada de la Tienda de Reunión, ante el Eterno. ²⁴ El sacerdote tomará el cordero de la ofrenda por culpa, junto con el log de aceite, y los ondeará como ofrenda mecida ante el Eterno.

²⁵ Degollará el cordero de la ofrenda por culpa y tomará de la sangre de la ofrenda por culpa y la pondrá sobre el lóbulo de la oreja derecha del que ha de ser purificado, sobre el pulgar de su mano derecha y sobre el pulgar de su pie derecho.

²⁶ El sacerdote derramará del aceite sobre la palma de su mano izquierda,

---

מִשְׁנָת

Levítico 14:21 – El leproso sacrificaba lo que pudiera costear según sus medios y circunstancias. Esto también es cierto para todos nosotros hoy en día. Nuestro nivel espiritual y físico determina qué necesitamos sacrificar. La naturaleza de nuestro sacrificio es menos importante que el hecho de que está siendo realizado desde nuestra posición actual en nuestro camino espiritual.

LA HISTORIA DE METSORÁ: EN AÑO BISIESTO TERCERA LECTURA — LEVÍTICO

17 וּמִיֶּ֨תֶר הַשֶּׁ֜מֶן אֲשֶׁ֣ר עַל־כַּפּ֗וֹ יִתֵּ֤ן הַכֹּהֵן֙ עַל־תְּנ֞וּךְ אֹ֤זֶן הַמִּטַּהֵר֙ הַיְמָנִ֔ית וְעַל־בֹּ֤הֶן יָדוֹ֙ הַיְמָנִ֔ית וְעַל־בֹּ֥הֶן רַגְל֖וֹ הַיְמָנִ֑ית עַ֖ל דַּ֥ם הָאָשָֽׁם׃ 18 וְהַנּוֹתָ֗ר בַּשֶּׁ֨מֶן֙ אֲשֶׁר֙ עַל־כַּ֣ף הַכֹּהֵ֔ן יִתֵּ֖ן עַל־רֹ֣אשׁ הַמִּטַּהֵ֑ר וְכִפֶּ֥ר עָלָ֛יו הַכֹּהֵ֖ן לִפְנֵ֥י יְהֹוָֽה׃ 19 וְעָשָׂ֤ה הַכֹּהֵן֙ אֶת־הַ֣חַטָּ֔את וְכִפֶּ֕ר עַל־הַמִּטַּהֵ֖ר מִטֻּמְאָת֑וֹ וְאַחַ֖ר יִשְׁחַ֥ט אֶת־הָעֹלָֽה׃ 20 וְהֶעֱלָ֧ה הַכֹּהֵ֛ן אֶת־הָעֹלָ֥ה וְאֶת־הַמִּנְחָ֖ה הַמִּזְבֵּ֑חָה וְכִפֶּ֥ר עָלָ֛יו הַכֹּהֵ֖ן וְטָהֵֽר׃

EN AÑO BISIESTO: TERCERA LECTURA – YAAKOV – TIFÉRET
CUANDO ESTÁN CONECTADAS: QUINTA LECTURA – AHARÓN – HOD

21 וְאִם־דַּ֣ל ה֔וּא וְאֵ֥ין יָד֖וֹ מַשֶּׂ֑גֶת וְ֠לָקַ֠ח כֶּ֣בֶשׂ אֶחָ֥ד אָשָׁ֛ם לִתְנוּפָ֖ה לְכַפֵּ֣ר עָלָ֑יו וְעִשָּׂר֨וֹן סֹ֜לֶת אֶחָ֨ד בָּל֥וּל בַּשֶּׁ֛מֶן לְמִנְחָ֖ה וְלֹ֥ג שָֽׁמֶן׃ 22 וּשְׁתֵּ֣י תֹרִ֗ים א֤וֹ שְׁנֵי֙ בְּנֵ֣י יוֹנָ֔ה אֲשֶׁ֥ר תַּשִּׂ֖יג יָד֑וֹ וְהָיָ֤ה אֶחָד֙ חַטָּ֔את וְהָאֶחָ֖ד עֹלָֽה׃ 23 וְהֵבִ֨יא אֹתָ֜ם בַּיּ֧וֹם הַשְּׁמִינִ֛י לְטׇהֳרָת֖וֹ אֶל־הַכֹּהֵ֑ן אֶל־פֶּ֥תַח אֹֽהֶל־מוֹעֵ֖ד לִפְנֵ֥י יְהֹוָֽה׃ 24 וְלָקַ֧ח הַכֹּהֵ֛ן אֶת־כֶּ֥בֶשׂ הָאָשָׁ֖ם וְאֶת־לֹ֣ג הַשָּׁ֑מֶן וְהֵנִ֨יף אֹתָ֧ם הַכֹּהֵ֛ן תְּנוּפָ֖ה לִפְנֵ֥י יְהֹוָֽה׃ 25 וְשָׁחַט֮ אֶת־כֶּ֣בֶשׂ הָאָשָׁם֒ וְלָקַ֤ח הַכֹּהֵן֙ מִדַּ֣ם הָאָשָׁ֔ם וְנָתַ֛ן עַל־תְּנ֥וּךְ אֹֽזֶן־הַמִּטַּהֵ֖ר הַיְמָנִ֑ית וְעַל־בֹּ֤הֶן יָדוֹ֙ הַיְמָנִ֔ית וְעַל־בֹּ֥הֶן רַגְל֖וֹ הַיְמָנִֽית׃ 26 וּמִן־הַשֶּׁ֖מֶן יִצֹ֣ק הַכֹּהֵ֑ן עַל־כַּ֥ף הַכֹּהֵ֖ן הַשְּׂמָאלִֽית׃

²⁷ y con el dedo índice de su mano derecha rociará el sacerdote un poco del aceite que está en la palma de su mano izquierda siete veces ante el Eterno. ²⁸ El sacerdote pondrá del aceite que está en su mano en los mismos lugares que puso la sangre de la ofrenda por culpa: sobre el lóbulo de la oreja derecha del que ha de ser purificado, sobre el pulgar de su mano derecha y sobre el pulgar de su pie derecho. ²⁹ El resto del aceite que está en su mano el sacerdote lo pondrá en la cabeza del que ha de ser purificado, a fin de hacer expiación por él ante el Eterno. ³⁰ Entonces sacrificará una de las tórtolas o de los pichones, según los recursos de la persona, ³¹ uno como ofrenda por pecado y el otro como holocausto, junto con la ofrenda de cereal; según como la persona pueda. Así el sacerdote hará expiación ante el Eterno en favor del que ha de ser purificado". ³² Esta es la ley para el que tenga una infección cutánea y cuyos recursos para las ofrendas regulares de purificación sean limitados.

EN AÑO BISIESTO: CUARTA LECTURA – MOSHÉ – NÉTSAJ
CUANDO ESTÁN CONECTADAS: SEXTA LECTURA – YOSEF – YESOD

³³ Habló el Señor a Moisés y a Aharón, diciendo: ³⁴ "Cuando entren en la tierra de Canaán, la cual les doy en posesión, y ponga Yo una marca de lepra sobre una casa en esa tierra,

---

בְּבֵית

Levítico 14:34 – Al comentar sobre este versículo, el *Zóhar* explica que cuando una casa está contaminada por una plaga, debemos demolerla. No obstante, durante la demolición, puede que la persona encuentre un tesoro oculto en la casa de manera fortuita.

> *Rabí Shimón dijo: El propósito de todas estas* PLAGAS EN LAS CASAS *era santificar la tierra y eliminar el espíritu de contaminación de la tierra y de los hijos de Yisrael.* ADICIONALMENTE, *cuando uno derriba una casa debe encontrar un tesoro en ésta,* SUFICIENTE *para reconstruir y completar su casa, de modo que no se sienta apenado por la casa* QUE FUE DERRIBADA, *y habiten en una habitación santificada.*
> — El Zóhar, Tazría 30:161

La palabra "casa" es un código, una metáfora de nuestro cuerpo físico; la Vasija que contiene nuestra alma. Cuando un cuerpo es contaminado con ego y gobernado por sus deseos primordiales y reactivos, las contaminaciones son referidas como las "plagas en las casas". Cuando derribamos y demolemos nuestro ego y nuestra naturaleza reactiva, encontramos el máximo tesoro: el alma, la cual es referida como "Yisrael" y "habitación santificada".

Nuestro mayor temor en la demolición del ego es el temor a la pérdida; la pérdida del placer y la recompensa inmediata, que son derivados de la gratificación del ego. El temor es comprensible, pero el *Zóhar* nos dice que una dicha y un placer aún mayores nos esperan cuando demolemos la Vasija reactiva del ego. Un individuo encontrará "un tesoro en ésta, suficiente para reconstruir y completar su casa, de modo que no se sienta apenado por la casa que fue derribada".

Esta es una declaración profunda y poderosa. Nuestro temor es el resultado de un bluf implantado dentro de nosotros por la Inclinación

LA HISTORIA DE METSORÁ: EN AÑO BISIESTO CUARTA LECTURA — LEVÍTICO

27 וְהִזָּ֤ה הַכֹּהֵן֙ בְּאֶצְבָּע֣וֹ הַיְמָנִ֔ית מִן־הַשֶּׁ֕מֶן אֲשֶׁ֖ר עַל־כַּפּ֣וֹ הַשְּׂמָאלִ֑ית שֶׁ֥בַע פְּעָמִ֖ים לִפְנֵ֥י יְהֹוָֽהֵאדֹנָי׃ 28 וְנָתַ֨ן הַכֹּהֵ֜ן מִן־הַשֶּׁ֣מֶן ׀ אֲשֶׁ֣ר עַל־כַּפּ֗וֹ עַל־תְּנ֞וּךְ אֹ֤זֶן הַמִּטַּהֵר֙ הַיְמָנִ֔ית וְעַל־בֹּ֤הֶן יָדוֹ֙ הַיְמָנִ֔ית וְעַל־בֹּ֥הֶן רַגְל֖וֹ הַיְמָנִ֑ית עַל־מְק֖וֹם דַּ֥ם הָאָשָֽׁם׃ 29 וְהַנּוֹתָ֗ר מִן־הַשֶּׁ֨מֶן֙ אֲשֶׁר֙ עַל־כַּ֣ף הַכֹּהֵ֔ן יִתֵּ֖ן עַל־רֹ֣אשׁ הַמִּטַּהֵ֑ר לְכַפֵּ֥ר עָלָ֖יו לִפְנֵ֥י יְהֹוָֽהֵאדֹנָי׃ 30 וְעָשָׂ֤ה אֶת־הָֽאֶחָד֙ מִן־הַתֹּרִ֔ים א֖וֹ מִן־בְּנֵ֥י הַיּוֹנָ֑ה מֵאֲשֶׁ֥ר תַּשִּׂ֖יג יָדֽוֹ׃ 31 אֵ֣ת אֲשֶׁר־תַּשִּׂ֞יג יָד֗וֹ אֶת־הָאֶחָ֥ד חַטָּ֛את וְאֶת־הָאֶחָ֖ד עֹלָ֣ה עַל־הַמִּנְחָ֑ה וְכִפֶּ֧ר הַכֹּהֵ֛ן עַ֥ל הַמִּטַּהֵ֖ר לִפְנֵ֥י יְהֹוָֽהֵאדֹנָי׃ 32 זֹ֣את תּוֹרַ֔ת אֲשֶׁר־בּ֖וֹ נֶ֣גַע צָרָ֑עַת אֲשֶׁ֛ר לֹֽא־תַשִּׂ֥יג יָד֖וֹ בְּטׇהֳרָתֽוֹ׃

EN AÑO BISIESTO: CUARTA LECTURA – MOSHÉ – NÉTSAJ

CUANDO ESTÁN CONECTADAS: SEXTA LECTURA – YOSEF – YESOD

33 וַיְדַבֵּ֣ר יְהֹוָ֔הֵאדֹנָי אֶל־מֹשֶׁ֥ה וְאֶֽל־אַהֲרֹ֖ן לֵאמֹֽר׃ 34 כִּ֤י תָבֹ֙אוּ֙ אֶל־אֶ֣רֶץ כְּנַ֔עַן אֲשֶׁ֥ר אֲנִ֛י נֹתֵ֥ן לָכֶ֖ם לַאֲחֻזָּ֑ה וְנָתַתִּי֙ נֶ֣גַע צָרַ֔עַת בְּבֵ֖ית

---

al Mal. Lógicamente, la única manera de que un hombre no lamente dar algo es que reciba algo mucho mejor a cambio. Esto es lo que Zóhar promete. Algunas doctrinas espirituales exigen el rechazo del placer, pero el deseo del Creador es otorgar placer infinito a todas Sus creaciones. Un kabbalista, por lo tanto, debe "canjear por algo de mayor valor", renunciando al placer temporal a cambio del gozo y realización eternos. Debemos siempre estar conscientes de que nunca se nos pide entregar algo cuando seguimos el camino kabbalístico. Más bien, se nos muestra cómo alcanzar mayor alegría que permanente y profundamente satisfará todos nuestros deseos.

³⁵ el dueño de la casa irá y le avisará al sacerdote: 'He visto algo en mi casa que parece la plaga de la lepra'.

³⁶ El sacerdote ordenará que desocupen la casa antes de que él entre para examinar la plaga, a fin de que nada en la casa sea declarado inmundo. Después de esto, el sacerdote entrará e inspeccionará la casa.

³⁷ Examinará la plaga y verá si la marca sobre las paredes de la casa tiene depresiones verdosas o rojizas que parecen ser más profundas que la superficie de la pared;

³⁸ luego el sacerdote saldrá a la puerta de la casa y la cerrará por siete días. ³⁹ Al séptimo día, el sacerdote regresará a inspeccionarla y verá si la marca se ha extendido en las paredes de la casa, ⁴⁰ entonces el sacerdote les ordenará quitar las piedras que tienen la plaga y arrojarlas a un lugar inmundo fuera de la ciudad.

⁴¹ Y hará raspar todas las paredes internas de la casa, y arrojarán el material que raspen a un lugar inmundo fuera de la ciudad.

⁴² Luego tomarán otras piedras y reemplazarán las anteriores, y tomarán otra mezcla y volverán a recubrir la casa. ⁴³ Si la marca vuelve a aparecer en la casa después de que hayan quitado las piedras y la hayan raspado y recubierto,

⁴⁴ entonces el sacerdote entrará y la examinará. Si ve que la marca se ha extendido en la casa, es una lepra maligna en la casa; es inmunda.

⁴⁵ Debe derribar la casa: sus piedras, sus maderas y todo el emplaste, y llevarlos fuera de la ciudad a un lugar inmundo. ⁴⁶ Cualquiera que entre a la casa durante el tiempo que él la cerró, quedará inmundo hasta el atardecer.

⁴⁷ El que duerma en la casa debe lavar sus ropas, y el que coma en la casa debe lavar sus ropas.

וְצִוָּה

Levítico 14:40 – Cuando una casa es infectada por la lepra, la infección ocurre en tres etapas. Primero, la casa como tal es afectada. Luego, si las personas que viven en ella no cambian, la infección pasa a la ropa que se encuentra en la casa. Si todavía no hay cambio alguno, finalmente las personas son infectadas. Nosotros también pasamos por etapas cuando somos infectados por alguna enfermedad, y siempre hay advertencias antes de que la infección se manifieste en su totalidad.

El método para purificar el hogar es relativo a la extensión de la contaminación. A veces, la enfermedad es localizada, se encuentra sólo en una o dos habitaciones; mientras que, en otras ocasiones, toda la casa es infectada y debe ser destruida por completo. Los conflictos en un hogar pueden generar una pequeña cantidad de negatividad que afecta sólo una habitación; por otro lado, alguien que se suicide en una casa puede afectar a toda la edificación. Hay varias maneras en las cuales podemos purificar una casa, que van desde el uso de hierbas purificadoras, como la salvia, hasta tomar medidas más drásticas.

LA HISTORIA DE METSORÁ: EN AÑO BISIESTO CUARTA LECTURA — LEVÍTICO

35 וּבָ֨א אֲשֶׁר־ל֤וֹ הַבַּ֙יִת֙ וְהִגִּ֣יד לַכֹּהֵ֣ן לֵאמֹ֑ר כְּנֶ֕גַע נִרְאָ֥ה לִ֖י בַּבָּֽיִת׃ 36 וְצִוָּ֨ה הַכֹּהֵ֜ן וּפִנּ֣וּ אֶת־הַבַּ֗יִת בְּטֶ֨רֶם יָבֹ֤א הַכֹּהֵן֙ לִרְא֣וֹת אֶת־הַנֶּ֔גַע וְלֹ֥א יִטְמָ֖א כָּל־אֲשֶׁ֣ר בַּבָּ֑יִת וְאַ֥חַר כֵּ֛ן יָבֹ֥א הַכֹּהֵ֖ן לִרְא֥וֹת אֶת־הַבָּֽיִת׃ 37 וְרָאָ֣ה אֶת־הַנֶּ֗גַע וְהִנֵּ֤ה הַנֶּ֙גַע֙ בְּקִירֹ֣ת הַבַּ֔יִת שְׁקַֽעֲרוּרֹת֙ יְרַקְרַקֹּ֔ת א֖וֹ אֲדַמְדַּמֹּ֑ת וּמַרְאֵיהֶ֥ן שָׁפָ֖ל מִן־הַקִּֽיר׃ 38 וְיָצָ֧א הַכֹּהֵ֛ן מִן־הַבַּ֖יִת אֶל־פֶּ֣תַח הַבָּ֑יִת וְהִסְגִּ֥יר אֶת־הַבַּ֖יִת שִׁבְעַ֥ת יָמִֽים׃ 39 וְשָׁ֥ב הַכֹּהֵ֖ן בַּיּ֣וֹם הַשְּׁבִיעִ֑י וְרָאָ֕ה וְהִנֵּ֛ה פָּשָׂ֥ה הַנֶּ֖גַע בְּקִירֹ֥ת הַבָּֽיִת׃ 40 וְצִוָּה֙ הַכֹּהֵ֔ן וְחִלְּצוּ֙ אֶת־הָ֣אֲבָנִ֔ים אֲשֶׁ֥ר בָּהֵ֖ן הַנָּ֑גַע וְהִשְׁלִ֤יכוּ אֶתְהֶן֙ אֶל־מִח֣וּץ לָעִ֔יר אֶל־מָק֖וֹם טָמֵֽא׃ 41 וְאֶת־הַבַּ֛יִת יַקְצִ֥עַ מִבַּ֖יִת סָבִ֑יב וְשָׁפְכ֗וּ אֶת־הֶֽעָפָר֙ אֲשֶׁ֣ר הִקְצ֔וּ אֶל־מִח֣וּץ לָעִ֔יר אֶל־מָק֖וֹם טָמֵֽא׃ 42 וְלָקְח֖וּ אֲבָנִ֣ים אֲחֵר֑וֹת וְהֵבִ֖יאוּ אֶל־תַּ֣חַת הָאֲבָנִ֑ים וְעָפָ֥ר אַחֵ֛ר יִקַּ֖ח וְטָ֥ח אֶת־הַבָּֽיִת׃ 43 וְאִם־יָשׁ֤וּב הַנֶּ֙גַע֙ וּפָרַ֣ח בַּבַּ֔יִת אַחַ֖ר חִלֵּ֣ץ אֶת־הָאֲבָנִ֑ים וְאַחֲרֵ֛י הִקְצ֥וֹת אֶת־הַבַּ֖יִת וְאַחֲרֵ֥י הִטּֽוֹחַ׃ 44 וּבָא֙ הַכֹּהֵ֔ן וְרָאָ֕ה וְהִנֵּ֛ה פָּשָׂ֥ה הַנֶּ֖גַע בַּבָּ֑יִת צָרַ֨עַת מַמְאֶ֥רֶת הִ֛וא בַּבַּ֖יִת טָמֵ֥א הֽוּא׃ 45 וְנָתַ֣ץ אֶת־הַבַּ֗יִת אֶת־אֲבָנָיו֙ וְאֶת־עֵצָ֔יו וְאֵ֖ת כָּל־עֲפַ֣ר הַבָּ֑יִת וְהוֹצִיא֙ אֶל־מִח֣וּץ לָעִ֔יר אֶל־מָק֖וֹם טָמֵֽא׃ 46 וְהַבָּא֙ אֶל־הַבַּ֔יִת כָּל־יְמֵ֖י הִסְגִּ֣יר אֹת֑וֹ יִטְמָ֖א עַד־הָעָֽרֶב׃ 47 וְהַשֹּׁכֵ֣ב בַּבַּ֔יִת יְכַבֵּ֖ס אֶת־בְּגָדָ֑יו וְהָאֹכֵ֣ל בַּבַּ֔יִת יְכַבֵּ֖ס אֶת־בְּגָדָֽיו׃

⁴⁸ *Y si el sacerdote entra para examinarla, y ve que la plaga no se ha extendido en la casa después de que la casa fue recubierta, el sacerdote declarará la casa limpia, porque la plaga ha sido sanada.*

⁴⁹ *Para purificar la casa, tomará dos avecillas y madera de cedro, un cordón escarlata e hisopo.* ⁵⁰ *Él debe degollar una de las avecillas sobre agua corriente en una vasija de barro.* ⁵¹ *Después tomará la madera de cedro, el hisopo, el cordón escarlata y la avecilla viva, los mojará en la sangre de la avecilla muerta y el agua corriente, y rociará la casa siete veces.*

⁵² *Debe purificar la casa con la sangre de la avecilla, el agua corriente, la avecilla viva, la madera de cedro, el hisopo y el cordón escarlata.*

⁵³ *Luego pondrá en libertad a la avecilla viva, en el campo abierto fuera de la ciudad; así hará expiación por la casa, y quedará purificada".*

EN AÑO BISIESTO: QUINTA LECTURA – AHARÓN – HOD

⁵⁴ *Esta es la ley acerca de toda plaga de lepra, o de tiña,* ⁵⁵ *y para la ropa o la casa con lepra,* ⁵⁶ *y para una hinchazón, una erupción o una mancha blanca lustrosa,* ⁵⁷ *para determinar cuándo son inmundas y cuándo son limpias. Esta es la ley sobre la lepra.*

15 ¹ *Habló el Eterno a Moshé y Aharón, para decir:*

² *"Hablen a los hijos de Israel y díganles: Cuando cualquier hombre tenga flujo de su cuerpo, su flujo será inmundo.*

³ *Ya sea que su cuerpo continúe emanando su flujo o ya lo haya obstruido, lo hará inmundo. Así es cómo el flujo creará inmundicia:* ⁴ *Toda cama sobre la cual se acueste el hombre con flujo quedará inmunda, y todo sobre lo que se siente quedará inmundo.*

זָב

Levítico 15:2 – El término para el tipo de limpieza referido en este versículo es *zav*. Cuando ocurre una emisión irregular de un hombre y su semen es contaminado, es una indicación de que no se le está dando suficiente importancia al proceso de creación de vida. Cada parte de nuestro cuerpo es un instrumento refinado para revelar Luz, y en la medida que nuestra conciencia tiene más afinidad con ese propósito, nuestro cuerpo se vuelve un vehículo poderoso y sensible para manifestar el deseo del Creador. Pero si nuestra conciencia está más sintonizada con el *Deseo de Recibir para Sí Mismo*, entonces nuestros miembros y órganos perderán su precisión y pueden funcionar mal. Esta sección puede ayudar a activar la purificación necesaria para despertar el temor reverencial de ser un canal de vida, de modo que el buen funcionamiento de nuestro cuerpo pueda ser restaurado.

LA HISTORIA DE METSORÁ: EN AÑO BISIESTO QUINTA LECTURA — LEVÍTICO

48 וְאִ֞ם־בֹּ֤א יָבֹא֙ הַכֹּהֵ֔ן וְרָאָה֙ וְהִנֵּ֔ה לֹא־פָשָׂ֥ה הַנֶּ֖גַע בַּבַּ֑יִת אַחֲרֵ֖י הִטֹּ֣חַ אֶת־הַבָּ֑יִת וְטִהַ֤ר הַכֹּהֵן֙ אֶת־הַבַּ֔יִת כִּ֥י נִרְפָּ֖א הַנָּֽגַע׃ 49 וְלָקַ֛ח לְחַטֵּ֥א אֶת־הַבַּ֖יִת שְׁתֵּ֣י צִפֳּרִ֑ים וְעֵ֣ץ אֶ֔רֶז וּשְׁנִ֥י תוֹלַ֖עַת וְאֵזֹֽב׃ 50 וְשָׁחַ֖ט אֶת־הַצִּפֹּ֣ר הָאֶחָ֑ת אֶל־כְּלִי־חֶ֖רֶשׂ עַל־מַ֥יִם חַיִּֽים׃ 51 וְלָקַ֣ח אֶת־עֵֽץ־הָ֠אֶרֶז וְאֶת־הָ֨אֵזֹ֜ב וְאֵ֣ת ׀ שְׁנִ֣י הַתּוֹלַ֗עַת וְאֵת֮ הַצִּפֹּ֣ר הַֽחַיָּה֒ וְטָבַ֣ל אֹתָ֗ם בְּדַם֙ הַצִּפֹּ֣ר הַשְּׁחוּטָ֔ה וּבַמַּ֖יִם הַֽחַיִּ֑ים וְהִזָּ֥ה אֶל־הַבַּ֖יִת שֶׁ֥בַע פְּעָמִֽים׃ 52 וְחִטֵּ֣א אֶת־הַבַּ֔יִת בְּדַם֙ הַצִּפּ֔וֹר וּבַמַּ֖יִם הַֽחַיִּ֑ים וּבַצִּפֹּ֤ר הַחַיָּה֙ וּבְעֵ֣ץ הָאֶ֔רֶז וּבָאֵזֹ֖ב וּבִשְׁנִ֥י הַתּוֹלָֽעַת׃ 53 וְשִׁלַּ֞ח אֶת־הַצִּפֹּ֧ר הַֽחַיָּ֛ה אֶל־מִח֥וּץ לָעִ֖יר אֶל־פְּנֵ֣י הַשָּׂדֶ֑ה וְכִפֶּ֥ר עַל־הַבַּ֖יִת וְטָהֵֽר׃

EN AÑO BISIESTO: QUINTA LECTURA – AHARÓN – HOD

54 זֹ֖את הַתּוֹרָ֑ה לְכָל־נֶ֥גַע הַצָּרַ֖עַת וְלַנָּֽתֶק׃ 55 וּלְצָרַ֥עַת הַבֶּ֖גֶד וְלַבָּֽיִת׃ 56 וְלַשְׂאֵ֥ת וְלַסַּפַּ֖חַת וְלַבֶּהָֽרֶת׃ 57 לְהוֹרֹ֕ת בְּי֥וֹם הַטָּמֵ֖א וּבְי֣וֹם הַטָּהֹ֑ר זֹ֥את תּוֹרַ֖ת הַצָּרָֽעַת׃

15 1 וַיְדַבֵּ֣ר יְהֹוָ֔ה אֶל־מֹשֶׁ֥ה וְאֶֽל־אַהֲרֹ֖ן לֵאמֹֽר׃ 2 דַּבְּרוּ֙ אֶל־בְּנֵ֣י יִשְׂרָאֵ֔ל וַאֲמַרְתֶּ֖ם אֲלֵהֶ֑ם אִ֣ישׁ אִ֗ישׁ כִּ֤י יִהְיֶה֙ זָ֣ב מִבְּשָׂר֔וֹ זוֹב֖וֹ טָמֵ֥א הֽוּא׃ 3 וְזֹ֛את תִּהְיֶ֥ה טֻמְאָת֖וֹ בְּזוֹב֑וֹ רָ֣ר בְּשָׂר֞וֹ אֶת־זוֹב֗וֹ אֽוֹ־הֶחְתִּ֤ים בְּשָׂרוֹ֙ מִזּוֹב֔וֹ טֻמְאָת֖וֹ הִֽוא׃ 4 כָּל־הַמִּשְׁכָּ֗ב אֲשֶׁ֨ר יִשְׁכַּ֥ב עָלָ֛יו הַזָּ֖ב יִטְמָ֑א וְכָֽל־

⁵ Cualquiera que toque su cama debe lavar su ropa y bañarse con agua, y quedará inmundo hasta el atardecer.

⁶ Cualquiera que se siente en aquello sobre lo cual el hombre con el flujo ha estado sentado, debe lavar su ropa y bañarse con agua, y quedará inmundo hasta el atardecer.

⁷ Cualquiera que toque al hombre con el flujo debe lavar su ropa y bañarse con agua, y quedará inmundo hasta el atardecer.

⁸ Si el hombre con el flujo escupe sobre alguien que es limpio, esta persona debe lavar su ropa y bañarse con agua, y quedará inmundo hasta el atardecer.

⁹ Toda montura sobre la cual cabalgue el hombre con el flujo quedará inmunda, ¹⁰ y todo el que toque cualquiera de las cosas que han estado debajo de él quedará inmundo hasta el atardecer; y el que las recoja debe lavar su ropa y bañarse con agua, y quedará inmundo hasta el atardecer.

¹¹ A quienquiera toque el hombre que tiene el flujo sin haberse lavado las manos con agua, debe lavar su ropa y bañarse con agua, y quedará inmundo hasta el atardecer.

¹² Una vasija de barro que toque el hombre con el flujo debe ser quebrada, y toda vasija de debe ser lavada con agua.

¹³ Cuando el hombre quede limpio de su flujo, contará para sí siete días para su purificación; y deberá lavar su ropa y bañarse con agua corriente, y quedará limpio.

¹⁴ Al octavo día, tomará dos tórtolas o dos pichones, y vendrá ante el Eterno a la entrada de la Tienda de Reunión y los dará al sacerdote.

¹⁵ El sacerdote los sacrificará, uno como ofrenda por pecado y otro como holocausto, y el sacerdote hará expiación por el hombre ante el Eterno a causa de su flujo.

EN AÑO BISIESTO: SEXTA LECTURA – YOSEF – YESOD
CUANDO ESTÁN CONECTADAS: SÉPTIMA LECTURA – DAVID – MALJUT

¹⁶ Si un hombre tiene emisión de semen, debe bañar todo su cuerpo en agua y quedará inmundo hasta el atardecer.

¹⁷ Cualquier vestidura o piel sobre la cual haya emisión de semen, debe ser lavada con agua y quedará inmunda hasta el atardecer.

LA HISTORIA DE METSORÁ: EN AÑO BISIESTO SEXTA LECTURA — LEVÍTICO

הַכְּלִ֗י כל׳ אֲשֶׁר־יֵשֵׁ֥ב עָלָ֖יו יִטְמָֽא׃ 5 וְאִ֕ישׁ ע״ה קנ״א קס״א אֲשֶׁ֥ר יִגַּ֖ע בְּמִשְׁכָּב֑וֹ
יְכַבֵּ֧ס בְּגָדָ֛יו וְרָחַ֥ץ בַּמַּ֖יִם וְטָמֵ֥א עַד־הָעָֽרֶב׃ רבוע יהוה ורבוע אלהים 6 וְהַיֹּשֵׁב֙
עַל־הַכְּלִ֔י כל׳ אֲשֶׁר־יֵשֵׁ֥ב עָלָ֖יו הַזָּ֑ב יְכַבֵּ֧ס בְּגָדָ֛יו וְרָחַ֥ץ בַּמַּ֖יִם וְטָמֵ֥א
עַד־הָעָֽרֶב׃ רבוע יהוה ורבוע אלהים 7 וְהַנֹּגֵ֖עַ בִּבְשַׂ֣ר הַזָּ֑ב יְכַבֵּ֧ס בְּגָדָ֛יו וְרָחַ֥ץ
בַּמַּ֖יִם וְטָמֵ֥א עַד־הָעָֽרֶב׃ רבוע יהוה ורבוע אלהים 8 וְכִֽי־יָרֹ֥ק הַזָּ֖ב בַּטָּה֑וֹר יה אכא
וְכִבֶּ֧ס בְּגָדָ֛יו וְרָחַ֥ץ בַּמַּ֖יִם וְטָמֵ֥א עַד־הָעָֽרֶב׃ רבוע יהוה ורבוע אלהים 9 וְכָל־ יל׳
הַמֶּרְכָּ֗ב אֲשֶׁ֥ר יִרְכַּ֛ב עָלָ֖יו הַזָּ֑ב יִטְמָֽא׃ 10 וְכָל־ יל׳ הַנֹּגֵ֗עַ מלוי אהיה דאלפין ע״ה
בְּכֹל֙ ב״ן, לכב, יבמ אֲשֶׁ֣ר יִהְיֶ֣ה תַחְתָּ֔יו יִטְמָ֖א עַד־הָעָ֑רֶב רבוע יהוה ורבוע אלהים
וְהַנּוֹשֵׂ֣א אוֹתָ֔ם יְכַבֵּ֧ס בְּגָדָ֛יו וְרָחַ֥ץ בַּמַּ֖יִם וְטָמֵ֥א עַד־הָעָֽרֶב
רבוע יהוה ורבוע אלהים 11 וְכֹ֨ל יל׳ אֲשֶׁ֤ר יִגַּע־בּוֹ֙ הַזָּ֔ב וְיָדָ֖יו לֹא־שָׁטַ֣ף בַּמָּ֑יִם
וְכִבֶּ֧ס בְּגָדָ֛יו וְרָחַ֥ץ בַּמַּ֖יִם וְטָמֵ֥א עַד־הָעָֽרֶב׃ רבוע יהוה ורבוע אלהים 12 וּכְלִי־
חֶ֛רֶשׂ כל׳ אֲשֶׁר־יִגַּע־בּ֥וֹ הַזָּ֖ב יִשָּׁבֵ֑ר וְכָל־ יל׳ כְּלִי־ ע״ה קס״א עֵ֔ץ כל׳ יִשָּׁטֵ֖ף
בַּמָּֽיִם׃ 13 וְכִֽי־יִטְהַ֤ר יה אכא הַזָּב֙ מִזּוֹב֔וֹ וְסָ֥פַר גכר ל֛וֹ שִׁבְעַ֥ת יָמִ֖ים לְטָהֳרָת֑וֹ
וְכִבֶּ֣ס בְּגָדָ֗יו וְרָחַ֧ץ בְּשָׂר֛וֹ בְּמַ֥יִם חַיִּ֖ים אהיה אהיה יהוה, בינה ע״ה וְטָהֵֽר׃ יה אכא׃
14 וּבַיּ֣וֹם ע״ה הַשְּׁמִינִ֗י נגד, ז׳, מזבח יִֽקַּֽח־ וזוסו לוֹ֙ שְׁתֵּ֣י תֹרִ֔ים א֥וֹ שְׁנֵ֖י בְּנֵ֣י יוֹנָ֑ה
וּבָ֣א ׀ לִפְנֵ֣י כ״ו מ״ה יְהֹוָ֗היאהדונהי חכמה בינה אֶל־פֶּ֙תַח֙ אֹ֣הֶל לאה מוֹעֵ֔ד וּנְתָנָ֖ם
אֶל־הַכֹּהֵֽן׃ מלה 15 וְעָשָׂ֤ה אֹתָם֙ הַכֹּהֵ֔ן מלה אֶחָ֣ד אהבה, דאלה חַטָּ֔את וְהָאֶחָ֖ד
עֹלָ֑ה מצפצ וְכִפֶּ֨ר עָלָ֧יו הַכֹּהֵ֛ן מלה לִפְנֵ֥י חכמה בינה יְהֹוָ֖היאהדונהי מִזּוֹבֽוֹ׃

EN AÑO BISIESTO: SEXTA LECTURA – YOSEF – YESOD
CUANDO ESTÁN CONECTADAS: SÉPTIMA LECTURA – DAVID – MALJUT

16 וְאִ֕ישׁ ע״ה קנ״א קס״א כִּֽי־תֵצֵ֥א מִמֶּ֖נּוּ שִׁכְבַת־זָ֑רַע וְרָחַ֥ץ בַּמַּ֛יִם אֶת־כָּל־
בְּשָׂר֖וֹ וְטָמֵ֥א עַד־הָעָֽרֶב׃ רבוע יהוה ורבוע אלהים 17 וְכָל־ יל׳ בֶּ֣גֶד יל׳ וְכָל־ יל׳

¹⁸ Si un hombre se acuesta con una mujer y hay emisión de semen, ambos deben bañarse con agua y quedarán inmundos hasta el atardecer.

¹⁹ Cuando una mujer tenga flujo regular de sangre, la impureza de su período menstrual durará siete días, y cualquiera que la toque quedará inmundo hasta el atardecer.

²⁰ Todo aquello sobre lo que ella se acueste durante su período quedará inmundo, y todo aquello sobre lo que ella se siente quedará inmundo.

²¹ Cualquiera que toque su cama debe lavar su ropa y bañarse con agua, y quedará inmundo hasta el atardecer.

²² Todo el que toque cualquier cosa sobre la que ella se siente, debe lavar su ropa y bañarse con agua, y quedará inmundo hasta el atardecer.

²³ Sea que esté sobre la cama o sobre aquello en lo cual ella se haya sentado, el que lo toque quedará inmundo hasta el atardecer.

²⁴ Si un hombre se acuesta con ella y su flujo mensual lo toca, quedará inmundo por siete días; toda cama sobre la que él se acueste quedará inmunda.

²⁵ Si una mujer tiene un flujo de sangre por muchos días, en otro momento fuera de su período mensual, o si tiene un flujo después de ese período, será inmunda siempre que tenga el flujo, como en los días de su impureza menstrual.

²⁶ Toda cama sobre la cual ella se acueste mientras su flujo continúe será impura, como su cama durante su período mensual, y todo sobre lo que ella se siente quedará inmundo, como durante su período.

²⁷ Cualquiera que las toque quedará inmundo; debe lavar su ropa y bañarse con agua, y quedará inmundo hasta el atardecer.

²⁸ Cuando ella quede limpia de su flujo, contará siete días; después quedará limpia.

וְכָל

Levítico 15:19 – También pueden haber emisiones irregulares en las mujeres, lo que también llama la atención a la importancia que se le da al proceso de crear vida. La mujer está diseñada para ser una Vasija que manifiesta vida y, cuando la Vasija no es usada con el propósito de recibir Luz, puede entonces perder ese potencial. Esta lectura ayuda a restaurar la intención y la capacidad de la Vasija.

LA HISTORIA DE METSORÁ: EN AÑO BISIESTO SEXTA LECTURA — LEVÍTICO

־עֹ֖ור אֲשֶׁר־יִהְיֶ֥ה ״ עָלָ֖יו שִׁכְבַת־זָ֑רַע וְכֻבַּ֣ס בַּמַּ֔יִם וְטָמֵ֖א עַד־הָעָֽרֶב׃

רבוע יהוה ורבוע אלהים 18׃ וְאִשָּׁ֕ה אֲשֶׁ֨ר יִשְׁכַּ֥ב אִ֛ישׁ ע״ה קנ״א קס״א אֹתָ֖הּ שִׁכְבַת־זָ֑רַע

וְרָחֲצ֣וּ בַמַּ֔יִם וְטָמְא֖וּ עַד־הָעָֽרֶב׃ רבוע יהוה ורבוע אלהים 19׃ וְאִשָּׁה֙ כִּֽי־תִהְיֶ֣ה

זָבָ֔ה רבוע אהיה יְהוָ֖ה ״ דָּ֛ם יִהְיֶ֥ה זֹבָ֖הּ בִּבְשָׂרָ֑הּ שִׁבְעַ֤ת יָמִים֙ גלך תִּהְיֶ֣ה בְנִדָּתָ֔הּ

וְכָל־ ילי הַנֹּגֵ֥עַ בָּ֖הּ יִטְמָ֥א עַד־הָעָֽרֶב׃ רבוע יהוה ורבוע אלהים 20׃ וְכֹל ילי אֲשֶׁ֨ר

תִּשְׁכַּ֥ב עָלָ֛יו בְּנִדָּתָ֖הּ יִטְמָ֑א וְכֹ֛ל ילי אֲשֶׁר־תֵּשֵׁ֥ב עָלָ֖יו יִטְמָֽא׃ 21׃ וְכָל־

ילי הַנֹּגֵ֖עַ בְּמִשְׁכָּבָ֑הּ יְכַבֵּ֧ס בְּגָדָ֛יו וְרָחַ֥ץ בַּמַּ֖יִם וְטָמֵ֥א עַד־הָעָֽרֶב׃

רבוע יהוה ורבוע אלהים 22׃ וְכָל־ ילי הַנֹּגֵ֔עַ בְּכָל־ ב״ן, לכב, יבמ כְּלִי֙ כלי אֲשֶׁר־תֵּשֵׁ֣ב עָלָ֑יו

יְכַבֵּ֧ס בְּגָדָ֛יו וְרָחַ֥ץ בַּמַּ֖יִם וְטָמֵ֥א עַד־הָעָֽרֶב׃ רבוע יהוה ורבוע אלהים 23׃ וְאִ֨ם

יוהך, ע״ה מ״ב עַֽל־הַמִּשְׁכָּ֜ב ה֗וּא א֧וֹ עַֽל־הַכְּלִ֛י כלי אֲשֶׁר־הִ֥וא יֹשֶֽׁבֶת־עָלָ֖יו

בְּנָגְעוֹ־ב֑וֹ יִטְמָ֖א עַד־הָעָֽרֶב׃ רבוע יהוה ורבוע אלהים 24׃ וְאִ֡ם יוהך, ע״ה מ״ב שָׁכֹב֩

יִשְׁכַּ֨ב אִ֜ישׁ ע״ה קנ״א קס״א אֹתָ֗הּ וּתְהִ֤י נִדָּתָהּ֙ עָלָ֔יו וְטָמֵ֖א שִׁבְעַ֣ת יָמִ֑ים גלך

וְכָל־ ילי הַמִּשְׁכָּ֛ב אֲשֶׁר־יִשְׁכַּ֥ב עָלָ֖יו יִטְמָֽא׃ 25׃ וְאִשָּׁ֡ה כִּֽי־יָזוּב֩ ז֨וֹב דָּמָ֜הּ

יָמִ֣ים גלך רַבִּ֗ים בְּלֹא֙ עֶת־ אהיה י הויות ע״פ נִדָּתָ֔הּ א֥וֹ כִֽי־תָז֖וּב עַל־נִדָּתָ֑הּ כָּל־

ילי יְמֵ֞י זוֹב טֻמְאָתָ֗הּ כִּימֵ֧י נִדָּתָ֛הּ תִּהְיֶ֖ה טְמֵאָ֥ה הִֽוא׃ 26׃ כָּל־ ילי הַמִּשְׁכָּ֞ב

אֲשֶׁר־תִּשְׁכַּ֤ב עָלָיו֙ כָּל־ ילי יְמֵ֣י זוֹבָ֔הּ כְּמִשְׁכַּ֥ב נִדָּתָ֖הּ יִֽהְיֶה־ ״ לָּ֑הּ וְכָֽל־

ילי הַכְּלִי֙ כלי אֲשֶׁ֣ר תֵּשֵׁ֣ב עָלָ֔יו טָמֵ֣א יִהְיֶ֔ה ״ כְּטֻמְאַ֖ת נִדָּתָֽהּ׃ 27׃ וְכָל־

ילי הַנּוֹגֵ֥עַ בָּ֖ם מ״ב יִטְמָ֑א וְכִבֶּ֧ס בְּגָדָ֛יו וְרָחַ֥ץ בַּמַּ֖יִם וְטָמֵ֥א עַד־הָעָֽרֶב׃

רבוע יהוה ורבוע אלהים 28׃ וְאִֽם־ יוהך, ע״ה מ״ב טָהֲרָ֖ה מִזּוֹבָ֑הּ וְסָ֥פְרָה לָּ֛הּ שִׁבְעַ֥ת

יָמִ֖ים גלך וְאַחַ֥ר תִּטְהָֽר׃

EN AÑO BISIESTO: SÉPTIMA LECTURA – DAVID – MALJUT

²⁹ *Al octavo día, ella debe tomar dos tórtolas o dos pichones y traerlos al sacerdote a la entrada de la Tienda de Reunión.*

³⁰ *El sacerdote sacrificará a uno de ellos como ofrenda por pecado y el otro como holocausto. Así el sacerdote hará expiación por ella ante el Señor a causa de la impureza de su flujo.*

MAFTIR

³¹ *Debes mantener a los israelitas separados de las cosas que los vuelven inmundos, para que no mueran en sus impurezas por haber contaminado mi lugar de morada, el cual está entre ellos.*

³² *Esta es la ley para el hombre que tenga flujo, para cualquiera que se vuelva inmundo por una emisión de semen,*

³³ *para la mujer en su período mensual, para un hombre o una mujer con flujo, y para un hombre que se acueste con una mujer inmunda".*

LA HISTORIA DE METSORÁ: EN AÑO BISIESTO SÉPTIMA LECTURA Y MAFTIR

EN AÑO BISIESTO: SÉPTIMA LECTURA – DAVID – MALJUT

29 וּבַיּוֹם הַשְּׁמִינִי תִּקַּח־לָהּ שְׁתֵּי תֹרִים אוֹ שְׁנֵי בְּנֵי יוֹנָה וְהֵבִיאָה אוֹתָם אֶל־הַכֹּהֵן אֶל־פֶּתַח אֹהֶל מוֹעֵד:

30 וְעָשָׂה הַכֹּהֵן אֶת־הָאֶחָד חַטָּאת וְאֶת־הָאֶחָד עֹלָה וְכִפֶּר עָלֶיהָ הַכֹּהֵן לִפְנֵי יְהֹוָה מִזּוֹב טֻמְאָתָהּ:

MAFTIR

31 וְהִזַּרְתֶּם אֶת־בְּנֵי־יִשְׂרָאֵל מִטֻּמְאָתָם וְלֹא יָמֻתוּ בְּטֻמְאָתָם בְּטַמְּאָם אֶת־מִשְׁכָּנִי אֲשֶׁר בְּתוֹכָם: 32 זֹאת תּוֹרַת הַזָּב וַאֲשֶׁר תֵּצֵא מִמֶּנּוּ שִׁכְבַת־זֶרַע לְטָמְאָה־בָהּ: 33 וְהַדָּוָה בְּנִדָּתָהּ וְהַזָּב אֶת־זוֹבוֹ לַזָּכָר וְלַנְּקֵבָה וּלְאִישׁ אֲשֶׁר יִשְׁכַּב עִם־טְמֵאָה:

HAFTARÁ DE METSORÁ

Dios le dijo al Profeta Elishá que habría abundancia de alimentos después de un período de hambruna. Este fue un milagro creado para los leprosos y demuestra que, aunque la gente necesite pasar por un proceso de purificación o corrección, no quiere decir que no estén conectados a la

II REYES 7:3-20

7 ³ *Y había cuatro leprosos a la entrada de la puerta de la ciudad. Se dijeron el uno al otro: "¿Por qué nos quedamos aquí esperando la muerte?*

⁴ *Si decimos: 'Vamos a entrar en la ciudad' entonces, como el hambre está en la ciudad, moriremos; y si nos sentamos aquí, moriremos. Ahora pues, vayamos al campamento de los arameos y entreguémonos. Si nos perdonan la vida, viviremos; y si nos matan, pues moriremos".*

⁵ *Y se levantaron al anochecer para ir al campamento de los arameos, y cuando llegaron a las afueras del campamento de los arameos, no había nadie,*

⁶ *porque el Eterno había hecho que el ejército de los arameos oyera estruendo de carros y caballos, y el estruendo de un gran ejército, de modo que se dijeron el uno al otro: "¡He aquí que el rey de Israel ha contratado a los reyes de los hititas y a los reyes de los egipcios para atacarnos!".*

⁷ *Por lo cual se levantaron y huyeron al anochecer, y abandonaron sus tiendas, sus caballos y sus asnos y el campamento tal como estaba, y huyeron para salvar sus vidas.*

⁸ *Y cuando los leprosos llegaron a las afueras del campamento y entraron en una tienda, comieron y bebieron, y se llevaron de allí plata y oro y ropas, y fueron y lo escondieron. Y regresaron y entraron en otra tienda y de allí también se llevaron unas cosas, y fueron y lo escondieron.*

⁹ *Entonces se dijeron el uno al otro: "No estamos haciendo bien. Hoy es día de buenas nuevas, pero nosotros estamos callados. Si esperamos hasta la luz de la mañana, nos vendrá castigo. Vamos ahora mismo y reportemos esto a la casa del rey".*

HAFTARÁ DE METSORÁ

Luz. Los milagros aún pueden ocurrir por y para ellos. De hecho, a veces es la profundidad de los desafíos que vivimos lo que hace que los milagros ocurran.

מלכים ב׳, פרק 7, פסוקים 3-20

3 7 וְאַרְבָּעָה אֲנָשִׁים הָיוּ מְצֹרָעִים פֶּתַח הַשָּׁעַר וַיֹּאמְרוּ אִישׁ אֶל־רֵעֵהוּ מָה אֲנַחְנוּ יֹשְׁבִים פֹּה עַד־מָתְנוּ: 4 אִם־אָמַרְנוּ נָבוֹא הָעִיר וְהָרָעָב בָּעִיר וָמַתְנוּ שָׁם וְאִם־יָשַׁבְנוּ פֹה וָמָתְנוּ וְעַתָּה לְכוּ וְנִפְּלָה אֶל־מַחֲנֵה אֲרָם אִם־יְחַיֻּנוּ נִחְיֶה וְאִם־יְמִיתֻנוּ וָמָתְנוּ: 5 וַיָּקֻמוּ בַנֶּשֶׁף לָבוֹא אֶל־מַחֲנֵה אֲרָם וַיָּבֹאוּ עַד־קְצֵה מַחֲנֵה אֲרָם וְהִנֵּה אֵין־שָׁם אִישׁ: 6 וַאדֹנָי הִשְׁמִיעַ ׀ אֶת־מַחֲנֵה אֲרָם קוֹל רֶכֶב קוֹל סוּס קוֹל חַיִל גָּדוֹל וַיֹּאמְרוּ אִישׁ אֶל־אָחִיו הִנֵּה שָׂכַר־עָלֵינוּ מֶלֶךְ יִשְׂרָאֵל אֶת־מַלְכֵי הַחִתִּים וְאֶת־מַלְכֵי מִצְרַיִם לָבוֹא עָלֵינוּ: 7 וַיָּקוּמוּ וַיָּנוּסוּ בַנֶּשֶׁף וַיַּעַזְבוּ אֶת־אָהֳלֵיהֶם וְאֶת־סוּסֵיהֶם וְאֶת־חֲמֹרֵיהֶם הַמַּחֲנֶה כַּאֲשֶׁר־הִיא וַיָּנֻסוּ אֶל־נַפְשָׁם: 8 וַיָּבֹאוּ הַמְצֹרָעִים הָאֵלֶּה עַד־קְצֵה הַמַּחֲנֶה וַיָּבֹאוּ אֶל־אֹהֶל אֶחָד וַיֹּאכְלוּ וַיִּשְׁתּוּ וַיִּשְׂאוּ מִשָּׁם כֶּסֶף וְזָהָב וּבְגָדִים וַיֵּלְכוּ וַיַּטְמִנוּ וַיָּשֻׁבוּ וַיָּבֹאוּ אֶל־אֹהֶל אַחֵר וַיִּשְׂאוּ מִשָּׁם וַיֵּלְכוּ וַיַּטְמִנוּ: 9 וַיֹּאמְרוּ אִישׁ אֶל־רֵעֵהוּ לֹא־כֵן ׀ אֲנַחְנוּ עֹשִׂים הַיּוֹם הַזֶּה

¹⁰ Fueron y llamaron a los guardas de la puerta de la ciudad y les informaron, diciendo: "Fuimos al campamento de los arameos, y he aquí que no había allí nadie, ni siquiera voz de hombre; solamente caballos atados y asnos atados, y las tiendas estaban intactas". ¹¹ E instaron a los guardias de la puerta, y ellos lo anunciaron dentro de la casa del rey.

¹² Y el rey se levantó de noche y dijo a sus siervos: "Ahora les mostraré lo que los arameos nos han hecho. Saben que estamos hambrientos; por tanto han salido del campamento para esconderse en el campo, diciendo: 'Cuando salgan de la ciudad, los tomaremos vivos y entraremos en la ciudad'".

¹³ Y uno de sus siervos respondió, y dijo: "Le ruego que deje que algunos hombres tomen cinco de los caballos que quedan en la ciudad; he aquí que ellos están como toda la multitud de Israel que está pereciendo. Entonces enviemos y veamos".

¹⁴ Entonces tomaron dos carros con caballos, y el rey los envió tras el ejército de los arameos, diciendo: "Vayan y vean". ¹⁵ Y los siguieron hasta el Jordán, y todo el camino estaba lleno de vestidos y vasijas que los arameos habían arrojado en su prisa. Y los mensajeros volvieron e informaron al rey.

¹⁶ Y el pueblo salió y saqueó el campamento de los arameos. Entonces una medida de flor de harina se vendió a un shékel y dos medidas de cebada a un shékel, conforme a la palabra del Eterno.

¹⁷ Y el rey puso a cargo de la puerta al oficial real en cuyo brazo se apoyaba; pero el pueblo lo atropelló a la puerta y murió, tal como había dicho el hombre de Dios cuando el rey descendió a él. ¹⁸ Y aconteció tal como el hombre de Dios había hablado al rey, cuando dijo: "Mañana a estas horas a la puerta de Samaria serán vendidas dos medidas de cebada a un shékel y una medida de flor de harina a un shékel".

LA HISTORIA DE METSORÁ: HAFTARÁ — LEVÍTICO

וְהוּ יוֹם ע״ה = גגד, זן, מזבח ־בִּשְׂעָרָה הוּא וַאֲנַחְנוּ מַחֲשִׁים וְחִכִּינוּ עַד־אוֹר ר״ת, אין
סוף הַבֹּקֶר וּמְצָאָנוּ עָוֹן וְעַתָּה לְכוּ וְנָבֹאָה וְנַגִּידָה בֵּית ב״פ ראה הַמֶּלֶךְ:
10 וַיָּבֹאוּ וַיִּקְרְאוּ אֶל־שֹׁעֵר הָעִיר בוזחך, ערי, סנדלפון וַיַּגִּידוּ לָהֶם לֵאמֹר
בָּאנוּ אֶל־מַחֲנֵה אֲרָם וְהִנֵּה מ״ה יה אֵין־שָׁם יהוה עדי אִישׁ ע״ה קנ״א קס״א וְקוֹל
ע״ב ס״ג ע״ה אָדָם מ״ה כִּי אִם יוהך, ע״ה מ״ב ־הַסּוּס ריבוע אדני, כוך אָסוּר וְהַחֲמוֹר אָסוּר
וְאֹהָלִים כַּאֲשֶׁר־הֵמָּה: 11 וַיִּקְרָא ב״פ קס״א ־ ה אותיות הַשֹּׁעֲרִים כתר וַיַּגִּידוּ
בֵּית ב״פ ראה הַמֶּלֶךְ פְּנִימָה: 12 וַיָּקָם הַמֶּלֶךְ לַיְלָה מלה וַיֹּאמֶר אֶל־עֲבָדָיו
אַגִּידָה־נָּא לָכֶם אֵת אֲשֶׁר־עָשׂוּ לָנוּ מום, אלהים, אהיה אדני אֲרָם יָדְעוּ
כִּי־רְעֵבִים אֲנַחְנוּ וַיֵּצְאוּ מִן־הַמַּחֲנֶה לְהֵחָבֵה בַשָּׂדֶה (כתיב: בהשדה)
לֵאמֹר כִּי־יֵצְאוּ מִן־הָעִיר בוזחך, ערי, סנדלפון וְנִתְפְּשֵׂם חַיִּים בינה ע״ה וְאֶל־הָעִיר
בוזחך, ערי, סנדלפון נָבֹא: 13 וַיַּעַן אֶחָד אהבה, דאגה מֵעֲבָדָיו וַיֹּאמֶר וְיִקְחוּ־נָא
וְחַמִשָּׁה מִן־הַסּוּסִים הַנִּשְׁאָרִים אֲשֶׁר נִשְׁאֲרוּ־בָהּ הִנָּם כְּכָל־הֲמוֹן
(כתיב: ההמון) יִשְׂרָאֵל אֲשֶׁר נִשְׁאֲרוּ־בָהּ הִנָּם כְּכָל־הֲמוֹן יִשְׂרָאֵל
אֲשֶׁר־תָּמּוּ וְנִשְׁלְחָה וְנִרְאֶה: 14 וַיִּקְחוּ וְעם שְׁנֵי רֶכֶב סוּסִים וַיִּשְׁלַח
הַמֶּלֶךְ אַחֲרֵי מַחֲנֵה־אֲרָם לֵאמֹר לְכוּ וּרְאוּ: 15 וַיֵּלְכוּ כלי אַחֲרֵיהֶם
עַד־הַיַּרְדֵּן י״פ יהוה ור״ת אותיות וְהִנֵּה מ״ה יה כָל־הַדֶּרֶךְ ב״פ יב״ק יל״י מְלֵאָה בְגָדִים
וְכֵלִים אֲשֶׁר־הִשְׁלִיכוּ אֲרָם בְּחָפְזָם (כתיב: בהחפזם) וַיָּשֻׁבוּ הַמַּלְאָכִים
וַיַּגִּדוּ לַמֶּלֶךְ: 16 וַיֵּצֵא הָעָם וַיָּבֹזּוּ אֵת מַחֲנֵה אֲרָם וַיְהִי אל סְאָה־סֹלֶת
בְּשֶׁקֶל וְסָאתַיִם שְׂעֹרִים בְּשֶׁקֶל כִּדְבַר כתר יְהוָֹה ראה ה' אדני אהדונהי: 17 וְהַמֶּלֶךְ
הִפְקִיד אֶת־הַשָּׁלִישׁ אֲשֶׁר־נִשְׁעָן עַל־יָדוֹ עַל־הַשַּׁעַר וַיִּרְמְסֻהוּ הָעָם
בַּשַּׁעַר וַיָּמֹת כַּאֲשֶׁר דִּבֶּר ראה אִישׁ ע״ה קנ״א קס״א הָאֱלֹהִים מום, אהיה אדני; ילה
אֲשֶׁר דִּבֶּר ראה בְּרֶדֶת הַמֶּלֶךְ אֵלָיו: 18 וַיְהִי אל כְּדַבֵּר ראה אִישׁ
ע״ה קנ״א קס״א הָאֱלֹהִים מום, אהיה אדני; ילה אֶל־הַמֶּלֶךְ לֵאמֹר סָאתַיִם שְׂעֹרִים
בְּשֶׁקֶל וּסְאָה־סֹלֶת בְּשֶׁקֶל יִהְיֶה י״י כָּעֵת מָחָר רמ״ח בְּשַׁעַר שֹׁמְרוֹן:

¹⁹ Y el capitán había respondido al hombre de Dios, diciendo: "Mira, aunque el Eterno hiciera ventanas en los cielos, ¿podría suceder tal cosa?", y Eliseo dijo: "He aquí, tú lo verás con tus propios ojos, pero no comerás de ello".

²⁰ Y así sucedió, porque el pueblo lo atropelló a la puerta, y murió.

LA HISTORIA DE METSORÁ: HAFTARÁ — LEVÍTICO 171

19 וַיַּ֣עַן הַשָּׁלִ֗ישׁ אֶת־אִ֣ישׁ הָאֱלֹהִים֮ וַיֹּאמַר֒ וְהִנֵּ֣ה יְהֹוָ֗ה עֹשֶׂ֤ה אֲרֻבּוֹת֙ בַּשָּׁמַ֔יִם הֲיִהְיֶ֖ה כַּדָּבָ֣ר הַזֶּ֑ה וַיֹּ֗אמֶר הִנְּךָ֤ רֹאֶה֙ בְּעֵינֶ֔יךָ וּמִשָּׁ֖ם לֹ֥א תֹאכֵֽל׃ 20 וַיְהִי־ל֣וֹ כֵּ֔ן וַיִּרְמְס֨וּ אֹת֥וֹ הָעָ֛ם בַּשַּׁ֖עַר וַיָּמֹֽת׃

AJAREI MOT

LA LECCIÓN DE AJAREI MOT
(Levítico 16:1-18:30)

Con relación a Yom Kipur

En *Yom Kipur* leemos los versículos iniciales en el capítulo de Ajarei Mot, los cuales relatan los eventos que ocurrieron después de la muerte de los hijos de Aharón. Por lo tanto, durante la lectura de Ajarei Mot en Shabat, tenemos la oportunidad de recibir el poder de Yom Kipur y, mediante este poder, podemos limpiar cada forma de negatividad dentro de nosotros. No obstante, como con todo, hay términos y condiciones en la espiritualidad: si no hacemos un esfuerzo en conectar con la Luz, la Luz no conectará con nosotros. Está escrito: "Dios es tu sombra" (*Salmos 121:5*). La Luz es nuestra sombra; según actuemos, de la misma forma lo hará la sombra.

Es como si nos miráramos en un espejo. Cuando caminamos hacia delante o hacia atrás, el reflejo se hace más grande o más pequeño; más cercano o más alejado, aparentemente. Si nos acercamos aunque sea un poco al Creador, Él siempre avanzará hacia nosotros el resto del camino; pero siempre debemos dar el primer paso. Durante las fiestas solemnes rezamos al Creador: "Tú das Tu Mano a aquellos que están abiertos al arrepentimiento" (*Vejol Maaminim*). La mano de Dios siempre está extendida a nosotros pero, para poder alcanzarla, debemos extender nuestra propia mano hacia Él.

Alcanzar esta conexión con Dios es una combinación de deseo y acción. Si alguien roba y luego dice que desea unidad con el Creador, es como si hubiese entrado en la mikve (baño de inmersión que nos purifica espiritualmente) sosteniendo algo sucio en su mano. Antes de que podamos tener una conexión con el Creador, primero debemos eliminar la energía negativa del ego de nuestro ser a través de pensamientos, sentimientos y acciones positivas.

El *Deseo de Recibir para Sí Mismo solamente* está en cada uno de nosotros, y reconocer este hecho es donde debe comenzar nuestro trabajo de transformación interna. Rav Áshlag escribió que necesitamos enfrentar aquello que nos parece más difícil. Es en ese lugar donde se encuentra nuestro tikún (nuestra corrección espiritual individual) y donde podemos comenzar nuestra transformación.

Las prendas del Cohén HaGadol, el Sumo Sacerdote

Ajarei Mot dice que cuando el *Cohén HaGadol* lideraba un servicio en el Tabernáculo, él se cambiaba de vestimenta cuatro veces. Hay una parábola que explica por qué esto era necesario. Había una vez un mendigo pobre que se vestía con harapos porque no tenía dinero para comprar ropa. Un sastre benévolo decidió ayudarlo. El sastre tomó las medidas del mendigo y le dijo que regresara en un par de horas. Cuando el mendigo regresó y se probó las prendas, inmediatamente comenzó a gritarle al sastre: "¡Mira lo que ha hecho! ¡Sólo quería burlarse de mí! ¡Estas prendas ni siquiera me quedan!".

Para calmarlo, el sastre le dijo pacientemente: "La ropa nueva ciertamente te quedará bien, ¡pero debes quitarte la ropa vieja!". Por esa misma razón, el *Cohén HaGadol* tenía que cambiar su vestimenta física varias veces mientras se preparaba para hacer su trabajo en el Templo. De aquí aprendemos que nosotros también tenemos que quitarnos nuestra ropa vieja —nuestro Deseo de Recibir para Sí Mismo solamente—, de lo contrario, no hay posibilidad de que la Luz del Creador entre en nosotros.

Hay un secreto nuevo

En el Centro de Kabbalah, siempre llamamos la atención sobre la presencia de una letra especial al principio de una columna en el rollo de la Torá. Generalmente, hay una letra *Vav* en la de la columna, derivada de la frase "*vavei haamudim*" (que, literalmente, significa "encabezado de las columnas"). Pero hay seis ocasiones en la Torá en las cuales una letra y una palabra especial son necesitadas al principio de una columna. En el libro de Génesis, por ejemplo, la letra aramea *Bet* en la palabra "*Bereshit*" debe estar en el principio de la columna; de la misma manera, *Yud* para "*Yehuda*" en el capítulo Vayejí; *Hei* para "*habaím*" en el capítulo Beshalaj; *Shin* en "*shnéi hasirim*" en este capítulo en particular; *Mem* para "*ma tovú ohalejá*" en el capítulo Balak; y *Vav* para "*veaidá bam*" en el capítulo Haazinu. Estas seis palabras/frases y letras iniciales componen una secuencia especial, cuyo poder es equivalente a *Mem Hei Shin*, uno de los de los 72 Nombres de Dios, que es para sanación.

Y el valor numérico de esa secuencia también es igual a *Vav Hei Vav*, otro de los 72 Nombres de Dios. Mediante estas dos secuencias, obtenemos el poder de sanación; pero no solamente sanación en el sentido convencional. Ésta es sanación desde el nivel de la semilla, dado que *Vav Hei Vav* proviene de la frase "*vayejulu hashamáyim vehaarets*" (Génesis 2:1), que significa: "Y el Cielo y la Tierra fueron completados". Como Rav Berg ha dicho: "la enfermedad no comienza cuando el médico la revela". Una enfermedad puede haber estado presente por muchos años a nivel físico o, inclusive, por mucho más tiempo en la dimensión espiritual de nuestro ser.

Los sueños tienen una importancia especial para la sanación. Es interesante que la oración para los sueños incluya la frase "sanar los sueños", como si los sueños fuesen una enfermedad. Pero ¿cómo pueden ser sanados los sueños? Una enfermedad física ocurre en el aquí y el ahora. Es muy tangible; si tenemos fiebre, acudimos al médico. Pero los sueños operan en el ámbito espiritual. Entonces, ¿cuál es la conexión entre la sanación y los sueños?

En la Kabbalah, nada se considera parte del futuro. Todo existe aquí y ahora. En *Pésaj*, por ejemplo, recreamos el primer *Séder* de *Pésaj* (comida de Pascua) de hace más de tres mil años. De manera similar, nuestros sueños están en un nivel más elevado (en el Mundo Superior) y no están en el futuro; son parte del presente.

Por lo tanto, si tenemos un sueño que parece negativo o destructivo, podemos preguntarnos cómo cambiarlo; si consideramos que ya está aquí en el presente. No obstante, la verdad es que no podemos cambiar el resultado del sueño y transformar el juicio en misericordia si nos quedamos eternamente en el mismo nivel espiritual. Es necesario elevarnos a otro nivel. No es cuestión de retroceder o adelantar "la película" en la que estamos; más bien, debemos entrar en una película de vida completamente diferente.

Estar al tanto del hecho de que tenemos que transformarnos en este nivel fundamental es el primer y más importante paso hacia la realización del cambio como tal. Por ejemplo, con relación a las enfermedades, ciertamente podemos curar el cáncer o enfermedades cardíacas una vez que ya han aparecido, pero un rumbo mejor es cambiar nuestra película a una en la cual no hay cáncer, enfermedades cardíacas, SIDA o cualquier otra clase de enfermedad en primer lugar.

Por supuesto, necesitamos una herramienta que nos ayude a cambiar esta película, y esta herramienta existe en la forma de una secuencia única:

Vav Hei Vav + Mem Hei Shin = sanación desde el nivel de la semilla.

También tenemos una oportunidad de cambiar nuestra película cuando meditamos en la secuencia del *Tikún HaNéfesh* (Corrección del Alma) del *Aná Bejóaj*. Si algo destructivo está destinado a ocurrirnos, podemos cambiar ese destino. Sin embargo, la conclusión es que, si no tomamos absoluta responsabilidad por nuestras acciones, nunca podremos cambiar nuestro destino; sin importar cuántas herramientas espirituales usemos.

Si queremos cambiar algo, es vital entender que hacerlo depende de nosotros. Si no entendemos esto, nada cambiará.

"Ama a tu prójimo como a ti mismo"

En la historia de Mikets (*Génesis 42:3*), los hermanos de Yosef fueron juntos a Egipto. La pregunta que surge es: ¿por qué Yaakov envió a todos sus diez hijos (a excepción de Benjamín, el más joven) considerando lo peligroso que era ese viaje?

El Rambán (Rav Moshé ben Najman, 1195-1270), en un discurso acerca de la historia de Mikets, explica que Yaakov envió a todos sus diez hijos debido a la unidad que ellos representaban. No quería que sus hijos estuvieran separados unos de otros ni siquiera por una hora. Él quería que fueran "uno en su amor". De aquí aprendemos la importancia crucial de la unidad entre nosotros, lo cual nos permite enfrentar juntos incluso los peores peligros.

Hoy en día, pocas naciones enfrentan más peligro que la nación de Israel, y muchas personas en Israel afirman su creencia de que Israel es un país unificado. Amar a la nación de Israel es una *mitsvá* (precepto) muy importante pero, en realidad, mientras la mayoría de estas personas amen a Israel en general, no aman a todos y cada uno de los individuos en la nación de Israel. El precepto de amar a Israel y la unidad de Israel no significa que debemos "amar a la nación de Israel". El precepto es amar "al pueblo de Israel" y sentir amor por cada persona como si ésta fuese nuestro familiar o ser amado.

Dado que "todo Israel" es como un cuerpo humano y abarca a todas las personas que están esforzándose en ser más espirituales en sus vidas, indiferentemente de su religión o raza, el juicio sólo caerá sobre cualquier persona que actúe en contra de su compatriota, ya que será como si hubiese ejercido una acción negativa contra sí mismo. La explicación de "amar a la nación de Israel" expresa el principio de reconocer a todos los seres humanos como un solo cuerpo; incluso a las personas que nos han lastimado y nos han causado dolor. También debemos ver a esas personas como parte de "nuestro cuerpo" y necesitamos "amar a nuestro prójimo como a nosotros mismos".

Acerca del precepto de "ama a tu prójimo como a ti mismo", Rav Akivá dijo:

> *"Esta es la ley más importante de la Biblia. Si guardas el precepto de amar a tu prójimo como a ti mismo y si amas a todo el pueblo de Israel como si fuese tu propio cuerpo, serás merecedor de la completitud de los preceptos entre hombre y hombre, y también entre hombre y Dios".*

En resumen, amar a Israel de esta manera —amor por todo el pueblo de Israel y por todos los pueblos del mundo— es la llave que nos abrirá a la verdadera dicha y realización en nuestra vida.

SINOPSIS DE AJAREI MOT

Ajarei Mot se lee dos veces: una vez en *Yom Kipur* (día que ofrece la conexión más elevada posible con la Luz del Creador durante el año) y una vez en un *Shabat* en el mes de *Iyar* (Tauro). Debido a esto, cuando escuchamos o conectamos con la lectura en *Shabat*, también estamos conectando con la Luz de *Yom Kipur*. Sin embargo, al igual que en *Yom Kipur*, este regalo conlleva la responsabilidad de que hagamos una introspección profunda y despertemos un deseo de limpiarnos espiritualmente.

PRIMERA LECTURA – AVRAHAM – JÉSED

16 ¹ Y el Señor habló a Moshé después de la muerte de los hijos de Aharón, quienes murieron cuando se acercaron ante el Eterno.

² Y dijo el Eterno a Moshé: "Di a tu hermano Aharón que no en todo tiempo entre en el Lugar Santo detrás del velo, delante del propiciatorio que está sobre el Arca, no sea que muera; porque Yo apareceré en la nube sobre el propiciatorio.

³ Así es como Aharón podrá entrar en el santuario: con un novillo para ofrenda por pecado y un carnero para holocausto. ⁴ Se vestirá con la túnica sagrada de lino, y los calzoncillos de lino estarán sobre su piel, se ceñirá con el cinturón de lino y se cubrirá con la cofia de lino; estas son vestiduras sagradas, así que debe lavar su cuerpo con agua antes de vestirse con ellas.

⁵ Y de la congregación de los hijos de Israel tomará dos machos cabríos para ofrenda por pecado y un carnero para holocausto. ⁶ Y Aharón ofrecerá el novillo como su propia ofrenda por pecado, para hacer expiación por sí mismo y por su casa.

COMENTARIO DEL RAV

Las cosas están ocurriendo de forma muy rápida en nuestra era, tanto en el ámbito positivo como en el negativo. La información relacionada con la ciencia del siglo XXV ya ha comenzado a salir en este universo terrenal. Actualmente estamos experimentando un entendimiento cada vez más amplio de lo que se trata la Torá realmente —que es proteger a la humanidad— pero, sin el *Zóhar*, no podemos siquiera comenzar a entender en qué consiste la Torá verdaderamente.

El *Zóhar* nos enseña que, cuando sentimos el dolor de alguien que vivió hace 3.400 años (a pesar de que ni siquiera hemos comenzado a ver todo el dolor que nos rodea ahora mismo), cuando nos salimos de las limitaciones que nos fueron impuestas y superamos el tiempo, el espacio y el movimiento, esto nos lleva al punto en el que estamos fuera del campo de juego del Satán y no hay nada en este mundo físico que realmente pueda amenazarnos.

Cuando sentimos el dolor de la pérdida de las almas que vivieron hace tres mil cuatrocientos años, así como la falta del conocimiento que nos pudieron revelar, esto elimina cada aspecto de la negatividad que reside en nosotros.

Algunas personas pueden sentir el dolor de otras, ¿pero cuántos de nosotros pueden sentir verdaderamente el dolor de alguien que vivió y murió hace tres mil cuatrocientos años? Cuando nos salimos de nuestra situación personal actual y sentimos el dolor de otra persona, no es porque queremos ser mejores personas. Es porque tenemos que salirnos del campo de juego del Satán, en el cual nosotros somos el personaje principal. Si lo hiciéramos, no habría nada en esta realidad física que pudiera amenazar nuestra existencia. Si esto suena como un sermón, entonces no he logrado mi objetivo. Esto es un juego muy serio. Estamos hablando de controlar las fuerzas de la naturaleza física: un cambio radical al revés.

PRIMERA LECTURA – AVRAHAM – JÉSED

16 1 וַיְדַבֵּר ראה יְהֹוָה יאהדונהי אֶל־מֹשֶׁה מהש, אל שדי אַחֲרֵי מוֹת שְׁנֵי בְּנֵי
אַהֲרֹן ע"ב ורבוע ע"ב בְּקָרְבָתָם לִפְנֵי חכמה בינה ־יְהֹוָה יאהדונהי וַיָּמֻתוּ׃ 2 וַיֹּאמֶר
יְהֹוָה יאהדונהי אֶל־מֹשֶׁה מהש, אל שדי דַּבֵּר ראה אֶל־אַהֲרֹן ע"ב ורבוע ע"ב אָחִיךָ
וְאַל־יָבֹא בְכָל ב"ן, לכב, יבמ ־עֵת י"פ אהיה י' הויות אֶל־הַקֹּדֶשׁ מִבֵּית ב"פ ראה
לַפָּרֹכֶת אֶל־פְּנֵי חכמה בינה הַכַּפֹּרֶת אֲשֶׁר עַל־הָאָרֹן ע"ב ורבוע ע"ב וְלֹא יָמוּת
כִּי בֶּעָנָן אֵרָאֶה עַל־הַכַּפֹּרֶת׃ 3 בְּזֹאת יָבֹא אַהֲרֹן ע"ב ורבוע ע"ב אֶל־הַקֹּדֶשׁ
בְּפַר סוזהר, ערי, סנדלפון בֶּן־בָּקָר לְחַטָּאת וְאַיִל לְעֹלָה׃ 4 כְּתֹנֶת־בַּד קֹדֶשׁ
יִלְבָּשׁ וּמִכְנְסֵי־בַד יִהְיוּ אל עַל־בְּשָׂרוֹ וּבְאַבְנֵט בַּד יַחְגֹּר וּבְמִצְנֶפֶת
בַּד יִצְנֹף בִּגְדֵי־קֹדֶשׁ הֵם וְרָחַץ בַּמַּיִם אֶת־בְּשָׂרוֹ וּלְבֵשָׁם׃ 5 וּמֵאֵת
עֲדַת בְּנֵי יִשְׂרָאֵל יִקַּח זעם שְׁנֵי־שְׂעִירֵי עִזִּים לְחַטָּאת וְאַיִל אֶחָד
אהבה, דאגה לְעֹלָה׃ 6 וְהִקְרִיב אַהֲרֹן ע"ב ורבוע ע"ב אֶת־פַּר סוזהר, ערי, סנדלפון

אַחֲרֵי מוֹת

Levítico 16:1 – Los dos hijos de Aharón, Nadav y Avihú, murieron debido a la participación de Aharón en la construcción del Becerro de Oro. Aharón tuvo que sufrir el dolor de esta pérdida por su conexión con la idolatría. Nosotros pasamos por tipos de limpieza similares en nuestra vida, en los cuales se requiere experimentar dolor debido a nuestras acciones negativas en esta vida o en vidas pasadas. No obstante, podemos asumir el control de cuánto durará el proceso doloroso.

לְעֹלָה

Levítico 16:3 – Parte del proceso de limpieza es hacer sacrificios, y aquí leemos que Aharón tuvo que sacrificar dos machos cabríos. Un animal era un sacrificio para Dios (el macho cabrío positivo), mientras que el otro se hacía para asumir toda la negatividad del pueblo y destruirla (el macho cabrío negativo). De este modo, el bien era separado del mal.

> *Hemos aprendido que "'Y dará Aarón destino a los dos machos cabríos ... un destino para Dios y otro destino para Azazel'" (Levítico 16:8). Pregunta: Estos dos machos cabríos simbolizan los Juicios, así que ¿por qué uno de ellos debe ser para Dios? Responde: El Santísimo, bendito sea Él, dijo: 'Deja a uno de los machos cabríos quedarse Conmigo y deja que el otro vague alrededor del mundo, porque si ambos se unieran, el mundo no sería capaz de soportarlo'.*
>
> *— El Zóhar, Ajarei Mot 19:116*

Antes de que hagamos cualquier clase de limpieza, debemos hacer una clara diferencia entre el bien y el mal. Si no tenemos un entendimiento acerca de la naturaleza del bien y el mal, no podremos limpiarnos.

⁷ *Luego tomará los dos machos cabríos y los presentará ante el Señor a la entrada de la Tienda de Reunión.* ⁸ *Y Aharón echará suertes sobre los dos machos cabríos: uno será destinado al Eterno y otro destinado a Azazel.*

⁹ *Y Aharón ofrecerá el macho cabrío sobre el cual haya caído la suerte para el Eterno, haciéndolo ofrenda por pecado.*

¹⁰ *Pero el macho cabrío sobre el cual cayó la suerte para Azazel será presentado vivo ante el Eterno para hacer expiación a través de enviarlo al desierto, para Azazel.*

¹¹ *Y Aharón ofrecerá el novillo como su propia ofrenda por pecado para hacer expiación por sí mismo y por su casa, y degollará el novillo por su propia ofrenda por pecado.*

¹² *Y tomará un incensario lleno de brasas de fuego de sobre el altar que está delante del Eterno y dos puñados de incienso aromático molido, y los llevará detrás del velo.*

¹³ *Y pondrá el incienso sobre el fuego delante del Eterno, y la nube del incienso cubrirá el propiciatorio que está sobre el arca del Testimonio, de modo que Aharón no muera.*

¹⁴ *Y de la sangre del novillo tomará un poco que rociará con su dedo índice el frente del propiciatorio siete veces.* ¹⁵ *Luego sacrificará el macho cabrío de la expiación, que es del pueblo, y traerá su sangre detrás del velo y hará aspersiones como hizo con la sangre del novillo y rociará el propiciatorio y delante de él.*

שְׁנֵי

Levítico 16:8 – En este versículo, la letra *Shin* (el principio de la palabra *shenei*, que significa "dos") aparece en la parte superior de la columna en el rollo de la Torá. Como se mencionó anteriormente, con la excepción de seis lugares —siendo este uno de ellos— la letra *Vav* aparece en la parte superior de cada columna en la Torá. Según el *Zóhar*, en el momento de la Creación, seis de las Diez Dimensiones (*Sefirot*) del Árbol de la Vida se compactaron en una dimensión conocida como *Zeir Anpín*. Estas seis ubicaciones en la Torá representan los seis niveles de *Zeir Anpín* (*Jésed, Guevurá, Tiféret, Nétsaj, Hod* y *Yesod*).

קְטֹרֶת

Levítico 16:12 – Se realizaba un servicio con incienso para eliminar el poder del Satán, recuperando así la Luz que el pueblo había entregado al Lado Negativo. Mucha negatividad llega a nosotros porque entregamos —y seguimos entregando— nuestra Luz al Satán cuando somos reactivos.

Debido a que sólo un Sumo Sacerdote podía manejar la enorme cantidad de Luz revelada en un servicio con incienso, sólo se le permitía a Aharón estar en el Tabernáculo durante esta ceremonia.

En el momento en que el Santísimo, bendito sea Él, dio el incienso a Aharón, Él deseaba que nadie más lo manejara durante el tiempo de vida de él. ¿Por qué razón? Porque Aharón incrementaba la paz en el mundo. El Santísimo, bendito sea Él, le dijo: 'Dado que tú deseas aumentar la paz en el mundo, la paz se multiplicará arriba por medio de ti. El incienso te será transmitido de ahora en adelante, YA QUE EL INCIENSO ACRECIENTA LA PAZ ARRIBA, y durante tu vida, a nadie más le será permitido manejarlo'.
— *El Zóhar, Ajarei Mot 10:69*

הַחַטָּאת אֲשֶׁר־לוֹ וְכִפֶּר מצפץ בַּעֲדוֹ וּבְעַד בֵּיתוֹ: 7 וְלָקַח יהוה אהיה יהוה אדני אֶת־שְׁנֵי הַשְּׂעִירִם וְהֶעֱמִיד אֹתָם לִפְנֵי יְהוָֹה֞אדניאהדונהי וחכמה בינה פֶּתַח אֹהֶל מוֹעֵד: 8 וְנָתַן אבגית״ץ, ועשר, אהבת חנם אַהֲרֹן ע״ב ורבוע ע״ב עַל־שְׁנֵי הַשְּׂעִירִם גֹּרָלוֹת גּוֹרָל אֶחָד אהבה, דאגה לַיהוָֹה֞אדניאהדונהי וְגוֹרָל אֶחָד אהבה, דאגה לַעֲזָאזֵל:

9 וְהִקְרִיב אַהֲרֹן ע״ב ורבוע ע״ב אֶת־הַשָּׂעִיר אֲשֶׁר עָלָה עָלָיו הַגּוֹרָל לַיהוָֹה֞אדניאהדונהי וְעָשָׂהוּ חַטָּאת: 10 וְהַשָּׂעִיר אֲשֶׁר עָלָה עָלָיו הַגּוֹרָל לַעֲזָאזֵל יָעֳמַד־חַי לִפְנֵי יְהוָֹה֞אדניאהדונהי וחכמה בינה לְכַפֵּר מצפץ עָלָיו לְשַׁלַּח אֹתוֹ לַעֲזָאזֵל הַמִּדְבָּרָה: 11 וְהִקְרִיב אַהֲרֹן ע״ב ורבוע ע״ב אֶת־פַּר בוזו״ך, ערי, סנדלפו״ן הַחַטָּאת אֲשֶׁר־לוֹ וְכִפֶּר מצפץ בַּעֲדוֹ וּבְעַד בֵּיתוֹ ב״פ ראה וְשָׁחַט אֶת־פַּר בוזו״ך, ערי, סנדלפו״ן הַחַטָּאת אֲשֶׁר־לוֹ: 12 וְלָקַח יהוה אהיה יהוה אדני מְלֹא־הַמַּחְתָּה גַּחֲלֵי־אֵשׁ אלהים דיודין ע״ה מֵעַל הַמִּזְבֵּחַ ז׳, נגד מִלִּפְנֵי יְהוָֹה֞אדניאהדונהי וּמְלֹא חָפְנָיו קְטֹרֶת סַמִּים ע״ה אדני קנ״א, אלהים אדני דַּקָּה וְהֵבִיא מִבֵּית ב״פ ראה לַפָּרֹכֶת: 13 וְנָתַן אבגית״ץ, ועשר, אהבת חנם אֶת־הַקְּטֹרֶת י״א אדני עַל־הָאֵשׁ לִפְנֵי יְהוָֹה֞אדניאהדונהי וחכמה בינה וְכִסָּה ׀ עֲנַן הַקְּטֹרֶת י״א אדני אֶת־הַכַּפֹּרֶת אֲשֶׁר עַל־הָעֵדוּת וְלֹא יָמוּת: 14 וְלָקַח יהוה אהיה יהוה אדני מִדַּם רבוע אהיה הַפָּר בוזו״ך, ערי, סנדלפו״ן וְהִזָּה בְאֶצְבָּעוֹ עַל־פְּנֵי הַכַּפֹּרֶת קֵדְמָה וְלִפְנֵי הַכַּפֹּרֶת יַזֶּה ע״ב ואלהים דיודין שֶׁבַע־פְּעָמִים רבוע אהדה מִן־הַדָּם בְּאֶצְבָּעוֹ:

15 וְשָׁחַט אֶת־שְׂעִיר הַחַטָּאת אֲשֶׁר לָעָם עלם וְהֵבִיא אֶת־דָּמוֹ אֶל־מִבֵּית ב״פ ראה לַפָּרֹכֶת וְעָשָׂה אֶת־דָּמוֹ כַּאֲשֶׁר עָשָׂה לְדַם רבוע אהיה הַפָּר בוזו״ך, ערי, סנדלפו״ן וְהִזָּה יהו אֹתוֹ עַל־הַכַּפֹּרֶת וְלִפְנֵי וחכמה בינה הַכַּפֹּרֶת:

וְשָׁחַט

Levítico 16:15 – El sacrificio de Aharón del macho cabrío positivo creó para nosotros un camino para conectar directamente con la Luz, sin que nadie actúe como intermediario y sin que nada se interponga entre nosotros y la Luz. Conectar con este versículo nos da la oportunidad de permitir que la Fuerza de Luz del Creador entre en nosotros y se quede con nosotros constantemente. Esta Luz puede ayudar a limpiarnos, sanarnos e, inclusive, permitirnos crear milagros.

¹⁶ *De este modo, hará expiación por el Lugar Santo a causa de las impurezas y transgresiones de los hijos de Israel, cualesquiera que hayan sido sus pecados; así hará también con la Tienda de Reunión que permanece con ellos en medio de sus impurezas.*

¹⁷ *Nadie estará en la Tienda de Reunión cuando Aharón entre a hacer expiación en el Lugar Santo hasta que él salga, para que haga expiación por sí mismo, por su casa y por toda la asamblea de Israel.*

EN AÑO BISIESTO: SEGUNDA LECTURA –YITSJAK– GUEVURÁ

¹⁸ *Y saldrá al altar que está ante el Eterno y hará expiación por él, y tomará de la sangre del novillo y de la sangre del macho cabrío y la pondrá en los cuernos del altar por todos los lados.*

¹⁹ *Y rociará sobre el altar de la sangre siete veces con su dedo, y lo limpiará y lo santificará de las impurezas de los hijos de Israel.*

²⁰ *Y cuando acabe de hacer expiación por el Lugar Santo, la Tienda de Reunión y el altar, presentará el macho cabrío vivo.*

²¹ *Y Aharón pondrá ambas manos sobre la cabeza del macho cabrío y confesará sobre él todas las iniquidades de los hijos de Israel y todas sus transgresiones, todos sus pecados, y poniéndolos sobre la cabeza del macho cabrío, lo enviará al desierto mediante un emisario.*

איש עתי

Levítico 16:21 – Hay personas escogidas para eliminar la negatividad del mundo físico y que, no obstante, son contaminadas por éste y se vuelven impuras. En otras palabras, aunque hayan sido escogidas para enfrentar a la fuerza negativa, ellas fueron tocadas por la fuerza negativa a nivel espiritual. Azazel era la persona escogida para llevar el chivo expiatorio (el macho cabrío negativo) al desierto. Azazel tenía mal de ojo, esto significa que todo lo que veía era destruido. Él fue escogido porque él podía hacerse cargo de toda la negatividad y destruirla.

Hay un hombre que es apropiado para que las maldiciones ocurran a través de él. A dondequiera que mira habría maldiciones, anatemas y confusiones. Por ejemplo: Bilaam era llamado ojo maligno, ya que estaba listo para toda maldad, pero no preparado para el bien. Aun cuando bendecía, su bendición no era bendición y no era realizada. Pero cuando maldecía, esto prevalecía; aun en un ejemplo ESTO VENDRÍA A SER. Por lo tanto, está escrito: "...cuyo ojo es faltante" (Números 24:3). Cada lugar que su ojo había visto estaba maldito.

— El Zóhar, Ajarei Mot 20:125

LA HISTORIA DE AJAREI MOT: EN AÑO BISIESTO SEGUNDA LECTURA · LEVÍTICO

16 וְכִפֶּר מצפץ עַל־הַקֹּדֶשׁ מִטֻּמְאֹת בְּנֵי יִשְׂרָאֵל וּמִפִּשְׁעֵיהֶם לְכָל־ אדני חַטֹּאתָם וְכֵן יַעֲשֶׂה לְאֹהֶל לאה מוֹעֵד הַשֹּׁכֵן ש"ע אִתָּם בְּתוֹךְ טֻמְאֹתָם:

17 וְכָל־אָדָם מ"ה לֹא־יִהְיֶה ייי ׀ בְּאֹהֶל לאה מוֹעֵד בְּבֹאוֹ לְכַפֵּר מצפץ בַּקֹּדֶשׁ עַד־צֵאתוֹ וְכִפֶּר מצפץ בַּעֲדוֹ וּבְעַד בֵּיתוֹ ב"פ ראה וּבְעַד כָּל־קְהַל ע"ב ס"ג יִשְׂרָאֵל:

EN AÑO BISIESTO: SEGUNDA LECTURA –YITSJAK– GUEVURÁ

18 וְיָצָא אֶל־הַמִּזְבֵּחַ ז' נגד אֲשֶׁר לִפְנֵי־יְהֹוָאדֹנָהִי וחכמה בינה וְכִפֶּר מצפץ עָלָיו וְלָקַח יהוה אהיה יהוה אדני מִדַּם הַפָּר בוזוּכר, ערי, סנדלפון רבוע אהיה וּמִדַּם רבוע אהיה הַשָּׂעִיר וְנָתַן אבגית"ץ, ושׂר, אהבת חנם עַל־קַרְנוֹת הַמִּזְבֵּחַ ז' נגד סָבִיב: 19 וְהִזָּה עָלָיו מִן־הַדָּם רבוע אהיה בְּאֶצְבָּעוֹ שֶׁבַע ע"ב ואלהים דיודין פְּעָמִים וְטִהֲרוֹ וְקִדְּשׁוֹ מִטֻּמְאֹת בְּנֵי יִשְׂרָאֵל: 20 וְכִלָּה מִכַּפֵּר מצפץ אֶת־הַקֹּדֶשׁ וְאֶת־אֹהֶל לאה מוֹעֵד וְאֶת־הַמִּזְבֵּחַ ז' נגד וְהִקְרִיב אֶת־הַשָּׂעִיר הֶחָי: 21 וְסָמַךְ אַהֲרֹן ע"ב ורבוע ע"ב אֶת־שְׁתֵּי יָדָו עַל רֹאשׁ רבוע אלהים ואלהים דיודין ע"ה הַשָּׂעִיר הַחַי וְהִתְוַדָּה עָלָיו אֶת־כָּל־עֲוֺנֹת בְּנֵי יִשְׂרָאֵל וְאֶת־כָּל־פִּשְׁעֵיהֶם לְכָל־ אדני חַטֹּאתָם וְנָתַן אבגית"ץ, ושׂר, אהבת חנם אֹתָם עַל־רֹאשׁ רבוע אלהים ואלהים דיודין ע"ה הַשָּׂעִיר וְשִׁלַּח בְּיַד־אִישׁ ע"ה קנ"א קס"א עִתִּי הַמִּדְבָּרָה:

Nosotros también tenemos el poder del mal de ojo, así que es importante ser cuidadosos en controlar cómo esto funciona en nuestra vida. No podemos usarlo para envidiar a los demás o juzgar lo que tienen.

A menudo nos sentimos cómodos con nuestro caos y no queremos abandonar la negatividad que lo causa. Así como el chivo expiatorio era llevado al desierto por Azazel, nosotros también debemos soltar toda nuestra negatividad; y permitir que sea eliminada de nosotros.

Los dos machos cabríos usados como sacrificios eran iguales físicamente, pero uno era negativo y el otro positivo. Los seres humanos somos todos iguales y, de la misma manera, podemos ser negativos o positivos.

²² Y el macho cabrío llevará sobre sí todas las iniquidades a una tierra solitaria; y el hombre soltará el macho cabrío en el desierto. ²³ Y Aharón entrará en la Tienda de Reunión y se quitará las vestiduras de lino que se había puesto al entrar en el Lugar Santo, y las dejará allí. ²⁴ Y se bañará con agua en un lugar sagrado, se pondrá sus vestidos, y saldrá y ofrecerá su holocausto y el holocausto del pueblo, para hacer expiación por sí mismo y por el pueblo.

EN AÑO BISIESTO: TERCERA LECTURA –YAAKOV– TIFÉRET
CUANDO ESTÁN CONECTADAS: SEGUNDA LECTURA – YITSJAK – GUEVURÁ

²⁵ Y quemará en el altar la grasa de la ofrenda por pecado. ²⁶ Y el que soltó el macho cabrío para Azazel lavará sus ropas y se bañará con agua, y después podrá entrar al campamento. ²⁷ Y el novillo de la ofrenda por pecado y el macho cabrío de la ofrenda por pecado, cuya sangre fue llevada dentro del Lugar Santo para hacer expiación, serán llevados fuera del campamento y quemarán en el fuego su piel, carne y estiércol.

²⁸ Y el que los queme lavará sus ropas y se bañará con agua, y después podrá entrar en el campamento.

²⁹ Y esto será un estatuto perpetuo para ustedes: a los diez días del mes séptimo, deben humillar sus almas y no harán obra alguna, ni el nativo ni el forastero que reside entre ustedes.

³⁰ Porque en este día se hará expiación por ustedes para limpiarlos de todos sus pecados y sean limpios ante el Señor.

³¹ Será un descanso de Shabat para ustedes, y deben humillar sus almas; es estatuto perpetuo. ³² Y el sacerdote que es ungido y ordenado para hacerle sucesión a su padre hará expiación, y se pondrá las vestiduras de lino, aun las vestiduras sagradas,

³³ y hará expiación por el Santo Santuario, la Tienda de Reunión y el altar, y hará expiación por los sacerdotes y por todo el pueblo de la asamblea.

בְּעָשׂוֹר

Levítico 16:29. – La ceremonia que Aharón realizaba con los dos machos cabríos también se realizaba en *Yom Kipur*. Aharón fue la primera persona que vino a este mundo para ser un Sumo Sacerdote, y él lo hizo para abrir las puertas en el cosmos para todos los Sumos Sacerdotes que vendrían después de él. Con frecuencia, nosotros somos los primeros en hacer ciertas cosas, convirtiéndonos en los pioneros que marcamos el rumbo y creamos aberturas para las demás personas. Imponernos esta responsabilidad puede facilitar el crecimiento y la transformación de los demás.

22 וְנָשָׂ֨א הַשָּׂעִ֥יר עָלָ֛יו אֶת־כָּל־עֲוֺנֹתָ֖ם אֶל־אֶ֣רֶץ גְּזֵרָ֑ה וְשִׁלַּ֥ח אֶת־הַשָּׂעִ֖יר בַּמִּדְבָּֽר: 23 וּבָ֤א אַהֲרֹן֙ אֶל־אֹ֣הֶל מוֹעֵ֔ד וּפָשַׁט֙ אֶת־בִּגְדֵ֣י הַבָּ֔ד אֲשֶׁ֥ר לָבַ֖שׁ בְּבֹא֣וֹ אֶל־הַקֹּ֑דֶשׁ וְהִנִּיחָ֖ם שָֽׁם: 24 וְרָחַ֨ץ אֶת־בְּשָׂר֤וֹ בַמַּ֙יִם֙ בְּמָק֣וֹם קָד֔וֹשׁ וְלָבַ֖שׁ אֶת־בְּגָדָ֑יו וְיָצָ֗א וְעָשָׂ֤ה אֶת־עֹֽלָתוֹ֙ וְאֶת־עֹלַ֣ת הָעָ֔ם וְכִפֶּ֥ר בַּעֲד֖וֹ וּבְעַ֥ד הָעָֽם:

EN AÑO BISIESTO: TERCERA LECTURA –YAAKOV– TIFÉRET
CUANDO ESTÁN CONECTADAS: SEGUNDA LECTURA – YITSJAK – GUEVURÁ

25 וְאֵ֛ת חֵ֥לֶב הַֽחַטָּ֖את יַקְטִ֥יר הַמִּזְבֵּֽחָה: 26 וְהַֽמְשַׁלֵּ֤חַ אֶת־הַשָּׂעִיר֙ לַֽעֲזָאזֵ֔ל יְכַבֵּ֣ס בְּגָדָ֔יו וְרָחַ֥ץ אֶת־בְּשָׂר֖וֹ בַּמָּ֑יִם וְאַחֲרֵי־כֵ֖ן יָב֥וֹא אֶל־הַֽמַּחֲנֶֽה: 27 וְאֵת֩ פַּ֨ר הַֽחַטָּ֜את וְאֵ֣ת ׀ שְׂעִ֣יר הַֽחַטָּ֗את אֲשֶׁ֨ר הוּבָ֤א אֶת־דָּמָם֙ לְכַפֵּ֣ר בַּקֹּ֔דֶשׁ יוֹצִ֖יא אֶל־מִח֣וּץ לַֽמַּחֲנֶ֑ה וְשָׂרְפ֣וּ בָאֵ֔שׁ אֶת־עֹרֹתָ֥ם וְאֶת־בְּשָׂרָ֖ם וְאֶת־פִּרְשָֽׁם: 28 וְהַשֹּׂרֵ֣ף אֹתָ֔ם יְכַבֵּ֣ס בְּגָדָ֔יו וְרָחַ֥ץ אֶת־בְּשָׂר֖וֹ בַּמָּ֑יִם וְאַחֲרֵי־כֵ֖ן יָב֥וֹא אֶל־הַֽמַּחֲנֶֽה: 29 וְהָיְתָ֥ה לָכֶ֖ם לְחֻקַּ֣ת עוֹלָ֑ם בַּחֹ֣דֶשׁ הַ֠שְּׁבִיעִ֠י בֶּֽעָשׂ֨וֹר לַחֹ֜דֶשׁ תְּעַנּ֣וּ אֶת־נַפְשֹֽׁתֵיכֶ֗ם וְכָל־מְלָאכָה֙ לֹ֣א תַעֲשׂ֔וּ הָֽאֶזְרָ֔ח וְהַגֵּ֖ר הַגָּ֥ר בְּתוֹכְכֶֽם: 30 כִּֽי־בַיּ֥וֹם הַזֶּ֛ה יְכַפֵּ֥ר עֲלֵיכֶ֖ם לְטַהֵ֣ר אֶתְכֶ֑ם מִכֹּל֙ חַטֹּ֣אתֵיכֶ֔ם לִפְנֵ֥י יְהוָ֖ה תִּטְהָֽרוּ: 31 שַׁבַּ֨ת שַׁבָּת֥וֹן הִיא֙ לָכֶ֔ם וְעִנִּיתֶ֖ם אֶת־נַפְשֹֽׁתֵיכֶ֑ם חֻקַּ֖ת עוֹלָֽם: 32 וְכִפֶּ֨ר הַכֹּהֵ֜ן אֲשֶׁר־יִמְשַׁ֣ח אֹת֗וֹ וַאֲשֶׁ֤ר יְמַלֵּא֙ אֶת־יָד֔וֹ לְכַהֵ֖ן תַּ֣חַת אָבִ֑יו וְלָבַ֛שׁ אֶת־בִּגְדֵ֥י הַבָּ֖ד בִּגְדֵ֥י הַקֹּֽדֶשׁ: 33 וְכִפֶּר֙ אֶת־מִקְדַּ֣שׁ הַקֹּ֔דֶשׁ וְאֶת־אֹ֧הֶל מוֹעֵ֛ד וְאֶת־הַמִּזְבֵּ֖חַ יְכַפֵּ֑ר

³⁴ Tendrán esto por estatuto perpetuo: una vez cada año hacer expiación por todos los pecados de los hijos de Israel". Tal como el Eterno lo ordenó a Moshé, así lo hizo.

EN AÑO BISIESTO: CUARTA LECTURA – MOSHÉ – NÉTSAJ

17 ¹ Entonces habló el Eterno a Moshé, para decir:

² "Habla a Aharón y a sus hijos, y a todos los hijos de Israel, y diles: Esto es lo que el Eterno ha ordenado, diciendo:

³ Cualquier hombre de la casa de Israel que degüelle un buey, un cordero o una cabra en el campamento o fuera de éste,

⁴ sin llevarlo a la puerta de la Tienda de Reunión para presentarlo como una ofrenda al Eterno, delante del tabernáculo del Eterno, ese hombre será culpable de derramamiento de sangre. Ha derramado sangre y ese hombre será cortado de entre su pueblo.

⁵ Esto es para que los hijos de Israel traigan los sacrificios que ahora hacen en campo abierto, los traigan al Eterno a la puerta de la Tienda de Reunión, al sacerdote, y los sacrifiquen como sacrificios de las ofrendas de paz al Eterno.

⁶ Y el sacerdote rociará la sangre sobre el altar del Eterno a la puerta de la Tienda de Reunión, y quemará la grasa como aroma agradable al Eterno.

⁷ Ya no deben ofrecer sus sacrificios a los ídolos cabríos con los cuales se prostituyen. Esto les será estatuto perpetuo por todas sus generaciones.

לְחֻקַּת

Levítico 16:34 – El Tabernáculo (y posteriormente el Templo) era el lugar donde se realizaban los sacrificios físicos y, en aquella época, había un momento y un ritual para todo. Ahora tenemos santuarios que proporcionan un momento y un lugar para ciertas conexiones; pero también hay otros momentos, otros lugares y otras situaciones en los cuales podemos conectar con Dios. Conectar y meditar con este versículo puede garantizar que nuestras decisiones sean tomadas en los momentos y lugares correctos.

דָּם שָׁפָךְ

Levítico 17:4 – La ingesta de sangre está prohibida porque nos conecta con la esencia de un animal, la cual puede ser negativa. Los animales son encarnaciones de almas y, como con los seres humanos, había algo que no pudieron lograr en una encarnación pasada que causó que sus almas regresaran como animales. La carne de un animal puede darnos energía para que, cuando hagamos acciones positivas, podamos elevar el alma del animal también. Pero si conectamos con la sangre del animal, conectamos con la fisicalidad del animal, lo que evita que ayudemos en su elevación.

וְעַל הַכֹּהֲנִ֖ים מלה וְעַל־כָּל ילי ־עַ֣ם הַקָּהָ֑ל ע"ב ס"ג לְכַפֵּ֔ר מצפצ: 34 וְהָיְתָה־זֹּ֨את לָכֶ֜ם לְחֻקַּ֣ת עוֹלָ֗ם לְכַפֵּ֞ר מצפצ עַל־בְּנֵ֤י יִשְׂרָאֵל֙ מִכָּל ילי ־חַטֹּאתָ֔ם אַחַ֖ת בַּשָּׁנָ֑ה וַיַּ֕עַשׂ כַּאֲשֶׁ֛ר צִוָּ֥ה פוי יְהֹוָ֖הֱאֲלֹהֵֽאדֹנָהֱ אֶת־מֹשֶֽׁה מהע, אל עדי׃

EN AÑO BISIESTO: CUARTA LECTURA – MOSHÉ – NÉTSAJ

17 1 וַיְדַבֵּ֥ר ראה יְהֹוָ֖הֱאֲלֹהֵֽאדֹנָהֱ מהע, אל עדי אֶל־מֹשֶׁ֥ה לֵּאמֹֽר׃ 2 דַּבֵּ֨ר ראה אֶֽל־אַהֲרֹ֜ן ע"ב ורבוע ע"ב וְאֶל־בָּנָ֗יו וְאֶל֙ כָּל ילי ־בְּנֵ֣י יִשְׂרָאֵ֔ל וְאָמַרְתָּ֖ אֲלֵיהֶ֑ם זֶ֣ה הַדָּבָ֔ר ראה אֲשֶׁר־צִוָּ֥ה פוי יְהֹוָ֖הֱאֲלֹהֵֽאדֹנָהֱ לֵאמֹֽר׃ 3 אִ֥ישׁ ע"ה קנ"א קס"א אִישׁ֙ ע"ה קנ"א קס"א מִבֵּ֣ית ב"פ ראה יִשְׂרָאֵ֔ל אֲשֶׁ֨ר יִשְׁחַ֜ט שׁ֥וֹר אבגית"ץ, ושׂר, אהבת חנם אוֹ־כֶ֥שֶׂב ב"פ קס"א אוֹ־עֵ֖ז אני יהו"ה בַּֽמַּחֲנֶ֑ה א֚וֹ אֲשֶׁ֣ר יִשְׁחָ֔ט מִח֖וּץ לַֽמַּחֲנֶֽה׃ 4 וְאֶל־פֶּ֜תַח אֹ֤הֶל לאה מוֹעֵד֙ לֹ֣א הֱבִיא֔וֹ לְהַקְרִ֤יב קָרְבָּן֙ לַֽיהֹוָ֔הֱאֲלֹהֵֽאדֹנָהֱ לִפְנֵ֖י וחכמה בינה ב"פ רבוע אלהים – ה"י מִשְׁכַּ֣ן יְהֹוָ֑הֱאֲלֹהֵֽאדֹנָהֱ דָּ֣ם רבוע אהי"ה יֵחָשֵׁ֞ב לָאִ֤ישׁ הַהוּא֙ ע"ה קנ"א קס"א דָּ֣ם רבוע אהי"ה שָׁפָ֔ךְ ז"פ אדם וְנִכְרַ֛ת הָאִ֥ישׁ הַה֖וּא מִקֶּ֥רֶב עַמּֽוֹ׃ 5 לְמַ֩עַן֩ אֲשֶׁ֨ר יָבִ֜יאוּ בְּנֵ֣י יִשְׂרָאֵ֗ל אֶֽת־זִבְחֵיהֶם֮ אֲשֶׁ֣ר הֵ֣ם זֹבְחִים֒ עַל־פְּנֵ֣י וחכמה בינה הַשָּׂדֶ֗ה עדי וֶהֱבִיאֻ֤ם לַֽיהֹוָהֱ֙אֲלֹהֵֽאדֹנָהֱ אֶל־פֶּ֨תַח אֹ֤הֶל לאה מוֹעֵד֙ אֶל־הַכֹּהֵ֔ן מלה וְזָ֥בְח֛וּ זִבְחֵ֥י שְׁלָמִ֖ים לַֽיהֹוָ֥הֱאֲלֹהֵֽאדֹנָהֱ אוֹתָֽם׃ 6 וְזָרַ֨ק הַכֹּהֵ֤ן מלה אֶת־הַדָּם֙ רבוע אהי"ה עַל־מִזְבַּ֣ח זן, נגד יְהֹוָ֔הֱאֲלֹהֵֽאדֹנָהֱ פֶּ֖תַח אֹ֣הֶל לאה מוֹעֵ֑ד וְהִקְטִ֣יר הַחֵ֔לֶב לְרֵ֥יחַ נִיחֹ֖חַ רמ"ח לַֽיהֹוָֽהֱאֲלֹהֵֽאדֹנָהֱ׃ 7 וְלֹא־יִזְבְּח֥וּ עוֹד֙ אֶת־זִבְחֵיהֶ֔ם לַשְּׂעִירִ֕ם אֲשֶׁ֛ר הֵ֥ם זֹנִ֖ים אַחֲרֵיהֶ֑ם חֻקַּ֥ת עוֹלָ֛ם תִּֽהְיֶה־זֹּ֥את אהיה דההין לָהֶ֖ם לְדֹרֹתָֽם׃

EN AÑO BISIESTO: QUINTA LECTURA – AHARÓN – HOD
CUANDO ESTÁN CONECTADAS: TERCERA LECTURA –YAAKOV– TIFÉRET

⁸ Y les dirás: Cualquier hombre de la casa de Israel, o de los forasteros que residen entre ellos, que ofrezca holocausto o sacrificio

⁹ y no lo traiga a la entrada de la Tienda de Reunión para ofrecerlo al Eterno, aun ese hombre será cortado de entre su pueblo.

¹⁰ Contra cualquier hombre de la casa de Israel, o de los forasteros que residen entre ellos, que come alguna forma de sangre, Yo pondré mi rostro contra esa alma que coma sangre y la cortaré de entre su pueblo.

¹¹ Porque la vida de la carne está en la sangre, y Yo se la he dado para hacer expiación por ustedes mismos sobre el altar; es la sangre la que hace expiación por la vida de alguien.

¹² Por tanto, les digo a los hijos de Israel: Ninguno entre ustedes comerá sangre, tampoco comerá sangre ningún forastero que resida entre ustedes.

¹³ Cualquier israelita, o de los forasteros que residen entre ellos, que al cazar capture un animal o un ave que sea permitido comer, drenará su sangre y la cubrirá con tierra,

¹⁴ porque la vida de cada criatura está en su sangre; por tanto, les digo a los hijos de Israel: No comerán la sangre de ninguna carne, porque la vida de toda carne está en su sangre; cualquiera que la coma será exterminado.

¹⁵ Y cuando cada alma, sea de nativo o de forastero, coma de un animal muerto, o que haya sido despedazado por fieras, debe lavar sus vestidos y bañarse en agua, y quedará inmundo hasta el atardecer; entonces será limpio.

¹⁶ Pero si no lava sus ropas ni baña su cuerpo, cargará con su iniquidad".

18 ¹ Y el Eterno habló a Moshé, para decir: ² "Habla a los hijos de Israel y diles: Yo soy el Eterno, su Dios.

וַיְדַבֵּר

Levítico 18:1-5 – Este versículo en específico se lee durante el servicio de *Minjá* (la tarde) tanto en *Yom Kipur* como en *Shabat*. En la vida hay muchos niveles de limpieza y trabajo espiritual de los cuales necesitamos estar conscientes. En Yom Kipur, el servicio matutino es una limpieza inicial, mientras que el vespertino es una limpieza a un nivel más profundo. Por lo tanto, cuando hacemos esta conexión en la tarde de Shabat, nuestro principal propósito es la limpieza a un nivel más profundo.

EN AÑO BISIESTO: QUINTA LECTURA – AHARÓN – HOD
CUANDO ESTÁN CONECTADAS: TERCERA LECTURA –YAAKOV– TIFÉRET

8 וַאֲלֵהֶם תֹּאמַר אִישׁ אִישׁ מִבֵּית יִשְׂרָאֵל וּמִן־הַגֵּר אֲשֶׁר־יָגוּר בְּתוֹכָם אֲשֶׁר־יַעֲלֶה עֹלָה אוֹ־זָבַח:

9 וְאֶל־פֶּתַח אֹהֶל מוֹעֵד לֹא יְבִיאֶנּוּ לַעֲשׂוֹת אֹתוֹ לַיהוָֹה וְנִכְרַת הָאִישׁ הַהוּא מֵעַמָּיו:

10 וְאִישׁ אִישׁ מִבֵּית יִשְׂרָאֵל וּמִן־הַגֵּר בְּתוֹכָם אֲשֶׁר יֹאכַל כָּל־דָּם וְנָתַתִּי פָנַי בַּנֶּפֶשׁ הָאֹכֶלֶת אֶת־הַדָּם וְהִכְרַתִּי אֹתָהּ מִקֶּרֶב עַמָּהּ:

11 כִּי נֶפֶשׁ הַבָּשָׂר בַּדָּם הִוא וַאֲנִי נְתַתִּיו לָכֶם עַל־הַמִּזְבֵּחַ לְכַפֵּר עַל־נַפְשֹׁתֵיכֶם כִּי־הַדָּם הוּא בַּנֶּפֶשׁ יְכַפֵּר:

12 עַל־כֵּן אָמַרְתִּי לִבְנֵי יִשְׂרָאֵל כָּל־נֶפֶשׁ מִכֶּם לֹא־תֹאכַל דָּם וְהַגֵּר הַגָּר בְּתוֹכְכֶם לֹא־יֹאכַל דָּם:

13 וְאִישׁ אִישׁ מִבְּנֵי יִשְׂרָאֵל וּמִן־הַגֵּר הַגָּר בְּתוֹכָם אֲשֶׁר יָצוּד צֵיד חַיָּה אוֹ־עוֹף אֲשֶׁר יֵאָכֵל וְשָׁפַךְ אֶת־דָּמוֹ וְכִסָּהוּ בֶּעָפָר:

14 כִּי־נֶפֶשׁ כָּל־בָּשָׂר דָּמוֹ בְנַפְשׁוֹ הוּא וָאֹמַר לִבְנֵי יִשְׂרָאֵל דַּם כָּל־בָּשָׂר לֹא תֹאכֵלוּ כִּי נֶפֶשׁ כָּל־בָּשָׂר דָּמוֹ הִוא כָּל־אֹכְלָיו יִכָּרֵת:

15 וְכָל־נֶפֶשׁ אֲשֶׁר תֹּאכַל נְבֵלָה וּטְרֵפָה בָּאֶזְרָח וּבַגֵּר וְכִבֶּס בְּגָדָיו וְרָחַץ בַּמַּיִם וְטָמֵא עַד־הָעֶרֶב וְטָהֵר:

16 וְאִם לֹא יְכַבֵּס וּבְשָׂרוֹ לֹא יִרְחָץ וְנָשָׂא עֲוֹנוֹ:

18 1 וַיְדַבֵּר יְהוָֹה אֶל־מֹשֶׁה לֵּאמֹר: 2 דַּבֵּר אֶל־בְּנֵי יִשְׂרָאֵל וְאָמַרְתָּ אֲלֵהֶם אֲנִי יְהוָֹה אֱלֹהֵיכֶם:

³ No harán como hacen en la tierra de Egipto en la cual moraron, ni harán como hacen en la tierra de Canaán adonde Yo los llevo; no seguirán sus costumbres. ⁴ Deberán cumplir Mis leyes y guardarán Mis estatutos para andar entre ellos. Yo soy el Eterno, su Dios. ⁵ Por tanto, guardarán Mis estatutos y Mis leyes, por los cuales el hombre vivirá si los cumple: Yo soy el Eterno.

EN AÑO BISIESTO: SEXTA LECTURA –YOSEF– YESOD

⁶ Ninguno de ustedes se acercará a un pariente cercano para descubrir su desnudez; Yo soy el Eterno. ⁷ No descubrirás la desnudez de tu padre ni la desnudez de tu madre; es tu madre, no descubrirás su desnudez.

⁸ No descubrirás la desnudez de la mujer de tu padre; es la desnudez de tu padre. ⁹ La desnudez de tu hermana, sea hija de tu padre o de tu madre, nacida en casa o nacida fuera, su desnudez no descubrirás.

¹⁰ La desnudez de la hija de tu hijo, o de la hija de tu hija, su desnudez no descubrirás; porque su desnudez es tu propia desnudez.

¹¹ La desnudez de la hija de la mujer de tu padre, engendrada de tu padre, su desnudez no descubrirás; es tu hermana. ¹² No descubrirás la desnudez de la hermana de tu padre; es parienta cercana de tu padre.

¹³ No descubrirás la desnudez de la hermana de tu madre; es parienta cercana de tu madre. ¹⁴ No descubrirás la desnudez del hermano de tu padre; no te acercarás a su mujer, es tu tía. ¹⁵ No descubrirás la desnudez de tu nuera; es mujer de tu hijo, no descubrirás su desnudez.

¹⁶ No descubrirás la desnudez de la mujer de tu hermano; es la desnudez de tu hermano. ¹⁷ No descubrirás la desnudez de una mujer y la de su hija, ni tomarás la hija de su hijo ni la hija de su hija para descubrir su desnudez; son parientas. Es concupiscencia.

¹⁸ No tomarás a la hermana de tu mujer, para que sea rival suya, descubriendo su desnudez mientras ésta viva.

איש

Levítico 18:6 – La Biblia nos da un mapa para encontrar a nuestra alma gemela. Hay prohibiciones especificadas, pero son sólo para salvarnos de buscar a nuestra pareja en lugares donde no hay Luz. Estas prohibiciones nos salvan de hacer conexiones donde no deberíamos hacerlas.

LEVÍTICO

3 כְּמַעֲשֵׂה אֶרֶץ ‎אלהים דאלפין‎ ‎־מִצְרַיִם‎ ‎מצר‎ אֲשֶׁר יְשַׁבְתֶּם־בָּהּ לֹא תַעֲשׂוּ וּכְמַעֲשֵׂה אֶרֶץ ‎אלהים דאלפין‎ ‎־כְּנַעַן‎ אֲשֶׁר אֲנִי ‎אני, טדה״ד כו״י‎ מֵבִיא אֶתְכֶם שָׁמָּה ‎מהע׳‎ ‎משה, אל עדי‎ לֹא תַעֲשׂוּ וּבְחֻקֹּתֵיהֶם לֹא תֵלֵכוּ: 4 אֶת־מִשְׁפָּטַי תַּעֲשׂוּ וְאֶת־חֻקֹּתַי תִּשְׁמְרוּ לָלֶכֶת בָּהֶם אֲנִי ‎אני, טדה״ד כו״י‎ יְהֹוָ‎אדני‎ה אֱלֹהֵיכֶם ‎יל‎ה: 5 וּשְׁמַרְתֶּם אֶת־חֻקֹּתַי וְאֶת־מִשְׁפָּטַי אֲשֶׁר יַעֲשֶׂה אֹתָם הָאָדָם ‎מ״ה‎ וָחַי בָּהֶם אֲנִי ‎אני, טדה״ד כו״י‎ יְהֹוָ‎אדני‎ה:

EN AÑO BISIESTO: SEXTA LECTURA –YOSEF– YESOD

6 אִישׁ ‎ע״ה קנ״א קס״א‎ אִישׁ ‎ע״ה קנ״א קס״א‎ אֶל־כָּל־ יל׳ שְׁאֵר ‎ג׳ מוחזן דאלהים דקטנות‎ בְּשָׂרוֹ לֹא תִקְרְבוּ לְגַלּוֹת עֶרְוָה אֲנִי ‎אני, טדה״ד כו״י‎ יְהֹוָ‎אדני‎ה: 7 עֶרְוַת אָבִיךָ וְעֶרְוַת אִמְּךָ לֹא תְגַלֵּה אִמְּךָ הִוא לֹא תְגַלֶּה עֶרְוָתָהּ: 8 עֶרְוַת אֵשֶׁת־אָבִיךָ לֹא תְגַלֵּה עֶרְוַת אָבִיךָ הִוא: 9 עֶרְוַת אֲחוֹתְךָ בַת־אָבִיךָ אוֹ בַת־אִמֶּךָ מוֹלֶדֶת בַּיִת ‎ב״ם רא״ה‎ אוֹ מוֹלֶדֶת חוּץ לֹא תְגַלֶּה עֶרְוָתָן: 10 עֶרְוַת בַּת־בִּנְךָ אוֹ בַת־בִּתְּךָ לֹא תְגַלֶּה עֶרְוָתָן כִּי עֶרְוָתְךָ הֵנָּה ‎מ״ה יה‎: 11 עֶרְוַת בַּת־אֵשֶׁת אָבִיךָ מוֹלֶדֶת אָבִיךָ אֲחוֹתְךָ הִוא לֹא תְגַלֶּה עֶרְוָתָהּ: 12 עֶרְוַת אֲחוֹת־אָבִיךָ לֹא תְגַלֵּה שְׁאֵר ‎ג׳ מוחזן דאלהים דקטנות‎ אָבִיךָ הִוא: 13 עֶרְוַת אֲחוֹת־אִמְּךָ לֹא תְגַלֵּה כִּי־שְׁאֵר ‎ג׳ מוחזן דאלהים דקטנות‎ אִמְּךָ הִוא: 14 עֶרְוַת אֲחִי־אָבִיךָ לֹא תְגַלֵּה אֶל־אִשְׁתּוֹ לֹא תִקְרָב דֹּדָתְךָ הִוא: 15 עֶרְוַת כַּלָּתְךָ לֹא תְגַלֵּה אֵשֶׁת בִּנְךָ הִוא לֹא תְגַלֶּה עֶרְוָתָהּ: 16 עֶרְוַת אֵשֶׁת־אָחִיךָ לֹא תְגַלֵּה עֶרְוַת אָחִיךָ הִוא: 17 עֶרְוַת אִשָּׁה וּבִתָּהּ לֹא תְגַלֵּה אֶת־בַּת־בְּנָהּ וְאֶת־בַּת־בִּתָּהּ לֹא תִקַּח ‎רבוע אהיה דאלפין‎ לְגַלּוֹת עֶרְוָתָהּ שַׁאֲרָה הֵנָּה ‎מ״ה יה‎ זִמָּה הִוא: 18 וְאִשָּׁה אֶל־אֲחֹתָהּ לֹא תִקָּח ‎רבוע אהיה דאלפין‎ לִצְרֹר לְגַלּוֹת עֶרְוָתָהּ עָלֶיהָ ‎פה״ל‎ בְּחַיֶּיהָ:

¹⁹ No te acercarás a una mujer para descubrir su desnudez durante la impureza de su período mensual.

²⁰ No te acostarás con la mujer de tu prójimo, contaminándote con ella. ²¹ Y no sacrificarás hijo de tu progenie a Molej, ni profanarás el nombre de tu Dios. Yo soy el Señor.

EN AÑO BISIESTO: SÉPTIMA LECTURA – DAVID – MALJUT
CUANDO ESTÁN CONECTADAS: CUARTA LECTURA –MOSHÉ– NÉTSAJ

²² No te acostarás con hombre como los que se acuestan con mujer; es una abominación. ²³ No te ayuntarás con ningún animal, contaminándote con él, ni mujer alguna se pondrá delante de un animal para ayuntarse con él; es una perversión.

²⁴ No se contaminen con ninguna de estas costumbres, porque así se han contaminado las naciones que voy a echar de delante de ustedes.

²⁵ Aun la tierra se ha corrompido; por tanto, he castigado su iniquidad sobre ella y la tierra ha vomitado a sus moradores. ²⁶ Por ende, ustedes deben guardar Mis estatutos y mis leyes, y no harán ninguna de estas abominaciones, ni el nativo ni el forastero que reside entre ustedes,

²⁷ porque todas estas abominaciones las hicieron las personas que vivían en la tierra antes que ustedes, y la tierra se ha contaminado.

EN AÑO BISIESTO: MAFTIR

²⁸ Y si ustedes contaminan la tierra, ésta los vomitará como vomitó a las naciones que los antecedieron. ²⁹ Todo el que haga cualquiera de estas abominaciones, aun las almas de quienes las hagan, serán cortadas de entre su pueblo.

וַתִּטְמָא הָאָרֶץ

Levítico 18:25 – Las acciones negativas de los israelitas también hicieron a la tierra negativa. Cuando actuamos de formas negativas, no sólo nos afectamos a nosotros mismos sino, también, a todo nuestro entorno.

LA HISTORIA DE AJAREI MOT: EN AÑO BISIESTO SÉPTIMA LECTURA Y MAFTIR

LEVÍTICO

19 וְאֶל־אִשָּׁה בְּנִדַּת טֻמְאָתָהּ לֹא תִקְרַב לְגַלּוֹת עֶרְוָתָהּ: 20 וְאֶל־אֵשֶׁת עֲמִיתְךָ לֹא־תִתֵּן שְׁכָבְתְּךָ לְזָרַע לְטָמְאָה־בָהּ: 21 וּמִזַּרְעֲךָ לֹא־תִתֵּן לְהַעֲבִיר לַמֹּלֶךְ וְלֹא תְחַלֵּל אֶת־שֵׁם אֱלֹהֶיךָ אֲנִי יְהוָֹה:

EN AÑO BISIESTO: SÉPTIMA LECTURA – DAVID – MALJUT
CUANDO ESTÁN CONECTADAS: CUARTA LECTURA –MOSHÉ– NÉTSAJ

22 וְאֶת־זָכָר לֹא תִשְׁכַּב מִשְׁכְּבֵי אִשָּׁה תּוֹעֵבָה הִוא: 23 וּבְכָל־בְּהֵמָה לֹא־תִתֵּן שְׁכָבְתְּךָ לְטָמְאָה־בָהּ וְאִשָּׁה לֹא־תַעֲמֹד לִפְנֵי בְהֵמָה לְרִבְעָהּ תֶּבֶל הוּא: 24 אַל־תִּטַּמְּאוּ בְּכָל־אֵלֶּה כִּי בְכָל־אֵלֶּה נִטְמְאוּ הַגּוֹיִם אֲשֶׁר־אֲנִי מְשַׁלֵּחַ מִפְּנֵיכֶם: 25 וַתִּטְמָא הָאָרֶץ וָאֶפְקֹד עֲוֹנָהּ עָלֶיהָ וַתָּקִא הָאָרֶץ אֶת־יֹשְׁבֶיהָ: 26 וּשְׁמַרְתֶּם אַתֶּם אֶת־חֻקֹּתַי וְאֶת־מִשְׁפָּטַי וְלֹא תַעֲשׂוּ מִכֹּל הַתּוֹעֵבֹת הָאֵלֶּה הָאֶזְרָח וְהַגֵּר הַגָּר בְּתוֹכְכֶם: 27 כִּי אֶת־כָּל־הַתּוֹעֵבֹת הָאֵל עָשׂוּ אַנְשֵׁי־הָאָרֶץ אֲשֶׁר לִפְנֵיכֶם וַתִּטְמָא הָאָרֶץ:

EN AÑO BISIESTO: MAFTIR

28 וְלֹא־תָקִיא הָאָרֶץ אֶתְכֶם בְּטַמַּאֲכֶם אֹתָהּ כַּאֲשֶׁר קָאָה אֶת־הַגּוֹי אֲשֶׁר לִפְנֵיכֶם: 29 כִּי כָּל־אֲשֶׁר יַעֲשֶׂה מִכֹּל הַתּוֹעֵבֹת הָאֵלֶּה וְנִכְרְתוּ הַנְּפָשׁוֹת הָעֹשֹׂת מִקֶּרֶב עַמָּם:

30 Por tanto, guarden Mi ordenanza y no sigan ninguna de las costumbres abominables que se practicaron antes de ustedes, para que no se contaminen con ellas. Yo soy el Eterno, su Dios".

EN AÑO BISIESTO: HAFTARÁ DE AJAREI MOT

Los sabios nos enseñan que ninguna negatividad puede llegar a una persona sino hasta que juzga a los demás. Si tan sólo aprendiéramos a dejar de juzgar a los demás, podríamos eliminar toda la negatividad de nuestra vida.

EZEQUIEL 22:1-16

22 ¹ Además, la palabra del Eterno vino a mí, para decir: ² "¿Ahora tú, hijo de hombre, vas a juzgar? ¿Vas a juzgar a esta ciudad sanguinaria? Entonces hazle saber todas sus abominaciones

³ y dirás: 'Así dice el Eterno, Dios: Ciudad que derrama sangre en medio de sí misma para que llegue su hora, y que se hace ídolos para contaminarse,

⁴ te has hecho culpable por la sangre que has derramado y te has contaminado con los ídolos que has hecho, y has reducido tus días y el final de tus años ha llegado. Por lo tanto, te he hecho oprobio de las naciones y objeto de burla de todas las tierras.

⁵ Las que están cerca de ti y las que están lejos se burlarán de ti, ciudad de mala fama y llena de desorden. ⁶ He aquí que los príncipes de Israel, cada uno según su poder, han estado en ti para derramar sangre.

⁷ En ti despreciaron al padre y a la madre, en medio de ti han oprimido al extranjero y en medio de ti han maltratado al huérfano y a la viuda.

⁸ Has despreciado Mis asuntos sagrados y has profanado Mis Shabatot.

⁹ En ti hay calumniadores para derramar sangre, en medio de ti han comido sobre las montañas y cometido iniquidades.

¹⁰ En ti se ha descubierto la desnudez del padre, en ti han humillado a la que no era limpia en su impureza.

30 וּשְׁמַרְתֶּם אֶת־מִשְׁמַרְתִּי לְבִלְתִּי עֲשׂוֹת מֵחֻקּוֹת הַתּוֹעֵבֹת אֲשֶׁר נַעֲשׂוּ לִפְנֵיכֶם וְלֹא תִטַּמְּאוּ בָּהֶם אֲנִי יְהֹוָ‌ֽאדני אֱלֹֽהֵיכֶֽם׃

EN AÑO BISIESTO: HAFTARÁ DE AJAREI MOT

יחזקאל פרק 22, פסוקים 1–16

22 1 וַיְהִי דְבַר־יְהֹוָ‌ֽאדני אֵלַי לֵאמֹֽר׃ 2 וְאַתָּה בֶן־אָדָם הֲתִשְׁפֹּט הֲתִשְׁפֹּט אֶת־עִיר הַדָּמִים וְהוֹדַעְתָּהּ אֵת כָּל־תּוֹעֲבוֹתֶֽיהָ׃ 3 וְאָמַרְתָּ כֹּה אָמַר אֲדֹנָי יְהֹוִ‌ֽאדני עִיר שֹׁפֶכֶת דָּם בְּתוֹכָהּ לָבוֹא עִתָּהּ וְעָשְׂתָה גִלּוּלִים עָלֶיהָ לְטָמְאָֽה׃ 4 בְּדָמֵךְ אֲשֶׁר־שָׁפַכְתְּ אָשַׁמְתְּ וּבְגִלּוּלַיִךְ אֲשֶׁר־עָשִׂית טָמֵאת וַתַּקְרִיבִי יָמַיִךְ וַתָּבוֹא עַד־שְׁנוֹתָיִךְ עַל־כֵּן נְתַתִּיךְ חֶרְפָּה לַגּוֹיִם וְקַלָּסָה לְכָל־הָאֲרָצֽוֹת׃ 5 הַקְּרֹבוֹת וְהָרְחֹקוֹת מִמֵּךְ יִתְקַלְּסוּ־בָךְ טְמֵאַת הַשֵּׁם רַבַּת הַמְּהוּמָֽה׃ 6 הִנֵּה נְשִׂיאֵי יִשְׂרָאֵל אִישׁ לִזְרֹעוֹ הָיוּ בָךְ לְמַעַן שְׁפָךְ־דָּֽם׃ 7 אָב וָאֵם הֵקַלּוּ בָךְ לַגֵּר עָשׂוּ בַעֹשֶׁק בְּתוֹכֵךְ יָתוֹם וְאַלְמָנָה הוֹנוּ בָֽךְ׃ 8 קָדָשַׁי בָּזִית וְאֶת־שַׁבְּתֹתַי חִלָּֽלְתְּ׃ 9 אַנְשֵׁי רָכִיל הָיוּ בָךְ לְמַעַן שְׁפָךְ־דָּם וְאֶל־הֶהָרִים אָכְלוּ בָךְ זִמָּה עָשׂוּ בְתוֹכֵֽךְ׃ 10 עֶרְוַת־אָב גִּלָּה־בָךְ טְמֵאַת הַנִּדָּה עִנּוּ־בָֽךְ׃

¹¹ Y cada uno ha cometido abominación con la mujer de su prójimo, y cada uno mancilló a su nuera, y en ti cada uno ha humillado a su hermana, la hija de su padre.

¹² En ti se ha recibido soborno para derramar sangre, prestaste a usura y tomaste ganancias mal habidas, apropiándote de las de tu prójimo mediante la opresión, y de Mí te has olvidado', declara el Eterno, Dios.

¹³ 'He aquí que he golpeado con Mi mano la ganancia deshonesta que hiciste, y he castigado la sangre derramada en medio de ti.

¹⁴ ¿Podrá tu corazón soportar, o podrán tus manos ser fuertes los días que Yo actúe contra ti? Yo, el Eterno, he hablado y lo haré.

¹⁵ Y Yo te dispersaré entre las naciones, te esparciré por los países y consumiré tu inmundicia de en medio de ti.

¹⁶ Y quedarás profanada a la vista de las naciones, y sabrás que Yo soy el Eterno'".

11 וְאִישׁ ע״ה קנ״א קס״א | אֶת־אֵשֶׁת רֵעֵ֙הוּ֙ עָשָׂ֣ה תּֽוֹעֵבָ֔ה וְאִ֗ישׁ ע״ה קנ״א קס״א
אֶת־כַּלָּת֖וֹ טִמֵּ֣א בְזִמָּ֑ה וְאִ֗ישׁ ע״ה קנ״א קס״א אֶת־אֲחֹת֛וֹ בַת־אָבִ֖יו עִנָּה־בָֽךְ׃

12 שֹׁ֥חַד לָֽקְחוּ־בָ֖ךְ לְמַ֣עַן שְׁפָךְ־דָּ֑ם ריבוע אהיה נֶ֧שֶׁךְ וְתַרְבִּ֣ית לָקַ֗חַתְּ וַתְּבַצְּעִ֤י
רֵעַ֙יִךְ֙ בַּעֹ֔שֶׁק וְאֹתִ֥י שָׁכַ֖חַתְּ נְאֻ֥ם אֲדֹנָ֥י לכה יְהֹוִ֖הׅאהדניאהדונהי׃ 13 וְהִנֵּה֙ מ״ה יה
הִכֵּ֣יתִי כַפִּ֔י אֶל־בִּצְעֵ֖ךְ אֲשֶׁ֣ר עָשִׂ֑ית וְעַ֨ל־דָּמֵ֔ךְ אֲשֶׁ֥ר הָי֖וּ בְּתוֹכֵֽךְ׃

14 הֲיַעֲמֹ֤ד לִבֵּךְ֙ אִם־תֶּחֱזַ֣קְנָה יֽהוה מ״ב יָדַ֔יִךְ לַיָּמִ֕ים נצר אֲשֶׁ֥ר אֲנִ֖י
אני, טדה״ד עֹשֶׂ֣ה אוֹתָ֑ךְ אני, טדה״ד כוז״ו יְהֹוָ֥הׅאהדניאהדונהי דִּבַּ֖רְתִּי ראה וְעָשִֽׂיתִי׃

15 וַהֲפִיצוֹתִ֤י אוֹתָךְ֙ בַּגּוֹיִ֔ם וְזֵרִיתִ֖יךְ בָּאֲרָצ֑וֹת וַהֲתִמֹּתִ֥י טֻמְאָתֵ֖ךְ מִמֵּֽךְ׃

16 וְנִחַ֥לְתְּ בָּ֖ךְ לְעֵינֵ֣י ריבוע מ״ה גוֹיִ֑ם וְיָדַ֖עַתְּ כִּֽי־אֲנִ֥י אני, טדה״ד כוז״ו יְהֹוָֽהׅאהדניאהדונהי׃

KEDOSHIM

LA LECCIÓN DE KEDOSHIM
(Levítico 19:1-20:27)

"Serán santos" (Levítico 19:2)

En la mayoría de los años del calendario, el capítulo Kedoshim, que significa "santos", es leído generalmente junto con el capítulo anterior Ajarei Mot, que significa "después de la muerte". Si unen las dos traducciones, dicen: "Después de la muerte, serán santos".

Se ha dicho que la gente se vuelve santa sólo después de que mueren. Hay algo de verdad en esto, después de todo, ¿quién es considerado como santo en su propio tiempo de vida? Incluso los israelitas querían deshacerse de Moshé, quien le decía al Creador "¡Van a matarme en cualquier minuto!", cuando ellos, literalmente, lo amenazaban de muerte. Los romanos querían matar a Rav Shimón bar Yojái, al igual que varios israelitas. Hasta está escrito esto de Mordejai, quien salvó la vida de muchos persas y, de hecho, salvó a todo el reino de Persia, y que "él era amado por la mayoría de sus compañeros". En otras palabras, todavía había cierto número de personas a quienes no les interesaba particularmente Mordejai.

Tanto Rav Yitsjak Luria (el Arí) como su discípulo, Rav Jayim Vital, también tuvieron problemas con sus colegas rabinos, y no hay duda de que Rav Moshé Luzzato sufrió hasta el día que abandonó este mundo. Desde temprana edad, él fue atormentado por sus adversarios y sus libros fueron quemados. En nuestra era actual, Rav Áshlag y Rav Brandwein fueron perseguidos ostensiblemente en el nombre de la Kabbalah. Incluso Rav y Karen Berg tuvieron que superar grandes obstáculos impuestos por gente que quería evitar que la Kabbalah estuviera disponible para la persona común.

Con frecuencia, sólo después de que una persona abandona este mundo es que la vemos por quien era realmente y por lo que tuvo para dar. Aquí hay varias lecciones que pueden elevarnos, la primera de ellas es que comenzamos a apreciar lo que tenemos sólo después de que comenzamos a perderlo. ¿Cuántos de nosotros rezamos por salud sólo cuando nuestra salud se ve afectada o por sustento económico solamente cuando nuestras cuentas bancarias están al mínimo?

Nunca perderemos las bendiciones en nuestra vida si aprendemos a apreciarlas. Por ejemplo, en una época había muchos *tsadikim* (personas justas) en el mundo, pero nadie les prestó atención. Cuando el Arí estaba vivo, ninguno de sus conciudadanos de Safed iba a escucharlo hablar. Pero cuando él abandonó este mundo, todos pensaron: "¡Él vivía justo aquí entre nosotros, en nuestra ciudad, y nunca nos dimos la oportunidad de conectar con él!". Esto también ocurrió con Rav Áshlag y Rav Brandwein, quienes tampoco tuvieron muchos estudiantes. Ahora tienen muchos más estudiantes de lo que tuvieron cuando estaban en vida. Mucha gente de la generación de ellos dice que si tan sólo hubiesen sabido que estos grandes maestros existían, habrían conectado con ellos. Sólo después de que perdemos algo es que apreciamos lo que teníamos.

Aparece una segunda lección cuando cambiamos la perspectiva que hemos obtenido de la primera lección. Así como no apreciamos a los demás, los demás no nos aprecian a nosotros. Como respuesta, tal vez hagamos cosas sólo para que la gente nos note. En este punto, debemos aprender de los *tsadikim*, quienes nunca querían ni esperaban nada a cambio de parte de las demás personas por sus labores. Ellos sabían que si dedicaban su energía en atraer la atención de la gente que los rodeaban, sacrificarían su conexión con la Luz.

Muchos *tsadikim* no sólo fueron poco apreciados, sino que, en realidad, eran odiados. No obstante, ese odio no los detuvo en su labor de ayudar a los demás. Si pensamos en lo que vamos a recibir a cambio por nuestras acciones, nunca podremos ser santos. Debemos vivir de acuerdo con Ajarei Mot-Kedoshim, incluso si no vemos los resultados en nuestro tiempo de vida. No debemos hacer las cosas esperando una recompensa a cambio. La verdad es que si actuamos desde el corazón cuando ayudamos a los demás, la recompensa llegará. Tal vez no llegue hoy o mañana, o incluso el día siguiente, pero llegará. Y puede que no ocurra de la forma en que lo esperamos. De hecho, probablemente ocurrirá de una forma en la que nunca lo hayamos imaginado. Pero, si damos y compartimos, lo bueno que hayamos hecho regresará a nosotros.

La tercera lección trata acerca del hecho de que nosotros somos la generación más importante en toda la historia. Esto se debe a que seamos espiritualmente más elevados que los que estuvieron antes que nosotros, sino porque vivimos en la era del Mesías. Por lo tanto, tenemos una responsabilidad mayor que la que tuvieron otras generaciones: nosotros debemos aprender a ser inmortales. Los *tsadikim* están más vivos después de haber abandonado este mundo. Eso es lo que aprendemos de Ajarei Mot-Kedoshim. Todos querían matar a los *tsadikim*; nadie quería escuchar lo que ellos tenían que decir. Sólo cuando abandonaron este mundo es que fueron santos, y eso es lo que significa ser inmortales: ser como un tsadik, estar vivos incluso después de la muerte.

Las generaciones de hace 100 ó 1000 años no tuvieron el mérito de vivir en la era del Mesías. Nuestro mérito no solamente es que podemos elevarnos por encima de la muerte cuando abandonemos este mundo, seguir vivos incluso cuando nuestro cuerpo esté en su tumba, sino que en realidad también podemos superar al Satán y eliminar por completo el poder del Ángel de la Muerte. Podemos traer la energía de vida después de la muerte a nuestra vida antes de la muerte y, de esta manera, alcanzar la inmortalidad.

Se nos enseña que Rav Elimélej superó la muerte. Está escrito en el libro *Haajim HaKedoshim* que durante el Holocausto, los alemanes invadieron su pueblo natal, Lizhensk. Ellos asesinaron brutalmente a muchas personas allí, y sólo unos pocos lograron esconderse en el mausoleo de Rav Elimélej, esperando evadir la muerte por mérito de él.

Los nazis buscaron dinero y joyas en las casas de los habitantes del pueblo. Al no encontrar mucho, fueron a excavar las tumbas en el cementerio, esperando encontrar riquezas enterradas. Junto a la tumba de Rav Elimélej, encontraron a un grupo de personas aterradas intentando esconderse. Los nazis les ordenaron que abrieran la tumba, pero el rabino del pueblo les prohibió que lo hicieran. A pesar del temor a los soldados, su respeto era aún mayor por la santidad de Rav Elimélej. Los nazis ordenaron nuevamente que abrieran la tumba, instando finalmente al encargado del cementerio a hacerlo. Pero incluso este hombre no pudo ejercer la orden de ellos. Tenía demasiada apreciación por la rectitud de Rav Elimélej.

Finalmente, los mismos nazis abrieron la tumba. Encontraron intacto el ataúd de Rav Elimélej, aun después de que habían pasado más de 150 años de su muerte. Cuando abrieron el ataúd, estaban asombrados de hallar dentro un cuerpo tan hermoso y perfecto. Estaban tan sorprendidos que huyeron. Las personas que habían estado ocultándose en el cementerio luego escaparon al bosque, donde pudieron esconderse; y aquellos que sobrevivieron a la guerra contaron cómo Rav Elimélej los protegió aun después de él haber partido de este mundo.

Después del Holocausto, la gente que regresó a Lizhensk halló el pueblo desolado. Incluso el cementerio había sido destruido. Los sobrevivientes que regresaron escucharon de parte de los vecinos otro relato de lo que le pasó a la tumba de Rav Elimélej. Había una banda de ladrones que robaban cualquier cosa que quedó después de que los nazis asesinaran y saquearan. Ellos también fueron al cementerio a buscar algún tesoro enterrado. Ellos pensaban que la gente había escondido sus pertenencias en las tumbas pero, al igual que los nazis antes de ellos, no encontraron nada.

El líder de los ladrones sugirió que excavaran la tumba del gran rabino. Los habitantes del pueblo solían dejar notas con sus oraciones en las tumbas de los justos, y la tragedia y el peligro de la época causaron una cantidad descomunal de notas. Los bandidos se rehusaron a cumplir la decisión de su líder debido a la santidad del *tsadik*, la cual era evidente por todos los mensajes que habían dejado en su tumba. Sólo el líder fue lo suficientemente arrogante e incauto para excavar la tumba. Él estaba seguro de que encontraría una gran cantidad de riquezas, así que, sin la ayuda de nadie, profanó la tumba de Rav Elimélej.

El líder criminal cometió un pecado doble. No sólo está prohibido profanar la tumba de un *tsadik*, sino que también está prohibido robar o, inclusive, malgastar fondos que están destinados a propósitos sagrados. Es por ello que es tan importante tener mucho cuidado con el dinero designado para cualquier organización cuyo propósito es ayudar a los demás y que usa sus fondos con el propósito de revelar Luz y producir herramientas espirituales que ayuden a la gente a conectar con la Luz. Debemos prestar mucha atención incluso a las pequeñas cosas que hacemos. Rav Berg llama a la *tsedaká* (caridad) "*mamón hakódesh*" (riqueza entera). Nunca debemos desperdiciarlo y, más importante aún, debemos asegurarnos de que no estemos aferrándonos a dinero que está destinado a tsedaká. Nunca debemos aferrarnos a dinero que no está destinado para nosotros, y los fondos sagrados en especial no pueden ayudarnos como individuos, sin importar cuán bien los invirtamos.

La historia continúa relatando que, después de unos días, la banda de ladrones celebró su saqueo. Bebieron mucho y comenzaron a discutir con el líder. Cuando la discusión se intensificó, los ladrones atacaron y mataron a su líder, y luego bebieron por su éxito. La historia del asesinato se propagó entre los habitantes restantes de Lizhensk. Ellos vieron la mano de Dios en la pelea y en el asesinato, porque no podía haber otro final para la vida de alguien que haya contaminado la tumba de Rav Elimélej.

Estas historias demuestran cuán vivo está Rav Elimélej de Lizhensk. Al igual que Rav Elimélej, cualquiera que supere su muerte es llamado "santo". Hay personas santas que no vemos, cuyos cuerpos han abandonado este mundo pero, verdaderamente, han trascendido la muerte. La razón por la que no podemos ver a Moshé —ya que sabemos que él no murió— es porque todavía no hemos superado el poder que la muerte tiene sobre nuestra propia vida. Moshé está vivo, de la misma manera que Rav Elimélej lo está. Lo mismo está escrito acerca de Eliyahu el Profeta y Janoj, quien se convirtió en el ángel Metatrón. No obstante, no podemos ver a ninguno de ellos; a pesar de que algunas personas tengan la capacidad de comulgar con ellos. Aquellos que se elevan por encima de la muerte pueden conectar con aquellos que abandonaron este mundo pero no murieron. Rav Shimón estudiaba con Moshé. ¿Cómo podía aprender con Moshé en este mundo si Moshé ya no era parte de él? La respuesta es porque Moshé no murió, él seguía presente en el mundo de Rav Shimón y sigue presente en el nuestro. Sólo aquellos que se esfuerzan en superar la muerte pueden tener la esperanza de alguna vez conectar con Moshé. Sólo aquellos que son santos —quienes están más allá de la muerte— pueden ver y conectar con Moshé y Eliyahu. Eliyahu el Profeta pudo instruir a Rav Yitsjak Luria (el Arí), porque el Arí vivía más allá del alcance de la muerte.

Podríamos preguntarnos por qué sólo Eliyahu el Profeta visita a la gente en este mundo. Cuando escuchamos acerca de profetas que se les aparecen a seres humanos, no escuchamos otro nombre más que Eliyahu. La razón por la que Eliyahu es el único profeta bíblico que permanece en este mundo es porque él no murió (*II Reyes 2:1-17*). Para merecer la presencia de Eliyahu ante nosotros, primero debemos ser santos; y lo que hace "santas" a las personas es su capacidad de superar la muerte.

Esto hace recordar una historia acerca de Rav Menájem Méndel de Vitebsk (1730-1787). Una vez, se escuchó un *shofar* a lo lejos y los habitantes del pueblo le preguntaron a Rav Menájem Méndel si el *Mashíaj* (Mesías) estaba en camino; porque está escrito que cuando venga el *Mashíaj*, sonará un *shofar* desde el Monte de los Olivos. El rabino salió de su casa, olió el aire y contestó: "No, el *Mashíaj* no viene. Su olor no está en el aire". Sin embargo, su acción confundió a los habitantes del pueblo. Ellos preguntaron por qué el Rav tenía que salir de casa a fin de saber, y él contestó que el *Mashíaj* ya estaba en su casa.

Para Rav Menájem Méndel, no importaba qué ocurría en el mundo exterior. Su conexión con la Luz ya estaba asida de forma segura. Para nosotros, debería ser de la misma manera. Necesitamos conectar con nuestro *Mashíaj* personal. Entonces, seremos santos, estaremos más allá de la muerte y seremos merecedores de estar en presencia de Eliyahu el Profeta y Moshé.

SINOPSIS DE KEDOSHIM

A veces, sólo después de lo ocurrido es que nos damos cuenta de que no teníamos la razón sobre cierta situación porque esta información estaba oculta de nosotros. El capítulo de Kedoshim nos ayuda a tener acceso a la información cuando la necesitamos, de modo que podamos ver y entender claramente.

EN AÑO BISIESTO: PRIMERA LECTURA – AVRAHAM – JÉSED

19 ¹ El Eterno hablo a Moshé, para decir: ² "Habla a toda la congregación de los hijos de Israel y diles: Santos serán porque Santo soy Yo, el Eterno, su Dios.

³ Cada uno de ustedes ha de honrar a su madre y a su padre, y guardarán Mis Shabatot. Yo soy el Eterno, su Dios. ⁴ No se volverán a ídolos ni fabricarán dioses de fundición. Yo soy el Señor, su Dios. ⁵ Cuando ofrezcan sacrificio de ofrenda de paz al Eterno, ofrézcanlo de tal manera que sean aceptados.

⁶ Será comido el mismo día que lo ofrezcan y al día siguiente; pero lo que quede hasta el tercer día será quemado. ⁷ Y si se come algo de él en el tercer día, es una abominación y no será aceptado. ⁸ El que lo coma sobrellevará la responsabilidad, porque ha profanado lo santo del Eterno; y esa alma será cortada de entre su pueblo.

COMENTARIO DEL RAV

La lectura de esta semana contiene un concepto que, cuando era joven, no sabía que existía en el judaísmo: "Ama a tu prójimo como a ti mismo". ¿Qué significa esto? ¿Se refiere a amar a todos como a ti mismo? Ese concepto parecía ser otra idea más de la Torá, pero también parecía tener muy poca relevancia para la vida. ¿Qué hay de tu familia? Se entiende cuando se trata de personas cercanas a ti, pero ¿quién podría pensar de esa manera? ¿Amar a todos como te amas a ti mismo?

Francamente, desde el punto de vista de la Kabbalah, la palabra "religión" fue creada por una pequeña secta de personas conocidas como los *erev rav* (los malignos); malignos que sólo tenían en mente expresar intolerancia por su prójimo. La intolerancia fue la única razón de la destrucción del Primer y Segundo Templo: no fueron los poderosos imperios; simplemente fue la intolerancia entre la gente, nada más. En aquel tiempo, la gente se regía por las leyes de la religión a excepción de aquélla que establece que debemos amar a nuestro prójimo; tener tolerancia. Está claramente dicho en el *Zóhar* que tenemos poca capacidad de eliminar el caos a menos que adoptemos este comportamiento de dignidad humana. No quiere decir que acogeremos a nuestro adversario; después de todo, incluso Moshé le pidió a Dios: "Deshazte de esta gente, comienza de nuevo". Y Moshé era un hombre tolerante.

La única razón por la que Moshé fue escogido como líder de los israelitas fue porque era un hombre tolerante. Él tenía amor por su prójimo, pero aun así no pudo seguir operando dentro de este marco de tolerancia y amor por el prójimo como a sí mismo.

Entonces, ¿qué queda de nosotros? Dignidad humana por tu oponente, tu enemigo: ¿puedes tratarlo con algo menor a la dignidad humana? ¡No! Es por ello que Kedoshim (todo acerca de amar a tu prójimo) no se trata de moralidad.

La dignidad humana es la única posesión, el único instrumento que tenemos para eliminar el caos de nuestra vida. Cualquier cosa menor a la dignidad humana en este mundo hace imposible la tarea de remover el caos. Es una causa perdida siquiera intentarlo. Por lo tanto, tenemos

EN AÑO BISIESTO: PRIMERA LECTURA – AVRAHAM – JÉSED

19 1 וַיְדַבֵּ֥ר רְאֵה יְהֹוָ֖הֵאֲדֹנָיֵאֲדֹנָי מהש, אל עדי אֶל־מֹשֶׁ֥ה לֵּאמֹֽר׃ 2 דַּבֵּ֞ר רְאֵה אֶל־כׇּל־יל״י עֲדַ֧ת בְּנֵי־יִשְׂרָאֵ֛ל וְאָמַרְתָּ֥ אֲלֵהֶ֖ם קְדֹשִׁ֣ים תִּהְי֑וּ כִּ֣י קָד֔וֹשׁ אני, תדה״ד כו״ו אֲנִ֕י יְהֹוָ֖הֵאֲדֹנָיֵאֲדֹנָי ילה: אֱלֹהֵיכֶֽם ילה: 3 אִ֣ישׁ ע״ה קנ״א קס״א אִמּ֤וֹ וְאָבִיו֙ תִּירָ֔אוּ וְאֶת־שַׁבְּתֹתַ֖י תִּשְׁמֹ֑רוּ אֲנִ֕י, תדה״ד כו״ו יְהֹוָ֖הֵאֲדֹנָיֵאֲדֹנָי אֱלֹהֵיכֶֽם ילה: 4 אַל־תִּפְנוּ֙ אֶל־הָ֣אֱלִילִ֔ם לכב, דמב, ילה וֵֽאלֹהֵי֙ מַסֵּכָ֔ה לֹ֥א תַעֲשׂ֖וּ לָכֶ֑ם אֲנִ֕י, תדה״ד כו״ו יְהֹוָ֖הֵאֲדֹנָיֵאֲדֹנָי אֱלֹהֵיכֶֽם ילה: 5 וְכִ֧י תִזְבְּח֛וּ זֶ֥בַח שְׁלָמִ֖ים לַיהֹוָ֑הֵאֲדֹנָיֵאֲדֹנָי לִרְצֹנְכֶ֖ם תִּזְבָּחֻֽהוּ: 6 בְּי֧וֹם ע״ה = נגד, ז״ן, מזבח זִבְחֲכֶ֛ם יֵאָכֵ֖ל וּמִֽמׇּחֳרָ֑ת וְהַנּוֹתָר֙ עַד־י֣וֹם ע״ה = נגד, ז״ן, מזבח הַשְּׁלִישִׁ֔י בָּאֵ֖שׁ יִשָּׂרֵֽף׃ 7 וְאִ֛ם יוחך, ע״ה מ״ב הֵאָכֹ֥ל יֵאָכֵ֖ל בַּיּ֣וֹם ע״ה = נגד, ז״ן, מזבח הַשְּׁלִישִׁ֑י פִּגּ֥וּל ה֖וּא לֹ֥א יֵרָצֶֽה: 8 וְאֹֽכְלָיו֙ עֲוֺנ֣וֹ יִשָּׂ֔א כִּֽי־אֶת־קֹ֥דֶשׁ יְהֹוָ֖הֵאֲדֹנָיֵאֲדֹנָי חִלֵּ֑ל וְנִכְרְתָ֛ה הַנֶּ֥פֶשׁ חיים, בינה ע״ה רמ״ח – ד׳ ויות הַהִ֖וא מֵעַמֶּֽיהָ׃

קָדוֹשׁ

Levítico 19:2 – Dado que Dios es santo y nosotros tenemos a Dios en nuestro interior, tenemos que ser santos. Cuando nos hacemos conscientes de la Chispa Divina en cada individuo, despertamos la santidad en nuestro corazón. ¿Qué significa ser santo? Significa que somos conscientes de que el mundo es un todo unificado y que todos estamos conectados entre nosotros mediante la chispa del Creador que reside en nuestro interior. Si lastimamos a los demás, en esencia, nos estamos lastimando a nosotros mismos. Maltratar a otra persona es como introducir el dedo en un tomacorriente. Y dado que hay repercusiones que surgen de cada palabra y acción, compartir con los demás siempre es para nuestro mejor interés.

a Kedoshim, esta lección bastante poderosa; una sección corta, pero una que consiste acerca de lo que estamos haciendo aquí. Esta es la única manera en la que podemos tener éxito.

Sin embargo, cuanta más cercanía hay entre un individuo y otro, lo cual es la base del amor, mayor es la posibilidad del abuso. Deberíamos amar a aquellas personas que son más cercanas a nosotros, pero a menudo ocurre lo opuesto. ¿Cuántas historias hemos oído acerca de lo difícil que es amar a nuestros más allegados? El Satán sabe esto. Por ende, no se trata de un asunto moral; no es para eso que venimos aquí, al Centro de Kabbalah en Shabat. En vez de ello, venimos aquí para recibir y conectar con la energía que nos fortalece para hacer restricción, a fin de no actuar de una manera que resulte en algo menor a la dignidad humana.

⁹ *Y cuando cosechen lo sembrado en su tierra, no segarás hasta los últimos rincones de tu campo ni recogerás las espigas caídas.*

¹⁰ *No vendimiarán las uvas tiernas de su viña, ni recogerán las uvas caídas de su viña; las dejarán para el pobre y el forastero. Yo soy el Eterno, su Dios.*

¹¹ *No mentirán, ni obrarán con doblez, ni mentirán al prójimo.* ¹² *Y no jurarán en falso por Mi Nombre, profanando así el nombre de su Dios. Yo soy el Eterno.*

¹³ *No oprimirás a tu prójimo ni le robarás, y no retendrás el salario de un siervo toda la noche hasta la mañana.*

¹⁴ *No maldecirás al sordo ni pondrás obstáculo delante del ciego, sino que tendrás temor de tu Dios. Yo soy el Eterno.*

EN AÑO BISIESTO: SEGUNDA LECTURA –YITSJAK– GUEVURÁ
CUANDO ESTÁN CONECTADAS: QUINTA LECTURA – AHARÓN – HOD

¹⁵ *No pervertirás la justicia; no favorecerás al pobre ni complacerás al rico, sino que juzgarás a tu prójimo rectamente.* ¹⁶ *No propalarás difamaciones entre tu pueblo ni permanecerás quieto ante lo que amenace la vida de tu prójimo. Yo soy el Eterno.*

¹⁷ *No odiarás a tu hermano en tu corazón; podrás ciertamente reprender sensatamente a tu hermano para que no compartas su culpabilidad.*

תַּעֲזֹב

Levítico 19:10 – Aquí se le dijo a la gente que deben compartir un poco de la cosecha para que los pobres pudieran recoger algo. Algo que no es compartido es algo que no es bien administrado en lo absoluto; es por ello que es importante tener regalos para las personas pobres. Algunos individuos no poseen nada a fin de ser Vasijas para aquellos que desean compartir. El regalo más poderoso que se puede compartir es la sabiduría de la Kabbalah. La oscuridad —la causa de todo dolor y sufrimiento— sólo puede existir en ausencia de la Luz. Compartir sabiduría es como encender una vela en un mundo oscuro.

El conocimiento mismo es la sustancia de la Luz espiritual, la inmortalidad y la dicha creciente.

לֹא תִּגְנֹבוּ

Levítico 19:11 – Para estar conectados con la Luz del Creador, tenemos que ser honestos con nosotros mismos y con los demás. Rav Áshlag dijo que él descubrió que incluso la mentira más pequeña puede desconectarnos de la Luz.

9 וּֽבְקֻצְרְכֶם֙ אֶת־קְצִ֣יר אַרְצְכֶ֔ם לֹ֧א תְכַלֶּ֛ה **פְּאַ֥ת שָׂדְךָ֖** לִקְצֹ֑ר וְלֶ֥קֶט קְצִֽירְךָ֖ לֹ֥א תְלַקֵּֽט: 10 וְכַרְמְךָ֙ לֹ֣א תְעוֹלֵ֔ל וּפֶ֥רֶט כַּרְמְךָ֖ לֹ֣א תְלַקֵּ֑ט לֶֽעָנִ֤י וְלַגֵּר֙ תַּעֲזֹ֣ב אֹתָ֔ם אֲנִ֖י יְ‑‑ֹוָ֥ה אֱלֹהֵיכֶֽם: 11 לֹ֖א תִּגְנֹ֑בוּ וְלֹא־תְכַחֲשׁ֥וּ וְלֹֽא־תְשַׁקְּר֖וּ אִ֥ישׁ בַּעֲמִיתֽוֹ: 12 וְלֹֽא־תִשָּׁבְע֥וּ בִשְׁמִ֖י לַשָּׁ֑קֶר וְחִלַּלְתָּ֛ אֶת־שֵׁ֥ם אֱלֹהֶ֖יךָ אֲנִ֥י יְ‑‑ֹוָֽה: 13 לֹֽא־תַעֲשֹׁ֥ק אֶת־רֵֽעֲךָ֖ וְלֹ֣א תִגְזֹ֑ל לֹֽא־תָלִ֞ין פְּעֻלַּ֥ת שָׂכִ֛יר אִתְּךָ֖ עַד־בֹּֽקֶר: 14 לֹא־תְקַלֵּ֣ל חֵרֵ֔שׁ וְלִפְנֵ֣י עִוֵּ֔ר לֹ֥א תִתֵּ֖ן מִכְשֹׁ֑ל וְיָרֵ֥אתָ מֵּאֱלֹהֶ֖יךָ אֲנִ֥י יְ‑‑ֹוָֽה:

EN AÑO BISIESTO: SEGUNDA LECTURA –YITSJAK– GUEVURÁ
CUANDO ESTÁN CONECTADAS: QUINTA LECTURA – AHARÓN – HOD

15 לֹא־תַעֲשׂ֥וּ עָ֙וֶל֙ בַּמִּשְׁפָּ֔ט לֹא־תִשָּׂ֥א פְנֵי־דָ֖ל וְלֹ֣א תֶהְדַּ֣ר פְּנֵ֣י גָד֑וֹל בְּצֶ֖דֶק תִּשְׁפֹּ֥ט עֲמִיתֶֽךָ: 16 לֹא־תֵלֵ֤ךְ רָכִיל֙ בְּעַמֶּ֔יךָ לֹ֥א תַעֲמֹ֖ד עַל־דַּ֣ם רֵעֶ֑ךָ אֲנִ֖י יְ‑‑ֹוָֽה: 17 לֹֽא־תִשְׂנָ֥א אֶת־אָחִ֖יךָ בִּלְבָבֶ֑ךָ הוֹכֵ֤חַ תּוֹכִ֙יחַ֙

וְלֹא תְשַׁקְּרוּ

Levítico 19:11 – La honestidad en los negocios es importante porque, si recibimos algo de forma deshonesta, lo perderemos. Más aún, podríamos terminar perdiendo incluso más de lo que ya teníamos. Hay un orden espiritual que gobierna lo que estamos destinados a recibir: si recibimos algo de la forma "incorrecta" (por ejemplo, mediante robo o fraude), no sólo perdemos lo que ganamos, sino también lo que debíamos recibir en el futuro. En otras palabras, si tomamos lo que no merecemos, algo más nos será arrebatado.

לֹא תִשְׂנָא

Levítico 19:17 – Es importante hablar directamente con las personas y expresar cualquier sentimiento de ira —de forma no reactiva y sin juicio, por supuesto— en lugar de albergar esa rabia dentro. La ira que es almacenada en nuestro corazón distorsiona nuestro juicio. Cuando sacamos algo al exterior, podemos manejarlo; cuando lo mantenemos adentro, se encona.

¹⁸ *No te vengarás, ni guardarás rencor a los hijos de tu pueblo, sino que amarás a tu prójimo como a ti mismo. Yo soy el Eterno.*

¹⁹ *Guardarán Mis estatutos. No ayuntarás dos clases distintas de animales; no sembrarás tu campo con dos clases de semilla, ni te pondrás un vestido con mezcla de dos clases de material.*

²⁰ *Y si un hombre se acuesta con una mujer que sea sierva adquirida para otro hombre, pero que no haya sido redimida ni se le haya dado su libertad, habrá inquisición; sin embargo, no se les dará muerte, porque ella no había sido liberada.*

²¹ *Y él traerá su ofrenda por culpa al Señor a la entrada de la Tienda de Reunión, un carnero como ofrenda por culpa.*

²² *Y el sacerdote hará expiación por él con el carnero de la ofrenda por culpa ante el Señor por el pecado que ha cometido; y será perdonado por el pecado que ha cometido.*

EN AÑO BISIESTO: TERCERA LECTURA –YAAKOV– TIFÉRET

²³ *Y cuando entren en la tierra y siembren toda clase de árboles frutales para alimento, tendrán por prohibido su fruto; por tres años les será prohibido; no se comerá.*

וְאָהַבְתָּ לְרֵעֲךָ כָּמוֹךָ

Levítico 19:18 – El requisito para poder "amar a tu prójimo como a ti mismo" es la capacidad de amarnos a nosotros mismos. Cuando alcanzamos un estado en el que nos amamos a nosotros mismos, podremos conectar con la razón por la cual el mundo fue creado. Fue creado para darnos la capacidad de poder compartir con los demás y para dar de nosotros también. Cuando nos amamos a nosotros mismos, obtenemos la capacidad de incluir a otras personas en nuestra vida.

וְזָקַקְתִּי

Levítico 19:19 – Hay ciertas combinaciones y mezclas (por ejemplo, de alimentos, vestimenta, relaciones y así sucesivamente) que están prohibidas. No necesariamente tenemos que estar en presencia de alguien que es todavía abrumadoramente negativa, siempre y cuando hayamos intentado tratar con esa persona de forma amorosa y proactiva.

הָאָרֶץ

Levítico 19:23 – De este verso aprendemos que necesitamos conectar con la Luz del Creador en la mayor medida posible. No obstante, para lograr esta conexión, hay ciertas restricciones que son importantes seguir. En Israel, por ejemplo, no comemos frutos de un árbol que tenga menos de tres años porque sabemos que el árbol todavía está en desarrollo. Tampoco le cortamos el cabello a un niño durante sus primeros tres años de vida porque, según la Kabbalah, el cabello humano es una antena espiritual que atrae Luz

אֶת־עֲמִיתֶ֔ךָ וְלֹא־תִשָּׂ֥א עָלָ֖יו חֵֽטְא׃ 18 לֹֽא־תִקֹּ֤ם וְלֹֽא־תִטֹּר֙ אֶת־בְּנֵ֣י עַמֶּ֔ךָ וְ**אָהַבְתָּ֥** ב"פ רז, ב"פ אור, ב"פ אין-סוף **לְרֵעֲךָ֖ כָּמ֑וֹךָ** אלהים, מום אֲנִ֖י ה' הויות, נצמ יְ֒הֹוָ֒הָ֒א֒דֹנָ֒י׃ כוז"ו 19 אֶת־**חֻקֹּתַי֮** תִּשְׁמֹ֒רוּ֒ בְּהֶמְתְּךָ֙ לֹא־תַרְבִּ֣יעַ אני, טדה"ד כלְאַ֔יִם שָׂדְךָ֖ לֹא־תִזְרַ֣ע כִּלְאָ֑יִם וּבֶ֤גֶד כִּלְאַ֨יִם֙ שַֽׁעַטְנֵ֔ז לֹ֥א יַעֲלֶ֖ה עָלֶֽיךָ׃ רביע מ"ה 20 וְ֠אִ֠ישׁ ע"ה קס"א כִּֽי־יִשְׁכַּ֨ב אֶת־אִשָּׁ֜ה שִׁכְבַת־זֶ֗רַע וְהִ֤וא שִׁפְחָה֙ ע"ה ג' מלוי אהה נֶחֱרֶ֣פֶת ע"ה קס"א לְאִ֔ישׁ וְהׇפְדֵּה֙ ע"ה קס"א לֹ֣א נִפְדָּ֔תָה א֥וֹ חֻפְשָׁ֖ה לֹ֣א נִתַּן־לָ֑הּ בִּקֹּ֧רֶת תִּהְיֶ֛ה לֹ֥א יוּמְת֖וּ כִּי־לֹ֥א חֻפָּֽשָׁה׃ 21 וְהֵבִ֤יא אֶת־אֲשָׁמוֹ֙ לַיהֹ֔וָהָ֒א֒דֹנָ֒י אֶל־פֶּ֖תַח אֹ֣הֶל לאה מוֹעֵ֑ד אֵ֖יל אָשָֽׁם׃ 22 וְכִפֶּר֩ מצפץ עָלָ֨יו הַכֹּהֵ֜ן מלה בְּאֵ֤יל הָֽאָשָׁם֙ לִפְנֵ֣י חכמה בינה יְ֒הֹוָ֒הָ֒א֒דֹנָ֒י עַל־חַטָּאת֖וֹ אֲשֶׁ֣ר חָטָ֑א וְנִסְלַ֣ח ל֔וֹ מֵחַטָּאת֖וֹ אֲשֶׁ֥ר חָטָֽא׃

EN AÑO BISIESTO: TERCERA LECTURA –YAAKOV– TIFÉRET

23 וְכִֽי־תָבֹ֣אוּ אֶל־**הָאָ֗רֶץ** אלהים דההין ע"ה וּנְטַעְתֶּם֙ כׇּל־עֵ֣ץ יב"ק ע"ה קס"א מַאֲכָ֔ל יהוה אדני וַעֲרַלְתֶּ֥ם עׇרְלָת֖וֹ אֶת־פִּרְי֑וֹ שָׁלֹ֣שׁ שָׁנִ֗ים יְ֒הֹוָ֒ה יִהְיֶ֥ה לָכֶ֛ם

espiritual a nuestra vida; antes de que el niño cumpla tres años, su potencial espiritual todavía no está completamente formado. No comemos frutos de un árbol joven ni le cortamos el cabello a un niño pequeño porque la luz del Creador tiene que estar completamente desarrollada en el fruto y en el niño antes de que pueda ser absorbida. El *Zóhar* explica:

> ... *Un árbol, EL SECRETO DE ZEIR ANPÍN, produce fruto sólo en el suelo, DENOTANDO A MALJUT. La tierra los hace nacer y muestra aquellos frutos al mundo. La tierra produce frutos solamente de una fuerza arriba de ésta, SIGNIFICANDO DE ZEIR ANPÍN, así como toda femenina produce frutos sólo como resultado de la fuerza del masculino. Y ese fruto, QUE MALJUT LLAMADA 'TIERRA', PRODUCE no queda completado en su plenitud hasta los tres años, SIGNIFICANDO: HASTA QUE MALJUT RECIBE LAS TRES COLUMNAS DE ZEIR ANPÍN. La fuerza sobre éste es designada arriba hasta su compleción. Después de la compleción, su fuerza es entonces designada sobre éste, y entonces la tierra es establecida por ésta. Antes de los tres años, SIGNIFICANDO ANTES DE RECIBIR TODAS LAS TRES COLUMNAS, la tierra no es establecida todavía por ésta, CON ZEIR ANPÍN, y no es completada con él. Después DE QUE MALJUT es perfeccionada y puesta junta, entonces hay perfección.*
> — El Zóhar, Kedoshim 21:124-125

²⁴ En el cuarto año, todo su fruto será santo, una ofrenda de alabanza al Señor. ²⁵ Pero en el quinto año comerán de su fruto, para que vuestra cosecha sea aumentada. Yo soy el Señor, su Dios. ²⁶ No comerán cosa alguna con su sangre; no practicarán adivinación ni la hechicería.

²⁷ No cortarán el cabello a los lados de su cabeza ni los bordes de su barba. ²⁸ No harán sajaduras en su piel por un muerto, ni se harán tatuajes. Yo soy el Señor ²⁹ No deshonrarás a tu hija haciendo que se prostituya, para que la tierra no se entregue a la prostitución ni se llene de corrupción.

³⁰ Guardarán Mis Shabatot y tendrán reverencia por Mi Santuario. Yo soy el Señor.

³¹ No acudirán a fantasmas ni buscarán espíritus familiares, serán contaminados por ellos. Yo soy el Señor, su Dios. ³² Te pondrás de pie delante de las canas y honrarás al anciano, y a tu Dios temerás. Yo soy el Señor.

EN AÑO BISIESTO: CUARTA LECTURA –MOSHÉ– NÉTSAJ

CUANDO ESTÁN CONECTADAS: SEXTA LECTURA –YOSEF– YESOD

³³ Y si un extranjero reside con ustedes contigo en su tierra, no lo maltratarán. ³⁴ El extranjero que resida con ustedes debe ser tratado como nativo, y lo amarán como a sí mismos, porque ustedes fueron extranjeros en la tierra de Egipto. Yo soy el Señor, su Dios. ³⁵ No usarán parámetros injustos en cuanto a medidas de distancia, peso o cantidad.

³⁶ Usarán balanzas justas y pesas justas, un efá justo y un hin justo. Yo soy el Señor, su Dios, quien los sacó de la tierra de Egipto.

³⁷ Y observarán todos Mis estatutos y todas Mis ordenanzas, y los cumplirán. Yo soy el Señor".

שַׁבְּתֹתַי

Levítico 19:30 – Shabat es el momento en el que nuestra batería espiritual es recargada. La energía de Shabat crea una conexión muy poderosa con los Mundos Superiores. Si no dedicamos al menos cinco minutos de nuestro sábado para conectar con Shabat, podemos esperar una semana con menos Luz.

עָוֶל

Levítico 19:35 – Es muy importante evitar ser tentados por cosas que no son buenas para nosotros. Por ejemplo, si sabemos que alguien casado está interesado en nosotros, debemos evitar estar alrededor de esa persona. Incluso coquetear con él o ella, sin la intención de ir más allá, puede ser muy dañino.

LA HISTORIA DE KEDOSHIM: EN AÑO BISIESTO CUARTA LECTURA — LEVÍTICO

עֲרֵלִ֖ים לֹ֥א יֵאָכֵֽל׃ 24 וּבַשָּׁנָה֙ הָרְבִיעִ֔ת יִהְיֶ֖ה יְהֹוָ֑ה כָּל־פִּרְי֔וֹ קֹ֥דֶשׁ הִלּוּלִ֖ים לַיהֹוָֽה׃ 25 וּבַשָּׁנָ֣ה הַחֲמִישִׁ֗ת תֹּֽאכְלוּ֙ אֶת־פִּרְי֔וֹ לְהוֹסִ֥יף לָכֶ֖ם תְּבוּאָת֑וֹ אֲנִ֖י יְהֹוָ֥ה אֱלֹהֵיכֶֽם׃ 26 לֹ֥א תֹאכְל֖וּ עַל־הַדָּ֑ם לֹ֥א תְנַחֲשׁ֖וּ וְלֹ֥א תְעוֹנֵֽנוּ׃ 27 לֹ֣א תַקִּ֔פוּ פְּאַ֖ת רֹאשְׁכֶ֑ם וְלֹ֣א תַשְׁחִ֔ית אֵ֖ת פְּאַ֥ת זְקָנֶֽךָ׃ 28 וְשֶׂ֣רֶט לָנֶ֗פֶשׁ לֹ֤א תִתְּנוּ֙ בִּבְשַׂרְכֶ֔ם וּכְתֹ֣בֶת קַֽעֲקַ֔ע לֹ֥א תִתְּנ֖וּ בָּכֶ֑ם אֲנִ֖י יְהֹוָֽה׃ 29 אַל־תְּחַלֵּ֥ל אֶֽת־בִּתְּךָ֖ לְהַזְנוֹתָ֑הּ וְלֹא־תִזְנֶ֣ה הָאָ֔רֶץ וּמָלְאָ֥ה הָאָ֖רֶץ זִמָּֽה׃ 30 אֶת־שַׁבְּתֹתַ֣י תִּשְׁמֹ֔רוּ וּמִקְדָּשִׁ֖י תִּירָ֑אוּ אֲנִ֖י יְהֹוָֽה׃ 31 אַל־תִּפְנ֣וּ אֶל־הָאֹבֹ֗ת וְאֶל־הַיִּדְּעֹנִ֛ים אַל־תְּבַקְשׁ֖וּ לְטָמְאָ֣ה בָהֶ֑ם אֲנִ֖י יְהֹוָ֥ה אֱלֹהֵיכֶֽם׃ 32 מִפְּנֵ֤י שֵׂיבָה֙ תָּק֔וּם וְהָדַרְתָּ֖ פְּנֵ֣י זָקֵ֑ן וְיָרֵ֥אתָ מֵּאֱלֹהֶ֖יךָ אֲנִ֥י יְהֹוָֽה׃

EN AÑO BISIESTO: CUARTA LECTURA –MOSHÉ– NÉTSAJ
CUANDO ESTÁN CONECTADAS: SEXTA LECTURA –YOSEF– YESOD

33 וְכִֽי־יָג֧וּר אִתְּךָ֛ גֵּ֖ר בְּאַרְצְכֶ֑ם לֹ֥א תוֹנ֖וּ אֹתֽוֹ׃ 34 כְּאֶזְרָ֣ח מִכֶּם֩ יִהְיֶ֨ה לָכֶ֜ם הַגֵּ֣ר ׀ הַגָּ֣ר אִתְּכֶ֗ם וְאָהַבְתָּ֥ ל֖וֹ כָּמ֔וֹךָ כִּֽי־גֵרִ֥ים הֱיִיתֶ֖ם בְּאֶ֣רֶץ מִצְרָ֑יִם אֲנִ֖י יְהֹוָ֥ה אֱלֹהֵיכֶֽם׃ 35 לֹא־תַעֲשׂ֥וּ עָ֖וֶל בַּמִּשְׁפָּ֑ט בַּמִּדָּ֕ה בַּמִּשְׁקָ֖ל וּבַמְּשׂוּרָֽה׃ 36 מֹ֧אזְנֵי צֶ֣דֶק אַבְנֵי־צֶ֗דֶק אֵ֥יפַת צֶ֛דֶק וְהִ֥ין צֶ֖דֶק יִהְיֶ֣ה לָכֶ֑ם אֲנִי֙ יְהֹוָ֣ה אֱלֹֽהֵיכֶ֔ם אֲשֶׁר־הוֹצֵ֥אתִי אֶתְכֶ֖ם מֵאֶ֥רֶץ מִצְרָֽיִם׃ 37 וּשְׁמַרְתֶּ֤ם אֶת־כָּל־חֻקֹּתַי֙ וְאֶת־כָּל־מִשְׁפָּטַ֔י וַעֲשִׂיתֶ֖ם אֹתָ֑ם אֲנִ֖י יְהֹוָֽה׃

EN AÑO BISIESTO: QUINTA LECTURA – AHARÓN – HOD

20 ¹ Y el Señor habló a Moshé, diciendo: ² "Di a los hijos de Israel: Cualquier israelita o extranjero que resida en Israel y dé alguno de sus hijos a Molej recibirá pena de muerte; el pueblo de la tierra lo lapidará con piedras. ³ Yo también pondré Mi Rostro contra ese hombre y lo cortaré de entre su pueblo; porque al haber dado de sus hijos a Molej, ha contaminado Mi santuario y profanando Mi Santo Nombre. ⁴ Y si el pueblo de la tierra cierra sus ojos mientras el hombre ofrece a alguno de sus hijos a Molej, a fin de no darle muerte, ⁵ entonces Yo mismo pondré Mi Rostro contra ese hombre y contra su familia, y lo extirparé, a él y a todos los que con él se prostituyan con Molej. ⁶ En cuanto al alma del que acuda a fantasmas o espíritus familiares para prostituirse al seguirlos, pondré Mi Rostro contra esa alma y la extirparé de entre su pueblo. ⁷ Por lo tanto, conságrense y sean santos, porque Yo soy el Señor, su Dios.

EN AÑO BISIESTO: SEXTA LECTURA –YOSEF– YESOD
CUANDO ESTÁN CONECTADAS: SÉPTIMA LECTURA – DAVID – MALJUT

⁸ Y guarden Mis estatutos y cúmplanlos. Yo soy el Señor, quien los santifica. ⁹ Cualquiera que maldiga a su padre o a su madre, ciertamente se le dará muerte; ha maldecido a su padre o a su madre, la culpa de su sangre recaerá sobre él. ¹⁰ Y si un hombre comete adulterio con la mujer de otro hombre, aun el que cometa adulterio con la mujer de su prójimo, tanto el adúltero como la adúltera ciertamente han de morir.

לְמֹלֶךְ

Levítico 20:2 – Aquí la lectura trata de la prohibición de parte del Creador contra cualquier sacrificio de niños al "dios" conocido como *Molej*. Y, acerca del tema de los niños, sabemos que los padres tienen la gran responsabilidad de proteger a sus hijos de cualquier daño y garantizar que sólo les ocurran cosas buenas.

כִּי־אִישׁ

Levítico 20:9 – Hay ciertas cosas que nos desconectan de la Luz del Creador. Una desconexión severa puede conllevar a la muerte física o espiritual. La muerte espiritual es una desconexión de la Luz del Creador que, a veces, también puede resultar en una muerte física. En el caso contrario, una persona puede morir físicamente y, aun así, seguir muy vivo espiritualmente; como es el caso de los kabbalistas ancestrales.

El nivel de nuestra conexión determina cuán vivos estamos en los Reinos Celestiales.

Las antiguas consecuencias de todo tipo de relaciones inaceptables —por ejemplo, con animales o entre padres e hijas— son descritas en esta sección.

LA HISTORIA DE KEDOSHIM: EN AÑO BISIESTO QUINTA Y SEXTA LECTURA

LEVÍTICO 217

EN AÑO BISIESTO: QUINTA LECTURA – AHARÓN – HOD

20 1 וַיְדַבֵּר רְאֵה יְהֹוָהאדני־אהדונהי מהטל, אל עדי אֶל־מֹשֶׁה לֵּאמֹר: 2 וְאֶל־בְּנֵי יִשְׂרָאֵל תֹּאמַר אִישׁ ע״ה קנ״א קס״א אִישׁ ע״ה קנ״א קס״א מִבְּנֵי יִשְׂרָאֵל וּמִן־הַגֵּר ב״ן קנ״א | הַגָּר ב״ן קנ״א בְּיִשְׂרָאֵל אֲשֶׁר יִתֵּן מִזַּרְעוֹ לַמֹּלֶךְ מוֹת יוּמָת עַם הָאָרֶץ אלהים דההין ע״ה יִרְגְּמֻהוּ בָאָבֶן יוד הה ואו הה: 3 וַאֲנִי ב״פ אהיה יהה אֶתֵּן אֶת־פָּנַי חכמה בינה בָּאִישׁ ע״ה קנ״א קס״א הַהוּא וְהִכְרַתִּי אֹתוֹ מִקֶּרֶב עַמּוֹ כִּי מִזַּרְעוֹ נָתַן לַמֹּלֶךְ לְמַעַן טַמֵּא אֶת־מִקְדָּשִׁי וּלְחַלֵּל אֶת־שֵׁם קָדְשִׁי יהוה עדי: 4 וְאִם ע״ב מ״ב יוהך, ע״ה הַעְלֵם יַעְלִימוּ עַם הָאָרֶץ אלהים דההין ע״ה אֶת־עֵינֵיהֶם ריבוע מ״ה מִן־הָאִישׁ ז״פ אדם הַהוּא בְּתִתּוֹ מִזַּרְעוֹ לַמֹּלֶךְ לְבִלְתִּי הָמִית אֹתוֹ: 5 וְשַׂמְתִּי אֲנִי אני, טדה״ד כוז״ו אֶת־פָּנַי חכמה בינה בָּאִישׁ ע״ה קנ״א קס״א הַהוּא וּבְמִשְׁפַּחְתּוֹ וְהִכְרַתִּי אֹתוֹ וְאֵת | כָּל־הַזֹּנִים ילי אַחֲרָיו לִזְנוֹת אַחֲרֵי הַמֹּלֶךְ מִקֶּרֶב עַמָּם: 6 וְהַנֶּפֶשׁ רמ״ח ־ ז׳ הויות אֲשֶׁר תִּפְנֶה אֶל־הָאֹבֹת וְאֶל־הַיִּדְּעֹנִים לִזְנֹת אַחֲרֵיהֶם וְנָתַתִּי אֶת־פָּנַי חכמה בינה בַּנֶּפֶשׁ רמ״ח ־ ז׳ הויות הַהִוא וְהִכְרַתִּי אֹתוֹ מִקֶּרֶב עַמּוֹ: 7 וְהִתְקַדִּשְׁתֶּם וִהְיִיתֶם קְדֹשִׁים כִּי אֲנִי אני, טדה״ד כוז״ו יְהֹוָהאדני־אהדונהי אֱלֹהֵיכֶם ילה:

EN AÑO BISIESTO: SEXTA LECTURA –YOSEF– YESOD
CUANDO ESTÁN CONECTADAS: SÉPTIMA LECTURA – DAVID – MALJUT

8 וּשְׁמַרְתֶּם אֶת־חֻקֹּתַי וַעֲשִׂיתֶם אֹתָם אֲנִי אני, טדה״ד כוז״ו יְהֹוָהאדני־אהדונהי מְקַדִּשְׁכֶם: 9 כִּי־אִישׁ ע״ה קנ״א קס״א אִישׁ ע״ה קנ״א קס״א אֲשֶׁר יְקַלֵּל אֶת־אָבִיו וְאֶת־אִמּוֹ מוֹת יוּמָת אָבִיו וְאִמּוֹ קִלֵּל דָּמָיו בּוֹ: 10 וְאִישׁ ע״ה קנ״א קס״א אֲשֶׁר יִנְאַף אֶת־אֵשֶׁת אִישׁ ע״ה קנ״א קס״א אֲשֶׁר יִנְאַף אֶת־אֵשֶׁת רֵעֵהוּ מוֹת־יוּמַת

¹¹ Y si un hombre se acuesta con la mujer de su padre, ha descubierto la desnudez de su padre; y ciertamente han de morir los dos; la culpa de su sangre recaerá sobre ellos.

¹² Y si un hombre se acuesta con su nuera, ciertamente han de morir los dos, han cometido grave corrupción; la culpa de su sangre recaerá sobre ellos.

¹³ Y si un hombre se acuesta con varón como los que se acuestan con mujer, los dos han cometido abominación; ciertamente han de morir. La culpa de su sangre recaerá sobre ellos.

¹⁴ Y si un hombre toma a una mujer y a la madre de ella, es una perversión; él y ellas serán quemados con fuego, a fin de que no haya perversión entre ustedes.

¹⁵ Y si un hombre se ayunta con un animal, ciertamente se le dará muerte; y también matarán al animal.

¹⁶ Y si una mujer se acerca a un animal para costarse con él, matarás a la mujer y al animal; ciertamente han de morir. La culpa de su sangre recaerá sobre ellos.

¹⁷ Y si un hombre toma a su hermana, hija de su padre o hija de su madre, y ve la desnudez de ella y ella ve la desnudez de él, es cosa abominable; serán extirpados a la vista de los hijos de su pueblo. Él ha descubierto la desnudez de su hermana y cargará con su iniquidad.

¹⁸ Y si un hombre se acuesta con una mujer durante su período mensual y descubre su desnudez, ha descubierto la fuente de su flujo, y ella ha puesto al descubierto la fuente de su flujo; ambos serán cortados de entre su pueblo.

¹⁹ Y no descubrirás la desnudez de la hermana de tu madre ni la de la hermana de tu padre, porque el que lo haga deshonrará a un pariente cercano; ellos cargarán con su iniquidad.

²⁰ Y si un hombre se acuesta con la mujer de su tío, ha deshonrado a su tío; ellos cargarán con su iniquidad; morirán sin hijos.

²¹ Si un hombre toma a la mujer de su hermano, es impureza; ha deshonrado a su hermano. Morirán sin hijos.

²² Por tanto, guarden todos Mis Estatutos y todas Mis Ordenanzas, y cúmplanlos, a fin de que no los vomite la tierra a la cual los llevo para morar en ella.

LA HISTORIA DE KEDOSHIM: EN AÑO BISIESTO QUINTA Y SEXTA LECTURA — LEVÍTICO

הַנֹּאֵף וְהַנֹּאָפֶת: 11 וְאִישׁ ע"ה קנ"א קס"א אֲשֶׁר יִשְׁכַּב אֶת־אֵשֶׁת אָבִיו עֶרְוַת אָבִיו גִּלָּה מוֹת־יוּמְתוּ שְׁנֵיהֶם דְּמֵיהֶם בָּם מ"ב: 12 וְאִישׁ ע"ה קנ"א קס"א אֲשֶׁר יִשְׁכַּב אֶת־כַּלָּתוֹ מוֹת יוּמְתוּ שְׁנֵיהֶם תֶּבֶל ב"פ רי"ו, ב"פ גבורה עָשׂוּ דְּמֵיהֶם בָּם מ"ב: 13 וְאִישׁ ע"ה קנ"א קס"א אֲשֶׁר יִשְׁכַּב אֶת־זָכָר מִשְׁכְּבֵי אִשָּׁה תּוֹעֵבָה עָשׂוּ שְׁנֵיהֶם מוֹת יוּמָתוּ דְּמֵיהֶם בָּם מ"ב: 14 וְאִישׁ ע"ה קנ"א קס"א אֲשֶׁר יִקַּח וזעם אֶת־אִשָּׁה וְאֶת־אִמָּה זִמָּה הִוא בָּאֵשׁ אלהים דיודין ע"ה יִשְׂרְפוּ אֹתוֹ וְאֶתְהֶן וְלֹא־תִהְיֶה זִמָּה בְּתוֹכְכֶם: 15 וְאִישׁ ע"ה קנ"א קס"א אֲשֶׁר יִתֵּן שְׁכָבְתּוֹ בִּבְהֵמָה ב"ן, לכב, יבמ מוֹת יוּמָת וְאֶת־הַבְּהֵמָה ב"ן, לכב, יבמ תַּהֲרֹגוּ: 16 וְאִשָּׁה אֲשֶׁר תִּקְרַב אֶל־כָּל ילי ־בְּהֵמָה ב"ן, לכב, יבמ לְרִבְעָה אֹתָהּ וְהָרַגְתָּ אֶת־הָאִשָּׁה וְאֶת־הַבְּהֵמָה ב"ן, לכב, יבמ מוֹת יוּמָתוּ דְּמֵיהֶם בָּם מ"ב: 17 וְאִישׁ ע"ה קנ"א קס"א אֲשֶׁר־יִקַּח וזעם אֶת־אֲחֹתוֹ בַּת־אָבִיו אוֹ בַת־אִמּוֹ וְרָאָה אֶת־עֶרְוָתָהּ וְהִיא־תִרְאֶה אֶת־עֶרְוָתוֹ חֶסֶד ע"ב, ריבוע יהוה הוּא וְנִכְרְתוּ לְעֵינֵי ריבוע מ"ה בְּנֵי עַמָּם עֶרְוַת אֲחֹתוֹ גִּלָּה עֲוֹנוֹ יִשָּׂא: 18 וְאִישׁ ע"ה קנ"א קס"א אֲשֶׁר־יִשְׁכַּב אֶת־אִשָּׁה דָּוָה וְגִלָּה אֶת־עֶרְוָתָהּ אֶת־מְקֹרָהּ הֶעֱרָה וְהִוא גִּלְּתָה אֶת־מְקוֹר דָּמֶיהָ וְנִכְרְתוּ שְׁנֵיהֶם מִקֶּרֶב עַמָּם: 19 וְעֶרְוַת אֲחוֹת אִמְּךָ וַאֲחוֹת אָבִיךָ לֹא תְגַלֵּה כִּי אֶת־שְׁאֵרוֹ הֶעֱרָה עֲוֹנָם יִשָּׂאוּ: 20 וְאִישׁ ע"ה קנ"א קס"א אֲשֶׁר יִשְׁכַּב אֶת־דֹּדָתוֹ עֶרְוַת דֹּדוֹ גִּלָּה חֶטְאָם יִשָּׂאוּ עֲרִירִים יָמֻתוּ: 21 וְאִישׁ ע"ה קנ"א קס"א אֲשֶׁר יִקַּח וזעם אֶת־אֵשֶׁת אָחִיו נִדָּה הִוא עֶרְוַת אָחִיו גִּלָּה עֲרִירִים יִהְיוּ אל: 22 וּשְׁמַרְתֶּם אֶת־כָּל ילי ־חֻקֹּתַי וְאֶת־כָּל ילי ־מִשְׁפָּטַי וַעֲשִׂיתֶם אֹתָם וְלֹא־תָקִיא אֶתְכֶם הָאָרֶץ אלהים דההין ע"ה אֲשֶׁר אֲנִי אני, טדה"ד כוז"ו מֵבִיא אֶתְכֶם שָׁמָּה מהש, מעה, אל שדי לָשֶׁבֶת בָּהּ:

EN AÑO BISIESTO: SÉPTIMA LECTURA – DAVID – MALJUT

²³ Y no vivan según las costumbres de la nación que yo echaré de delante de ustedes; porque ellos hicieron todas estas cosas y Yo los aborrecí. ²⁴ Pero les he dicho: 'Ustedes heredarán su tierra, Yo se las daré para que la posean, una tierra que mana leche y miel.' Yo soy el Señor, su Dios, quien los ha separado de los demás pueblos.

MAFTIR

²⁵ Por lo tanto, deben hacer distinción entre el animal limpio y el inmundo, entre el ave limpia y la inmunda; y no se contaminen por causa de animal o ave o cosa alguna que se arrastra sobre la tierra que Yo haya separado de ustedes por ser éstos inmundos. ²⁶ Y serán santos para Mí porque Yo, el Señor, soy santo, y los he escogido entre los pueblos para que sean Míos. ²⁷ Y todo hombre o mujer que evoque a los muertos y practique la adivinación ciertamente han de morir; serán apedreados, la culpa de su sangre recaerá sobre ellos".

וְלֹא תֵלְכוּ

Levítico 20:23 – La tierra de Israel posee una enorme cantidad de Luz y energía espiritual, lo cual es la razón por la que este pequeño pedazo de tierra ha sido y continúa siendo deseado por muchos, y es el porqué tantas naciones han intentado conquistarlo y han fallado. Está escrito que ningún hombre o nación puede conquistar la tierra de Israel, ya sea espiritual o físicamente, debemos tener el deseo espiritual y una aceptación de nuestra responsabilidad de revelar la Luz que está contenida allí.

> … Rav Yehuda dijo: ¡Afortunada es la porción del que merece durante su vida hacer su morada en la Tierra Santa! Todos aquéllos que merecen esto causarán que el rocío del Cielo continúe descendiendo sobre la Tierra, de modo que todos los que merezcan la Tierra Santa durante su vida, más tarde merecerán la Tierra Santa superior, Maljut.
> — El Zóhar, Ajarei Mot 48:291

וְהִבְדַּלְתֶּם

Levítico 20:25 – Hay razones espirituales por las cuales sólo comemos alimentos *kosher*. Una de ellas se debe a los tipos de almas que están contenidas en los alimentos *kosher* y no *kosher*. Las almas en los alimentos *kosher* son aquéllas que están destinadas a ser elevadas, mientras que las almas que no deben ser elevadas descienden a alimentos que no son *kosher*. Esta enseñanza nos da una razón fuerte y la responsabilidad de comer *kosher*. Rav Yitsjak Luria (el Arí) escribió:

> En el Primer Hombre, se hicieron todas las purificaciones de las almas que estaban unidas espalda con espalda, y aquellas que estaban cara a cara estaban desaparecidas. Todo el ganado fue purificado excepto "el ganado sobre miles de collados" (Salmos 50:10) y los objetos inanimados y las plantas que no terminaron de ser purificadas, así que los comían para purificarlos. Cuando el Primer Hombre y Mujer pecaron, las almas y el ganado también regresaron a

LA HISTORIA DE KEDOSHIM: EN AÑO BISIESTO SÉPTIMA LECTURA Y MAFTIR

EN AÑO BISIESTO: SÉPTIMA LECTURA – DAVID – MALJUT

23 וְלֹא תֵלְכוּ בְּחֻקֹּת הַגּוֹי אֲשֶׁר־אֲנִי מְשַׁלֵּחַ מִפְּנֵיכֶם כִּי אֶת־כָּל־אֵלֶּה עָשׂוּ וָאָקֻץ בָּם: 24 וָאֹמַר לָכֶם אַתֶּם תִּירְשׁוּ אֶת־אַדְמָתָם וַאֲנִי אֶתְּנֶנָּה לָכֶם לָרֶשֶׁת אֹתָהּ אֶרֶץ זָבַת חָלָב וּדְבָשׁ אֲנִי יְהֹוָה אֱלֹהֵיכֶם אֲשֶׁר־הִבְדַּלְתִּי אֶתְכֶם מִן־הָעַמִּים:

MAFTIR

25 וְהִבְדַּלְתֶּם בֵּין־הַבְּהֵמָה הַטְּהֹרָה לַטְּמֵאָה וּבֵין־הָעוֹף הַטָּמֵא לַטָּהֹר וְלֹא־תְשַׁקְּצוּ אֶת־נַפְשֹׁתֵיכֶם בַּבְּהֵמָה וּבָעוֹף וּבְכֹל אֲשֶׁר תִּרְמֹשׂ הָאֲדָמָה אֲשֶׁר־הִבְדַּלְתִּי לָכֶם לְטַמֵּא: 26 וִהְיִיתֶם לִי קְדֹשִׁים כִּי קָדוֹשׁ אֲנִי יְהֹוָה וָאַבְדִּל אֶתְכֶם מִן־הָעַמִּים לִהְיוֹת לִי: 27 וְאִישׁ אוֹ־אִשָּׁה כִּי־יִהְיֶה בָהֶם אוֹב אוֹ יִדְּעֹנִי מוֹת יוּמָתוּ בָּאֶבֶן יִרְגְּמוּ אֹתָם דְּמֵיהֶם בָּם:

---

las profundidades de las klipot. Las almas se elevan mediante las Aguas Femeninas, y sólo los animales kosher son refinados a través de nuestro consumo, al igual que los objetos inanimados y las plantas. En el futuro, "el ganado sobre mil collados" será refinado y también el no kosher, como está dicho en Raayá Meheimná (el Pastor Fiel) en el capítulo Pinjás del Zóhar. Así, conoce lo que realmente es el alma animal en el hombre: es la Inclinación al Bien y la Inclinación al Mal en el hombre. Las almas de los perversos son de tres klipot: una nube y un viento y un fuego enardeciendo, los cuales son todos malignos. El ganado, los animales y el ave de corral también son impuros. Pero el alma animal en Israel y el alma animal en animales y aves de corral kosher son todas de Nogá ('brillantez') y, de esta manera, del pecho para abajo hay grasa pura y grasa impura, buena y maligna, que corresponde al femenino de la brillantez.

—Kitvei HaArí (Los escritos del Arí), Compilaciones de la Torá 4:10

HAFTARÁ DE KEDOSHIM

El Creador habló a Yejezkel acerca de cómo los israelitas fueron sacados de Egipto y forzados a deambular en el desierto por 40 años para liberarlos de cualquier remanente de la energía de Egipto. A pesar de que los israelitas no pudieron deshacerse por completo del *Deseo de Recibir para Sí Mismo*, fueron tratados de forma compasiva. La tierra de Israel es muy diferente de la tierra

EZEQUIEL 20:2-20

20 ² Y la palabra del Señor vino a mí, diciendo: ³ "Hijo de hombre, habla a los ancianos de Israel y diles: 'Así dice el Señor, Dios: ¿Han venido a consultarme? Por Mi vida, dice el Señor, que no me dejaré consultar por ustedes'.

⁴ ¿Los juzgarás, hijo de hombre? ¿Los juzgarás? Hazles saber las abominaciones de sus padres,

⁵ y diles: 'Así dice el Señor, Dios: El día que escogí a Israel y levanté Mi Mano para la simiente de la casa de Yaakov, me di a conocer a ellos en la tierra de Egipto, cuando levanté Mi Mano diciendo: Yo soy el Señor, su Dios.

⁶ Aquel día levanté Mi Mano para sacarlos de la tierra de Egipto a una tierra que yo había escogido para ellos, una que mana leche y miel y que es la más hermosa de todas las tierras;

⁷ y les dije: Arroje cada uno las cosas detestables que ven sus ojos, y no se contaminen con los ídolos de Egipto. Yo soy el Señor, su Dios.

⁸ Pero se rebelaron contra Mí y no quisieron escucharme; ninguno arrojó las cosas detestables que veían sus ojos ni abandonaron los ídolos de Egipto. Entonces dije que derramaría Mi ira sobre ellos para desahogar Mi indignación con ellos en la tierra de Egipto.

⁹ Pero Yo obré por Mi Nombre, para que no fuera profanado ante los ojos de las naciones en medio de las cuales vivían, ante cuya vista me había dado a conocer sacándolos de la tierra de Egipto.

HAFTARÁ DE KEDOSHIM

de Egipto. En términos metafóricos solamente, Egipto representa la forma egoísta en la que la mayoría de las personas viven y puede ser un sinónimo del Infierno, mientras que Israel representa dar y compartir y es sinónimo del Cielo. Nuestra decisión de ser seres dadores o no es lo que determina si vivimos en el Cielo o en el Infierno.

יְחֶזְקֵאל פֶּרֶק 20, פְּסוּקִים 2–20

20 2 וַיְהִי אל דְבַר ראה ־יְהֹוָהאדניאהדונהי אֵלַי לֵאמֹר׃ 3 בֶּן־אָדָם מ״ה דַּבֵּר ראה
אֶת־זִקְנֵי יִשְׂרָאֵל וְאָמַרְתָּ אֲלֵהֶם כֹּה היי אָמַר אֲדֹנָי לכה יֱהֹוִהאדניאהדונהי
הֲלִדְרֹשׁ אֹתִי אַתֶּם בָּאִים חַי־אָנִי אני, טדה״ד כוז״ו אִם יוהך, ע״ה מ״ב ־אִדָּרֵשׁ
לָכֶם נְאֻם אֲדֹנָי לכה יֱהֹוִהאדניאהדונהי׃ 4 הֲתִשְׁפֹּט אֹתָם הֲתִשְׁפּוֹט בֶּן־אָדָם
מ״ה אֶת־תּוֹעֲבֹת אֲבוֹתָם הוֹדִיעֵם׃ 5 וְאָמַרְתָּ אֲלֵיהֶם כֹּה היי ־אָמַר אֲדֹנָי
לכה יֱהֹוִהאדניאהדונהי בְּיוֹם ע״ה = נגד, זן, מזבח בָּחֳרִי בְיִשְׂרָאֵל וָאֶשָּׂא יָדִי לְזֶרַע
בֵּית ב״פ ראה יַעֲקֹב וָאִוָּדַע לָהֶם בְּאֶרֶץ אלהים דאלפין מִצְרָיִם מצר וָאֶשָּׂא יָדִי
לָהֶם לֵאמֹר אֲנִי אני, טדה״ד כוז״ו יְהֹוָהאדניאהדונהי אֱלֹהֵיכֶם ילה׃ 6 בַּיּוֹם ע״ה = נגד, זן, מזבח
הַהוּא נָשָׂאתִי יָדִי לָהֶם לְהוֹצִיאָם מֵאֶרֶץ אלהים דאלפין מִצְרָיִם מצר אֶל־אֶרֶץ
אלהים דאלפין אֲשֶׁר־תַּרְתִּי לָהֶם זָבַת חָלָב וּדְבַשׁ צְבִי הִיא לְכָל יה אדני
־הָאֲרָצוֹת׃ 7 וָאֹמַר אֲלֵהֶם אִישׁ ע״ה קנ״א קס״א שִׁקּוּצֵי עֵינָיו ריבוע מ״ה הַשְׁלִיכוּ
וּבְגִלּוּלֵי מִצְרַיִם מצר אַל־תִּטַּמָּאוּ אֲנִי אני, טדה״ד כוז״ו יְהֹוָהאדניאהדונהי אֱלֹהֵיכֶם
ילה׃ 8 וַיַּמְרוּ־בִי וְלֹא אָבוּ לִשְׁמֹעַ אֵלַי אִישׁ ע״ה קנ״א קס״א אֶת־שִׁקּוּצֵי
עֵינֵיהֶם ריבוע מ״ה לֹא הִשְׁלִיכוּ וְאֶת־גִּלּוּלֵי מִצְרַיִם מצר לֹא עָזָבוּ וָאֹמַר
לִשְׁפֹּךְ חֲמָתִי עֲלֵיהֶם לְכַלּוֹת אַפִּי בָּהֶם בְּתוֹךְ אֶרֶץ אלהים דאלפין מִצְרָיִם
מצר׃ 9 וָאַעַשׂ לְמַעַן שְׁמִי רבוע ע״ב ורבוע ס״ג לְבִלְתִּי הֵחֵל לְעֵינֵי ריבוע מ״ה הַגּוֹיִם

¹⁰ Así los saqué de la tierra de Egipto y los llevé al desierto.

¹¹ Y les di Mis Estatutos y les hice conocer Mis Ordenanzas, por los cuales el hombre vivirá si los cumple.

¹² Además, les di Mis Shabatot para que fuese señal entre ellos y Yo, para que supieran que Yo soy el Señor quien que los santifica.

¹³ Pero la casa de Israel se rebeló contra Mí en el desierto; no anduvieron en Mis Estatutos y desecharon Mis Ordenanzas, por los cuales el hombre que los cumple vivirá; y Mis Shabatot profanaron en gran manera. Por lo que dije que derramaría Mi Furia sobre ellos en el desierto, para consumirlos.

¹⁴ Pero Yo obré por Mi Nombre, para que no fuera profanado ante los ojos de las naciones a cuya vista los había sacado.

¹⁵ Asimismo, levanté Mi Mano a ellos y juré que no los llevaría a la tierra que les había dado, que mana leche y miel, la más hermosa de todas las tierras,

¹⁶ porque desecharon Mis Ordenanzas, no anduvieron en Mis Estatutos y profanaron Mis Shabatot, porque su corazón se iba tras sus ídolos.

¹⁷ Sin embargo, Mi ojo los libró de su destrucción y no los exterminé en el desierto.

¹⁸ Y dije a sus hijos en el desierto: No anden en los estatutos de sus padres, ni guarden sus decretos, ni se contaminen con sus ídolos.

¹⁹ Yo soy el Señor, su Dios; anden en Mis Estatutos y guarden Mis Ordenanzas y cúmplanlos;

²⁰ y santifiquen Mis Shabatot, para que sean una señal entre Yo y ustedes, para que sepan que Yo soy el Señor, su Dios'".

LA HISTORIA DE KEDOSHIM: HAFTARÁ — LEVÍTICO 225

אֲשֶׁר־הֵמָּה בְתוֹכָם אֲשֶׁר נוֹדַעְתִּי אֲלֵיהֶם לְעֵינֵיהֶם רבוע מ״ה לְהוֹצִיאָם
מֵאֶרֶץ אלהים דאלפין מִצְרַיִם מצר׃ 10 וָאוֹצִיאֵם מֵאֶרֶץ אלהים דאלפין מִצְרַיִם מצר
וָאֲבִיאֵם אֶל־הַמִּדְבָּר׃ 11 וָאֶתֵּן לָהֶם אֶת־חֻקּוֹתַי וְאֶת־מִשְׁפָּטַי הוֹדַעְתִּי
אוֹתָם אֲשֶׁר יַעֲשֶׂה אוֹתָם הָאָדָם מ״ה וָחַי בָּהֶם׃ 12 וְגַם יג״ל אֶת־שַׁבְּתוֹתַי
נָתַתִּי לָהֶם לִהְיוֹת לְאוֹת בֵּינִי וּבֵינֵיהֶם לָדַעַת כִּי אֲנִי אני, טדה״ד כו״ו
יְהֹוָהאדנייאהדונהי מְקַדְּשָׁם׃ 13 וַיַּמְרוּ־בִי ב״פ ראה בֵית־יִשְׂרָאֵל בַּמִּדְבָּר
בְּחֻקּוֹתַי רמ״ח, ח״פ אל לֹא־הָלָכוּ מ״ה וְאֶת־מִשְׁפָּטַי מָאָסוּ אֲשֶׁר יַעֲשֶׂה אוֹתָם
הָאָדָם מ״ה וָחַי בָּהֶם וְאֶת־שַׁבְּתוֹתַי חִלְּלוּ מְאֹד וָאֹמַר מ״ה לִשְׁפֹּךְ חֲמָתִי
עֲלֵיהֶם בַּמִּדְבָּר רמ״ח, ח״פ אל לְכַלּוֹתָם׃ 14 וָאֶעֱשֶׂה לְמַעַן שְׁמִי רבוע ע״ב ורבוע ס״ג
לְבִלְתִּי הֵחֵל לְעֵינֵי רבוע מ״ה הַגּוֹיִם אֲשֶׁר הוֹצֵאתִים לְעֵינֵיהֶם רבוע מ״ה׃
15 וְגַם יג״ל אֲנִי אני, טדה״ד כו״ו נָשָׂאתִי יָדִי לָהֶם בַּמִּדְבָּר רמ״ח, ח״פ אל לְבִלְתִּי
הָבִיא אוֹתָם אֶל־הָאָרֶץ אלהים דההין ע״ה אֲשֶׁר־נָתַתִּי זָבַת חָלָב וּדְבַשׁ
צְבִי הִיא לְכָל־ יה הָאֲרָצוֹת׃ אדני 16 יַעַן בְּמִשְׁפָּטַי מָאָסוּ וְאֶת־חֻקּוֹתַי
לֹא־הָלְכוּ מ״ה בָהֶם וְאֶת־שַׁבְּתוֹתַי חִלֵּלוּ כִּי אַחֲרֵי גִלּוּלֵיהֶם לִבָּם הֹלֵךְ׃
מ״ה 17 וַתָּחָס רבוע מ״ה עֵינִי עֲלֵיהֶם מִשַּׁחֲתָם וְלֹא־עָשִׂיתִי אוֹתָם כָּלָה
בַּמִּדְבָּר רמ״ח, ח״פ אל׃ 18 וָאֹמַר אֶל־בְּנֵיהֶם בַּמִּדְבָּר רמ״ח, ח״פ אל בְּחוּקֵּי
אֲבוֹתֵיכֶם אַל־תֵּלֵכוּ וְאֶת־מִשְׁפְּטֵיהֶם אַל־תִּשְׁמֹרוּ וּבְגִלּוּלֵיהֶם
אַל־תִּטַּמָּאוּ׃ 19 אֲנִי אני, טדה״ד כו״ו יְהֹוָהאדנייאהדונהי אֱלֹהֵיכֶם ילה בְּחֻקּוֹתַי לֵכוּ
וְאֶת־מִשְׁפָּטַי שִׁמְרוּ וַעֲשׂוּ אוֹתָם׃ 20 וְאֶת־שַׁבְּתוֹתַי קַדֵּשׁוּ וְהָיוּ לְאוֹת
בֵּינִי וּבֵינֵיכֶם לָדַעַת כִּי אֲנִי אני, טדה״ד כו״ו יְהֹוָהאדנייאהדונהי אֱלֹהֵיכֶם ילה׃

EMOR

LA LECCIÓN DE EMOR
(Levítico 21:1-24:23)

Más acerca de "ama a tu prójimo como a ti mismo" *(Levítico 19:18)*

Rav Akivá nos enseña que el precepto de "amar a tu prójimo" es el principio fundamental de cada festividad o evento cósmico. La energía de todas las festividades y eventos cósmicos está contenida en este capítulo bíblico, pero la única forma disponible ahora en la que podemos conectar con esta increíble energía es a través de dar y compartir.

Hay una historia famosa acerca de un estudiante que le preguntó al gran sabio Hilel si podía enseñarle toda la Torá mientras se mantenía de pie sobre una sola pierna. Hilel contestó que, ciertamente, podría hacerlo; entonces dijo las siguientes palabras: "Si hay algo que no te gustaría que te hicieran, no se los hagas a los demás. Esa es toda la Torá. El resto es sólo comentario. Ahora ve y aprende".

No obstante, en sentido estricto, hay una diferencia entre lo que dijo Hilel y lo que está escrito en la Biblia. La Biblia expresa el mismo principio con muchas menos palabras y de modo más positivo: "Ama a tu prójimo como a ti mismo". Por otro lado, Hilel adoptó una perspectiva negativa: "Si hay algo que no te gustaría que te hicieran…". La instrucción de Hilel sugiere que es suficiente evitar hacer el mal, pero la Biblia dice que debemos amar en un sentido positivo. No basta con, simplemente, abstenernos de hacer el mal.

El amor no ocurre de forma fácil, ni siquiera entre amigos o en una familia muy cercana. Si nuestros familiares no fuesen nuestros hermanos, hermanas o padres, ¿aún los amaríamos? Si contestaran de forma honesta, mucha gente diría que "no". No hay duda al respecto: el amor puede ser un trabajo fuerte, en especial el amor por las personas más cercanas a nosotros.

Una vez alguien le comentó a Rav Berg que una persona es afortunada si en el transcurso de toda su vida tiene a cinco amigos verdaderos a quienes realmente ame. Rav Berg contestó: "No, estás equivocado. Una persona es afortunada aun si tiene un amigo verdadero". Por supuesto, un amigo a quien amamos no es simplemente alguien que nos acompaña a ver una película o a un juego de baloncesto. Es alguien que permanece conectado con nosotros siempre, incluso si todos los demás deciden abandonarnos. Eso es lo que significa el amor en una amistad realmente: una cercanía que va más allá de sólo sentirse cómodo con esa persona.

Como dice Rav Berg: una amistad con amor es algo muy inusual, pero también es algo por lo que deberíamos esforzarnos en alcanzar. No porque una amistad real es divertida o interesante sino que, más bien, una amistad verdadera es una necesidad básica. Necesitamos alcanzar un nivel de cercanía con otra persona en el que "tú" y "yo" dejen de ser dos y se fusionen en uno llamado "nosotros". Para llegar a este nivel debemos ir más allá de lo que Hilel enseñó. Si nuestro deseo es hacer algo negativo o destructivo, no es suficiente con evitar hacer esa acción porque no queremos que alguien nos la haga a nosotros. En lugar de ello, tenemos que incluso evitar pensar en una acción inapropiada. Si bien es virtualmente imposible decidir no pensar en algo en particular, a la larga nuestros pensamientos pueden ser controlados mediante nuestra transformación personal. La mejor manera de lograr esa transformación es a través de dar y compartir con los demás.

Es particularmente importante pensar acerca de esto durante el tiempo del Ómer; el período de 49 días entre *Pésaj* (Páscua Israelita) y *Shavuot* (Pentecostés Israelita). Fue en esta época del año cuando 24.000 alumnos de Rav Akivá murieron, no debido a que no se amaran entre sí, sino porque no se trataban con respeto. Si sentimos rabia por alguien, debemos asumir la responsabilidad de buscarle un final a ese sentimiento. La memoria de los estudiantes de Rav Akivá puede ayudarnos a lograr esto. De manera similar, el Templo Sagrado fue destruido debido al "odio gratuito" y sólo puede ser reconstruido con "amor gratuito". Por supuesto, la verdad es que el amor verdadero sólo puede ser "gratuito". Si hay alguna razón o intención oculta, entonces no es amor verdadero. Hay un *Midrash* que dice que si dos personas se odian, el mundo entero es pequeño para ellos; pero si dos personas se aman, aun la punta de una espada es espacio suficiente. Esto es porque, cuando dos se convierten en uno, ya no necesitan espacio para dos sino sólo el espacio necesario para la entidad única en la que se han convertido.

Respecto al *Cohén HaGadol* (Sumo Sacerdote)

El capítulo de Emor incluye los preceptos relacionados con el *Cohén HaGadol*. Puede que nos preguntemos por qué es relevante saber acerca de las labores sacerdotales en la época de Moshé, pero es importante recordar que todo en la Biblia nos da algún conocimiento y entendimiento que podemos emplear en nuestra vida cotidiana. No hay ni una palabra o letra superflua en toda la Biblia.

Leer acerca de los *Cohanim* (los sacerdotes) nos enseña que el trabajo espiritual de una persona no es idéntico al de otra. Los sacerdotes estaban haciendo un trabajo en nombre de toda la nación de Israel, pero su trabajo no era el que todos debían realizar. Cada uno de nosotros tiene su propio nivel de trabajo espiritual, y la naturaleza de este trabajo está cambiando constantemente. Cuando nos elevamos a un nivel más alto, lo que era suficientemente bueno para nosotros el día de hoy, tal vez no sea lo suficientemente bueno el día de mañana. La mayor parte de nuestro trabajo espiritual consiste, simplemente, en descubrir cuál es nuestro verdadero trabajo. Si no sabemos a dónde estamos destinados a ir, ciertamente nunca llegaremos allí. En este sentido, la vida es como una escalera mecánica: si intentamos subir por una que va en descenso, no subiremos a donde deseábamos. En su libro *El sendero del justo* (*Mesilat Yesharim*), el Ramjal (Rav Moshé Jayim Luzzato, 1707-1746) sintetizó esto de forma muy sencilla: "Cada persona debe saber cuáles son sus deberes en este mundo".

Incluso Rav Shimón bar Yojái tuvo que aprender esto. Se dice que cuando salió después de haber pasado 12 años en la cueva en la cual tuvo que refugiarse de los romanos, vio a unas personas trabajando en el campo. Él se dijo a sí mismo: "¿Cómo estas personas pueden dejar el Árbol de la Vida, la Torá, para hacer trabajo de agricultores?". Y adondequiera que él miraba, ¡el campo estallaba en llamas!

Entonces, una Voz dijo desde el cielo: "¡Rav Shimón! ¿Saliste para destruir el mundo? ¡Regresa a la cueva!".

Después de que pasó otro año, Rav Shimón salió de nuevo y, en esta oportunidad, su respuesta al trabajo del mundo fue muy diferente. Anteriormente, él había visto a todos según su verdad, la cual afirmaba que el estudio de la Biblia era el verdadero significado de la vida. Pero ahora él vio que su verdad no era la misma verdad de los demás. Lo que Rav Shimón había aprendido, en su decimotercer año en la cueva, es que todos están en un nivel diferente.

"Y lo santificarás porque él ofrenda el alimento de Dios" (Levítico 21:8)

¿Por qué la Biblia tiene que decirnos que el *Cohén HaGadol* era puro cuando él ofrendaba el alimento? ¿No bastaba con que fuese un *Cohén*? ¿Por qué necesitamos los detalles exactos de lo que hizo en el Tabernáculo (y lo que haría posteriormente en el Templo) y de su condición espiritual en el momento de hacerlo?

Aquí la Torá nos enseña que la mayoría del tiempo no vemos los efectos de nuestras acciones. Pero el Sumo Sacerdote sí veía los efectos de sus acciones cuando realizaba el sacrificio y, en virtud de esto, él era santificado. Por supuesto, la enseñanza aquí no sólo aplica a los sacerdotes. Cada vez que realizamos una acción negativa, creamos un ángel negativo, al igual que cada acción positiva crea un ángel positivo. Nuestra tarea es estar conscientes de ello y actuar en consecuencia. Es importante recordar siempre que incluso una acción pequeña puede tener grandes consecuencias. De hecho, tal vez toda la razón por la que estamos en este mundo es porque hemos venido a realizar una "pequeña" acción.

SINOPSIS DE EMOR

La palabra *emor* significa "hablar", y este capítulo trata acerca de las cosas que debemos y no debemos decir. Cómo realizamos una acción es más importante que la misma acción, y usualmente la boca está involucrada en este proceso. Cuando conectamos con esta lectura, podemos usar el poder de Emor para que nos ayude a decir la verdad.

PRIMERA LECTURA – AVRAHAM – JÉSED

21 ¹ El Señor dijo a Moshé: "Habla a los sacerdotes, los hijos de Aharón, y diles: 'Un sacerdote no debe contaminarse por una persona muerta entre su pueblo,

² salvo por sus parientes más cercanos, su madre, su padre, su hijo, su hija o su hermano; ³ o por su hermana virgen que dependa de él dado que no tiene esposo; por ella puede contaminarse.

COMENTARIO DEL RAV

La lectura del capítulo de Emor usualmente cae alrededor de la mitad del *Ómer*, los 49 días entre *Pésaj* y *Shavuot*; un período en el cual hay una carencia de Luz. No obstante, en esta época podemos trabajar para ganarnos la abundancia de Luz —la Luz de inmortalidad— que está disponible en la noche de *Shavuot*.

¿Cuál es la relevancia de esto? Es que, durante el período del *Ómer*, Dios, en su infinita sabiduría y misericordia, nos proporciona un impulso adicional a través del capítulo de Emor para que podamos ganarnos la Luz en caso de que no hayamos capturado su totalidad o hayamos hecho cortocircuito con algo de esta energía; la cual debería habernos alcanzado hasta el momento de *Rosh Hashaná*.

Estamos familiarizados con el concepto de la muerte clínica: es cuando, según todos los cálculos médicos, una persona ha muerto. Todos hemos escuchado acerca de algún paciente que, bajo el efecto de la anestesia, pierde el pulso repentinamente y ya no es parte de los vivos; pero que repentinamente vuelve a la vida después de cierto tiempo. Tomó muchos milenios entender el concepto de la muerte clínica y poder respaldar esta enseñanza antigua/nueva de la Kabbalah.

Hoy en día, los científicos y médicos han registrado las experiencias de personas que han pasado por una muerte clínica. Cuando una de esas personas despierta —en efecto, cuando regresa a la vida después de haber muerto— a menudo puede relatar muchas de las actividades que ocurrieron mientras parecía estar muerta; como las conversaciones de los médicos. La persona no estaba consciente en ese preciso momento, pero después podía contar acerca de lo que había sucedido. Por muy fenomenal que pueda sonar, el *Zóhar* dice que esto es *Matí veló Matí* (la muerte por un momento y la restauración inmediata de la vida), lo cual nos proporciona información acerca de la inmortalidad, una garantía de que la inmortalidad puede ser una realidad.

Una vez que hablamos de la inmortalidad, hablamos de la restauración —de la mortalidad y la inmortalidad a la misma vez—; por ejemplo, cuando Pinjás murió y renació inmediatamente. Estos conceptos son difíciles de entender, incluso la muerte clínica es difícil de entender. Cuando ya se entierra el cuerpo bajo tierra, decimos que la persona se fue; pero ésta no se ha ido, de ninguna manera. Por ejemplo, *Rosh Hashaná* nos ofrece la oportunidad de ascender a *Biná*, una dimensión del Universo Inmaculado. Hay un cambio en el universo que penetra nuestra vida; no lo vemos ni lo comprendemos, nos parece descabellado. Pero la inmortalidad no es tan descabellada: la capacidad de volvernos inmortales está disponible en el cosmos, y ahora la gente escribiendo acerca de esto.

PRIMERA LECTURA – AVRAHAM – JÉSED

21 ¹ וַיֹּאמֶר יְהֹוָה אֶל־מֹשֶׁה אֱמֹר אֶל־הַכֹּהֲנִים בְּנֵי אַהֲרֹן וְאָמַרְתָּ אֲלֵהֶם לְנֶפֶשׁ לֹא־יִטַּמָּא בְּעַמָּיו: ² כִּי אִם־לִשְׁאֵרוֹ הַקָּרֹב אֵלָיו לְאִמּוֹ וּלְאָבִיו וְלִבְנוֹ וּלְבִתּוֹ וּלְאָחִיו: ³ וְלַאֲחֹתוֹ הַבְּתוּלָה הַקְּרוֹבָה אֵלָיו אֲשֶׁר לֹא־הָיְתָה לְאִישׁ לָהּ יִטַּמָּא:

Pero, dice el *Zóhar*, hay una fuerza conocida como la Fuerza de la Muerte, y esa Fuerza de la Muerte es muy compleja, tomando todas las actividades de la vida y luego determinando cuándo ocurrirá la muerte. No hablamos acerca de ataques al corazón u otros padecimientos; hablamos acerca de una entidad que eclipsa todos los padecimientos. Una vez que esta entidad haya sido eliminada, no habrá ataques al corazón o cáncer u otras razones para ir al hospital. Si no lo sabías, si no pusiste atención en el *Zóhar*, te has perdido una oportunidad. Si no está en tu conciencia que nos estamos embarcando en algo nuevo; si no tienes esto en tu conciencia, si no lo sabes, la inmortalidad no puede ser alcanzada.

הַכֹּהֲנִים

Levítico 21:1 – Esta sección nos dice lo que el Sumo Sacerdote tenía que hacer para mantener un estado de santidad y, a la misma vez, menciona cómo alguien en posición de poder tiene una responsabilidad mayor. Aquellos que tienen la capacidad de compartir una mayor cantidad de Luz tienen más responsabilidad; y también más restricciones.

> "'Habla con los sacerdotes, los hijos de Aharón'" (Levítico 21:1). PREGUNTA: ¿Cuál es la razón de que está escrito aquí "'los hijos de Aharón'"? Ellos son "'los hijos de Aharón'" más bien que los hijos de Leví, porque Aharón es el primero de todos los sacerdotes. Porque es a él a quien el Santísimo, bendito sea Él, ha escogido por sobre todos para hacer la paz en el mundo, y porque las prácticas de Aharón lo han elevado a esto. Porque Aharón se esforzó en el transcurso de su vida a aumentar la paz en el mundo. Dado que estos fueron sus caminos, el Santísimo, bendito sea Él, lo elevó AL SACERDOCIO, para introducir la paz en la corte celestial, PORQUE A TRAVÉS DE SU ADORACIÓN ACERCA LA UNIÓN DEL SANTÍSIMO, BENDITO SEA ÉL, Y SU SHEJINÁ, LO CUAL TRAE PAZ A TRAVÉS DE TODOS LOS MUNDOS. En consecuencia, ""Habla con los sacerdotes, los hijos de Aharón'" y "¡...realizado para aquéllos que confían en Ti!" (Salmos 31:20); porque cuando el mundo fue creado, esta Luz brillaba desde el principio del mundo hasta su final. Cuando el Santísimo, bendito sea Él, vio a los perversos que vivirían en el mundo, ocultó esa Luz. Éste es el significado de: "Pero de los perversos su luz es retenida..." (Job 38:15). EL SANTÍSIMO, BENDITO SEA ÉL, la hará brillar sobre los justos en el Mundo por Venir, así que: "que atesoras para los que Te veneran, QUE HAS REALIZADO PARA AQUÉLLOS QUE CONFÍAN EN TI!" (SALMOS 31:20). "... REALIZADO" ALUDE A LA ACCIÓN DE OCULTAMIENTO. También está escrito: "'Pero brillará para ustedes que veneran Mi Nombre; el sol de la justicia saldrá con sanación en sus alas..." (Malaquías 3:20).
> — El Zóhar, Emor 1:2, 3 y 4

⁴ *Él no debe contaminarse por personas relacionadas a él por matrimonio, y así profanarse.*

⁵ *No se raerán la cabeza ni se recortarán la punta de la barba ni se harán incisiones en su piel.*

⁶ *Serán santos para su Dios y no profanarán el Nombre de su Dios, porque presentarán las ofrendas ígneas al Señor, el pan de su Dios; por lo tanto, deben ser santos.*

⁷ *No tomarán por mujer a una prostituta o profanada, ni tomarán mujer divorciada de su esposo; porque el sacerdote es santo a su Dios.*

⁸ *Lo santificarán porque él ofrece el alimento de tu Dios; será santo para ti, porque Yo, el Señor que los santifico, soy santo.*

⁹ *Y si la hija de un sacerdote se profana convirtiéndose en prostituta, profana a su padre; en el fuego será quemada.*

¹⁰ *Y el Sumo Sacerdote, aquél entre sus hermanos sobre cuya cabeza haya sido derramado el aceite de la unción y que haya sido consagrado para llevar las vestiduras sacerdotales, no descuidará su cabello ni rasgará sus vestiduras,*

¹¹ *no entrará a un lugar donde haya un cadáver, ni se contaminará por su padre o por su madre,*

¹² *no saldrá del santuario de su Dios ni profanará el santuario de su Dios, porque la consagración del aceite de la unción de su Dios está sobre él. Yo soy el Señor.*

¹³ *Y tomará por mujer a una virgen.*

¹⁴ *No debe casarse con viuda, divorciada o una profanada o prostituta, sino que tomará por mujer a una virgen de su propio pueblo,*

¹⁵ *para que no profane a su descendencia entre su pueblo, porque Yo soy el Señor quien lo santifica'".*

וְהַכֹּהֵן הַגָּדוֹל

Levítico 21:10 – Las leyes relacionadas al Sumo Sacerdote nos enseñan que cuanto más elevados somos, más responsabilidad tenemos. Sin importar dónde nos encontremos en la escalera espiritual —en la cima, en el fondo o en algún lugar entre estos dos puntos— todos tenemos diferentes responsabilidades y restricciones. Cuando estamos elevados ya no podemos hacer las mismas cosas que solíamos hacer cuando estábamos en un nivel de conciencia más bajo.

Ven y ve: El sacerdote celestial, EL GRAN SACERDOTE, necesita estar con un semblante hermoso, con un semblante agradable, y más alegre que ninguno. No se debe ver triste o enojado, sino en toda la semejanza de arriba. Es feliz su porción, como está escrito en relación a él: "… 'Yo

LA HISTORIA DE EMOR: PRIMERA LECTURA LEVÍTICO 237

4 לֹא יִטַּמָּא בַּעַל בְּעַמָּיו לְהֵחַלּוֹ: 5 לֹא־יִקְרְחוּ (כתיב: יקרחה) קָרְחָה בְרֹאשָׁם וּפְאַת זְקָנָם לֹא יְגַלֵּחוּ וּבִבְשָׂרָם לֹא יִשְׂרְטוּ שָׂרָטֶת: 6 קְדֹשִׁים יִהְיוּ לֵאלֹהֵיהֶם וְלֹא יְחַלְּלוּ שֵׁם אֱלֹהֵיהֶם כִּי אֶת־אִשֵּׁי יְהֹוָאדֹנָהִינֶהִי לֶחֶם אֱלֹהֵיהֶם הֵם מַקְרִיבִם וְהָיוּ קֹדֶשׁ: 7 אִשָּׁה זֹנָה וַחֲלָלָה לֹא יִקָּחוּ וְאִשָּׁה גְּרוּשָׁה מֵאִישָׁהּ לֹא יִקָּחוּ כִּי־קָדֹשׁ הוּא לֵאלֹהָיו: 8 וְקִדַּשְׁתּוֹ כִּי־אֶת־לֶחֶם אֱלֹהֶיךָ הוּא מַקְרִיב קָדֹשׁ יִהְיֶה־לָּךְ כִּי קָדוֹשׁ אֲנִי יְהֹוָאדֹנָהִינֶהִי מְקַדִּשְׁכֶם: 9 וּבַת אִישׁ כֹּהֵן כִּי תֵחֵל לִזְנוֹת אֶת־אָבִיהָ הִיא מְחַלֶּלֶת בָּאֵשׁ תִּשָּׂרֵף: 10 וְהַכֹּהֵן הַגָּדוֹל מֵאֶחָיו אֲשֶׁר־יוּצַק עַל־רֹאשׁוֹ ׀ שֶׁמֶן הַמִּשְׁחָה וּמִלֵּא אֶת־יָדוֹ לִלְבֹּשׁ אֶת־הַבְּגָדִים אֶת־רֹאשׁוֹ לֹא יִפְרָע וּבְגָדָיו לֹא יִפְרֹם: 11 וְעַל כָּל־נַפְשֹׁת מֵת לֹא יָבֹא לְאָבִיו וּלְאִמּוֹ לֹא יִטַּמָּא: 12 וּמִן־הַמִּקְדָּשׁ לֹא יֵצֵא וְלֹא יְחַלֵּל אֵת מִקְדַּשׁ אֱלֹהָיו כִּי נֵזֶר שֶׁמֶן מִשְׁחַת אֱלֹהָיו עָלָיו אֲנִי יְהֹוָאדֹנָהִינֶהִי: 13 וְהוּא אִשָּׁה בִבְתוּלֶיהָ יִקָּח: 14 אַלְמָנָה וּגְרוּשָׁה וַחֲלָלָה זֹנָה אֶת־אֵלֶּה לֹא יִקָּח כִּי אִם־בְּתוּלָה מֵעַמָּיו יִקַּח אִשָּׁה: 15 וְלֹא־יְחַלֵּל זַרְעוֹ בְּעַמָּיו כִּי אֲנִי יְהֹוָאדֹנָהִינֶהִי מְקַדְּשׁוֹ:

---

soy tu porción y tu heredad…'" (Números 18:20), y: "…Dios es la herencia de ellos" (Deuteronomio 18:2). Por tanto, él debe verse sano en todos los aspectos, en su persona, en su indumentaria, para no desacreditarse de manera alguna, como aprendimos.

— *El Zóhar, Emor 8:28*

SEGUNDA LECTURA – YITSJAK – GUEVURÁ

¹⁶ Y el Señor habló a Moshé, diciendo: ¹⁷ "Habla a Aharón y dile: Por todas sus generaciones ningún hombre de tu descendencia que tenga algún defecto se acercará para ofrecer el pan de su Dios. ¹⁸ Porque ninguno que tenga defecto se acercará: ni ciego, ni cojo, ni uno que tenga algo desfigurado o algo demasiado largo;

¹⁹ ni hombre que tenga pie quebrado o mano quebrada, ²⁰ ni jorobado, ni enano, ni uno que tenga defecto en un ojo, o sarna, o escaras, ni hombre con testículos estropeados;

²¹ ningún hombre de la descendencia del sacerdote Aharón que tenga defecto se acercará para ofrecer las ofrendas ígneas al Señor; porque tiene defecto no se acercará para ofrecer el pan de su Dios.

²² Podrá comer el pan de su Dios, tanto de las cosas santísimas como de las sagradas,

²³ pero no ha de entrar hasta el velo o acercarse al altar, porque tiene defecto, para que no profane Mis Santuarios; porque Yo soy el Señor, quien los santifico".

²⁴ Así habló Moshé a Aharón, a sus hijos y a todos los hijos de Israel.

22 ¹ Habló el Señor a Moshé, diciendo:

² "Di a Aharón y a sus hijos que se alejen de las cosas sagradas que los hijos de Israel me consagran, para que no profanen Mi Santo Nombre. Yo soy el Señor.

³ Diles: Si alguno de entre sus descendientes en todas sus generaciones se acerca a las cosas sagradas que los hijos de Israel consagran al Señor, estando inmundo, esa persona será extirpada de Mi Presencia. Yo soy el Señor.

בום

Levítico 21:17 – En este versículo aprendemos que hay ciertos defectos físicos que descalificaban a un individuo de servir como Cohén, dado que cualquier defecto físico pudo haber sido el resultado de un defecto espiritual. Ser un Cohén significa poder compartir en la vida de las personas o, inclusive, poder salvar sus vidas. Si no usamos el don que tenemos para compartir y sanar, podemos perderlo por completo.

"'... Quien sea de tu descendencia en sus generaciones que tenga algún defecto...'" (Levítico 21:17). Rabí Yitsjak dijo QUE LA RAZÓN ES porque está manchado, y quien está manchado está incapacitado para servir en el lugar santo. Nosotros explicamos que un hombre manchado no tiene fe, de lo cual esa mancha da testimonio. Esto es aún más cierto en un sacerdote, quien tiene que ser íntegro y más fiel que el resto.
— El Zóhar, Emor 13:41

Levítico 22:2 – Las únicas personas que tenían permitida la entrada al Tabernáculo eran aquellas que eran puras. Aun un sacerdote

SEGUNDA LECTURA – YITSJAK – GUEVURÁ

16 וַיְדַבֵּ֥ר יְהֹוָ֖הֱ֯אדנייאהדונהי אֶל־מֹשֶׁ֥ה מהש, אל שדי לֵּאמֹֽר׃ 17 דַּבֵּ֥ר ראה אֶֽל־אַהֲרֹ֖ן ע״ב ורבוע ע״ב לֵאמֹ֑ר אִ֣ישׁ ע״ה קנ״א קס״א מִֽזַּרְעֲךָ֞ לְדֹרֹתָ֗ם אֲשֶׁ֨ר יִהְיֶ֥ה ייי ב֛וֹ מ֖וּם מום, אלהים, אהיה אדני לֹ֣א יִקְרַ֔ב לְהַקְרִ֖יב לֶ֥חֶם ג״פ יהוה אֱלֹהָֽיו ילה׃ 18 כִּ֥י כָל אִ֛ישׁ ע״ה קנ״א קס״א אֲשֶׁר־בּ֥וֹ מ֖וּם מום, אלהים, אהיה אדני לֹ֣א יִקְרָ֑ב אִ֣ישׁ ע״ה קנ״א קס״א עִוֵּ֤ר א֣וֹ פִסֵּ֔חַ א֥וֹ חָרֻ֖ם א֥וֹ שָׂרֽוּעַ׃ 19 א֣וֹ אִ֔ישׁ ע״ה קנ״א קס״א אֲשֶׁר־יִהְיֶ֥ה ייי ב֖וֹ שֶׁ֣בֶר רָ֑גֶל עסמ״ב ע״ה, קס״א ע״ב א֖וֹ שֶׁ֥בֶר יָֽד׃ 20 אֽוֹ־גִבֵּ֣ן אוֹ־דַ֔ק א֖וֹ תְּבַלֻּ֣ל בְּעֵינ֑וֹ ריבוע מ״ה א֤וֹ גָרָב֙ א֣וֹ יַלֶּ֔פֶת א֖וֹ מְר֥וֹחַ אָֽשֶׁךְ׃ 21 כָּל ילי אִ֞ישׁ ע״ה קנ״א קס״א אֲשֶׁר־בּ֣וֹ מ֗וּם מום, אלהים, אהיה אדני מִזֶּ֙רַע֙ אַהֲרֹ֣ן ע״ב ורבוע ע״ב הַכֹּהֵ֔ן מלה לֹ֣א יִגַּ֔שׁ לְהַקְרִ֖יב אֶת־אִשֵּׁ֣י יְהֹוָ֖הֱ֯אדנייאהדונהי מ֣וּם מום, אלהים, אהיה אדני ב֑וֹ אֵ֣ת לֶ֤חֶם ג״פ יהוה אֱלֹהָיו֙ ילה לֹ֣א יִגַּ֔שׁ לְהַקְרִֽיב׃ 22 לֶ֣חֶם ג״פ יהוה אֱלֹהָ֔יו ילה מִקָּדְשֵׁ֖י הַקֳּדָשִׁ֑ים וּמִן־הַקֳּדָשִׁ֖ים יֹאכֵֽל׃ 23 אַ֣ךְ אהיה אֶל־הַפָּרֹ֜כֶת לֹ֤א יָבֹא֙ וְאֶל־הַמִּזְבֵּ֙חַ֙ זן, גגר לֹ֣א יִגַּ֔שׁ כִּֽי־מ֖וּם מום, אלהים, אהיה אדני בּ֑וֹ וְלֹ֤א יְחַלֵּל֙ אֶת־מִקְדָּשַׁ֔י כִּ֥י אֲנִ֖י טדה״ד כו״ו יְהֹוָ֥הֱ֯אדנייאהדונהי מְקַדְּשָֽׁם׃ 24 וַיְדַבֵּ֥ר ראה מֹשֶׁ֖ה מהש, אל שדי אֶֽל־אַהֲרֹ֑ן ע״ב ורבוע ע״ב וְאֶל־בָּנָ֖יו וְאֶל־כָּל ילי־בְּנֵ֥י יִשְׂרָאֵֽל׃ 22 1 וַיְדַבֵּ֥ר ראה יְהֹוָ֖הֱ֯אדנייאהדונהי אֶל־מֹשֶׁ֥ה מהש, אל שדי לֵּאמֹֽר׃ 2 דַּבֵּ֥ר ראה אֶֽל־אַהֲרֹ֣ן ע״ב ורבוע ע״ב וְאֶל־בָּנָ֗יו וְיִנָּֽזְרוּ֙ מִקָּדְשֵׁ֣י בְנֵֽי־יִשְׂרָאֵ֔ל וְלֹ֥א יְחַלְּל֖וּ אֶת־שֵׁ֥ם יהוה שדי קָדְשִׁ֑י אֲשֶׁ֥ר הֵ֛ם מַקְדִּשִׁ֥ים לִ֖י אֲנִ֣י טדה״ד כו״ו יְהֹוָֽהֱ֯אדנייאהדונהי׃ 3 אֱמֹ֣ר אֲלֵהֶ֗ם לְדֹרֹֽתֵיכֶ֔ם כָּל ילי־אִ֣ישׁ ע״ה קנ״א קס״א | אֲשֶׁר־יִקְרַ֣ב מִכָּל ילי־זַרְעֲכֶ֞ם

---

no podía entrar si estaba impuro. Hoy en día, también, debemos estar puros para mantener nuestra conexión con la Luz. Si tenemos ira en nuestro corazón cuando rezamos o meditamos, estamos conectando con más energía negativa que positiva. Sin embargo, también es cierto que la ira no debe evitar que recemos, dado que es sólo a través de nuestros esfuerzos constantes de conectar con la Luz que podemos superar nuestra rabia profunda y reemplazarla con compasión.

⁴ Si uno de los descendientes de Aharón es leproso o tiene flujo, no podrá comer de las ofrendas sagradas hasta que sea limpio. Y si alguno toca a alguien contaminado por un cadáver o a alguien con emisión de semen,

⁵ o si alguno toca algún animal rastrero por el cual se pueda contaminar, o a cualquier hombre que lo contamine, cualquiera que sea su inmundicia,

⁶ el alma que toque a cualquiera de éstos quedará inmunda hasta el atardecer y no comerá de las ofrendas sagradas a menos que haya lavado se haya bañado con agua.

⁷ Y cuando el Sol se ponga quedará limpio, y después comerá de las ofrendas sagradas, porque son su alimento.

⁸ No comerá animal que muera solo o sea despedazado por fieras, contaminándose por ello. Yo soy el Señor.

⁹ Por lo tanto, ellos guardarán Mi Ordenanza para no cargar el pecado y morir por él. Yo soy el Señor, quien los santifico.

¹⁰ Ningún extraño comerá de la ofrenda sagrada, ni huésped del sacerdote, ni el siervo comerá de la ofrenda sagrada.

¹¹ Pero si un sacerdote compra un alma con su dinero como propiedad suya, o si un esclavo nace en su hogar, este individuo sí puede comer de ella.

¹² Y si la hija del sacerdote se casa con un extraño, ella no podrá comer de las ofrendas sagradas.

¹³ Pero si la hija del sacerdote queda viuda o se divorcia, y no tiene hijo y regresa a la casa de su padre como en su juventud, podrá comer del alimento de su padre; pero ningún extraño comerá de él.

¹⁴ Y si un hombre come ofrenda sagrada inadvertidamente, debe darle al sacerdote una quinta parte del valor de la ofrenda sagrada.

¹⁵ Y los sacerdotes no profanarán las ofrendas sagradas que los hijos de Israel ofrecen al Señor, ¹⁶ causándoles así sufrir castigo por la culpa al comer sus cosas sagradas. Yo soy el Señor, quien los santifico".

וַיִּלֶד

Levítico 22:11 – La familia del Sumo Sacerdote tenía acceso a ciertas conexiones más elevadas que otras familias no tenían. De este versículo entendemos que cuando una persona alcanza un nivel espiritual elevado, puede compartir esa energía con su familia y amigos. Ocurre lo mismo con una persona que es negativa; su negatividad afecta también a sus amigos y familiares. Toda la familia de un individuo es partícipe de lo bueno y lo malo a nivel espiritual.

LA HISTORIA DE EMOR: SEGUNDA LECTURA — LEVÍTICO

אֶל־הַקֳּדָשִׁים אֲשֶׁר יַקְדִּישׁוּ בְנֵי־יִשְׂרָאֵל לַיהֹוָה וְטֻמְאָתוֹ עָלָיו וְנִכְרְתָה הַנֶּפֶשׁ הַהִוא מִלְּפָנַי אֲנִי יְהֹוָה:

4 אִישׁ אִישׁ מִזֶּרַע אַהֲרֹן וְהוּא צָרוּעַ אוֹ זָב בַּקֳּדָשִׁים לֹא יֹאכַל עַד אֲשֶׁר יִטְהָר וְהַנֹּגֵעַ בְּכָל־טְמֵא־נֶפֶשׁ אוֹ אִישׁ אֲשֶׁר־תֵּצֵא מִמֶּנּוּ שִׁכְבַת־זָרַע: 5 אוֹ־אִישׁ אֲשֶׁר יִגַּע בְּכָל־שֶׁרֶץ אֲשֶׁר יִטְמָא־לוֹ אוֹ בְאָדָם אֲשֶׁר יִטְמָא־לוֹ לְכֹל טֻמְאָתוֹ: 6 נֶפֶשׁ אֲשֶׁר תִּגַּע־בּוֹ וְטָמְאָה עַד־הָעָרֶב וְלֹא יֹאכַל מִן־הַקֳּדָשִׁים כִּי אִם־רָחַץ בְּשָׂרוֹ בַּמָּיִם: 7 וּבָא הַשֶּׁמֶשׁ וְטָהֵר וְאַחַר יֹאכַל מִן־הַקֳּדָשִׁים כִּי לַחְמוֹ הוּא: 8 נְבֵלָה וּטְרֵפָה לֹא יֹאכַל לְטָמְאָה־בָהּ אֲנִי יְהֹוָה: 9 וְשָׁמְרוּ אֶת־מִשְׁמַרְתִּי וְלֹא־יִשְׂאוּ עָלָיו חֵטְא וּמֵתוּ בוֹ כִּי יְחַלְּלֻהוּ אֲנִי יְהֹוָה מְקַדְּשָׁם: 10 וְכָל־זָר לֹא־יֹאכַל קֹדֶשׁ תּוֹשַׁב כֹּהֵן וְשָׂכִיר לֹא־יֹאכַל קֹדֶשׁ: 11 וְכֹהֵן כִּי־יִקְנֶה נֶפֶשׁ קִנְיַן כַּסְפּוֹ הוּא יֹאכַל בּוֹ וִילִיד בֵּיתוֹ הֵם יֹאכְלוּ בְלַחְמוֹ: 12 וּבַת־כֹּהֵן כִּי תִהְיֶה לְאִישׁ זָר הִוא בִּתְרוּמַת הַקֳּדָשִׁים לֹא תֹאכֵל: 13 וּבַת־כֹּהֵן כִּי תִהְיֶה אַלְמָנָה וּגְרוּשָׁה וְזֶרַע אֵין לָהּ וְשָׁבָה אֶל־בֵּית אָבִיהָ כִּנְעוּרֶיהָ מִלֶּחֶם אָבִיהָ תֹּאכֵל וְכָל־זָר לֹא־יֹאכַל בּוֹ: 14 וְאִישׁ כִּי־יֹאכַל קֹדֶשׁ בִּשְׁגָגָה וְיָסַף חֲמִשִׁיתוֹ עָלָיו וְנָתַן לַכֹּהֵן אֶת־הַקֹּדֶשׁ: 15 וְלֹא יְחַלְּלוּ אֶת־קָדְשֵׁי בְּנֵי יִשְׂרָאֵל אֵת אֲשֶׁר־יָרִימוּ לַיהֹוָה: 16 וְהִשִּׂיאוּ אוֹתָם עֲוֹן אַשְׁמָה בְּאָכְלָם אֶת־קָדְשֵׁיהֶם כִּי אֲנִי יְהֹוָה מְקַדְּשָׁם:

TERCERA LECTURA – YAAKOV – TIFÉRET

17 Y el Señor habló a Moshé, diciendo: 18 "Habla a Aharón y a sus hijos y a todos los hijos de Israel, y diles: Cualquier israelita o cualquiera de los forasteros en Israel que presente su ofrenda como holocausto al Señor, ya sea como cumplimiento de un voto o como ofrenda voluntaria,

19 para que ésta sea aceptada debe ser macho sin defecto del ganado, de los corderos o de las cabras. 20 No ofrezcan nada con defecto, porque no será aceptado. 21 Y cuando alguno ofrezca sacrificio de ofrenda de paz al Señor del ganado o del rebaño para cumplir un voto especial o como ofrenda voluntaria, tiene que ser sin defecto para ser aceptado; no habrá imperfección en él.

22 Los que estén ciegos, lastimados, mutilados, o con llagas purulentas, sarna o roña, no los ofrecerán al Señor, ni harán de ellos una ofrenda ígnea sobre el altar al Señor.

23 Sin embargo, pueden presentar como ofrenda voluntaria a un buey o carnero que tenga un miembro deformado o atrofiado, pero no será aceptado como cumplimiento de voto. 24 Cualquier animal con sus testículos magullados, aplastados, rasgados o cortados, no lo ofrecerán al Señor ni lo sacrificarán en su tierra.

25 Y no aceptarán tales animales de mano de un extranjero por ofrenda como alimento para su Dios; porque su corrupción está en ellos, tienen defecto y no serán aceptados en su nombre". 26 Y habló el Señor a Moshé, diciendo: 27 "Cuando nazca un ternero, un cordero o un cabrito, quedará siete días con su madre. A partir del octavo día, será aceptable como sacrificio de ofrenda ígnea al Señor.

קָרְבָּנוּ

Levítico 22:18 – Los animales llevados como sacrificio debían ser 100 por ciento puros —sin defecto alguno— o, de lo contrario, no calificaban como sacrificio. Un defecto físico demuestra que falta algo a nivel espiritual. Es importante reconocer que no siempre reconocemos los defectos. Si queremos conocer a las personas a nivel profundo, podemos tratar de ver señales de su verdadero ser a través de las pequeñas cosas que hacen. Se trata siempre de interceptar las pistas.

Por lo tanto, todo habita sólo en un lugar saludable, y por lo tanto: "'Cualquier hombre que tenga un defecto no debe acercarse…'" (Levítico 21:18). De manera similar, un sacrificio defectuoso no será ofrecido, ya que está escrito: "…no será aceptable para ustedes" (Levítico 22:20). Ustedes pueden decir que el Santísimo, bendito sea Él, sólo mora en un lugar quebrantado, en una vasija rota, como está escrito: "… también con aquél que es de espíritu contrito y humilde…" (Isaías 57:15). CONTESTA: Tal lugar es el más sano, porque uno se humilla como para permitir a lo más elevado morar en él, la majestad celestial. Tal persona es sana…
— El Zóhar, Emor 11:46

Levítico 22:27 – Dios no necesita nada de nosotros, ni siquiera sacrificios; no obstante, hay reglas relacionadas con la profanación y santificación del Nombre de Dios. En realidad,

TERCERA LECTURA – YAAKOV – TIFÉRET

וַיְדַבֵּ֥ר יְהֹוָ֖ה אֶל־מֹשֶׁ֥ה לֵּאמֹֽר׃ 18 דַּבֵּ֨ר אֶֽל־אַהֲרֹ֜ן וְאֶל־בָּנָ֗יו וְאֶל֙ כָּל־בְּנֵ֣י יִשְׂרָאֵ֔ל וְאָמַרְתָּ֖ אֲלֵהֶ֑ם אִ֣ישׁ אִישׁ֩ מִבֵּ֨ית יִשְׂרָאֵ֜ל וּמִן־הַגֵּ֣ר בְּיִשְׂרָאֵ֗ל אֲשֶׁ֨ר יַקְרִ֤יב קָרְבָּנוֹ֙ לְכָל־נִדְרֵיהֶם֙ וּלְכָל־ 19 נִדְבוֹתָ֔ם אֲשֶׁר־יַקְרִ֥יבוּ לַיהֹוָ֖ה לְעֹלָֽה׃ לִֽרְצֹנְכֶ֕ם תָּמִ֥ים זָכָ֖ר בַּבָּקָ֑ר בַּכְּשָׂבִ֖ים וּבָעִזִּֽים׃ 20 כֹּ֛ל אֲשֶׁר־בּ֥וֹ מ֖וּם לֹ֣א תַקְרִ֑יבוּ כִּי־לֹ֥א לְרָצ֖וֹן יִהְיֶ֥ה לָכֶֽם׃ 21 וְאִ֗ישׁ כִּֽי־יַקְרִ֤יב זֶֽבַח־שְׁלָמִים֙ לַֽיהֹוָ֔ה לְפַלֵּא־נֶ֖דֶר א֣וֹ לִנְדָבָ֑ה בַּבָּקָ֣ר א֣וֹ בַצֹּ֗אן תָּמִ֥ים יִהְיֶה֙ לְרָצ֔וֹן כָּל־מ֖וּם לֹ֥א יִֽהְיֶה־בּֽוֹ׃ 22 עַוֶּ֩רֶת֩ א֨וֹ שָׁב֜וּר אוֹ־חָר֣וּץ אֽוֹ־יַבֶּ֗לֶת א֤וֹ גָרָב֙ א֣וֹ יַלֶּ֔פֶת לֹא־תַקְרִ֥יבוּ אֵ֖לֶּה לַֽיהֹוָ֑ה וְאִשֶּׁ֗ה לֹֽא־תִתְּנ֥וּ מֵהֶ֛ם עַל־הַמִּזְבֵּ֖חַ לַֽיהֹוָֽה׃ 23 וְשׁ֥וֹר וָשֶׂ֖ה שָׂר֣וּעַ וְקָל֑וּט נְדָבָה֙ תַּעֲשֶׂ֣ה אֹת֔וֹ וּלְנֵ֖דֶר לֹ֥א יֵרָצֶֽה׃ 24 וּמָע֤וּךְ וְכָתוּת֙ וְנָת֣וּק וְכָר֔וּת לֹ֥א תַקְרִ֖יבוּ לַֽיהֹוָ֑ה וּֽבְאַרְצְכֶ֖ם לֹ֥א תַעֲשֽׂוּ׃ 25 וּמִיַּ֣ד בֶּן־נֵכָ֗ר לֹ֥א תַקְרִ֛יבוּ אֶת־לֶ֥חֶם אֱלֹהֵיכֶ֖ם מִכָּל־אֵ֑לֶּה כִּ֣י מָשְׁחָתָ֤ם בָּהֶם֙ מ֣וּם בָּ֔ם לֹ֥א יֵרָצ֖וּ לָכֶֽם׃ 26 וַיְדַבֵּ֥ר יְהֹוָ֖ה אֶל־מֹשֶׁ֥ה לֵּאמֹֽר׃ 27 שׁ֣וֹר אוֹ־כֶ֤שֶׂב אוֹ־עֵז֙ כִּ֣י יִוָּלֵ֔ד וְהָיָ֛ה שִׁבְעַ֥ת יָמִ֖ים תַּ֣חַת אִמּ֑וֹ וּמִיּ֤וֹם הַשְּׁמִינִי֙ וָהָ֔לְאָה יֵרָצֶ֕ה לְקָרְבַּ֖ן

---

estas reglas son acerca de la Esencia de Dios dentro de cada uno de nosotros. Disminuimos la chispa de Luz dentro de nosotros cuando hacemos cosas negativas, y permitimos que ésta brille cuando realizamos acciones positivas. No es en beneficio de Dios que no deberíamos ser negativos o reactivos, es en beneficio de nosotros mismos.

²⁸ Y no matarán a una vaca u oveja junto a su cría en el mismo día. ²⁹ Y cuando sacrifiquen la ofrenda de acción de gracias al Señor, sacrifíquenlo de modo que sea aceptado.

³⁰ Lo comerán en el mismo día, sin dejar nada para la mañana siguiente. Yo soy el Señor. ³¹ Y guardarán Mis Mandamientos y los cumplirán. Yo soy el Señor. ³² No profanarán Mi Santo Nombre, sino que seré santificado entre los hijos de Israel. Yo soy el Señor, quien los santifico, ³³ quien los sacó de la tierra de Egipto para ser su Dios. Yo soy el Señor".

CUARTA LECTURA – MOSHÉ – NÉTSAJ

23 ¹ Habló el Señor a Moshé, diciendo: ² "Habla a los hijos de Israel y diles: Estas son las festividades señaladas del Señor que ustedes han de proclamar como santas convocatorias, son Mis Tiempos Señalados:

³ Seis días se trabajará, pero el séptimo día será un solemne Shabat de reposo, una santa convocatoria, y no harán trabajo alguno; dondequiera que habiten, es un Shabat para el Señor.

⁴ Estas son las festividades señaladas por el Señor, santas convocatorias que proclamarán en las fechas asignadas para ellas: ⁵ El día catorce del primer mes, al caer el Sol, es la Pascua del Señor.

תֵּעָשֶׂה

Levítico 23:3 – Cada *Shabat* y todas las festividades son oportunidades para abstraernos del mundo físico y entrar en el ámbito espiritual. Si no tuviésemos estos días especiales, el mundo sería demasiado pesado para nosotros. Estas conexiones especiales nos dan el poder de forjar un destino dichoso e inmortal. *Pésaj* es el único momento del año en el que recibimos la llave para escapar de la prisión de nuestro obsoleto sistema de creencias; esos patrones robóticos del pensamiento del ego que evitan que alcancemos nuestro verdadero potencial. *Pésaj* consiste en liberarnos de la esclavitud a las cosas, ideas y personas que nos frenan. Recibimos toda la Luz disponible en *Pésaj* de forma gratuita, y es esta Luz la que nos saca de esa mentalidad de esclavos. Según la Ley Espiritual Universal, no podemos mantener aquello que no nos hemos ganado. Para ser la causa de nuestra propia Luz, tenemos que comportarnos de forma proactiva para ganarnos la Luz que recibimos. A través del conteo del *Ómer* (los 49 días entre *Pésaj* y *Shavuot*) y al enfrentar los desafíos y oportunidades que este poderoso período nos brinda, podemos purificarnos nivel tras nivel. Como resultado de esta purificación, podemos recibir más de la Luz de inmortalidad; una fuerza continua de renovación infinita.

Si *Pésaj* es acerca de la *calidad* de vida, *Rosh Hashaná* es acerca de la *cantidad* de vida. En *Rosh Hashaná* determinamos y sellamos nuestra porción de vida para el próximo año, así como también establecemos la cantidad de dinero que recibiremos y el número de hijos que tendremos. De este modo, *Rosh Hashaná*

אִשֶּׁה לַיהֹוָ֥הֵ֒אהדונה֒י: 28 וְשׁ֖וֹר אבגית֯ץ, ושׂ֣ר, אהבת חנם א֤וֹ־שֶׂ֣ה אֹת֥וֹ וְאֶת־בְּנ֑וֹ
לֹ֥א תִשְׁחֲט֖וּ בְּי֥וֹם ע״ה = נגד, ז׳ אֶחָֽד: 29 וְכִֽי־תִזְבְּח֥וּ זֶֽבַח־תּוֹדָ֖ה אהבה, דאגה מזבח
לַיהֹוָ֑הֵ֒אהדונה֒י לִֽרְצֹנְכֶ֖ם תִּזְבָּֽחוּ: 30 בַּיּ֤וֹם ע״ה = נגד, ז׳ מזבח הַהוּא֙ יֵֽאָכֵ֔ל
לֹֽא־תוֹתִ֥ירוּ מִמֶּ֖נּוּ עַד־בֹּ֑קֶר אֲנִ֖י יְהֹוָֽהֵ֒אהדונה֒י טדה״ד כו״ו אני: 31 וּשְׁמַרְתֶּם֙
מִצְוֺתַ֔י וַעֲשִׂיתֶ֖ם אֹתָ֑ם אֲנִ֖י טדה״ד כו״ו אני יְהֹוָֽהֵ֒אהדונה֒י: 32 וְלֹ֤א תְחַלְּלוּ֙
אֶת־שֵׁ֣ם יהוה עדי קָדְשִׁ֔י וְנִ֨קְדַּשְׁתִּ֔י בְּת֖וֹךְ בְּנֵ֣י יִשְׂרָאֵ֑ל אֲנִ֥י טדה״ד כו״ו אני
יְהֹוָ֖הֵ֒אהדונה֒י מְקַדִּשְׁכֶֽם: 33 הַמּוֹצִ֤יא אֶתְכֶם֙ מֵאֶ֣רֶץ מִצְרַ֔יִם אלהים דאלפין
מצר לִהְי֥וֹת לָכֶ֖ם לֵֽאלֹהִ֑ים מום, אהיה אדני; ילה אֲנִ֖י טדה״ד כו״ו אני יְהֹוָֽהֵ֒אהדונה֒י:

CUARTA LECTURA – MOSHÉ – NÉTSAJ

23 1 וַיְדַבֵּ֥ר ראה יְהֹוָ֖הֵ֒אהדונה֒י מהע, אל עדי אֶל־מֹשֶׁ֥ה לֵּאמֹֽר: 2 דַּבֵּ֞ר ראה
אֶל־בְּנֵ֤י יִשְׂרָאֵל֙ וְאָמַרְתָּ֣ אֲלֵהֶ֔ם מוֹעֲדֵ֣י יְהֹוָ֔הֵ֒אהדונה֒י אֲשֶׁר־תִּקְרְא֥וּ
אֹתָ֖ם מִקְרָאֵ֣י קֹ֑דֶשׁ אֵ֥לֶּה הֵ֖ם מוֹעֲדָֽי: 3 שֵׁ֣שֶׁת יָמִים֮ תֵּעָשֶׂ֣ה גכך
מְלָאכָה֒ אל אדני וּבַיּ֣וֹם ע״ה = נגד, ז׳ מזבח הַשְּׁבִיעִ֗י שַׁבַּ֤ת שַׁבָּתוֹן֙ מִקְרָא־
קֹ֔דֶשׁ שם ע״ה, יהוה עדי כָּל־מְלָאכָ֖ה אל אדני יל׳ לֹ֣א תַעֲשׂ֑וּ שַׁבָּ֥ת הִוא֙
לַיהֹוָ֔הֵ֒אהדונה֒י בְּכֹ֖ל ב״ן, לכב, יבמ מֽוֹשְׁבֹתֵיכֶֽם: 4 אֵ֚לֶּה מוֹעֲדֵ֣י יְהֹוָ֔הֵ֒אהדונה֒י
מִקְרָאֵ֖י קֹ֑דֶשׁ אֲשֶׁר־תִּקְרְא֥וּ אֹתָ֖ם בְּמוֹעֲדָֽם: 5 בַּחֹ֣דֶשׁ י״ב הוויות הָרִאשׁ֗וֹן
בְּאַרְבָּעָ֥ה עָשָׂ֛ר לַחֹ֖דֶשׁ י״ב הוויות בֵּ֣ין הָעַרְבָּ֑יִם פֶּ֖סַח לַיהֹוָֽהֵ֒אהדונה֒י:

---

nos permite controlar todos los aspectos de lo que ocurrirá en el año por venir. Al caer en la segunda mitad del año del calendario secular, *Rosh Hashaná* es el intervalo de dos días entre las semillas que sembramos anteriormente en *Pésaj* (al inicio de la primera mitad del año) y la manifestación de sus efectos en *Sucot*. En *Rosh Hashaná* podemos retroceder en el tiempo y alterar la causa radical de las cosas de modo que, al momento de regresar al presente, podamos cambiar su efecto.

Una vez que hayamos hecho esos cambios, estamos listos para conectar con el generador que nos dará la electricidad para energizar todas nuestras iniciativas.

⁶ El día quince del mismo mes es la Festividad del Pan Ácimo para el Señor; por siete días comerán pan sin levadura.

⁷ En el primer día tendrán santa convocatoria y no harán ningún trabajo servil.

⁸ Y presentarán al Señor una ofrenda ígnea durante siete días, y el séptimo día es santa convocatoria; no harán ningún trabajo servil".

⁹ Y el Señor habló a Moshé, diciendo: ¹⁰ "Habla a los hijos de Israel y diles: Cuando entren en la tierra que yo les daré y sieguen su mies, traerán al sacerdote una gavilla de los primeros frutos de su cosecha.

¹¹ Y él ondeará la gavilla delante del Señor, a fin de que sea aceptada; el sacerdote la ondeará el día después del Shabat.

¹² El mismo día en que ondeen la gavilla, ofrecerán un cordero de un año sin defecto como holocausto al Señor.

¹³ Y junto con su ofrenda de cereal, la cual será de dos décimas de un efá de flor de harina mezclada con aceite, como ofrenda ígnea para el Señor, un aroma agradable, con su libación, un cuarto de hin de vino.

¹⁴ No comerán pan, ni grano tostado ni espigas frescas hasta ese mismo día en el que traigan la ofrenda a su Dios. Esto es estatuto perpetuo para todas sus generaciones, dondequiera que habiten.

¹⁵ Y contarán siete semanas completas desde el día después del Shabat, el día en que trajeron la ofrenda ondeada.

¹⁶ Contarán cincuenta días hasta el día después del séptimo Shabat; entonces presentarán una nueva ofrenda de cereal al Señor.

¹⁷ De sus moradas traerán dos panes hechos de dos décimas de un efá de flor de harina, amasados con levadura, como ofrenda ondeada de los primeros frutos al Señor.

¹⁸ Presenten este pan con siete corderos de un año sin defecto, un novillo y dos carneros; serán holocausto al Señor, junto con sus ofrendas de cereal y sus libaciones, una ofrenda ígnea, un aroma agradable al Señor.

6 וּבַחֲמִשָּׁה עָשָׂר יוֹם לַחֹדֶשׁ הַזֶּה חַג הַמַּצּוֹת לַיהוָֹהאדניאהדונהי שִׁבְעַת יָמִים מַצּוֹת תֹּאכֵלוּ: 7 בַּיּוֹם הָרִאשׁוֹן מִקְרָא־קֹדֶשׁ יִהְיֶה לָכֶם כָּל־מְלֶאכֶת עֲבֹדָה לֹא תַעֲשׂוּ: 8 וְהִקְרַבְתֶּם אִשֶּׁה לַיהוָֹהאדניאהדונהי שִׁבְעַת יָמִים בַּיּוֹם הַשְּׁבִיעִי מִקְרָא־קֹדֶשׁ כָּל־מְלֶאכֶת עֲבֹדָה לֹא תַעֲשׂוּ: 9 וַיְדַבֵּר יְהוָֹהאדניאהדונהי אֶל־מֹשֶׁה לֵּאמֹר: 10 דַּבֵּר אֶל־בְּנֵי יִשְׂרָאֵל וְאָמַרְתָּ אֲלֵהֶם כִּי־תָבֹאוּ אֶל־הָאָרֶץ אֲשֶׁר אֲנִי נֹתֵן לָכֶם וּקְצַרְתֶּם אֶת־קְצִירָהּ וַהֲבֵאתֶם אֶת־עֹמֶר רֵאשִׁית קְצִירְכֶם אֶל־הַכֹּהֵן: 11 וְהֵנִיף אֶת־הָעֹמֶר לִפְנֵי יְהוָֹהאדניאהדונהי לִרְצֹנְכֶם מִמָּחֳרַת הַשַּׁבָּת יְנִיפֶנּוּ הַכֹּהֵן: 12 וַעֲשִׂיתֶם בְּיוֹם הֲנִיפְכֶם אֶת־הָעֹמֶר כֶּבֶשׂ תָּמִים בֶּן־שְׁנָתוֹ לְעֹלָה לַיהוָֹהאדניאהדונהי: 13 וּמִנְחָתוֹ שְׁנֵי עֶשְׂרֹנִים סֹלֶת בְּלוּלָה בַשֶּׁמֶן אִשֶּׁה לַיהוָֹהאדניאהדונהי רֵיחַ נִיחֹחַ וְנִסְכֹּה יַיִן רְבִיעִת הַהִין: 14 וְלֶחֶם וְקָלִי וְכַרְמֶל לֹא תֹאכְלוּ עַד־עֶצֶם הַיּוֹם הַזֶּה עַד הֲבִיאֲכֶם אֶת־קָרְבַּן אֱלֹהֵיכֶם חֻקַּת עוֹלָם לְדֹרֹתֵיכֶם בְּכֹל מֹשְׁבֹתֵיכֶם: 15 וּסְפַרְתֶּם לָכֶם מִמָּחֳרַת הַשַּׁבָּת מִיּוֹם הֲבִיאֲכֶם אֶת־עֹמֶר הַתְּנוּפָה שֶׁבַע שַׁבָּתוֹת תְּמִימֹת תִּהְיֶינָה: 16 עַד מִמָּחֳרַת הַשַּׁבָּת הַשְּׁבִיעִת תִּסְפְּרוּ חֲמִשִּׁים יוֹם וְהִקְרַבְתֶּם מִנְחָה חֲדָשָׁה לַיהוָֹהאדניאהדונהי: 17 מִמּוֹשְׁבֹתֵיכֶם תָּבִיאוּ לֶחֶם תְּנוּפָה שְׁתַּיִם שְׁנֵי עֶשְׂרֹנִים סֹלֶת תִּהְיֶינָה חָמֵץ תֵּאָפֶינָה בִּכּוּרִים לַיהוָֹהאדניאהדונהי: 18 וְהִקְרַבְתֶּם עַל־הַלֶּחֶם שִׁבְעַת כְּבָשִׂים תְּמִימִם בְּנֵי שָׁנָה וּפַר בֶּן־בָּקָר אֶחָד וְאֵילִם שְׁנָיִם יִהְיוּ עֹלָה לַיהוָֹהאדניאהדונהי וּמִנְחָתָם

¹⁹ También sacrificarán a un macho cabrío como ofrenda por pecado y dos corderos de un año como sacrificio de las ofrendas de paz.

²⁰ El sacerdote ondeará los dos corderos como ofrenda ondeada ante el Señor junto con el pan de los primeros frutos; serán cosa sagrada del Señor para el sacerdote.

²¹ Y en ese mismo día proclamarán una santa convocatoria y no harán ningún trabajo servil. Es estatuto perpetuo para todas sus generaciones, dondequiera que habiten.

²² Y cuando sieguen la mies de su tierra, no segarán hasta el último rincón de ella ni espigarán el sobrante de su mies; los dejarán para el pobre y para el forastero. Yo soy el Señor, su Dios".

QUINTA LECTURA – AHARÓN – HOD

²³ Y el Señor habló a Moshé, diciendo: ²⁴ "Habla a los hijos de Israel y diles: En el primer día del séptimo mes tendrán día solemne de reposo, de santa convocatoria, conmemorada al son de trompetas.

²⁵ No harán ningún trabajo servil y presentarán una ofrenda ígnea al Señor".

²⁶ Y el Señor habló a Moshé, diciendo:

²⁷ "El décimo día de este séptimo mes es el Día de Expiación; será santa convocatoria para ustedes y afligirán sus almas y presentarán una ofrenda ígnea al Señor.

²⁸ Tampoco harán ningún trabajo servil en ese día, porque es Día de Expiación, para hacer expiación por ustedes ante el Señor, su Dios.

²⁹ Todo el que no se aflija en ese día, será cortado de entre su pueblo.

בֶּעָשׂוֹר

Levítico 23:27 nos dice que *Yom Kipur*, el Día de Expiación, es una oportunidad en la cual alcanzamos niveles de iluminación espiritual más altos que en cualquier otro momento del año. En *Yom Kipur* tocamos la *Sefirá* de *Biná*, la dimensión del Árbol de la Vida que nos proporciona toda la energía que necesitamos para manifestar nuestros más profundos anhelos. A través del ayuno y desconectándonos de cualquier aspecto de la fisicalidad, podemos elevar nuestra conciencia cada vez más alto para que podamos atraer todos los tesoros de la vida. Si tuviéramos una vista previa del Cielo por tan sólo un día, ¿nos daríamos la vuelta por un instante a ver algo en la televisión? En *Yom Kipur*, es importante que hagamos cada esfuerzo posible para absorber tanta Luz como podamos.

LA HISTORIA DE EMOR: QUINTA LECTURA — LEVÍTICO

וְנִסְכֵּיהֶם אִשֵּׁה רֵיחַ־נִיחֹחַ לַיהוָֹה‎אדני‎: 19 וַעֲשִׂיתֶם שְׂעִיר־עִזִּים אֶחָד אהבה, דאגה לְחַטָּאת וּשְׁנֵי כְבָשִׂים בְּנֵי שָׁנָה לְזֶבַח שְׁלָמִים:

20 וְהֵנִיף הַכֹּהֵן מלה | אֹתָם עַל לֶחֶם ג"פ יהוה הַבִּכֻּרִים תְּנוּפָה לִפְנֵי וחכמה בינה יְהוָֹה‎אדני‎ עַל־שְׁנֵי כְּבָשִׂים קֹדֶשׁ יִהְיוּ לַיהוָֹה‎אדני‎ לַכֹּהֵן מלה:

21 וּקְרָאתֶם בְּעֶצֶם | הַיּוֹם ע"ה = נגד, זן, מזבח הַזֶּה ע"ה, יהוה שדי מִקְרָא־קֹדֶשׁ יִהְיֶה לָכֶם כָּל ילי ־מְלֶאכֶת עֲבֹדָה לֹא תַעֲשׂוּ חֻקַּת עוֹלָם אהיה דההין בְּכָל ב"ן, לכב, יבמ ־מוֹשְׁבֹתֵיכֶם לְדֹרֹתֵיכֶם: 22 וּבְקֻצְרְכֶם אֶת־קְצִיר אַרְצְכֶם לֹא־תְכַלֶּה נתה, קס"א קנ"א קמ"ג פְּאַת שָׂדְךָ בְּקֻצְרֶךָ וְלֶקֶט קְצִירְךָ לֹא תְלַקֵּט לֶעָנִי ע"ה קס"א וְלַגֵּר תַּעֲזֹב אֹתָם אֲנִי אני, טדה"ד כוז"ו יְהוָֹה‎אדני‎ אֱלֹהֵיכֶם ילה:

QUINTA LECTURA – AHARÓN – HOD

23 וַיְדַבֵּר ראה יְהוָֹה‎אדני‎ אֶל־מֹשֶׁה מהש, אל שדי לֵּאמֹר: 24 דַּבֵּר ראה אֶל־בְּנֵי יִשְׂרָאֵל לֵאמֹר בַּחֹדֶשׁ י"ב הוויות הַשְּׁבִיעִי בְּאֶחָד אהבה, דאגה לַחֹדֶשׁ י"ב הוויות יִהְיֶה לָכֶם שַׁבָּתוֹן זִכְרוֹן ע"ב קס"א נט"י ב"פ תְּרוּעָה מִקְרָא ע"ה, יהוה שדי ־קֹדֶשׁ:

25 כָּל ילי ־מְלֶאכֶת עֲבֹדָה לֹא תַעֲשׂוּ וְהִקְרַבְתֶּם אִשֶּׁה לַיהוָֹה‎אדני‎:

26 וַיְדַבֵּר ראה יְהוָֹה‎אדני‎ אֶל־מֹשֶׁה מהש, אל שדי לֵּאמֹר: 27 אַךְ אהיה בֶּעָשׂוֹר לַחֹדֶשׁ י"ב הוויות הַשְּׁבִיעִי הַזֶּה ע"ה וְהוּ יוֹם ע"ה = נגד, זן, מזבח הַכִּפֻּרִים הוּא מִקְרָא ע"ה, יהוה שדי ־קֹדֶשׁ יִהְיֶה יְהוָֹה ילי לָכֶם וְעִנִּיתֶם אֶת־נַפְשֹׁתֵיכֶם וְהִקְרַבְתֶּם אִשֶּׁה לַיהוָֹה‎אדני‎: 28 וְכָל ילי ־מְלָאכָה אל אדני לֹא תַעֲשׂוּ בְּעֶצֶם הַיּוֹם ע"ה = נגד, זן, מזבח הַזֶּה וְהוּ כִּי יוֹם ע"ה = נגד, זן, מזבח כִּפֻּרִים הוּא לְכַפֵּר מצפץ עֲלֵיכֶם לִפְנֵי וחכמה בינה יְהוָֹה‎אדני‎ אֱלֹהֵיכֶם ילה: 29 כִּי כָל ילי ־הַנֶּפֶשׁ רמ"ח ־ ד' ויות אֲשֶׁר לֹא־תְעֻנֶּה בְּעֶצֶם הַיּוֹם ע"ה וְהוּ, מזבח הַזֶּה וְנִכְרְתָה מֵעַמֶּיהָ:

³⁰ Y cualquiera que haga trabajo alguno en ese día, a esa alma la exterminaré de entre su pueblo. ³¹ No harán trabajo alguno. Es estatuto perpetuo para sus generaciones, dondequiera que habiten. ³² Será un Shabat de reposo solemne para ustedes, y afligirán sus almas; en la tarde del noveno día del mes, de una tarde a otra tarde, guardarán su Shabat".

SEXTA LECTURA –YOSEF– YESOD

³³ Y el Señor habló a Moshé, diciendo:

³⁴ "Habla a los hijos de Israel, y diles: El día quince del séptimo mes es la Fiesta de los Tabernáculos por siete días para el Señor. ³⁵ El primer día es santa convocatoria; no harán ninguna clase de trabajo servil.

³⁶ Durante siete días presentarán al Señor una ofrenda ígnea, y el octavo día será santa convocatoria y presentarán al Señor una ofrenda ígnea; es un día de asamblea solemne. No harán trabajo servil.

³⁷ Estas son las festividades señaladas del Señor que proclamarán como santas convocatorias para presentar ofrendas ígneas al Señor, holocaustos y ofrendas de cereal, sacrificios y libaciones, cada uno en su propio día,

³⁸ además de los Shabatot del Señor, y además de sus dones, y además de todos sus votos y ofrendas voluntarias que den al Señor.

³⁹ El día quince del séptimo mes, después de haber recogido el fruto de la tierra, celebrarán el festival del Señor por siete días; el primer día es un día solemne de reposo y el octavo también es día solemne de reposo.

⁴⁰ Y el primer día tomarán para sí mismos frutos de árboles, hoja de palma, ramas de mirto y sauces del arroyo, y se regocijarán ante del Señor, su Dios, por siete días.

בַּחֲמִשָּׁה עָשָׂר

Levítico 23:34 nos dice que el festival de *Sucot*, el cual activa la Luz de Misericordia, nos da la oportunidad de envolvernos con esta Luz como protección y orientación, para que siempre nos encontremos en el lugar correcto y en el momento correcto. *Sucot* nos da la capacidad de expandir nuestra Luz Circundante —nuestro potencial— incorporando esta Luz en nuestro propio ser. Cada año que participamos en *Sucot*, ampliamos nuestra capacidad de contener más Luz. Posteriormente, siempre y cuando hayamos hecho nuestro trabajo espiritual, *Shminí Atséret* y *Simjat Torá*, las cuales ocurren al finalizar *Sucot*, toman este trabajo interno que hemos estado realizando durante todas las Fiestas Solemnes y crean a partir de éste una fuerza unificada que nos garantizará felicidad para todo el año.

LA HISTORIA DE EMOR: SEXTA LECTURA — LEVÍTICO

30 וְכָל ילי ־הַנֶּפֶשׁ רמ"ח + ד' וויות אֲשֶׁר תַּעֲשֶׂה כָּל ילי ־מְלָאכָה אל אדני בְּעֶצֶם הַיּוֹם ע"ה = נגד, זן, מזבח הַזֶּה והו וויות וְהַאֲבַדְתִּי רמ"ח + ד' וויות אֶת־הַנֶּפֶשׁ הַהִוא מִקֶּרֶב עַמָּהּ: 31 כָּל ילי ־מְלָאכָה אל אדני לֹא תַעֲשׂוּ חֻקַּת עוֹלָם לְדֹרֹתֵיכֶם בְּכֹל ב"ן, לכבד, יבמ מוֹשְׁבֹתֵיכֶם: 32 שַׁבַּת שַׁבָּתוֹן הוּא לָכֶם וְעִנִּיתֶם אֶת־נַפְשֹׁתֵיכֶם בְּתִשְׁעָה לַחֹדֶשׁ י"ב הוויות בָּעֶרֶב רבוע יהוה ורבוע אלהים מֵעֶרֶב רבוע יהוה ורבוע אלהים עַד־עֶרֶב רבוע יהוה ורבוע אלהים תִּשְׁבְּתוּ שַׁבַּתְּכֶם:

SEXTA LECTURA – YOSEF – YESOD

33 וַיְדַבֵּר ראה יְהוָֹהִאדניאהדונהי אֶל־מֹשֶׁה מהש, אל שדי לֵּאמֹר: 34 דַּבֵּר ראה אֶל־בְּנֵי יִשְׂרָאֵל לֵאמֹר בַּחֲמִשָּׁה עָשָׂר יוֹם ע"ה = נגד, זן, מזבח לַחֹדֶשׁ י"ב הוויות הַשְּׁבִיעִי הַזֶּה והו וויות חַג הַסֻּכּוֹת שִׁבְעַת יָמִים נלך לַיהוָֹהִאדניאהדונהי: 35 בַּיּוֹם ע"ה = נגד, זן, מזבח הָרִאשׁוֹן מִקְרָא עם ע"ה, יהוה שדי ־קֹדֶשׁ כָּל ילי ־מְלֶאכֶת עֲבֹדָה לֹא תַעֲשׂוּ: 36 שִׁבְעַת יָמִים נלך תַּקְרִיבוּ אִשֶּׁה לַיהוָֹהִאדניאהדונהי בַּיּוֹם ע"ה = נגד, זן, מזבח הַשְּׁמִינִי מִקְרָא עם ע"ה, יהוה שדי ־קֹדֶשׁ יִהְיֶה ייי לָכֶם וְהִקְרַבְתֶּם אִשֶּׁה לַיהוָֹהִאדניאהדונהי עֲצֶרֶת הִוא כָּל ילי ־מְלֶאכֶת עֲבֹדָה לֹא תַעֲשׂוּ: 37 אֵלֶּה מוֹעֲדֵי יְהוָֹהִאדניאהדונהי אֲשֶׁר־תִּקְרְאוּ אֹתָם מִקְרָאֵי קֹדֶשׁ לְהַקְרִיב אִשֶּׁה לַיהוָֹהִאדניאהדונהי עֹלָה וּמִנְחָה ע"ה ב"פ ב"ן זֶבַח וּנְסָכִים דְּבַר ראה ־יוֹם ע"ה = נגד, זן, מזבח בְּיוֹמוֹ: 38 מִלְּבַד שַׁבְּתֹת יְהוָֹהִאדניאהדונהי וּמִלְּבַד מַתְּנוֹתֵיכֶם וּמִלְּבַד כָּל ילי ־נִדְרֵיכֶם וּמִלְּבַד כָּל ילי ־נִדְבֹתֵיכֶם אֲשֶׁר תִּתְּנוּ לַיהוָֹהִאדניאהדונהי: 39 אַךְ אהיה בַּחֲמִשָּׁה עָשָׂר יוֹם ע"ה = נגד, זן, מזבח לַחֹדֶשׁ י"ב הוויות הַשְּׁבִיעִי בְּאָסְפְּכֶם אֶת־תְּבוּאַת הָאָרֶץ אלהים דההין ע"ה תָּחֹגּוּ אֶת־חַג־יְהוָֹהִאדניאהדונהי שִׁבְעַת יָמִים נלך בַּיּוֹם ע"ה = נגד, זן, מזבח הָרִאשׁוֹן שַׁבָּתוֹן וּבַיּוֹם הַשְּׁמִינִי שַׁבָּתוֹן: 40 וּלְקַחְתֶּם לָכֶם בַּיּוֹם ע"ה = נגד, זן, מזבח הָרִאשׁוֹן פְּרִי ע"ה אלהים דאלפין עֵץ ע"ה קס"א

⁴¹ Celebren esto como festival al Señor por siete días cada año. Es estatuto perpetuo para todas sus generaciones; la celebrarán en el séptimo mes. ⁴² Habitarán en cabañas por siete días; todo nativo de Israel morará en cabañas,

⁴³ para que sus generaciones sepan que Yo hice habitar en cabañas a los hijos de Israel cuando los saqué de la tierra de Egipto. Yo soy el Señor, su Dios". ⁴⁴ Y Moshé declaró a los hijos de Israel las festividades señaladas del Señor.

SÉPTIMA LECTURA – DAVID – MALJUT

24 ¹ Y el Señor habló a Moshé, diciendo: ² "Ordena a los hijos de Israel que te traigan aceite puro de olivas prensadas para el alumbrado, de modo que las lámparas ardan continuamente.

³ Fuera del velo del Testimonio, en la Tienda de Reunión, Aharón las dispondrá para que ardan delante del Señor desde el anochecer hasta el amanecer continuamente; será estatuto perpetuo para todas sus generaciones. ⁴ Él se encargará de que las lámparas del candelabro de oro puro estén continuamente encendidas ante el Señor.

⁵ Y tomarás flor de harina y con ella cocerás doce hogazas, usando dos décimas de efá por cada hogaza.

Levítico 24:2 – Era muy importante encender las velas de la Menorá en el Tabernáculo (y posteriormente en el Templo) porque proporcionaba una conexión tanto física como espiritual con la Luz. El fuego es un puente hacia un nivel más elevado, que representa el potente fuego de los Mundos Superiores; por lo tanto, usamos el fuego físico para atraer fuego espiritual.

Al sacerdote le está ordenado arreglar diariamente las lámparas en el Templo. Hemos explicado esto con relación al candelabro. Este secreto está en la semejanza de arriba, ya que la Luz Celestial en el aceite de ungir primero escurre sobre la cabeza del Sacerdote celestial, EL CUAL ES LAS PRIMERAS TRES SEFIROT DE ZEIR ANPÍN. Entonces él enciende las lámparas, A SABER: LAS SEFIROT DE MALJUT, LAS ILUMINACIONES DEL FUEGO, y las hace que iluminen, como está escrito: "Es como el ungüento precioso sobre la cabeza..." (Salmos 133:2), y: "'...el aceite de ungir de su Señor está sobre él...'" (Levítico 21:12). Así, sólo al sacerdote le está permitido arreglar las lámparas y encenderlas dos veces diarias, para corresponder a la iluminación de unidad QUE OCURRE dos veces, y la ofrenda diaria que es ofrecida dos veces diariamente; todo eso se necesita.

Las velas están brillando dondequiera por medio de los esfuerzos del sacerdote, arriba y abajo, para que haya regocijo y así esa alegría abunde en todas direcciones, A SABER: DERECHA E IZQUIERDA, con el encendido de las lámparas.
— El Zóhar, Emor 2:14-15

הָדָר דֹ"פ ב"ן ע"ה כַּפֹּת תְּמָרִים וַעֲנַף ע"ה קס"א עֵץ ע"ה אלהים רבוע עָבֹת וְעַרְבֵי־נָחַל
וּשְׂמַחְתֶּם וחכמה בינה לִפְנֵי יְהֹוָהאדני֖ אֱלֹהֵיכֶם ילה שִׁבְעַת יָמִים גלך:

41 וְחַגֹּתֶם אֹתוֹ חַג לַיהֹוָהאדני֖ שִׁבְעַת יָמִים גלך בַּשָּׁנָה חֻקַּת עוֹלָם
לְדֹרֹתֵיכֶם בַּחֹדֶשׁ י"ב הוויות הַשְּׁבִיעִי תָּחֹגּוּ אֹתוֹ: 42 בַּסֻּכֹּת סאל תֵּשְׁבוּ
שִׁבְעַת יָמִים גלך כָּל ילי ־הָאֶזְרָח בְּיִשְׂרָאֵל יֵשְׁבוּ בַּסֻּכֹּת סאל: 43 לְמַעַן
יֵדְעוּ דֹרֹתֵיכֶם כִּי בַסֻּכּוֹת הוֹשַׁבְתִּי אֶת־בְּנֵי יִשְׂרָאֵל בְּהוֹצִיאִי אוֹתָם
מֵאֶרֶץ אלהים דאלפין מִצְרָיִם מצר אֲנִי אני, טרה"ד כוז"ו יְהֹוָהאדני֖ אֱלֹהֵיכֶם ילה:

44 וַיְדַבֵּר ראה מֹשֶׁה מהש, אל שדי אֶת־מֹעֲדֵי יְהֹוָהאדני֖ אֶל־בְּנֵי יִשְׂרָאֵל:

SÉPTIMA LECTURA – DAVID – MALJUT

24 1 וַיְדַבֵּר ראה יְהֹוָהאדני֖ אֶל־מֹשֶׁה מהש, אל שדי לֵּאמֹר: 2 צַו פוי אֶת־בְּנֵי
יִשְׂרָאֵל וְיִקְחוּ וחום אֵלֶיךָ אני שֶׁמֶן י"ס טל, ביט כוז"ו זַיִת אלהים אל מצפ"צ י"ס כָּתִית
לַמָּאוֹר לְהַעֲלֹת נֵר יהוה אהיה יהוה אלהים יהוה אדני תָּמִיד ע"ה נתה, קס"א קנ"א קמ"ג: 3 מִחוּץ
לְפָרֹכֶת הָעֵדֻת לאה בְּאֹהֶל מוֹעֵד יַעֲרֹךְ אֹתוֹ אַהֲרֹן ע"ב ורבוע ע"ב מֵעֶרֶב
רבוע יהוה ורבוע אלהים עַד־בֹּקֶר לִפְנֵי וחכמה בינה יְהֹוָהאדני֖ תָּמִיד ע"ה נתה, קס"א קנ"א קמ"ג
חֻקַּת עוֹלָם לְדֹרֹתֵיכֶם: 4 עַל הַמְּנֹרָה הַטְּהֹרָה יַעֲרֹךְ אֶת־הַנֵּרוֹת לִפְנֵי
וחכמה בינה יְהֹוָהאדני֖ תָּמִיד ע"ה נתה, קס"א קנ"א קמ"ג: 5 וְלָקַחְתָּ סֹלֶת וְאָפִיתָ
אֹתָהּ שְׁתֵּים עֶשְׂרֵה חַלּוֹת שְׁנֵי עֶשְׂרֹנִים יִהְיֶה הַחַלָּה להו הָאֶחָת:

וְלָקַחְתָּ

Levítico 24:5 – Las 12 porciones de pan (mencionadas como pan de testimonio) usadas en el Tabernáculo (Mishkán) representan a los 12 signos del Zodíaco. Estas porciones seguían frescas de forma milagrosa, aun después de pasar toda una semana en el Tabernáculo. Esto es porque eran empleadas como herramientas espirituales en vez de como un pan físico. Hoy en día, usamos pan en *Shabat* por la misma razón.

¿Y cómo sabemos que el pan de proposición viene de la mesa del Rey? Porque está escrito: "y me dijo: Esta (heb. zeh) es la mesa que está delante

⁶ Y las colocarás en dos hileras, seis en cada hilera, sobre la mesa de oro puro delante del Señor. ⁷ Y en cada hilera pondrás incienso puro, para que sea porción memorial del pan, una ofrenda ígnea para el Señor.

⁸ Cada Shabat, de forma perenne, se pondrá en orden delante del Señor en nombre de los israelitas; es un pacto eterno.

⁹ Y será para Aharón y para sus hijos, y lo comerán en un lugar santo; porque es lo más sagrado de su porción perpetua en las ofrendas ígneas para el Señor".

¹⁰ Y el hijo de una mujer israelita y un padre egipcio salió entre los hijos de Israel, y el hijo de la israelita y un hombre de Israel lucharon en el campamento.

¹¹ Y el hijo de la israelita blasfemó el Nombre y maldijo, así que lo llevaron a Moshé. Y el nombre de su madre era Shlomit, hija de Dibrí, de la tribu de Dan.

¹² Y lo tuvieron bajo custodia hasta que se les aclarara la voluntad del Señor. ¹³ Entonces el Señor habló a Moshé, diciendo:

¹⁴ "Saca fuera del campamento al que maldijo, y que todos los que lo oyeron pongan las manos sobre la cabeza de él, y que toda la congregación lo apedree. ¹⁵ Y hablarás a los hijos de Israel, diciendo: Si alguien maldice a su Dios, llevará su pecado.

¹⁶ Y cualquiera que blasfeme el Nombre del Señor, ciertamente ha de morir; toda la congregación ciertamente lo apedreará. Tanto el forastero como el nativo, cuando blasfeme el Nombre, ha de morir.

¹⁷ Y si alguien quita la vida de ser humano, ciertamente ha de morir. ¹⁸ Y el que quite la vida a un animal lo restituirá; vida por vida. ¹⁹ Y si un hombre hiere a su prójimo, según hizo así se le hará:

---

de HaShem" (Yejezkel 41:22), Y EL VALOR NUMÉRICO DE zeh se refiere a los doce semblantes. Además, quien puede hacerlo, debe arreglar y establecer en su mesa cuatro barras de pan en cada comida de Shabat, lo cual en tres comidas HACE DOCE BARRAS, QUE SON los doce semblantes.
— El Zóhar, Pinjás 91:618

Levítico 24:10 – Moshé mató al egipcio usando la secuencia de los 72 Nombres de Dios que elimina la negatividad (Caf, Hei, Tav). Dado que el hombre estaba lleno de negatividad pura, una vez que la Luz de este Nombre eliminó toda su negatividad, no quedaba nada más de él y, por lo tanto, murió. No debe sorprender que el hijo del egipcio era negativo; unos padres negativos afectan a sus hijos de forma desfavorable, ya que los hijos contienen una parte del alma de sus padres.

En realidad este pasaje trata acerca de la blasfemia, y la verdad sobre la blasfemia es que cuando combatimos la Luz de Dios dentro de nosotros, no nos queda nada de valor. Con nuestra blasfemia extinguimos la fuerza misma que nos mantiene vivos.

LA HISTORIA DE EMOR: SÉPTIMA LECTURA — LEVÍTICO

6 וְשַׂמְתָּ אוֹתָם שְׁתַּיִם מַעֲרָכוֹת שֵׁשׁ הַמַּעֲרָכֶת עַל הַשֻּׁלְחָן הַטָּהֹר
לִפְנֵי יְהוָֹ֖אהדונהי: 7 וְנָתַתָּ עַל־הַמַּעֲרֶכֶת לְבֹנָה זַכָּה
וְהָיְתָה לַלֶּחֶם לְאַזְכָּרָה אִשֶּׁה לַיהוָֹ֖אהדונהי: 8 בְּיוֹם
הַשַּׁבָּת בְּיוֹם הַשַּׁבָּת יַעַרְכֶנּוּ לִפְנֵי יְהוָֹ֖אהדונהי תָּמִיד
מֵאֵת בְּנֵי־יִשְׂרָאֵל בְּרִית עוֹלָם: 9 וְהָיְתָה לְאַהֲרֹן
וּלְבָנָיו וַאֲכָלֻהוּ בְּמָקוֹם קָדֹשׁ כִּי קֹדֶשׁ קָדָשִׁים הוּא לוֹ מֵאִשֵּׁי
יְהוָֹ֖אהדונהי חָק־עוֹלָם: 10 וַיֵּצֵא בֶּן־אִשָּׁה יִשְׂרְאֵלִית וְהוּא בֶּן־אִישׁ
מִצְרִי בְּתוֹךְ בְּנֵי יִשְׂרָאֵל וַיִּנָּצוּ בַּמַּחֲנֶה בֶּן הַיִּשְׂרְאֵלִית
וְאִישׁ הַיִּשְׂרְאֵלִי: 11 וַיִּקֹּב בֶּן־הָאִשָּׁה הַיִּשְׂרְאֵלִית אֶת־הַשֵּׁם
וַיְקַלֵּל וַיָּבִיאוּ אֹתוֹ אֶל־מֹשֶׁה וְשֵׁם אִמּוֹ שְׁלֹמִית
בַּת־דִּבְרִי לְמַטֵּה־דָן: 12 וַיַּנִּיחֻהוּ בַּמִּשְׁמָר לִפְרֹשׁ לָהֶם עַל־פִּי
יְהוָֹ֖אהדונהי: 13 וַיְדַבֵּר יְהוָֹ֖אהדונהי אֶל־מֹשֶׁה לֵּאמֹר:
14 הוֹצֵא אֶת־הַמְקַלֵּל אֶל־מִחוּץ לַמַּחֲנֶה וְסָמְכוּ כָל־הַשֹּׁמְעִים
אֶת־יְדֵיהֶם עַל־רֹאשׁוֹ וְרָגְמוּ אֹתוֹ כָּל־הָעֵדָה: 15 וְאֶל־בְּנֵי יִשְׂרָאֵל
תְּדַבֵּר לֵאמֹר אִישׁ אִישׁ כִּי־יְקַלֵּל אֱלֹהָיו וְנָשָׂא
חֶטְאוֹ: 16 וְנֹקֵב שֵׁם־יְהוָֹ֖אהדונהי מוֹת יוּמָת רָגוֹם יִרְגְּמוּ־בוֹ כָּל־
הָעֵדָה כַּגֵּר כָּאֶזְרָח בְּנָקְבוֹ־שֵׁם יוּמָת: 17 וְאִישׁ
כִּי יַכֶּה כָּל־נֶפֶשׁ אָדָם מוֹת יוּמָת: 18 וּמַכֵּה נֶפֶשׁ־
בְּהֵמָה יְשַׁלְּמֶנָּה נֶפֶשׁ תַּחַת נָפֶשׁ: 19 וְאִישׁ
כִּי־יִתֵּן מוּם בַּעֲמִיתוֹ כַּאֲשֶׁר עָשָׂה כֵּן יֵעָשֶׂה לּוֹ:

Rabí Jiyá dijo: "Quien maldice a su Dios" es dicho en general, sin especificar. Tal hombre ciertamente "cargará su pecado" Y NO SERÁ CASTIGADO. Pero "'el que blasfema el Nombre de Dios, será ciertamente condenado a muerte'", porque éste es la fuente para la Fe de todos. No le está permitido pedir nada para sí mismo. No PUEDE ALEGAR QUE SE REFERÍA A OTRO DIOS.
— El Zóhar, Emor 43:322

²⁰ *fractura por fractura, ojo por ojo, diente por diente; según la lesión que haya hecho a otro, así se le hará.*

MAFTIR

²¹ *Y el que mate un animal, lo restituirá, y el que mate a un hombre ha de morir.*

²² *Deben tener la misma ley tanto para el forastero como para el nativo, porque Yo soy el Señor, su Dios".*

²³ *Y Moshé habló a los hijos de Israel, y ellos sacaron al blasfemo fuera del campamento y lo apedrearon. Y los hijos de Israel hicieron tal como el Señor había mandado a Moshé.*

HAFTARÁ DE EMOR

La *Haftará* de Emor habla acerca de la vestimenta de lino que los *Cohanim* usaban para servir en el Tabernáculo. Aprendemos que, antes de que regresaran al público general, ellos se quitaban estas vestimentas y usaban otra ropa. Ellos usaban lino debido a su poder especial para protegerlos

EZEQUIEL 44:15-31

44 ¹⁵ *"Pero los sacerdotes levitas, hijos de Tsadok, que se ocupaban de guardar Mi Santuario cuando los hijos de Israel se alejaron de Mí, se acercarán a Mí para oficiar ante Mí, y estarán delante de Mí para ofrecerme la grosura y la sangre; declara el Señor, Dios.*

שֶׁבֶר תַּחַת שֶׁבֶר

Levítico 24:20 – La famosa frase de "ojo por ojo" está en esta sección. El *Zóhar* revela que "ojo por ojo" no se trata de venganza o represalia.

El cosmos se ocupa de la justicia; no es una responsabilidad humana. Si alguien tiene un dolor de cualquier clase durante este tiempo de vida, el dolor es un resultado directo de lo que ha hecho en esta vida o en una vida anterior.

LA HISTORIA DE EMOR: MAFTIR Y HAFTARÁ

20 עָ֚בֶר תַּ֣חַת עֶ֔בֶר עַ֚יִן תַּ֣חַת עַ֔יִן שֵׁ֖ן תַּ֣חַת שֵׁ֑ן כַּאֲשֶׁ֨ר יִתֵּ֥ן מוּם֙ בָּֽאָדָ֔ם כֵּ֖ן יִנָּ֥תֶן בּֽוֹ׃

MAFTIR

21 וּמַכֵּ֥ה בְהֵמָ֖ה יְשַׁלְּמֶ֑נָּה וּמַכֵּ֥ה אָדָ֖ם יוּמָֽת׃ 22 מִשְׁפַּ֤ט אֶחָד֙ יִהְיֶ֣ה לָכֶ֔ם כַּגֵּ֥ר כָּאֶזְרָ֖ח יִהְיֶ֑ה כִּ֛י אֲנִ֥י יְהֹוָ֖האדניאלהינו אֱלֹהֵיכֶֽם׃ 23 וַיְדַבֵּ֣ר מֹשֶׁה֮ אֶל־בְּנֵ֣י יִשְׂרָאֵל֒ וַיּוֹצִ֣יאוּ אֶת־הַֽמְקַלֵּ֗ל אֶל־מִחוּץ֙ לַֽמַּחֲנֶ֔ה וַיִּרְגְּמ֥וּ אֹת֖וֹ אָ֑בֶן וּבְנֵֽי־יִשְׂרָאֵ֣ל עָשׂ֔וּ כַּֽאֲשֶׁ֛ר צִוָּ֥ה יְהֹוָ֖האדניאלהינו אֶת־מֹשֶֽׁה׃

HAFTARÁ DE EMOR

de la negatividad, incluyendo el mal de ojo. Hoy en día, en *Shabat*, los kabbalistas usan lino para protegerse durante las oraciones y mientras están generando su energía para la semana siguiente.

יחזקאל פרק 44, פסוקים 15-31

44 15 וְהַכֹּהֲנִ֣ים הַלְוִיִּ֣ם בְּנֵ֣י צָד֡וֹק אֲשֶׁר֩ שָׁמְר֨וּ אֶת־מִשְׁמֶ֤רֶת מִקְדָּשִׁי֙ בִּתְע֤וֹת בְּנֵֽי־יִשְׂרָאֵל֙ מֵֽעָלַ֔י הֵ֛מָּה יִקְרְב֥וּ אֵלַ֖י לְשָֽׁרְתֵ֑נִי וְעָמְד֣וּ לְפָנַ֗י לְהַקְרִ֥יב לִ֛י חֵ֥לֶב וָדָ֖ם נְאֻ֥ם אֲדֹנָ֖י יְהֹוִֽהאדניאלהינו׃

Siempre hay justicia a nivel espiritual pero, a veces, requiere más de un tiempo de vida para que se ejecute. Esta es la Ley Universal de Causa y Efecto.

¹⁶ Ellos entrarán en Mi Santuario y se acercarán a Mi mesa para oficiar ante Mí y guardar Mis ordenanzas.

¹⁷ Y será que cuando entren por las puertas del atrio interior, se pondrán vestiduras de lino; no usarán lana mientras estén sirviendo en las puertas del atrio interior y dentro de él.

¹⁸ Usarán turbantes de lino sobre sus cabezas y calzoncillos de lino sobre sus lomos; no se ceñirán de nada que los haga sudar.

¹⁹ Y cuando salgan al atrio exterior, al atrio exterior donde está el pueblo, se quitarán las vestiduras con que oficiado y las dejarán en las cámaras sagradas, y se pondrán otras vestiduras a fin de no santificar al pueblo con sus vestiduras.

²⁰ No rasurarán sus cabezas ni se dejarán crecer el cabello; sólo se cortarán el pelo de su cabeza.

²¹ Ningún sacerdote beberá vino cuando entre al atrio interior.

²² No tomarán por mujer ni a viuda ni a divorciada, sino que tomarán a una virgen de la estirpe de la casa de Israel, o a una viuda que sea viuda de sacerdote.

²³ Y enseñarán a Mi pueblo a discernir entre lo sagrado y lo común, y harán que ellos sepan distinguir entre lo inmundo y lo limpio.

²⁴ Y ante una controversia actuarán como jueces; juzgarán conforme a Mis Ordenanzas. Y guardarán Mis Leyes y Mis Estatutos en todas Mis Festividades Señaladas, y santificarán Mis Shabatot.

²⁵ Y no se acercarán ninguna persona muerta para no contaminarse; pero por el padre, la madre, el hijo, la hija, el hermano, la hermana que no tenga esposo, sí podrán contaminarse.

²⁶ Y después de haberse purificado, se le contarán siete días.

²⁷ Y el día que entre en el Santuario, en el atrio interior, para oficiar en el Santuario, ofrecerá su ofrenda por pecado; dice el Señor, Dios.

²⁸ Y acerca de la heredad para ellos: Yo soy su heredad y no les darán posesión en Israel; Yo soy su posesión.

²⁹ Comerán la ofrenda de cereal, la ofrenda por pecado y la ofrenda por culpa; toda cosa consagrada en Israel será de ellos.

³⁰ Y las primicias de todos los primeros frutos de todo y de toda clase de ofrenda de sus ofrendas serán para los sacerdotes; también entregarán al sacerdote las primicias de sus masas para que haga reposar una bendición sobre la casa de ustedes.

LA HISTORIA DE EMOR: MAFTIR Y HAFTARÁ

16 הֵ֙מָּה֙ יָבֹ֣אוּ אֶל־מִקְדָּשִׁ֔י וְהֵ֛מָּה יִקְרְב֥וּ אֶל־שֻׁלְחָנִ֖י לְשָׁרְתֵ֑נִי וְשָׁמְר֖וּ אֶת־מִשְׁמַרְתִּֽי: 17 וְהָיָ֗ה בְּבוֹאָם֙ אֶל־שַׁעֲרֵי֙ הֶחָצֵ֣ר הַפְּנִימִ֔ית בִּגְדֵ֥י פִשְׁתִּ֖ים יִלְבָּ֑שׁוּ וְלֹֽא־יַעֲלֶ֤ה עֲלֵיהֶם֙ צֶ֔מֶר בְּשָֽׁרְתָם֙ בְּשַׁעֲרֵי֙ הֶחָצֵ֣ר הַפְּנִימִ֖ית וָבָֽיְתָה: 18 פַּאֲרֵ֤י פִשְׁתִּים֙ יִהְי֣וּ עַל־רֹאשָׁ֔ם וּמִכְנְסֵ֣י פִשְׁתִּ֔ים יִהְי֖וּ עַל־מָתְנֵיהֶ֑ם לֹ֥א יַחְגְּר֖וּ בַּיָּֽזַע: 19 וּ֠בְצֵאתָם אֶל־הֶחָצֵ֨ר הַחִיצוֹנָ֜ה אֶל־הֶחָצֵ֣ר הַחִיצוֹנָה֮ אֶל־הָעָם֒ יִפְשְׁט֣וּ אֶת־בִּגְדֵיהֶ֗ם אֲשֶׁר־הֵ֙מָּה֙ מְשָׁרְתִ֣ם בָּ֔ם וְהִנִּ֥יחוּ אוֹתָ֖ם בְּלִֽשְׁכֹ֣ת הַקֹּ֑דֶשׁ וְלָֽבְשׁוּ֙ בְּגָדִ֣ים אֲחֵרִ֔ים וְלֹֽא־יְקַדְּשׁ֥וּ אֶת־הָעָ֖ם בְּבִגְדֵיהֶֽם: 20 וְרֹאשָׁם֙ לֹ֣א יְגַלֵּ֔חוּ וּפֶ֖רַע לֹ֣א יְשַׁלֵּ֑חוּ כָּס֥וֹם יִכְסְמ֖וּ אֶת־רָאשֵׁיהֶֽם: 21 וְיַ֥יִן לֹֽא־יִשְׁתּ֖וּ כָּל־כֹּהֵ֑ן בְּבוֹאָ֖ם אֶל־הֶחָצֵ֥ר הַפְּנִימִֽית: 22 וְאַלְמָנָ֤ה וּגְרוּשָׁה֙ לֹֽא־יִקְח֥וּ לָהֶ֖ם לְנָשִׁ֑ים כִּ֣י אִם־בְּתוּלֹ֗ת מִזֶּ֙רַע֙ בֵּ֣ית יִשְׂרָאֵ֔ל וְהָֽאַלְמָנָה֙ אֲשֶׁ֣ר תִּֽהְיֶ֣ה אַלְמָנָ֔ה מִכֹּהֵ֖ן יִקָּֽחוּ: 23 וְאֶת־עַמִּ֣י יוֹר֔וּ בֵּ֥ין קֹ֖דֶשׁ לְחֹ֑ל וּבֵֽין־טָמֵ֥א לְטָה֖וֹר יוֹדִעֻֽם: 24 וְעַל־רִ֗יב הֵ֚מָּה יַעַמְד֣וּ לְמִשְׁפָּ֔ט בְּמִשְׁפָּטַ֖י יִשְׁפְּטֻ֑הוּ וְאֶת־תּוֹרֹתַ֤י וְאֶת־חֻקֹּתַי֙ בְּכָל־מוֹעֲדַ֣י יִשְׁמֹ֔רוּ וְאֶת־שַׁבְּתוֹתַ֖י יְקַדֵּֽשׁוּ: 25 וְאֶל־מֵ֣ת אָדָ֔ם לֹ֥א יָב֖וֹא לְטָמְאָ֑ה כִּ֣י אִם־לְאָ֡ב וּ֠לְאֵם וּלְבֵ֨ן וּלְבַ֜ת לְאָ֧ח וּלְאָח֛וֹת אֲשֶֽׁר־לֹא־הָיְתָ֥ה לְאִ֖ישׁ יִטַּמָּֽאוּ: 26 וְאַחֲרֵ֖י טָהֳרָת֑וֹ שִׁבְעַ֥ת יָמִ֖ים יִסְפְּרוּ־לֽוֹ: 27 וּבְיוֹם֩ בֹּא֨וֹ אֶל־הַקֹּ֜דֶשׁ אֶל־הֶחָצֵ֤ר הַפְּנִימִית֙ לְשָׁרֵ֣ת בַּקֹּ֔דֶשׁ יַקְרִ֖יב חַטָּאת֑וֹ נְאֻ֖ם אֲדֹנָ֥י יֱהֹוִֽה: 28 וְהָיְתָ֤ה לָהֶם֙ לְֽנַחֲלָ֔ה אֲנִ֖י נַחֲלָתָ֑ם וַאֲחֻזָּ֗ה לֹֽא־תִתְּנ֤וּ לָהֶם֙ בְּיִשְׂרָאֵ֔ל אֲנִ֖י אֲחֻזָּתָֽם: 29 הַמִּנְחָה֙ וְהַחַטָּ֣את וְהָאָשָׁ֔ם הֵ֖מָּה יֹֽאכְל֑וּם וְכָל־חֵ֥רֶם בְּיִשְׂרָאֵ֖ל לָהֶ֥ם יִהְיֶֽה: 30 וְרֵאשִׁ֣ית כָּל־בִּכּוּרֵ֣י כֹ֗ל וְכָל־תְּרוּמַ֣ת כֹּ֗ל מִכֹּל֙ תְּרוּמ֣וֹתֵיכֶ֔ם לַכֹּהֲנִ֖ים יִהְיֶ֑ה וְרֵאשִׁ֣ית

³¹ Los sacerdotes no comerán nada que haya muerto por sí mismo o haya sido despedazado, de ninguna ave ni de ningún animal".

עֲרִסוֹתֵיכֶם תִּתְּנוּ לַכֹּהֵן מלה לְהָנִיחַ בְּרָכָה אֶל־בֵּיתֶךָ ב״פ ראה: 31 כָּל יל׳ נְבֵלָה ב״פ רבוע יהוה וּטְרֵפָה מִן־הָעוֹף ג״פ ב״ז, יוסף, ציון וּמִן־הַבְּהֵמָה ב״ז, לכב, יבמ לֹא יֹאכְלוּ הַכֹּהֲנִים מלה:

BEHAR

LA LECCIÓN DE BEHAR
(Levítico 25:1-26:2)

Antes de que podamos comenzar a preguntar qué podemos hacer para garantizar que sólo tengamos bendiciones y no maldiciones en nuestra vida, debemos entender por completo lo que son las bendiciones y maldiciones verdaderamente. Sabemos que la maldición más poderosa del Satán es la tristeza, porque es una negación directa de la Esencia de Dios, la cual es dicha pura. Lo difícil es que todos en el mundo creen que saben lo que es la felicidad. Parece muy sencillo: *Cualquiera que obtenga lo que desea en la vida es feliz.* Debido a esta creencia, pensamos que cualquier persona con poder, dinero o influencias debe ser feliz. Constantemente escuchamos: "¡Ellos tienen mucho dinero... se van de vacaciones a lugares lejanos en su jet privado... qué vidas tan fabulosas tienen... eso es felicidad verdadera!". Pero, si observamos con atención, entre las personas más adineradas vemos a las más tristes, amargadas y llenas de problemas. Probablemente muchos nunca viven un momento de felicidad en todo el año, ¡excepto posiblemente cuando duermen!

Ahora podemos ver cuán superficial es nuestra perspectiva acerca de la felicidad. Si queremos encontrar gente verdaderamente feliz, cada uno de nosotros debe buscar en su interior. No debemos examinar a nuestros amigos o familiares en búsqueda de una respuesta. Sólo porque alguien tenga ciertas cosas no quiere decir que sea feliz. Cuando afirmamos que sabemos lo que es la felicidad, estamos hablando de la felicidad momentánea y efímera; cuando, en realidad, de lo que queremos saber es acerca de la felicidad que viven aquellas personas cuyos rostros brillan todo el tiempo, que no necesitan cosas físicas que les brinden dicha. Por supuesto, estas mismas personas van al cine y compran objetos personales, pero no es eso lo que les trae felicidad.

Rav Berg ha hablado de las personas que van a los bares los viernes en la noche. Van a un bar, se quedan un rato, luego van a otro bar, y después a otro y otro más; deben moverse toda la noche. Si no están disfrutando, ¿por qué siguen yendo de un bar a otro? Somos individuos que disfrutamos las cosas por un instante pero, cuando el placer acaba, buscamos otra cosa que nos dé placer, después otra, y así sucesivamente.

Al igual que el final de una película: el momento de entretenimiento termina, el placer se va. La felicidad no se queda con nosotros, así que mañana necesitaremos ver otra película. Pero lo que realmente estamos buscando es felicidad verdadera, no la felicidad que hoy está y mañana desaparece. Casi cada momento de placer en este mundo es momentáneo y temporal.

La verdad es que todo este mundo es demasiado acelerado. Todo lo que deseamos debe llegar a nosotros de forma inmediata, de lo contrario estamos irritables o furiosos. Parece imposible encontrar la felicidad duradera en un mundo así. Cada vez que sale algo nuevo, todos corren a buscarlo. Cuando desaparece, otra cosa toma su lugar y, nuevamente, corremos tras de ella. Computadores nuevos, programas nuevos, videojuegos nuevos; todos quieren ser el primero en tenerlo, verlo y usarlo. Y después de una semana, la tendencia pasa. La gente cree que estas cosas les traerán felicidad, pero sabemos que esto no es cierto porque no correríamos tras el segundo objeto si el primero nos hubiese dado felicidad duradera. Y el mismo principio funciona con los alimentos: el sabor desaparece casi inmediatamente e, igual de rápido, el cuerpo inicia el proceso de eliminación. Este caso es ejemplificado en la forma en que comemos las semillas de girasol: antes de que siquiera terminemos de masticar lo que tenemos en la boca, ya estamos abriendo la cáscara siguiente.

Si les preguntamos a los ricos —aquéllos que pueden despilfarrar el dinero sin sentir ninguna ansiedad— acerca de la felicidad, ¿qué responderían? "No somos felices y no hemos encontrado lo que estamos buscando en la vida". Afortunadamente, no ocurre de esa manera con todos, pero la mayoría de las personas adineradas experimentan problemas, sin importar cuánto dinero poseen.

Si les preguntamos a las personas moderadamente acomodadas —aquéllas que no tienen todo el dinero que quieren, pero no les falta nada de todas maneras—, con frecuencia vemos personas muy trabajadoras que desean más, a pesar de que tengan todo lo que verdaderamente necesitan. Usualmente, estos individuos están tan ocupados tratando de hacer dinero que, finalmente, no tienen el tiempo para disfrutar del dinero que han hecho. ¿Qué clase de felicidad puede ser esa?

Y si les preguntamos a los trabajadores pobres —aquéllos que apenas llegan a fin de mes y quienes difícilmente tienen suficiente para comer— si son felices, ¿qué responderían? Trabajan todo el día, a veces por las noches y, no obstante, se dan cuenta que se encuentran en el fondo de la escala económica a pesar de que trabajan más arduamente que todos. Ellos están seguros de que los empleadores ricos son felices mientras que ellos, los empleados, son los individuos menos felices del mundo.

Parece como si nadie en este mundo pudiera encontrar la felicidad. Así que nos debemos preguntar cómo puede ser posible que Dios haya creado el mundo de tal manera que nadie pueda ser feliz y todos sufran. Sin embargo, sabemos que esto es imposible porque el Creador creó este mundo sólo para que nosotros y el resto de la Creación obtuviéramos placer en él. ¿Cómo podemos corregir todo esto de modo que nuestra tristeza sea reemplazada con felicidad? Primero tenemos que entender que la Fuente de toda felicidad es el Creador. Dios diseñó el camino para que nosotros alcancemos la felicidad pero, para poder entender esto realmente, también es importante entender la maldición del Satán; la maldición que pone límites a nuestra felicidad y placer en esta vida. ¿Dónde está el problema? Debe estar dentro de nosotros, ya que el Creador no tiene defectos y creó el mundo a perfección; nosotros somos quienes destruimos la creación de este mundo perfecto.

SINOPSIS DE BEHAR

Behar significa "en la montaña". En este capítulo, "en la montaña" se refiere al Monte Sinaí, el cual es una de las montañas más pequeñas del mundo en realidad. Los sabios enseñan que debido a que el Monte Sinaí es tan pequeño, espiritualmente representa una falta de ego. Cuando se les preguntó a todas las montañas por qué debían ser escogidas para la inmensa revelación de Luz que tuvo lugar en la entrega de los Diez Enunciados, todas éstas dieron grandes razones por las cuales debían ser escogidas. El Monte Sinaí, al no tener ego, estaba dispuesto a ser escogido pero no se sentía merecedor de ese honor; por lo tanto, se le otorgó la enorme dádiva de ser el lugar de la Revelación. Cuando conectamos con este capítulo en particular, tenemos una oportunidad de hacer una conexión con la energía del Monte Sinaí mediante la renuncia a nuestro ego.

PRIMERA LECTURA – AVRAHAM – JÉSED

25 ¹ Y el Señor habló a Moshé en el Monte Sinaí, diciendo: ² "Habla a los hijos de Israel y diles: Cuando entren a la tierra que Yo les daré, la tierra guardará un Shabat para el Señor.

³ Por seis años sembrarás la tierra y por seis años podarás tu viña y recogerás sus frutos.

⁴ Pero el séptimo año será un Shabat de solemne descanso para la tierra, un Shabat para el Señor; no sembrarás tu campo ni podarás tu viña.

⁵ No segarás lo que crezca espontáneamente de tu cosecha ni vendimiarás tu viña silvestre; será un año de descanso solemne para la tierra.

⁶ Lo que la tierra produzca durante el Shabat será alimento para ustedes: para ti, tus siervos, tus siervas, tu jornalero y al extranjero que reside contigo, ⁷ también para tu ganado y los animales que están en tu tierra, todo lo que la tierra produzca podrá comerse.

COMENTARIO DEL RAV

La Torá nos enseña que el mundo de caos es *Maljut* (la Realidad Ilusoria del 1 Por Ciento) y el mundo de dicha y felicidad es *Zeir Anpín* (la Realidad del 99 Por Ciento). La mente es ilimitada, pero el cuerpo es limitado. Cuando observamos el caos, siempre está relacionado con la realidad física. La pobreza es falta de dinero; la enfermedad está relacionada con un cuerpo afligido; una mala relación tiene que ver con otra persona.

La verdadera lección del Monte Sinaí es la realidad de la mente sobre la materia, no "No robarás" ni el resto de los Diez Enunciados. Durante miles de años, se nos ha dicho "No robarás", ¿pero han dejado de ocurrir robos? Se nos ha dicho "No matarás", ¿pero han dejado de ocurrir asesinatos en los últimos diez años? No, el Monte Sinaí trata acerca de la mente sobre la materia; que yo puedo lograr cualquier cosa hacia la cual dirijo mi mente, siempre y cuando use las reglas y trabaje arduamente.

La incertidumbre es el principal obstáculo para alcanzar la mente sobre la materia. Si no estamos seguros de que nuestra salud será restaurada, que nuestra relación problemática puede ser sanada y que el dinero puede ser ganado, entonces nuestros problemas —nuestro caos— no será remediado. Sin embargo, si tenemos la certeza de que las cosas pueden ser restauradas, sanadas, curadas, entonces la certeza causará que la mente sobre la materia se manifieste al final; a pesar de los aparentes altibajos en el proceso. Todas las clases de caos pueden cambiar: de eso consiste la Torá.

La religión y la moralidad no son de lo que se trataba el Monte Sinaí. Se trataba de la espiritualidad. Y, según el *Zóhar*, la espiritualidad es una cosa: *Zeir Anpín*, conectar con la Realidad del 99 Por Ciento y no con la ilusión del 1 Por Ciento.

PRIMERA LECTURA – AVRAHAM – JÉSED

25 1 וַיְדַבֵּר ראה יְהֹוָה אהדונהי אֶל־מֹשֶׁה מהש, אל שדי בְּהַר אור, רז, אין סוף סִינַי
נמם, ה״פ יהוה לֵאמֹר׃ 2 דַּבֵּר ראה אֶל־בְּנֵי יִשְׂרָאֵל וְאָמַרְתָּ אֲלֵהֶם כִּי
תָבֹאוּ אֶל־הָאָרֶץ אלהים דההין ע״ה אֲשֶׁר אֲנִי אני, טדה״ד כוז״ו נֹתֵן אבג״ית״ץ, ושר, אהבת חנם
לָכֶם וְשָׁבְתָה הָאָרֶץ אלהים דההין ע״ה שַׁבָּת לַיהוָה אהדונהי׃ 3 שֵׁשׁ שָׁנִים
תִּזְרַע שָׂדֶךָ וְשֵׁשׁ שָׁנִים תִּזְמֹר כַּרְמֶךָ וְאָסַפְתָּ אֶת־תְּבוּאָתָהּ׃
4 וּבַשָּׁנָה הַשְּׁבִיעִת **שַׁבַּת שַׁבָּתוֹן** יִהְיֶה יי לָאָרֶץ אלהים דאלפין שַׁבָּת
לַיהוָה אהדונהי שָׂדְךָ לֹא תִזְרָע וְכַרְמְךָ לֹא תִזְמֹר׃ 5 אֵת סְפִיחַ
קְצִירְךָ לֹא תִקְצוֹר וְאֶת־עִנְּבֵי נְזִירֶךָ לֹא תִבְצֹר שְׁנַת שַׁבָּתוֹן יִהְיֶה
יי לָאָרֶץ אלהים דאלפין׃ 6 וְהָיְתָה שַׁבַּת הָאָרֶץ אלהים דההין ע״ה לָכֶם לְאָכְלָה
לְךָ וּלְעַבְדְּךָ וְלַאֲמָתֶךָ וְלִשְׂכִירְךָ וּלְתוֹשָׁבְךָ הַגָּרִים עִמָּךְ ה׳ הויות, נמם׃
7 וְלִבְהֶמְתְּךָ וְלַחַיָּה אֲשֶׁר בְּאַרְצֶךָ תִּהְיֶה כָל ילי ־תְּבוּאָתָהּ לֶאֱכֹל׃

שַׁבַּת שַׁבָּתוֹן

Levítico 25:4 Hay una *shemitá*, o período sabático, cada siete años en Israel. Así como la gente "descansa" del trabajo duro de la semana en Shabat, el séptimo día, la tierra de Israel debe desconectar del mundo de *Maljut* (el mundo físico) cada séptimo año. Por lo tanto, cada siete años, la tierra de Israel no puede ser labrada. El *Zóhar* explica que Israel es el corazón del cuerpo del mundo.

> *...Esto debe ser así porque el Santísimo, bendito sea Él, hizo a Yisrael el corazón del mundo entero, y la relación de Yisrael con las otras naciones es esa del corazón con las otras partes del cuerpo. Y así como las otras partes del cuerpo no duran, ni por un momento, sin el corazón, así es que ninguna de las otras naciones del mundo puede existir sin Yisrael. Yerushaláyim, también tiene la misma relación con los otros países, siendo como el corazón a las partes del cuerpo, que es el porqué está en el centro del mundo entero así como el corazón está en el centro de los miembros.*
>
> *— El Zóhar, Pinjás 25:152*

Cuando Israel cuida de sí misma, beneficia al resto del mundo. De la misma manera, a nosotros no nos conviene tener una conexión constante con *Maljut* (la fisicalidad); también necesitamos una conexión con la Realidad del 99 Por Ciento de Luz espiritual. Esta es la realidad mayor que no podemos percibir desde el punto de vista limitado de nuestros cinco sentidos terrenales, los cuales sólo pueden percibir la Realidad Ilusoria del 1 Por Ciento, el mundo físico. Shabat es nuestra oportunidad de desconectar de este mundo físico de modo que podamos ser elevados a la realidad espiritual.

⁸ Y contarás siete Shabatot de años, siete años siete veces, de modo que los siete Shabatot de años den un total de cuarenta y nueve años.

⁹ Entonces harás sonar el toque del cuerno por todos lados para proclamar en el décimo día del séptimo mes; en el Día de Expiación proclamarán con el cuerno por toda su tierra.

¹⁰ Y consagrarán el quincuagésimo año y proclamarán libertad en la tierra para todos sus habitantes, será un jubileo para ustedes; y deberán devolver a cada hombre sus pertenencias personales y regresar cada hombre a su familia.

¹¹ El quincuagésimo año será jubileo para ustedes: no sembrarán, ni segarán lo que brote espontáneamente, ni vendimiarán sus viñas silvestres.

¹² Porque es jubileo y será santo para ustedes; comerán solamente lo que es tomado directamente de los campos. ¹³ En este Año de Jubileo todos volverán a su propia posesión.

EN AÑO BISIESTO: SEGUNDA LECTURA –YITSJAK– GUEVURÁ

¹⁴ Y en toda venta o compra que hagas a tu prójimo, no se timarán entre sí, ¹⁵ Comprarás de tu prójimo conforme al número de años después del Jubileo, y él te venderá conforme al número de años de cosecha. ¹⁶ Según el número de años aumentarás su precio y, si son pocos los años, disminuirás su precio; porque lo que te está vendiendo es el número de cosechas.

שְׁנַת הַחֲמִשִּׁים

Levítico 25:10 – Hay un *yovel*, o jubileo, después de cada 49 años (es decir, al final de siete ciclos de *shemitá*, 7 x 7 = 49). Por lo tanto, cada quincuagésimo año la tierra de Israel no puede ser labrada. Desconectar de *Maljut* cada siete años es importante, pero la conexión del quincuagésimo año es aún más vital, dado que conecta con Biná. En nuestra vida personal, para poder conectar con la energía y conciencia de Biná es necesario desconectar de este mundo de la fisicalidad. Por consiguiente, debemos hacer verdaderos sacrificios que nos ayuden a transformarnos y elevarnos, porque este es el momento y la manera en la que podemos conectar con la Realidad del 99 Por Ciento.

"'Y consagrarán el año quincuagésimo… será el año del Jubileo para ustedes…'" (Vayikrá 25:10). ¿Qué es un Jubileo (heb. yovel)? Esto está de acuerdo con las palabras: "'… y que extiende sus raíces junto al río…'" (Yirmiyá 17:8). Porque jubileo significa un río detrás del río, que es Ima, que sale, fluye y emerge ininterruptidamente al Jardín, que es Maljut.
— El Zóhar, Haazinu: 86

8 וְסָפַרְתָּ לְךָ שֶׁבַע שַׁבְּתֹת שָׁנִים שֶׁבַע שָׁנִים שֶׁבַע פְּעָמִים וְהָיוּ לְךָ יְמֵי שֶׁבַע שַׁבְּתֹת הַשָּׁנִים תֵּשַׁע וְאַרְבָּעִים שָׁנָה: 9 וְהַעֲבַרְתָּ שׁוֹפַר תְּרוּעָה בַּחֹדֶשׁ הַשְּׁבִעִי בֶּעָשׂוֹר לַחֹדֶשׁ בְּיוֹם הַכִּפֻּרִים תַּעֲבִירוּ שׁוֹפָר בְּכָל־אַרְצְכֶם: 10 וְקִדַּשְׁתֶּם אֵת שְׁנַת הַחֲמִשִּׁים שָׁנָה וּקְרָאתֶם דְּרוֹר בָּאָרֶץ לְכָל־יֹשְׁבֶיהָ יוֹבֵל הִוא תִּהְיֶה לָכֶם וְשַׁבְתֶּם אִישׁ אֶל־אֲחֻזָּתוֹ וְאִישׁ אֶל־מִשְׁפַּחְתּוֹ תָּשֻׁבוּ: 11 יוֹבֵל הִוא שְׁנַת הַחֲמִשִּׁים שָׁנָה תִּהְיֶה לָכֶם לֹא תִזְרָעוּ וְלֹא תִקְצְרוּ אֶת־סְפִיחֶיהָ וְלֹא תִבְצְרוּ אֶת־נְזִרֶיהָ: 12 כִּי יוֹבֵל הִוא קֹדֶשׁ תִּהְיֶה לָכֶם מִן־הַשָּׂדֶה תֹּאכְלוּ אֶת־תְּבוּאָתָהּ: 13 בִּשְׁנַת הַיּוֹבֵל הַזֹּאת תָּשֻׁבוּ אִישׁ אֶל־אֲחֻזָּתוֹ:

EN AÑO BISIESTO: SEGUNDA LECTURA –YITSJAK– GUEVURÁ

14 וְכִי־תִמְכְּרוּ מִמְכָּר לַעֲמִיתֶךָ אוֹ קָנֹה מִיַּד עֲמִיתֶךָ אַל־תּוֹנוּ אִישׁ אֶת־אָחִיו: 15 בְּמִסְפַּר שָׁנִים אַחַר הַיּוֹבֵל תִּקְנֶה מֵאֵת עֲמִיתֶךָ בְּמִסְפַּר שְׁנֵי־תְבוּאֹת יִמְכָּר־לָךְ: 16 לְפִי | רֹב הַשָּׁנִים תַּרְבֶּה מִקְנָתוֹ וּלְפִי מְעֹט הַשָּׁנִים תַּמְעִיט מִקְנָתוֹ כִּי

תָּשֻׁבוּ

Levítico 25:10 – En Israel, cada 50 años los derechos de tierra regresan a sus dueños originales. Después de que los israelitas se establecieron allí, la tierra de Israel fue dividida en 12 partes para las 12 tribus. Sin importar quién había comprado la tierra, no había una verdadera transferencia de propiedad, ya que la propiedad siempre regresaba a la tribu. Metafóricamente, la tierra no es sólo un lugar en el cual vivimos sino, también, toda una nueva encarnación. Cada vez que nos mudamos a una casa nueva o cambiamos la ciudad en la que vivimos, adquirimos parte del *tikún* o corrección de esa tierra. Cuando nos mudamos o hacemos grandes cambios en nuestra vida, también debemos esperar que ocurran cosas nuevas y diferentes.

17 No se timen entre sí, sino tengan temor a su Dios. Yo soy el Señor, su Dios.

18 Cumplirán Mis Estatutos y guardarán Mis Ordenanzas, y habitarán seguros en la tierra.

EN AÑO BISIESTO: TERCERA LECTURA –YAAKOV– TIFÉRET
CUANDO ESTÁN CONECTADAS: SEGUNDA LECTURA –YITSJAK– GUEVURÁ

19 Y tierra dará su fruto, y comerán su porción y habitarán en ella con seguridad. 20 Y si dicen: ¿Qué comeremos el séptimo año si no sembramos ni recogemos nuestras cosechas?', 21 entonces Yo entonces les enviaré tal bendición en el sexto año que la tierra producirá fruto suficiente para tres años.

22 Y sembrarán en el octavo año, y todavía podrán comer cosas de la cosecha anterior hasta el noveno año, cuando venga la cosecha del noveno año.

23 Y la tierra no se venderá en forma permanente, pues la tierra es Mía y ustedes son sólo forasteros y peregrinos para conmigo. 24 Y por toda tierra de su posesión otorgarán redención.

EN AÑO BISIESTO: CUARTA LECTURA – MOSHÉ – NÉTSAJ

25 Si uno de tus conterráneos llega a ser pobre y tiene que vender parte de su posesión, su pariente más cercano vendrá y redimirá lo que su hermano haya vendido.

מַה־נֹּאכַל

Levítico 25:20 – El pueblo se preguntaba qué comerían en el séptimo año cuando se les ordenó que no labraran la tierra. Existe una relación inversamente proporcional entre la cantidad de energía que invertimos intentando mantener el control de todo y la cantidad de control que realmente logramos mantener. Esto se debe a que solamente a través de la entrega —mediante abandonar nuestro control— es que adquirimos verdadero control. Cuanto más dejamos ir nuestros deseos e intenciones egoístas, más abarcamos en todos los aspectos de nuestra vida.

יָמוּךְ

Levítico 25:25 – Aquí la Biblia dice: "Si tu hermano se vuelve pobre…". Usa la palabra "hermano" para recordarnos que todos somos uno, que la pobreza de nuestro hermano es nuestra propia pobreza. El *Zóhar* dice que todos

מִסְפַּ֥ר תְּבוּאֹ֖ת ה֣וּא מֹכֵ֣ר לָֽךְ׃ 17 וְלֹ֤א תוֹנוּ֙ אִ֣ישׁ ע"ה קנ"א קס"א אֶת־עֲמִית֔וֹ
וְיָרֵ֖אתָ מֵֽאֱלֹהֶ֑יךָ יל"ה כִּ֛י אֲנִ֥י אני, טדה"ד כוז"ו יְהֹוָ֥ה (אהדונהי אדני) אֱלֹהֵיכֶֽם יל"ה׃
18 וַעֲשִׂיתֶם֙ אֶת־חֻקֹּתַ֔י וְאֶת־מִשְׁפָּטַ֥י תִּשְׁמְר֖וּ וַעֲשִׂיתֶ֣ם אֹתָ֑ם וִֽישַׁבְתֶּ֥ם
עַל־הָאָ֖רֶץ אלהים דההין ע"ה לָבֶֽטַח׃

EN AÑO BISIESTO: TERCERA LECTURA –YAAKOV– TIFÉRET
CUANDO ESTÁN CONECTADAS: SEGUNDA LECTURA –YITSJAK– GUEVURÁ

19 וְנָתְנָ֤ה הָאָ֙רֶץ֙ אלהים דההין ע"ה פִּרְיָ֔הּ וַאֲכַלְתֶּ֖ם לָשֹׂ֑בַע ע"ב ואלהים דיודין וִֽישַׁבְתֶּ֥ם
לָבֶ֖טַח עָלֶֽיהָ פהל׃ 20 וְכִ֣י תֹאמְר֔וּ מַה־נֹּאכַ֖ל בַּשָּׁנָ֣ה הַשְּׁבִיעִ֑ת הֵ֚ן לֹ֣א
נִזְרָ֔ע וְלֹ֥א נֶאֱסֹ֖ף אֶת־תְּבוּאָתֵֽנוּ׃ 21 וְצִוִּ֤יתִי אֶת־בִּרְכָתִי֙ לָכֶ֔ם בַּשָּׁנָ֖ה
הַשִּׁשִּׁ֑ית וְעָשָׂת֙ אֶת־הַתְּבוּאָ֔ה לִשְׁלֹ֖שׁ הַשָּׁנִֽים׃ 22 וּזְרַעְתֶּ֗ם אֵ֚ת הַשָּׁנָ֣ה
הַשְּׁמִינִ֔ת וַאֲכַלְתֶּ֖ם מִן־הַתְּבוּאָ֣ה יָשָׁ֑ן עַ֣ד ׀ הַשָּׁנָ֣ה הַתְּשִׁיעִ֗ת עַד־בּוֹא֙
תְּב֣וּאָתָ֔הּ תֹּאכְל֖וּ יָשָֽׁן׃ 23 וְהָאָ֗רֶץ אלהים דההין ע"ה לֹ֤א תִמָּכֵר֙ לִצְמִתֻ֔ת כִּי־לִ֖י
הָאָ֑רֶץ אלהים דההין ע"ה כִּֽי־גֵרִ֧ים וְתוֹשָׁבִ֛ים אַתֶּ֖ם עִמָּדִֽי׃ 24 וּבְכֹ֖ל ב"ן, לכב, יבמ
אֶ֣רֶץ אלהים דאלפין אֲחֻזַּתְכֶ֑ם גְּאֻלָּ֖ה מ"ה תִּתְּנ֥וּ לָאָֽרֶץ אלהים דאלפין׃

EN AÑO BISIESTO: CUARTA LECTURA – MOSHÉ – NÉTSAJ

25 כִּֽי־יָמ֣וּךְ אָחִ֔יךָ וּמָכַ֖ר מֵאֲחֻזָּת֑וֹ וּבָ֤א גֹֽאֲלוֹ֙ הַקָּרֹ֣ב אֵלָ֔יו וְגָאַ֕ל

somos uno solo, y si otra persona siente dolor, todos nosotros deberíamos sentir dolor. Rav Yitsjak Luria (el Arí) escribió:

> Los seis preceptos positivos en la letra Vav son los siguientes: 1) "… y tu hermano vivirá contigo" (Levítico 25:36), lo cual está relacionado con la caridad. Quiere decir que debes buscar los medios para que tu hermano viva contigo y pueda sustentarse…
> — Kitvéi HaArí, Los escritos del Arí, Las puertas de la reencarnación, 17ma Introducción: 4

²⁶ Y si un hombre no tiene redentor, pero prospera por sus propios medios y adquiere suficiente riqueza para redimirlo, ²⁷ entonces determinará el valor según los años desde que la vendió y devolverá el resto al hombre a quien había vendido la tierra; y, entonces, podrá volver a su propiedad.

²⁸ Pero si no ha hallado medios suficientes para recobrarla por sí mismo, entonces lo que ha vendido permanecerá en manos del comprador hasta el Año de Jubileo, y en el Jubileo le será regresada y podrá regresar a su propiedad.

EN AÑO BISIESTO: QUINTA LECTURA – AHARÓN – HOD
CUANDO ESTÁN CONECTADAS: TERCERA LECTURA – YAAKOV – TIFÉRET

²⁹ Y si un hombre vende una casa en una ciudad amurallada, tiene derecho a redención todo un año a partir de su venta; durante ese tiempo, podrá redimirla. ³⁰ Si no es redimida antes de que pase todo un año, entonces dicha casa que está en la ciudad amurallada pertenecerá perpetuamente a su comprador y toda su descendencia; no será regresada en el Jubileo.

³¹ Pero las casas de las aldeas que no tienen muro alrededor serán consideradas como campo abierto; pueden ser redimidas y serán regresadas en el Jubileo. ³² Pero con respecto a las ciudades de los levitas, las casas de las ciudades de su posesión, ellos siempre tendrán el derecho a redimir sus casas.

³³ Y si un hombre hace una compra a un levita, la casa que fue vendida en la ciudad de su posesión será devuelta en el Jubileo, porque las casas de las ciudades de los levitas son su propiedad entre los hijos de Israel.

³⁴ Pero las tierras de pasto alrededor de las ciudades no se venderán porque son su propiedad permanente. ³⁵ Y si uno de tus hermanos empobrece y no puede sustentarse, lo ayudarás como a forastero y a peregrino, para que viva contigo.

וְעָרֵי הַלְוִיִּם

Levítico 25:32 – En la época del Templo, los levitas no tenían posesiones. Ellos estaban conectados a Dios, era casi como si estuviesen viviendo solamente en la Realidad Espiritual del 99 Por Ciento. Hoy en día, tenemos que vivir en el Mundo Ilusorio del 1 Por Ciento de nuestra limitada percepción física, pero podemos seguir conectados al 99 Por Ciento. En la ausencia del Templo, depende de nosotros ser un *Cohén* y un levita, de modo que podamos conectar con la Luz nosotros mismos y, aun así, estar en equilibrio con el mundo físico.

"Ahora, en este mundo, ellos comen de los frutos del Árbol de la Vida. ¿Y quién es ése, esto es: esa área que está para ser encontrada por el pobre? Es el secreto de

LA HISTORIA DE BEHAR: EN AÑO BISIESTO QUINTA LECTURA — LEVÍTICO

עֲ״ב ורבוע אלהים אֶת־מִמְכַּר אֲחֻזָּתוֹ: 26 וְאִישׁ ע״ה קנ״א קס״א כִּי לֹא יִהְיֶה־לּוֹ גֹּאֵל
עֲ״ב ורבוע אלהים וְהִשִּׂיגָה יָדוֹ וּמָצָא כְּדֵי גְאֻלָּתוֹ: 27 וְחִשַּׁב אֶת־שְׁנֵי מִמְכָּרוֹ
וְהֵשִׁיב אֶת־הָעֹדֵף לָאִישׁ ע״ה קנ״א קס״א אֲשֶׁר מָכַר־לוֹ וְשָׁב לַאֲחֻזָּתוֹ:
28 וְאִם ע״ה מ״ב יוהך לֹא־מָצְאָה יָדוֹ דֵּי הָשִׁיב לוֹ וְהָיָה יהוה מִמְכָּרוֹ בְּיַד
הַקֹּנֶה ע״ה = יוסף, ציון, ר״פ יהוה אֹתוֹ עַד שְׁנַת הַיּוֹבֵל וְיָצָא בַּיֹּבֵל וְשָׁב לַאֲחֻזָּתוֹ:

EN AÑO BISIESTO: QUINTA LECTURA – AHARÓN – HOD
CUANDO ESTÁN CONECTADAS: TERCERA LECTURA – YAAKOV – TIFÉRET

29 וְאִישׁ ע״ה קנ״א קס״א כִּי־יִמְכֹּר בֵּית ב״פ ראה ־מוֹשַׁב עִיר בוזוך, ערי, סנדלפון
חוֹמָה וְהָיְתָה גְּאֻלָּתוֹ עַד־תֹּם י״פ רבוע אהיה שְׁנַת מִמְכָּרוֹ יָמִים צלך תִּהְיֶה
גְאֻלָּתוֹ: 30 וְאִם יוהך, ע״ה מ״ב לֹא־יִגָּאֵל עַד־מְלֹאת לוֹ שָׁנָה תְמִימָה
וְקָם הַבַּיִת ב״פ ראה אֲשֶׁר־בָּעִיר בוזוך, ערי, סנדלפון אֲשֶׁר־לוֹ (כתיב: לא) וְחֹמָה
לַצְּמִיתֻת לַקֹּנֶה ע״ה = יוסף, ציון, ר״פ יהוה אֹתוֹ לְדֹרֹתָיו לֹא יֵצֵא בַּיֹּבֵל: 31 וּבָתֵּי
הַחֲצֵרִים אֲשֶׁר אֵין־לָהֶם חֹמָה סָבִיב עַל־שְׂדֵה הָאָרֶץ אלהים דההין ע״ה
יֵחָשֵׁב גְּאֻלָּה מ״ה תִּהְיֶה־לּוֹ וּבַיֹּבֵל יֵצֵא: 32 וְעָרֵי עֲרֵי הַלְוִיִּם בָּתֵּי עָרֵי
אֲחֻזָּתָם גְּאֻלַּת עוֹלָם תִּהְיֶה לַלְוִיִּם: 33 וַאֲשֶׁר יִגְאַל מִן־הַלְוִיִּם וְיָצָא
מִמְכַּר־בַּיִת ב״פ ראה וְעִיר בוזוך, ערי, סנדלפון אֲחֻזָּתוֹ בַּיֹּבֵל כִּי בָתֵּי עָרֵי
הַלְוִיִּם הִוא אֲחֻזָּתָם בְּתוֹךְ בְּנֵי יִשְׂרָאֵל: 34 וּשְׂדֵה מִגְרַשׁ עָרֵיהֶם לֹא
יִמָּכֵר כִּי־אֲחֻזַּת עוֹלָם אהיה דההין הוּא לָהֶם: 35 וְכִי־יָמוּךְ אָחִיךָ וּמָטָה
יָדוֹ עִמָּךְ וְהֶחֱזַקְתָּ ה׳ הויות, נמם בּוֹ גֵּר ב״ן קנ״א וְתוֹשָׁב וָחַי עִמָּךְ ה׳ הויות, נמם:

Maljut, quien es llamada "pobre", dado que ella no contiene nada propio excepto lo que Zeir Anpín le provee. Y ella, Maljut, es llamada el fruto del árbol que está dentro del Jardín. Y por lo tanto, ellos comen de ese fruto, que es Maljut, en el mundo"
— Zóhar Jádash, Behar 3:12

36 No tendrás otras intenciones ni te aprovecharás de él, sino que temerás a tu Dios, para que tu hermano viva contigo.

37 No le prestarás tu dinero a interés, ni tus víveres con ganancia.

38 Yo soy el Señor, su Dios, quien los sacó de la tierra de Egipto para darles la tierra de Canaán y para ser su Dios".

EN AÑO BISIESTO: SEXTA LECTURA – YOSEF – YESOD
CUANDO ESTÁN CONECTADAS: CUARTA LECTURA – MOSHÉ – NÉTSAJ

39 Y si uno de tus hermanos llega empobrece y se vende a sí mismo a ti, no lo someterás a trabajo de esclavo. 40 Él será tratado como asalariado o peregrino; él te servirá hasta el Año de Jubileo.

41 Entonces él y sus hijos serán libres, y regresará a su propia familia y a la propiedad de sus padres.

42 Porque ellos son Mis siervos, a quienes saqué de la tierra de Egipto; no serán vendidos como esclavos.

43 No los tratarás con severidad, sino que temerás a tu Dios. 44 Y en cuanto a los esclavos y esclavas que puedas tener de las naciones vecinas; de ellos podrás adquirir esclavos.

45 Asimismo, podrás adquirirlos de los hijos de los extranjeros que residen entre ustedes y de los parientes de las familias que están en tu tierra; éstos pueden ser de tu propiedad.

46 Puedes destinarlos a tus hijos como herencia y hacerlos esclavos por siempre; pero no debes tratar con severidad a un hermano israelita.

נֶשֶׁךְ וְתַרְבִּית

Levítico 25:36 – Aprendemos aquí que nunca debemos aprovecharnos de una persona afligida. No tenemos que ayudar a todos, pero nunca debemos usar el infortunio de alguien en su contra. En cuanto a nosotros, todos estamos "carentes" en algún aspecto de nuestra vida; pero si hablamos con envidia de aquello que los demás poseen, terminaremos aún con menos.

וְנִמְכַּר־לָךְ

Levítico 25:39 – En este versículo se trata la disposición de los esclavos, pero nunca

36 אַל־תִּקַּ֤ח רבוע אהיה דאלפין נֶ֙שֶׁךְ֙ ע״י וְתַרְבִּ֔ית מֵאִתּ֔וֹ וְיָרֵ֖אתָ מֵאֱלֹהֶ֑יךָ ילה וְחֵ֥י ע״ה אָחִ֖יךָ עִמָּֽךְ ה׳ הויות, נמם: 37 אֶ֨ת־כַּסְפְּךָ֔ לֹֽא־תִתֵּ֥ן ב״פ כהת ל֖וֹ בְּנֶ֑שֶׁךְ ע״י וּבְמַרְבִּ֖ית לֹא־תִתֵּ֥ן ב״פ כהת אָכְלֶֽךָ: 38 אֲנִ֗י אני, טדה״ד כוז״ו יְ֠הֹוָ֠ה יאהדונהי אֱלֹֽהֵיכֶ֔ם ילה אֲשֶׁר־הוֹצֵ֥אתִי אֶתְכֶ֖ם מֵאֶ֣רֶץ אלהים דאלפין מִצְרָ֑יִם מצר לָתֵ֤ת לָכֶם֙ אֶת־אֶ֣רֶץ אלהים דאלפין כְּנַ֔עַן לִהְי֥וֹת לָכֶ֖ם לֵאלֹהִֽים מום, אהיה אדני, ילה:

EN AÑO BISIESTO: SEXTA LECTURA – YOSEF – YESOD
CUANDO ESTÁN CONECTADAS: CUARTA LECTURA – MOSHÉ – NÉTSAJ

39 וְכִֽי־יָמ֥וּךְ אָחִ֛יךָ עִמָּ֖ךְ ה׳ הויות, נמם וְנִמְכַּר־לָ֑ךְ לֹא־תַעֲבֹ֥ד בּ֖וֹ עֲבֹ֥דַת עָֽבֶד: 40 כְּשָׂכִ֥יר כְּתוֹשָׁ֖ב יִהְיֶ֣ה ייי עִמָּ֑ךְ ה׳ הויות, נמם עַד־שְׁנַ֥ת הַיֹּבֵ֖ל יַעֲבֹ֥ד עִמָּֽךְ ה׳ הויות, נמם: 41 וְיָצָא֙ מֵֽעִמָּ֔ךְ ה׳ הויות, נמם ה֖וּא וּבָנָ֣יו עִמּ֑וֹ וְשָׁב֙ אֶל־מִשְׁפַּחְתּ֔וֹ וְאֶל־אֲחֻזַּ֥ת אֲבֹתָ֖יו יָשֽׁוּב: 42 כִּֽי־עֲבָדַ֣י הֵ֔ם אֲשֶׁר־הוֹצֵ֥אתִי אֹתָ֖ם מֵאֶ֣רֶץ אלהים דאלפין מִצְרָ֑יִם מצר לֹ֥א יִמָּכְר֖וּ מִמְכֶּ֥רֶת עָֽבֶד: 43 לֹא־תִרְדֶּ֥ה ב֖וֹ בְּפָ֑רֶךְ וְיָרֵ֖אתָ מֵאֱלֹהֶֽיךָ ילה: 44 וְעַבְדְּךָ֥ פוי וַאֲמָתְךָ֖ אֲשֶׁ֣ר יִהְיוּ־לָ֑ךְ אל מֵאֵ֣ת הַגּוֹיִ֗ם אֲשֶׁר֙ סְבִיבֹ֣תֵיכֶ֔ם מֵהֶ֥ם תִּקְנ֖וּ עֶ֥בֶד וְאָמָֽה: 45 וְ֠גַ֠ם יג"ל מִבְּנֵ֨י הַתּוֹשָׁבִ֜ים הַגָּרִ֣ים עִמָּכֶ֗ם מֵהֶ֤ם תִּקְנוּ֙ וּמִמִּשְׁפַּחְתָּם֙ אֲשֶׁ֣ר עִמָּכֶ֔ם אֲשֶׁ֥ר הוֹלִ֖ידוּ בְּאַרְצְכֶ֑ם וְהָי֥וּ לָכֶ֖ם לַֽאֲחֻזָּֽה: 46 וְהִתְנַחַלְתֶּ֨ם אֹתָ֜ם לִבְנֵיכֶ֤ם אַחֲרֵיכֶם֙ לָרֶ֣שֶׁת אֲחֻזָּ֔ה לְעֹלָ֖ם בָּהֶ֣ם תַּעֲבֹ֑דוּ וּבְאַ֨חֵיכֶ֤ם בְּנֵֽי־יִשְׂרָאֵל֙ אִ֣ישׁ בְּאָחִ֔יו לֹֽא־תִרְדֶּ֥ה ב֖וֹ בְּפָֽרֶךְ:

---

debemos siquiera contemplar la idea de tener posesión sobre otras personas. Si alguien trabaja para nosotros, no debemos sentirnos como su amo. Todos somos independientes y, aun así, interdependientes. Nunca debe haber un momento en el que se permita ser dueño de otro individuo; ni los padres deberían tener una sensación de propiedad sobre sus hijos.

EN AÑO BISIESTO: SÉPTIMA LECTURA – DAVID – MALJUT

⁴⁷ *Y si un forastero o peregrino que vive entre ustedes se enriquece, y se empobrece un hermano tuyo que está con él y se vende a dicho extranjero o a uno de su familia,*

⁴⁸ *él tendrá derecho de redención después de ser vendido; uno de sus hermanos podrá redimirlo:* ⁴⁹ *o su tío o el hijo de su tío podrán redimirlo; o un pariente consanguíneo en su familia podrá redimirlo; o si prospera, él mismo podrá redimirse.*

⁵⁰ *Y él y su comprador contarán desde el año en que se vendió hasta el Año de Jubileo, y el precio de su liberación corresponderá al salario que se le pagó como jornalero durante dicho número de años.*

⁵¹ *Y si aún le quedan muchos años, debe pagar su redención por un precio mayor que el precio por el que fue comprado.*

⁵² *Y si sólo quedan pocos años hasta el Año de Jubileo, debe calcular la cantidad de años y pagar su redención según esa cantidad.*

⁵³ *Será tratado como como si fuese un asalariado que se contrata año por año; debe garantizarse que su amo no lo trate despiadadamente.*

⁵⁴ *Y si no es redimido por ninguno de estos medios, aún él y sus hijos serán liberados en el Año del Jubileo,*

EN AÑO BISIESTO: MAFTIR

⁵⁵ *porque los hijos de Israel me pertenecen como siervos; siervos Míos son, a quienes saqué de la tierra de Egipto. Yo soy el Señor, su Dios.*

26 ¹ *No se harán ídolos, ni erigirán imágenes esculpidas ni pilares, ni pondrán en su tierra piedra tallada para inclinarse ante ella; porque Yo soy el Señor, su Dios.*

² *Guardarán Mis Shabatot y tendrán en reverencia Mi Santuario. Yo soy el Señor".*

Levítico 25:48 – Si vemos que otra persona es tratada como esclava, ya sea físicamente o espiritualmente, tenemos la responsabilidad de intervenir. La esclavitud es algo tan incorrecto que no sólo debemos evitar practicarla, sino que también debemos tomar medidas en contra cuando vemos que es ejercida.

EN AÑO BISIESTO: SÉPTIMA LECTURA – DAVID – MALJUT

47 וְכִ֣י תַשִּׂ֗יג יַ֣ד גֵּ֤ר בּ״ן קנ״א וְתוֹשָׁב֙ עִמָּ֔ךְ ה׳ הוויות, נגמ= וּמָ֥ךְ אָחִ֖יךָ עִמּ֑וֹ וְנִמְכַּ֗ר לְגֵר֙ בּ״ן קנ״א תּוֹשָׁב֙ עִמָּ֔ךְ ה׳ הוויות, נגמ= א֥וֹ לְעֵ֖קֶר מִשְׁפַּ֥חַת גֵּֽר בּ״ן קנ״א׃ 48 אַחֲרֵ֣י נִמְכַּ֔ר גְּאֻלָּ֖ה מ״ה תִּֽהְיֶה־לּ֑וֹ אֶחָ֥ד מֵאֶחָ֖יו אהבה, דאגה יִגְאָלֶֽנּוּ׃ 49 אוֹ־דֹד֞וֹ אוֹ בֶן־דֹּד֣וֹ יִגְאָלֶ֗נּוּ אֽוֹ־מִשְּׁאֵ֧ר ג׳ מוזין דאלהים דקטנות בְּשָׂר֛וֹ מִמִּשְׁפַּחְתּ֖וֹ יִגְאָלֶ֑נּוּ אֽוֹ־הִשִּׂ֥יגָה יָד֖וֹ וְנִגְאָֽל׃ 50 וְחִשַּׁב֙ עִם־קֹנֵ֔הוּ מִשְּׁנַת֙ הִמָּ֣כְרוֹ ל֔וֹ עַ֖ד שְׁנַ֣ת הַיֹּבֵ֑ל וְהָיָ֞ה יהוה כֶּ֤סֶף מִמְכָּרוֹ֙ בְּמִסְפַּ֣ר שָׁנִ֔ים כִּימֵ֥י שָׂכִ֖יר יִהְיֶ֥ה עִמּֽוֹ׃ 51 אִם־ע״ה מ״ב יהוה ע״ה עוֹד רַבּ֖וֹת בַּשָּׁנִ֑ים לְפִיהֶן֙ יָשִׁ֣יב גְּאֻלָּת֔וֹ מִכֶּ֖סֶף מִקְנָתֽוֹ׃ 52 וְאִם־ע״ה מ״ב יהוה מְעַ֞ט נִשְׁאַ֧ר בַּשָּׁנִ֛ים עַד־שְׁנַ֥ת הַיֹּבֵ֖ל וְחִשַּׁב־ל֑וֹ כְּפִ֣י שָׁנָ֔יו יָשִׁ֖יב אֶת־גְּאֻלָּתֽוֹ׃ 53 כִּשְׂכִ֥יר שָׁנָ֛ה בְּשָׁנָ֖ה יהוה יִהְיֶ֣ה עִמּ֑וֹ לֹֽא־יִרְדֶּ֥נּֽוּ בְּפֶ֖רֶךְ לְעֵינֶֽיךָ׃ ע״ה קס״א 54 וְאִם־ע״ה מ״ב יהוה לֹ֥א יִגָּאֵ֖ל בְּאֵ֑לֶּה וְיָצָא֙ בִּשְׁנַ֣ת הַיֹּבֵ֔ל ה֖וּא וּבָנָ֥יו עִמּֽוֹ׃

EN AÑO BISIESTO: MAFTIR

55 כִּֽי־לִ֤י בְנֵֽי־יִשְׂרָאֵל֙ עֲבָדִ֔ים עֲבָדַ֣י הֵ֔ם אֲשֶׁר־הוֹצֵ֥אתִי אוֹתָ֖ם מֵאֶ֣רֶץ אלהים דאלפין מִצְרָ֑יִם מצר אֲנִ֖י אני, טדה״ד כוז״ו יְהוָ֥הֿאדניאהדונהי אֱלֹהֵיכֶֽם יל״ה׃ 1 לֹֽא־תַעֲשׂ֨וּ לָכֶ֜ם אֱלִילִ֗ם וּפֶ֤סֶל וּמַצֵּבָה֙ לֹֽא־תָקִ֣ימוּ לָכֶ֔ם וְאֶ֣בֶן מַשְׂכִּ֗ית לֹ֤א תִתְּנוּ֙ בְּאַרְצְכֶ֔ם לְהִֽשְׁתַּחֲוֺ֖ת עָלֶ֑יהָ פה״ל כִּ֛י אֲנִ֥י אני, טדה״ד כוז״ו יְהוָ֖הֿאדניאהדונהי אֱלֹהֵיכֶֽם יל״ה׃ 2 אֶת־שַׁבְּתֹתַ֣י תִּשְׁמֹ֔רוּ וּמִקְדָּשִׁ֖י תִּירָ֑אוּ אֲנִ֥י אני, טדה״ד כוז״ו יְהוָֽהֿאדניאהדונהי׃

EN AÑO BISIESTO: HAFTARÁ DE BEHAR

Dios dijo al profeta Yirmiyahu que tomara una porción de tierra y la declarara su propiedad, a pesar de que la ciudad en la que él vivía estaba bajo la amenaza latente de ser conquistada por los caldeos.

Hay un relato que nos ayuda a comprender este concepto. Un hombre se detuvo en medio de la lluvia para rezar bajo la protección de un castillo. Después de su oración, la edificación colapsó. Entonces, el hombre dijo que el castillo había sido creado con el único propósito de proporcionar refugio para que él hiciera esa sola oración.

JEREMÍAS 32:6-27

32 ⁶ Y Yirmiyahu dijo: Vino a mí la palabra del Señor, diciendo:

⁷ "He aquí, Janamel, hijo de tu tío Salum, viene a ti diciendo: 'Compra el campo que tengo en Anatot, pues tuyo es el derecho de redención para comprarlo'".

⁸ Y vino a mí Janamel, hijo de mi tío, al patio de la guardia conforme a la palabra del Señor y me dijo: "Te ruego que compres el campo que tengo en Anatot, que está en la tierra de Binyamín, porque tú tienes el derecho de heredad; cómpralo para ti". Entonces supe que esta era la palabra del Señor.

⁹ Y compré a Janamel, hijo de mi tío, el campo que estaba en Anatot, y le pesé diecisiete shekalim de plata.

¹⁰ Y firmé el acta y la sellé, llamé testigos y pesé el dinero en la balanza.

¹¹ Luego tomé el acta de compra, la copia sellada con los términos y condiciones, y también la copia abierta;

¹² y entregué el acta de compra a Baruj, hijo de Neriyá, hijo de Majseyá, en presencia de Janamel, hijo de mi tío, en presencia de los testigos que firmaron el acta de compra y en presencia de todos los judíos que se encontraban en el patio de la guardia.

EN AÑO BISIESTO: HAFTARÁ DE BEHAR

La oración de Yirmiyahu resultó en un recordatorio por parte de Dios del asombroso poder del Creador. Al seguir el ejemplo de Yirmiyahu y elevar nuestra conciencia, podemos usar nuestra conexión con Dios para elevar a otras personas, animales e, incluso, objetos inanimados. Asimismo, mientras leemos libros y usamos objetos físicos, debemos recordar enfocarnos en elevarlos a ellos también.

ירמיהו פרק 32, פסוקים 6–27

32 6 וַיֹּאמֶר יִרְמְיָהוּ הָיָה דְבַר־יְהֹוָה אֵלַי לֵאמֹר:
7 הִנֵּה חֲנַמְאֵל בֶּן־שַׁלֻּם דֹּדְךָ בָּא אֵלֶיךָ לֵאמֹר קְנֵה לְךָ אֶת־שָׂדִי אֲשֶׁר בַּעֲנָתוֹת כִּי לְךָ מִשְׁפַּט הַגְּאֻלָּה לִקְנוֹת: 8 וַיָּבֹא אֵלַי חֲנַמְאֵל בֶּן־דֹּדִי כִּדְבַר יְהֹוָה אֶל־חֲצַר הַמַּטָּרָה וַיֹּאמֶר אֵלַי קְנֵה נָא אֶת־שָׂדִי אֲשֶׁר־בַּעֲנָתוֹת אֲשֶׁר ׀ בְּאֶרֶץ בִּנְיָמִין כִּי־לְךָ מִשְׁפַּט הַיְרֻשָּׁה וּלְךָ הַגְּאֻלָּה קְנֵה־לָךְ וָאֵדַע כִּי דְבַר יְהֹוָה הוּא: 9 וָאֶקְנֶה אֶת־הַשָּׂדֶה מֵאֵת חֲנַמְאֵל בֶּן־דֹּדִי אֲשֶׁר בַּעֲנָתוֹת וָאֶשְׁקְלָה־לּוֹ אֶת־הַכֶּסֶף שִׁבְעָה שְׁקָלִים וַעֲשָׂרָה הַכָּסֶף: 10 וָאֶכְתֹּב בַּסֵּפֶר וָאֶחְתֹּם וָאָעֵד עֵדִים וָאֶשְׁקֹל הַכֶּסֶף בְּמֹאזְנָיִם: 11 וָאֶקַּח אֶת־סֵפֶר הַמִּקְנָה אֶת־הֶחָתוּם הַמִּצְוָה וְהַחֻקִּים וְאֶת־הַגָּלוּי: 12 וָאֶתֵּן אֶת־הַסֵּפֶר הַמִּקְנָה אֶל־בָּרוּךְ בֶּן־נֵרִיָּה בֶּן־מַחְסֵיָה לְעֵינֵי חֲנַמְאֵל דֹּדִי וּלְעֵינֵי הָעֵדִים הַכֹּתְבִים בְּסֵפֶר הַמִּקְנָה לְעֵינֵי כָּל־הַיְּהוּדִים

¹³ Y le encargué a Baruj en presencia de ellos, diciendo:

¹⁴ "Así dice el Señor de los Ejércitos, el Dios de Israel: 'Toma estas actas, esta acta de compra sellada y esta acta abierta, y ponlas en una vasija de barro para que duren muchos días'.

¹⁵ Porque así dice el Señor de los Ejércitos, el Dios de Israel: 'De nuevo se comprarán casas, campos y viñas en esta tierra'".

¹⁶ Después de haber entregado la escritura de compra a Baruj, hijo de Neriyá, oré al Señor, diciendo:

¹⁷ "¡Ah, Señor Dios! He aquí, Tú hiciste el Cielo y la Tierra con Tu Gran Poder y con Tu Brazo Extendido; no hay nada difícil para Ti,

¹⁸ que muestras misericordia a miles y retribuyes la iniquidad de los padres en sus hijos después de ellos; el Gran y Poderoso Dios, el Señor de los Ejércitos es Su Nombre;

¹⁹ Grande en consejo y Poderoso en obras, Cuyos ojos están abiertos sobre todos los caminos de los hijos de los hombres, para dar a cada uno conforme a sus caminos y conforme al fruto de sus obras;

²⁰ Tú realizaste señales y portentos en la tierra de Egipto, aun hasta este día, en Israel y entre otros hombres, y te has hecho un Nombre, aun hasta este día;

²¹ sacaste a Tu pueblo Israel de la tierra de Egipto con señales y maravillas, con Mano Fuerte y con Brazo Extendido y con gran terror;

²² y les diste esta tierra, la cual habías jurado dar a sus padres, tierra que mana leche y miel;

²³ y ellos entraron y tomaron posesión de ella, pero no obedecieron Tu Voz ni anduvieron en Tu Ley; no hicieron nada de todo lo que les mandaste hacer; por lo tanto, Tú has hecho venir sobre ellos toda esta calamidad.

הַיּשְׁבִים בַּחֲצַר הַמַּטָּרָה: 13 וָאֲצַוֶּה אֶת־בָּרוּךְ לְעֵינֵיהֶם לֵאמֹר: 14 כֹּה־אָמַר יְהֹוָה צְבָאוֹת אֱלֹהֵי יִשְׂרָאֵל לָקוֹחַ אֶת־הַסְּפָרִים הָאֵלֶּה אֵת סֵפֶר הַמִּקְנָה הַזֶּה וְאֵת הֶחָתוּם וְאֵת סֵפֶר הַגָּלוּי הַזֶּה וּנְתַתָּם בִּכְלִי־חָרֶשׂ לְמַעַן יַעַמְדוּ יָמִים רַבִּים: 15 כִּי כֹה אָמַר יְהֹוָה צְבָאוֹת אֱלֹהֵי יִשְׂרָאֵל עוֹד יִקָּנוּ בָתִּים וְשָׂדוֹת וּכְרָמִים בָּאָרֶץ הַזֹּאת: 16 וָאֶתְפַּלֵּל אֶל־יְהֹוָה אַחֲרֵי תִתִּי אֶת־סֵפֶר הַמִּקְנָה אֶל־בָּרוּךְ בֶּן־נֵרִיָּה לֵאמֹר: 17 אֲהָהּ אֲדֹנָי יְהֹוִה הִנֵּה | אַתָּה עָשִׂיתָ אֶת־הַשָּׁמַיִם וְאֶת־הָאָרֶץ בְּכֹחֲךָ הַגָּדוֹל וּבִזְרֹעֲךָ הַנְּטוּיָה לֹא־יִפָּלֵא מִמְּךָ כָּל־דָּבָר: 18 עֹשֶׂה חֶסֶד לַאֲלָפִים וּמְשַׁלֵּם עֲוֹן אָבוֹת אֶל־חֵיק בְּנֵיהֶם אַחֲרֵיהֶם הָאֵל הַגָּדוֹל הַגִּבּוֹר יְהֹוָה צְבָאוֹת שְׁמוֹ: 19 גְּדֹל הָעֵצָה וְרַב הָעֲלִילִיָּה אֲשֶׁר־עֵינֶיךָ פְקֻחוֹת עַל־כָּל־דַּרְכֵי בְּנֵי אָדָם לָתֵת לְאִישׁ כִּדְרָכָיו וְכִפְרִי מַעֲלָלָיו: 20 אֲשֶׁר־שַׂמְתָּ אֹתוֹת וּמֹפְתִים בְּאֶרֶץ־מִצְרַיִם עַד־הַיּוֹם הַזֶּה וּבְיִשְׂרָאֵל וּבָאָדָם וַתַּעֲשֶׂה־לְּךָ שֵׁם כַּיּוֹם הַזֶּה: 21 וַתֹּצֵא אֶת־עַמְּךָ אֶת־יִשְׂרָאֵל מֵאֶרֶץ מִצְרָיִם בְּאֹתוֹת וּבְמוֹפְתִים וּבְיָד חֲזָקָה וּבְאֶזְרוֹעַ נְטוּיָה וּבְמוֹרָא גָּדוֹל: 22 וַתִּתֵּן לָהֶם אֶת־הָאָרֶץ הַזֹּאת אֲשֶׁר־נִשְׁבַּעְתָּ לַאֲבוֹתָם לָתֵת לָהֶם אֶרֶץ זָבַת חָלָב וּדְבָשׁ: 23 וַיָּבֹאוּ וַיִּרְשׁוּ אֹתָהּ וְלֹא־שָׁמְעוּ בְקוֹלֶךָ וּבְתוֹרָתְךָ (כתיב: ובתרותך) לֹא־הָלָכוּ אֵת כָּל־אֲשֶׁר צִוִּיתָה לָהֶם לַעֲשׂוֹת לֹא עָשׂוּ וַתַּקְרֵא אֹתָם אֵת כָּל־הָרָעָה הַזֹּאת:

²⁴ *He aquí que los terraplenes ya llegan a esta ciudad para tomarla;, y la ciudad es entregada en manos de los caldeos que la atacan. Y lo que habías hablado ha venido a ser y he aquí que Tú lo estás viendo.*

²⁵ *Y tú me has dicho, Señor Dios: 'Cómprate el campo con dinero, y llama testigos, aunque la ciudad sea entregada en manos de los caldeos'".*

²⁶ *Entonces vino palabra del Señor a Yirmiyahu, diciendo:*

²⁷ *"He aquí, Yo soy el Señor, el Dios de toda carne; ¿hay algo que sea difícil para Mí?".*

24 הִנֵּה מ"ה יה הַסֹּלְלוֹת בָּאוּ הָעִיר סוזהר, ערי, סנדלפון לְלָכְדָהּ וְהָעִיר סוזהר, ערי, סנדלפון נִתְּנָה בְּיַד הַכַּשְׂדִּים הַנִּלְחָמִים עָלֶיהָ פהל מִפְּנֵי הַחֶרֶב רבוע ס"ג ורבוע אהיה וְהָרָעָב ע"ב ורבוע אלהים וְהַדֶּבֶר ראה וַאֲשֶׁר דִּבַּרְתָּ ראה הָיָה יהה וְהִנְּךָ רֹאֶה ראה: 25 וְאַתָּה אָמַרְתָּ אֵלַי אֲדֹנָי ע"ה קנ"א קס"א יְהֹוִאהדונהי קְנֵה ע"ה = יוסף, ציון, ו"פ יהוה, לְךָ הַשָּׂדֶה עזרי בַּכֶּסֶף וְהָעֵד עֵדִים וְהָעִיר סוזהר, ערי, סנדלפון נִתְּנָה בְּיַד הַכַּשְׂדִּים: 26 וַיְהִי אל דְּבַר ראה ־יְהֹוָאהדונהי אֶל־יִרְמְיָהוּ לֵאמֹר: 27 הִנֵּה מ"ה יה אֲנִי אני יְהֹוָאהדונהי אֱלֹהֵי דמב, ילה כָּל־ ילי בָּשָׂר הֲמִמֶּנִּי יִפָּלֵא ילי כָּל־ ילי דָּבָר ראה:

BEJUKOTAI

LA LECCIÓN DE BEJUKOTAI
(Levítico 26:3-27:34)

Al final del capítulo anterior, Behar, la Biblia habló de cómo había sido posible que la humanidad maldijera a Dios. ¿Cuál es la conexión entre eso y todo lo demás que se dice acerca del Monte Sinaí en el resto del capítulo? Si podemos revelar este concepto importantísimo, podremos conectar con el poder de inmortalidad que fue revelado en el Monte Sinaí cuando Moshé subió a recibir los Diez Enunciados de parte de Dios. Esta revelación de Luz permitió que los sordos escucharan, que los ciegos pudieran ver y que todas las personas que habían tenido alguna clase de defecto fuesen curadas. Por ende, nos conviene encontrar una manera de conectar con esa Luz.

¿Cuál es la relación entre maldecir a Dios y el Monte Sinaí? Como lo explica Rav Áshlag en la introducción de su libro Las Diez Emanaciones Luminosas: "Nada en este mundo es realmente nuestro, y no merecemos nada en realidad. Incluso si trabajamos por algo, lo que recibimos como resultado no es una posesión verdaderamente. Si encontramos una suma de dinero en la calle y no trabajamos para ganárnoslo, y tampoco cayó de nuestro propio bolsillo, provino del Cielo. Y es así como deberíamos ver todo en este mundo".

Quienquiera que niegue que todo proviene del Creador está, literalmente, maldiciendo a Dios. Estos individuos están diciendo que no necesitan al Creador, que merecen todo lo que poseen; pero, al momento en que dicen esto, no son merecedores de nada. Se han desconectado de la Luz. Por lo tanto, sólo pueden ocurrirles cosas negativas.

La manera de recibir Luz es dando gracias cada día por lo que tenemos y no llorar por aquello que no tenemos. Si entendemos esto, seremos merecedores de la inmortalidad. Esta es la primera lección del capítulo de Bejukotai.

La segunda lección está relacionada con la comprensión del "panorama completo". Es muy sencillo quejarse por cualquier cosilla que nos ocurre: "¡¿Por qué Dios me ha hecho esto?!". En las etapas iniciales de su relación, Rav Brandwein, el maestro de Rav Berg, a menudo le decía al Rav que se encargara de ciertas tareas, y Rav Berg no necesariamente entendía por qué: hasta que vio el panorama completo. Es muy fácil tener lástima por uno mismo y sentir que hemos sido "tratados mal"; no sólo por Dios, sino también por nuestros amigos, padres e, incluso, hijos.

Hay un *Midrash* (conversación entre los sabios) que dice que la vida y la muerte están en la misericordia de la lengua. Cada minuto, el Lado Negativo está esperando que digamos algo que pueda usar en nuestra contra. ¡Mucha de la fuerza de la negatividad proviene de lo que nosotros decimos! Por lo tanto, debemos asumir la responsabilidad de todas y cada una de las palabras o sonidos que pronuncian nuestros labios; en especial con respecto a las palabras de autocompasión o culpa a los demás.

Con relación a la *shemitá* (el sabático)

¿Por qué la *shemitá* es el único precepto que la Biblia dice que se entregó en el Monte Sinaí? ¿Qué es tan importante como para que cada siete años no debamos labrar la tierra? ¿Qué es tan crucial acerca del sabático que se nos cuenta cómo Dios habló a Moshé acerca de esta bendición?

Aquí hay un secreto. Esto es como si la Luz dijera: "Si no labran la tierra durante este año, les daré una bendición para los demás años". La Luz nos dice: "Ustedes estarán conmigo y Yo estaré con ustedes. Pero, primero, deben ir más allá del Deseo de Recibir para Sí Mismo. Deben superar el deseo desconfiado que dice: 'Yo soy el que tiene que comer, ¿por qué la Luz me está diciendo que no trabaje?'". Aun cuando esté escrito en la Biblia que habrá una bendición, debemos tener la certeza en nuestro corazón de que estaremos con el Creador y el Creador estará con nosotros".

Acerca de las maldiciones

¿Por qué se mencionan 98 maldiciones pero muchas menos bendiciones en este capítulo?

La Luz quiere lo mejor para nosotros, pero hay una razón por la cual hay más maldiciones que bendiciones. Si todo siempre fuese bueno, nadie pensaría siquiera en tomar el camino espiritual. A veces necesitamos maldiciones que nos despierten de nuestro profundo sueño. La Luz necesita advertirnos que no nos queda mucho tiempo.

El Gaón de Vilna, Rav Eliyahu ben Shlomó Zalman Kremer (1720-1797) relató esta historia en el templo: Había una vez dos amigos llamados Rubén y Simón. Ambos habían nacido al mismo tiempo, en el mismo día y el mismo año. También tenían la misma suerte. Lo que le ocurría a uno de ellos, le ocurría al otro; excepto una cosa: Simón se volvió rico, mientras que Rubén se volvió pobre.

Un día, Rubén el pobre acudió a Simón el rico y le pidió prestado dinero. Simón dijo: "Por supuesto, te lo daré. Eres mi amigo más cercano".

Pero, al pasar unos años, Simón se hizo pobre y Rubén se hizo rico. Esta vez fue Simón quien fue a visitar a Rubén para pedirle un poco de dinero para poder comer. Pero Rubén no le dio nada de dinero a su amigo.

Finalmente, los dos mueren y ascienden al Mundo Superior. Simón fue llevado directamente al Jardín de Edén porque era un *tsadik* (una persona justa), pero Rubén fue condenado a regresar a este mundo.

Simón dijo: "Yo bajaré con él", y regresó al mundo como una persona pobre que recolectaba dinero para caridad. Al final, había llegado a un punto en el que no tenía más nadie a quién pedir, así que investigó entre la gente de su ciudad si había alguien nuevo a quien pudiese pedirle dinero. Ellos le dijeron que había una persona, pero que él nunca le daría nada. No obstante, a pesar de que el mezquino vivía en la cima de una montaña alta, Simón fue de todos modos. Le tomó horas a Simón para llegar a la cima de la montaña. Cuando finalmente tocó la puerta del mezquino, un sirviente abrió la puerta y preguntó qué quería. Simón dijo que había venido a pedir *tsedaká* (caridad). El sirviente le dijo: "¡Eres un incauto! Todos saben que mi amo no da caridad".

En ese momento, el mezquino (quien era el alma reencarnada de Rubén) se acerca a la puerta a ver qué ocurría. El sirviente dijo: "Aquí hay alguien pidiendo *tsedaká*".

Rubén el mezquino echó fuera a Simón el pobre, y Simón cayó por las escaleras y murió. En aquel instante los ángeles lloraban: "¿Cómo una persona tan justa puede morir de esta manera?".

Y al mismo segundo que el Gaón de Vilna relataba esta historia, una de las personas que lo estaba escuchando en el templo exclamó: "¡No! ¡No puede ser que no tenga la oportunidad de remediar mi terrible pecado!". Esa persona era Rubén.

De esta parábola aprendemos que nunca sabemos cuándo se nos presenta la última oportunidad de corregir algo. Debemos hacer nuestro mayor esfuerzo en cada momento y recordar nuestro verdadero objetivo. Por lo tanto, necesitamos maldiciones que nos recuerden qué es lo que es verdaderamente importante en este mundo, a fin de que podamos despertar y hacer nuestro trabajo espiritual.

SINOPSIS DE BEJUKOTAI

La palabra *Bejukotai* significa "ustedes seguirán Mis decretos y leyes" pero, de acuerdo con la Kabbalah, no hay ningunas leyes: sólo existe Causa y Efecto. Las acciones positivas crean resultados positivos y las acciones negativas crean resultados negativos. En este capítulo, tenemos bendiciones y maldiciones para demostrarnos que cualquier cosa que obtenemos en la vida depende completamente de nuestras acciones.

EN AÑO BISIESTO: PRIMERA LECTURA –AVRAHAM– JÉSED

26³ "Si siguen Mis Estatutos y guardan Mis Mandamientos y los ejecutan, ⁴ Yo les brindaré lluvias en su tiempo, y la tierra dará sus productos y los árboles del campo darán su fruto. ⁵ Y su trilla durará hasta la vendimia, y la vendimia hasta el tiempo de la siembra; comerán todo el alimento que quieran y vivirán seguros en su tierra.

EN AÑO BISIESTO: SEGUNDA LECTURA –YITSJAK– GUEVURÁ

⁶ Y daré paz en la tierra, para que duerman sin que nadie los atemorice; y eliminaré las bestias dañinas de su tierra, y no pasará espada por su tierra.

COMENTARIO DEL RAV

La guerra para terminar todas las guerras

Este es el último capítulo del Libro de *Vayikrá* (Levítico), el tercer libro de los Cinco Libros de Moshé. En todo el libro leemos acerca de los sacrificios, los cuales sabemos que no son "sacrificios" en el sentido convencional de la palabra, sino que se refieren más bien a dónde nosotros nos sacrificamos. ¿Por quiénes nos sacrificamos? ¿por nuestros padres? ¿por nuestros hijos? El *Zóhar* dice muy claramente que esta es una mala interpretación de lo que en realidad nos proporciona este libro. En su lugar, el *Zóhar* indica que el Libro de *Vayikrá* contiene las instrucciones para la guerra. No obstante, si leemos todo el libro, no encontraremos mención de ninguna guerra que los israelitas hayan enfrentado.

Aquí, en el Centro de Kabbalah, decimos que esto no es una sinagoga sino un salón de guerra en el cual planificamos y ejecutamos nuestra estrategia, porque nos damos cuenta de que hay una guerra en la vida. Después de todo, ¿pasa un día sin que ocurra alguna clase de malestar en algún área?

De acuerdo con el *Zóhar*, en Bejukotai tenemos la máxima metodología para la guerra: aprendemos acerca de cómo debemos comportarnos durante la guerra y, particularmente, en esta clase de guerra; la cual es una guerra para terminar todas las guerras. Al decir "guerra para terminar todas las guerras" me refiero a nuestra vida personal: una vez que logremos poner fin a la guerra en nuestra vida personal, no habrá guerras en otros lugares.

El *Zóhar* nos dice que las guerras ocurren a causa de las personas; siempre se trata de las personas. Siempre y cuando la gente no logre hallar paz interior, existirán los conflictos inevitables con las demás personas, ya sea con un vecino o dentro de una familia, y estos conflictos personales se diseminan en todo el mundo. De hecho, hay más comentarios acerca de esta sección que versículos en la misma. Y en Bejukotai hay 78 versículos, lo cual es tres veces el Tetragramatón (*Yud, Hei, Vav* y *Hei*); 26 x 3 = 78.

En la Kabbalah decimos: Si algo sale mal, asume la responsabilidad. Ustedes podrían preguntarse: "¿Por qué debería hacerlo? Mira lo que esta persona me

EN AÑO BISIESTO: PRIMERA LECTURA –AVRAHAM– JÉSED

אִם ‏‎־בְּחֻקֹּתַי תֵּלֵכוּ וְאֶת־מִצְוֹתַי תִּשְׁמְרוּ וַעֲשִׂיתֶם אֹתָם: 3

וְנָתַתִּי גִשְׁמֵיכֶם בְּעִתָּם וְנָתְנָה הָאָרֶץ יְבוּלָהּ וְעֵץ 4

הַשָּׂדֶה יִתֵּן פִּרְיוֹ: וְהִשִּׂיג לָכֶם דַּיִשׁ אֶת־בָּצִיר וּבָצִיר יַשִּׂיג אֶת־זָרַע 5

וַאֲכַלְתֶּם לַחְמְכֶם לָשֹׂבַע וִישַׁבְתֶּם לָבֶטַח בְּאַרְצְכֶם:

EN AÑO BISIESTO: SEGUNDA LECTURA –YITSJAK– GUEVURÁ

וְנָתַתִּי שָׁלוֹם בָּאָרֶץ וּשְׁכַבְתֶּם וְאֵין מַחֲרִיד וְהִשְׁבַּתִּי חַיָּה 6

---

hizo, me robó y arruinó mi negocio…". La respuesta de la Kabbalah es: "¿Qué le hiciste tú a él en una vida pasada?". Por supuesto, pensar de esta manera implica asumir responsabilidad, y cuando asumes responsabilidad podría parecer como si comenzaras a revertir tu suerte. Es una paradoja, pero es a través de la restricción como podemos recibir. Restringir nuestra aceptación de la Realidad del 1 Por Ciento es como podemos recibir libertad del caos.

גִשְׁמֵיכֶם

Levítico 26:4 – La bendición de la lluvia es tratada en este versículo. La lluvia no sólo incluye al agua que cae del cielo, sino también toda el agua un el universo. La existencia del mundo y de nuestro cuerpo se debe al agua. Si podemos controlar el agua, podemos renovar la vida del mundo. Si no podemos controlar el agua, hay deterioro y entropía.

"'Entonces les daré lluvia en su tiempo'" (Levítico 26:4). Todos te otorgarán de su fuerza. ¿Quiénes son ellos? La corrección que hiciste, DE LA ARMONÍA del Santo Nombre, LA ARMONÍA DEL ESTATUTO Y LA LEY, ZEIR ANPÍN Y MALJUT, PARA QUE TE OTORGUEN ABUNDANCIA.
— El Zóhar, Bejukotai 5:20

שָׁלוֹם

Levítico 26:6 – En este versículo aprendemos que Dios dará paz "en la tierra", significando al Medio Oriente. Cuando todos los diferentes pueblos del Medio Oriente se traten con dignidad humana, habrá paz. No obstante, debido a que esto no ocurre, hay caos. Los problemas políticos no pueden solucionarse sin que los seres humanos comiencen a respetarse entre sí y a tratar a todos con dignidad humana.

"'Y daré paz en la tierra, y te acostarás y nadie te hará temer'" (Levítico 26:6). Rabí Yosi abrió la discusión con el versículo: "¡Tiemblen y no pequen…!" (Salmos 4:5). Este versículo ha sido explicado. Conviene a un hombre tener su Inclinación al Bien causando a su Inclinación al Mal temblar.
— El Zóhar, Bejukotai 7:25

⁷ Y ustedes perseguirán a sus enemigos, que caerán ante ustedes por la espada. ⁸ Y cinco de ustedes perseguirán a cien, y cien de ustedes perseguirán a diez mil, y sus enemigos caerán ante ustedes por la espada.

⁹ Y Yo tendré respeto por ustedes y los haré fructíferos y los multiplicaré, y estableceré Mi Pacto con ustedes.

EN AÑO BISIESTO: TERCERA LECTURA –YAAKOV– TIFÉRET
CUANDO ESTÁN CONECTADAS: QUINTA LECTURA – AHARÓN – HOD

¹⁰ Y comerán de las cosechas del año pasado y tendrán que sacar lo viejo para guardar lo nuevo.

¹¹ Y Yo estableceré Mi Tabernáculo entre ustedes, y Mi Alma no los aborrecerá.

¹² Y andaré entre ustedes y seré su Dios, y ustedes serán Mi Pueblo.

¹³ Yo soy el Señor, su Dios, quien los sacó de la tierra de Egipto para que no fueran más esclavos de ellos; rompí las varas de su yugo y los hice andar con la frente en alto.

¹⁴ Pero si no me escuchan y ejecutan todos estos mandamientos,

¹⁵ y si rechazan Mis Estatutos y sus almas aborrecen Mis Ordenanzas para no poner ejercer todos Mis Mandamientos y quebrantar Mi pacto,

¹⁶ entonces Yo les haré esto: Echaré sobre ustedes terror súbito, tisis y fiebre que consuman los ojos y hagan languidecer su alma, y en vano sembrarán su semilla, pues sus enemigos la comerán.

יָשָׁן

Levítico 26:10 – Se dice que los frutos tiernos son menos potentes espiritualmente que los frutos maduros; por lo tanto, debemos comer los frutos maduros antes que los tiernos. "Maduro" y "tierno" no tienen el mismo significado en la dimensión espiritual que el que tiene en el mundo cotidiano, porque en el Mundo Superior no hay tiempo: no hay hoy, no hay mañana, sólo un eterno momento presente. "Tierno" en el mundo espiritual denota algo que no está completamente manifestado, mientras que "maduro" se refiere a algo que se ha manifestado en completitud.

לֹא תִשְׁמְעוּ

Levítico 26:14 – Las maldiciones mencionadas aquí no siempre son malas para nosotros, porque nos impelen a cambiar. Si las cosas siempre anduvieran bien, nunca creceríamos espiritualmente; nos quedaríamos en el mismo

רֹעָה בִּן־הָאָרֶץ וְחֶרֶב לֹא־תַעֲבֹר בְּאַרְצְכֶם: 7 וּרְדַפְתֶּם אֶת־אֹיְבֵיכֶם וְנָפְלוּ לִפְנֵיכֶם לֶחָרֶב: 8 וְרָדְפוּ מִכֶּם חֲמִשָּׁה מֵאָה וּמֵאָה מִכֶּם רְבָבָה יִרְדֹּפוּ וְנָפְלוּ אֹיְבֵיכֶם לִפְנֵיכֶם לֶחָרֶב: 9 וּפָנִיתִי אֲלֵיכֶם וְהִפְרֵיתִי אֶתְכֶם וְהִרְבֵּיתִי אֶתְכֶם וַהֲקִימֹתִי אֶת־בְּרִיתִי אִתְּכֶם:

EN AÑO BISIESTO: TERCERA LECTURA –YAAKOV– TIFÉRET
CUANDO ESTÁN CONECTADAS: QUINTA LECTURA – AHARÓN – HOD

10 וַאֲכַלְתֶּם יָשָׁן נוֹשָׁן וְיָשָׁן מִפְּנֵי חָדָשׁ תּוֹצִיאוּ: 11 וְנָתַתִּי מִשְׁכָּנִי בְּתוֹכְכֶם וְלֹא־תִגְעַל נַפְשִׁי אֶתְכֶם: 12 וְהִתְהַלַּכְתִּי בְּתוֹכְכֶם וְהָיִיתִי לָכֶם לֵאלֹהִים וְאַתֶּם תִּהְיוּ־לִי לְעָם: 13 אֲנִי יְהוָה אֱלֹהֵיכֶם אֲשֶׁר הוֹצֵאתִי אֶתְכֶם מֵאֶרֶץ מִצְרַיִם מִהְיֹת לָהֶם עֲבָדִים וָאֶשְׁבֹּר מֹטֹת עֻלְּכֶם וָאוֹלֵךְ אֶתְכֶם קוֹמְמִיּוּת: 14 וְאִם־לֹא תִשְׁמְעוּ לִי וְלֹא תַעֲשׂוּ אֵת כָּל־הַמִּצְוֹת הָאֵלֶּה: 15 וְאִם־בְּחֻקֹּתַי תִּמְאָסוּ וְאִם אֶת־מִשְׁפָּטַי תִּגְעַל נַפְשְׁכֶם לְבִלְתִּי עֲשׂוֹת אֶת־כָּל־מִצְוֹתַי לְהַפְרְכֶם אֶת־בְּרִיתִי: 16 אַף־אֲנִי אֶעֱשֶׂה־זֹּאת לָכֶם וְהִפְקַדְתִּי עֲלֵיכֶם בֶּהָלָה אֶת־הַשַּׁחֶפֶת וְאֶת־הַקַּדַּחַת מְכַלּוֹת עֵינַיִם וּמְדִיבֹת נָפֶשׁ וּזְרַעְתֶּם לָרִיק זַרְעֲכֶם וַאֲכָלֻהוּ אֹיְבֵיכֶם:

---

lugar perpetuamente. Hay cinco series de maldiciones que se tratan en esta sección, cada una más fuerte que la anterior. El mensaje aquí es el siguiente: Si no cambiamos, las cosas empeorarán cada vez más para nosotros hasta que nos demos cuenta de que tenemos que transformarnos. ¡Así que mejor comencemos ahora! El *Midrash* dice que las maldiciones son mencionadas con mucho detalle porque el propósito es crear un temor reverencial en el pueblo para que obedezcan la voluntad de Dios (*Ibn Ezra, versículo 13*).

17 Y fijaré Mi Rostro contra ustedes, para que sean derrotados ante sus enemigos; los que los aborrecen los dominarán y ustedes huirán sin que nadie los persiga.

18 Y si aun con todas estas cosas no Me escuchan, entonces los castigaré siete veces más por sus pecados.

19 Y quebrantaré su testarudo orgullo y haré sus cielos como hierro y la tierra debajo de sus pies como bronce. 20 Y sus fuerzas se consumirán en vano, porque su tierra no dará su producto y los árboles de la tierra no darán su fruto.

21 Y si andan en oposición a Mí y no me escuchan, multiplicaré sus plagas siete veces; conforme a sus pecados.

22 Y enviaré las fieras del campo en contra de ustedes, y éstas los privarán de sus hijos, destruirán su ganado y los reducirán en número de modo que sus caminos queden desiertos.

23 Y si a pesar de estas cosas no se corrigen ante Mí, sino que continúan andando en oposición a Mí, 24 entonces Yo iré contra ustedes y los azotaré Yo mismo siete veces por sus pecados.

25 Y traeré sobre ustedes una espada que vengará el quiebre del Pacto; y serán reunidos en sus ciudades y Yo enviaré pestilencia entre ustedes, y serán entregados en manos del enemigo.

26 Cuando Yo les quite su ración de pan, diez mujeres hornearán su pan en un horno, y les repartirán el pan en cantidades medidas, de modo que comerán y no se saciarán.

27 Y si a pesar de todo esto no Me escuchan, sino que andan en oposición a Mí,

28 entonces Yo iré contra ustedes con furia, y Yo mismo los castigaré siete veces por sus pecados.

עַד־אֵלֶּה

Levítico 26:18 – Con la segunda serie de maldiciones, la tierra sufre tanto como el pueblo. Así como nosotros no podemos lograr nada cuando estamos malditos, la tierra no puede producir frutos cuando está maldita.

וְלֹא תֹאבוּ

Levítico 26:21 – La tercera serie de maldiciones está relacionada con la destrucción de los animales. Esto nos muestra que si algo le ocurre a nuestro ganado o mascotas, tiene que ver con nuestro propio estado personal. Tenemos una conexión profunda con los animales, y si nuestra mascota se enferma es una llamada de atención que nos indica que hay algo que anda mal espiritualmente con nosotros.

לֹא תִוָּסְרוּ

Levítico 26:23 – La cuarta serie de maldiciones son las plagas. Si una cantidad suficiente de personas muestran la misma negatividad, esto desata el poder del Satán. Una masa crítica

LA HISTORIA DE BEJUKOTAI: EN AÑO BISIESTO TERCERA LECTURA LEVÍTICO 299

17 וְנָתַתִּי פָנַי בָּכֶם וְנִגַּפְתֶּם לִפְנֵי אֹיְבֵיכֶם וְרָדוּ בָכֶם שֹׂנְאֵיכֶם וְנַסְתֶּם וְאֵין־רֹדֵף אֶתְכֶם: 18 וְאִם־עַד־אֵלֶּה לֹא תִשְׁמְעוּ לִי וְיָסַפְתִּי לְיַסְּרָה אֶתְכֶם שֶׁבַע עַל־חַטֹּאתֵיכֶם: 19 וְשָׁבַרְתִּי אֶת־גְּאוֹן עֻזְּכֶם וְנָתַתִּי אֶת־שְׁמֵיכֶם כַּבַּרְזֶל וְאֶת־אַרְצְכֶם כַּנְּחֻשָׁה: 20 וְתַם לָרִיק כֹּחֲכֶם וְלֹא־תִתֵּן אַרְצְכֶם אֶת־יְבוּלָהּ וְעֵץ הָאָרֶץ לֹא יִתֵּן פִּרְיוֹ: 21 וְאִם־תֵּלְכוּ עִמִּי קֶרִי וְלֹא תֹאבוּ לִשְׁמֹעַ לִי וְיָסַפְתִּי עֲלֵיכֶם מַכָּה שֶׁבַע כְּחַטֹּאתֵיכֶם: 22 וְהִשְׁלַחְתִּי בָכֶם אֶת־חַיַּת הַשָּׂדֶה וְשִׁכְּלָה אֶתְכֶם וְהִכְרִיתָה אֶת־בְּהֶמְתְּכֶם וְהִמְעִיטָה אֶתְכֶם וְנָשַׁמּוּ דַּרְכֵיכֶם: 23 וְאִם־בְּאֵלֶּה לֹא תִוָּסְרוּ לִי וַהֲלַכְתֶּם עִמִּי קֶרִי: 24 וְהָלַכְתִּי אַף־אֲנִי עִמָּכֶם בְּקֶרִי וְהִכֵּיתִי אֶתְכֶם גַּם־אָנִי שֶׁבַע עַל־חַטֹּאתֵיכֶם: 25 וְהֵבֵאתִי עֲלֵיכֶם חֶרֶב נֹקֶמֶת נְקַם־בְּרִית וְנֶאֱסַפְתֶּם אֶל־עָרֵיכֶם וְשִׁלַּחְתִּי דֶבֶר בְּתוֹכְכֶם וְנִתַּתֶּם בְּיַד־אוֹיֵב: 26 בְּשִׁבְרִי לָכֶם מַטֵּה־לֶחֶם וְאָפוּ עֶשֶׂר נָשִׁים לַחְמְכֶם בְּתַנּוּר אֶחָד וְהֵשִׁיבוּ לַחְמְכֶם בַּמִּשְׁקָל וַאֲכַלְתֶּם וְלֹא תִשְׂבָּעוּ: 27 וְאִם־בְּזֹאת לֹא תִשְׁמְעוּ לִי וַהֲלַכְתֶּם עִמִּי בְּקֶרִי: 28 וְהָלַכְתִּי עִמָּכֶם בַּחֲמַת־קֶרִי וְיִסַּרְתִּי אֶתְכֶם אַף־אָנִי שֶׁבַע עַל־חַטֹּאתֵיכֶם:

---

de negatividad puede crear una abertura que le permitirá al Satán atacar incluso a aquellas personas que no lo merecen.

לֹא תִשְׁמְעוּ

Levítico 26:27 – La quinta serie de maldiciones es la peor. Las clases de maldiciones más mortales —destrucción al nivel del Holocausto— son prometidas a aquellos que no corrigen su conducta. Dado que el odio es la causa de esta clase de destrucción, es vital que eliminemos el odio dentro de nosotros para que estemos protegidos de cualquier tipo de caos.

²⁹ Y comerán la carne de sus hijos, y la carne de sus hijas comerán.

³⁰ Y destruiré sus altares idólatras y sus imágenes del Sol, y amontonaré sus cadáveres sobre los cadáveres de sus ídolos, y Mi alma los aborrecerá.

³¹ Y dejaré en ruinas sus ciudades y desolaré sus santuarios, y no aspiraré los aromas agradables de sus ofrendas.

³² Y traeré desolación a la tierra, y sus enemigos que allí moren quedarán asombrados ante ello.

³³ Y los esparciré entre las naciones y desenvainaré la espada en pos de ustedes, y su tierra será una desolación y sus ciudades quedarán en ruinas.

³⁴ Entonces la tierra gozará de sus Shabatot todos los días de su desolación y ustedes habitarán en la tierra de sus enemigos; entonces descansará la tierra y tendrá sus Shabatot.

³⁵ Mientras esté desolada, la tierra guardará el descanso que no tuvo por los Shabatot que ustedes no guardaron mientras habitaban en ella.

³⁶ Y en cuanto a los que queden de ustedes, haré sus corazones tan temerosos en la tierra de sus enemigos que el sonido de una hoja que se mueva los ahuyentará, y aun cuando nadie los persiga, huirán como quien huye de la espada, y caerán.

³⁷ Y tropezarán unos con otros como si huyeran de la espada aunque nadie los persiga; y no tendrán fuerza para hacer frente a sus enemigos.

³⁸ Y perecerán entre las naciones; y la tierra de sus enemigos los devorará.

³⁹ Y aquellos de ustedes que aun resten serán consumidos por su iniquidad en la tierra de sus enemigos y también por las iniquidades de sus antepasados.

⁴⁰ Y ellos confesarán su iniquidad y la iniquidad de sus antepasados, por las infidelidades que cometieron contra Mí, y también porque anduvieron en oposición a Mí.

⁴¹ Yo también iré contra ellos y los llevaré a la tierra de sus enemigos. Pero si, por ventura, su corazón incircunciso se humilla y aceptan el castigo por sus iniquidades,

⁴² entonces Yo recordaré Mi Pacto con Yaakov y también Mi Pacto con Yitsjak y Mi Pacto con Avraham, y me acordaré de la tierra.

⁴³ Porque la tierra será abandonada por ellos y gozará de sus Shabatot mientras quede desolada con su ausencia, y ellos pagarán su iniquidad, porque despreciaron Mis Ordenanzas y su alma aborreció Mis Estatutos.

29 וַאֲכַלְתֶּ֖ם בְּשַׂ֣ר בְּנֵיכֶ֑ם וּבְשַׂ֥ר בְּנֹתֵיכֶ֖ם תֹּאכֵֽלוּ׃ 30 וְהִשְׁמַדְתִּ֞י אֶת־בָּמֹֽתֵיכֶ֗ם וְהִכְרַתִּי֙ אֶת־חַמָּ֣נֵיכֶ֔ם וְנָֽתַתִּי֙ אֶת־פִּגְרֵיכֶ֔ם עַל־פִּגְרֵ֖י גִּלּוּלֵיכֶ֑ם וְגָעֲלָ֥ה נַפְשִׁ֖י אֶתְכֶֽם׃ 31 וְנָתַתִּ֤י אֶת־עָֽרֵיכֶם֙ חָרְבָּ֔ה וַהֲשִׁמּוֹתִ֖י אֶת־מִקְדְּשֵׁיכֶ֑ם וְלֹ֣א אָרִ֔יחַ בְּרֵ֖יחַ נִיחֹֽחֲכֶֽם׃ 32 וַהֲשִׁמֹּתִ֥י אֲנִ֖י אֶת־הָאָ֑רֶץ וְשָֽׁמְמ֤וּ עָלֶ֨יהָ֙ אֹֽיְבֵיכֶ֔ם הַיֹּשְׁבִ֖ים בָּֽהּ׃ 33 וְאֶתְכֶם֙ אֱזָרֶ֣ה בַגּוֹיִ֔ם וַהֲרִיקֹתִ֥י אַחֲרֵיכֶ֖ם חָ֑רֶב וְהָיְתָ֤ה אַרְצְכֶם֙ שְׁמָמָ֔ה וְעָרֵיכֶ֖ם יִהְי֥וּ חָרְבָּֽה׃ 34 אָ֣ז תִּרְצֶ֤ה הָאָ֨רֶץ֙ אֶת־שַׁבְּתֹתֶ֔יהָ כֹּ֚ל יְמֵ֣י הָשַּׁמָּ֔ה וְאַתֶּ֖ם בְּאֶ֣רֶץ אֹיְבֵיכֶ֑ם אָ֚ז תִּשְׁבַּ֣ת הָאָ֔רֶץ וְהִרְצָ֖ת אֶת־שַׁבְּתֹתֶֽיהָ׃ 35 כָּל־יְמֵ֥י הָשַּׁמָּ֖ה תִּשְׁבֹּ֑ת אֵ֣ת אֲשֶׁ֧ר לֹֽא־שָׁבְתָ֛ה בְּשַׁבְּתֹתֵיכֶ֖ם בְּשִׁבְתְּכֶ֥ם עָלֶֽיהָ׃ 36 וְהַנִּשְׁאָרִ֣ים בָּכֶ֗ם וְהֵבֵ֤אתִי מֹ֨רֶךְ֙ בִּלְבָבָ֔ם בְּאַרְצֹ֖ת אֹיְבֵיהֶ֑ם וְרָדַ֣ף אֹתָ֗ם ק֚וֹל עָלֶ֣ה נִדָּ֔ף וְנָס֛וּ מְנֻֽסַת־חֶ֖רֶב וְנָפְל֥וּ וְאֵ֥ין רֹדֵֽף׃ 37 וְכָשְׁל֧וּ אִישׁ־בְּאָחִ֛יו כְּמִפְּנֵי־חֶ֖רֶב וְרֹדֵ֣ף אָ֑יִן וְלֹא־תִהְיֶ֤ה לָכֶם֙ תְּקוּמָ֔ה לִפְנֵ֖י אֹיְבֵיכֶֽם׃ 38 וַאֲבַדְתֶּ֖ם בַּגּוֹיִ֑ם וְאָכְלָ֣ה אֶתְכֶ֔ם אֶ֖רֶץ אֹיְבֵיכֶֽם׃ 39 וְהַנִּשְׁאָרִ֣ים בָּכֶ֗ם יִמַּ֨קּוּ֙ בַּעֲוֺנָ֔ם בְּאַרְצֹ֖ת אֹיְבֵיכֶ֑ם וְאַ֛ף בַּעֲוֺנֹ֥ת אֲבֹתָ֖ם אִתָּ֥ם יִמָּֽקּוּ׃ 40 וְהִתְוַדּ֤וּ אֶת־עֲוֺנָם֙ וְאֶת־עֲוֺ֣ן אֲבֹתָ֔ם בְּמַעֲלָ֖ם אֲשֶׁ֣ר מָֽעֲלוּ־בִ֑י וְאַ֕ף אֲשֶׁר־הָלְכ֥וּ עִמִּ֖י בְּקֶֽרִי׃ 41 אַף־אֲנִ֗י אֵלֵ֤ךְ עִמָּם֙ בְּקֶ֔רִי וְהֵבֵאתִ֣י אֹתָ֔ם בְּאֶ֖רֶץ אֹיְבֵיהֶ֑ם אוֹ־אָ֣ז יִכָּנַ֗ע לְבָבָם֙ הֶֽעָרֵ֔ל וְאָ֖ז יִרְצ֥וּ אֶת־עֲוֺנָֽם׃ 42 וְזָכַרְתִּ֖י אֶת־בְּרִיתִ֣י יַֽעֲק֑וֹב וְאַף֩ אֶת־בְּרִיתִ֨י יִצְחָ֜ק וְאַ֨ף אֶת־בְּרִיתִ֧י אַבְרָהָ֛ם אֶזְכֹּ֖ר וְהָאָ֥רֶץ אֶזְכֹּֽר׃ 43 וְהָאָרֶץ֩ תֵּעָזֵ֨ב מֵהֶ֜ם וְתִ֣רֶץ אֶת־שַׁבְּתֹתֶ֗יהָ בָּהְשַׁמָּה֙ מֵהֶ֔ם וְהֵ֖ם יִרְצ֣וּ אֶת־עֲוֺנָ֑ם יַ֣עַן וּבְיַ֔עַן בְּמִשְׁפָּטַ֖י מָאָ֔סוּ וְאֶת־חֻקֹּתַ֖י גָּעֲלָ֥ה נַפְשָֽׁם׃

⁴⁴ Y no obstante, a pesar de esto, cuando estén en la tierra de sus enemigos no los desecharé ni los aborreceré tanto como para destruirlos y romper Mi Pacto con ellos, porque Yo soy el Señor, su Dios. ⁴⁵ Pero, por ellos, recordaré el Pacto con sus antepasados, a quienes Yo saqué de la tierra de Egipto a la vista de las naciones, para ser su Dios. Yo soy el Señor".

⁴⁶ Estos son los estatutos, ordenanzas y leyes que el Señor estableció entre Él y los hijos de Israel por medio de Moshé en el Monte Sinaí.

EN AÑO BISIESTO: CUARTA LECTURA – MOSHÉ – NÉTSAJ
CUANDO ESTÁN CONECTADAS: SEXTA LECTURA –YOSEF– YESOD

27 ¹ Y el Señor habló a Moshé, diciendo: ² "Habla a los hijos de Israel y diles: Cuando un hombre pronuncie un voto, será evaluado según tu valuación de personas pertenecientes al Señor,

³ Y tu valuación será: para un varón de veinte hasta sesenta años, entonces tu valuación será de cincuenta shekalim de plata, según el shékel del santuario.

⁴ Y si es de una mujer, entonces tu valuación será de treinta shekalim. ⁵ Y si es una persona de cinco hasta veinte años, entonces tu valuación será de veinte shekalim para un varón y de diez shekalim para una mujer. ⁶ Y si son de un mes hasta cinco años, entonces tu valuación será de cinco shekalim de plata para el varón y tres shekalim de plata para la mujer.

⁷ Y si son de sesenta años o más, si es varón, tu valuación será de quince shekalim, y para la mujer, de diez shekalim. ⁸ Pero si es muy pobre para tu valuación, entonces será llevado delante del sacerdote y éste lo valuará; según los recursos del que hizo el voto el sacerdote lo valuará.

עֶרְכְּךָ

Levítico 27:3 – Se le asignaba un valor a los obsequios entregados al Tabernáculo, pero el valor de un obsequio era relativo y dependía de la riqueza de la persona quien lo dio. El valor estaba basado en quién era la persona y qué recursos físicos y espirituales tenía. Hoy en día, tenemos que preguntarnos a nosotros mismos si estamos compartiendo realmente o no. Tenemos que saber cuánto es suficiente para dar y si estamos compartiendo de verdad o simplemente estamos dando con intenciones personales en mente. Para algunas personas, dar dinero es un acto dador; para otras, compartir es ser de servicio para otros. Como actualmente no existe un Tabernáculo ni un Templo en los cuales podamos dar del modo que lo hacían los patriarcas, tenemos que decidir por nuestra propia cuenta qué acciones constituyen para nosotros un dar verdadero.

LA HISTORIA DE BEJUKOTAI: EN AÑO BISIESTO CUARTA LECTURA — LEVÍTICO

44 וְאַף־גַּם יְכֹל ־זֹאת בִּהְיוֹתָם בְּאֶרֶץ אלהים דאלפין אֹיְבֵיהֶם לֹא־מְאַסְתִּים וְלֹא־גְעַלְתִּים לְכַלֹּתָם לְהָפֵר בְּרִיתִי אִתָּם כִּי אֲנִי אני, טדה״ד כוז״ו יְהֹוָֹאֲדֹנָהִֽי אֱלֹהֵיהֶֽם ילה: 45 וְזָכַרְתִּי לָהֶם בְּרִית רִאשֹׁנִים אֲשֶׁר הוֹצֵאתִי־אֹתָם בְּאֶרֶץ אלהים דאלפין מִצְרַיִם מצר ריבוע מ״ה לְעֵינֵי הַגּוֹיִם לִהְיֹת לָהֶם לֵאלֹהִים מום, אהיה אדני; ילה אֲנִי אני, ילה יְהֹוָֹאֲדֹנָהִֽי אני, טדה״ד כוז״ו: 46 אֵלֶּה הַחֻקִּים וְהַמִּשְׁפָּטִים וְהַתּוֹרֹת אֲשֶׁר נָתַן יְהֹוָֹאֲדֹנָהִֽי בֵּינוֹ וּבֵין בְּנֵי יִשְׂרָאֵל בְּהַר אור, רז, אין סוף סִינָי נמם, ה״פ יהוה בְּיַד־מֹשֶׁה מהש, אל שדי:

EN AÑO BISIESTO: CUARTA LECTURA – MOSHÉ – NÉTSAJ
CUANDO ESTÁN CONECTADAS: SEXTA LECTURA –YOSEF– YESOD

27 1 וַיְדַבֵּר ראה יְהֹוָֹאֲדֹנָהִֽי אֶל־מֹשֶׁה מהש, אל שדי לֵּאמֹֽר: 2 דַּבֵּר ראה אֶל־בְּנֵי יִשְׂרָאֵל וְאָמַרְתָּ אֲלֵהֶם אִישׁ ע״ה קנ״א קס״א כִּי יַפְלִא נֶדֶר בְּעֶרְכְּךָ נְפָשֹׁת לַיהֹוָֹאֲדֹנָהִֽי: 3 וְהָיָה יהוה עֶרְכְּךָ הַזָּכָר מִבֶּן עֶשְׂרִים שָׁנָה וְעַד בֶּן־שִׁשִּׁים שָׁנָה וְהָיָה יהוה עֶרְכְּךָ חֲמִשִּׁים שֶׁקֶל כֶּסֶף בְּשֶׁקֶל הַקֹּדֶשׁ: 4 וְאִם יוהך, ע״ה מ״ב ־נְקֵבָה הִוא וְהָיָה יהוה עֶרְכְּךָ שְׁלֹשִׁים שָׁקֶל: 5 וְאִם יוהך, ע״ה מ״ב מִבֶּן־חָמֵשׁ שָׁנִים וְעַד בֶּן־עֶשְׂרִים שָׁנָה וְהָיָה יהוה עֶרְכְּךָ הַזָּכָר עֶשְׂרִים שְׁקָלִים וְלַנְּקֵבָה עֲשֶׂרֶת שְׁקָלִים: 6 וְאִם יוהך, ע״ה מ״ב מִבֶּן־חֹדֶשׁ י״ב הוויות וְעַד בֶּן־חָמֵשׁ שָׁנִים וְהָיָה יהוה עֶרְכְּךָ הַזָּכָר חֲמִשָּׁה שְׁקָלִים כָּסֶף וְלַנְּקֵבָה עֶרְכְּךָ שְׁלֹשֶׁת שְׁקָלִים כָּסֶף: 7 וְאִם יוהך, ע״ה מ״ב מִבֶּן־שִׁשִּׁים שָׁנָה וָמַעְלָה אִם יוהך, ע״ה מ״ב ־זָכָר וְהָיָה יהוה עֶרְכְּךָ חֲמִשָּׁה עָשָׂר שָׁקֶל וְלַנְּקֵבָה עֲשָׂרָה שְׁקָלִים: 8 וְאִם יוהך, ע״ה מ״ב ־מָךְ הוּא מֵעֶרְכֶּךָ וְהֶעֱמִידוֹ לִפְנֵי מלה וחכמה בינה הַכֹּהֵן מלה וְהֶעֱרִיךְ אֹתוֹ הַכֹּהֵן מלה עַל־פִּי אֲשֶׁר תַּשִּׂיג יַד הַנֹּדֵר יַעֲרִיכֶנּוּ הַכֹּהֵן מלה:

⁹ Y si es un animal lo que la persona puede dar como ofrenda al Señor, tal animal entregado al Señor será sagrado. ¹⁰ No lo reemplazará ni lo cambiará, el bueno por el malo, o el malo por el bueno; pero si cambia un animal por otro animal, entonces ambos, el animal y su sustituto serán sagrados.

¹¹ Si es algún animal inmundo de la clase que no se puede traer como ofrenda al Señor, entonces presentará el animal ante el sacerdote, ¹² y el sacerdote lo valuará como bueno o malo; como tú, el sacerdote, lo valúes, así será. ¹³ Pero si alguna vez él lo quiere redimir, él añadirá la quinta parte a su valuación.

¹⁴ Y si un hombre santifica su casa como cosa sagrada al Señor, el sacerdote la valuará como buena o mala; como el sacerdote la valúe, así será.

¹⁵ Y si el que la santifica quisiera redimir su casa, añadirá a su valuación la quinta parte de su valor; y así será suya.

EN AÑO BISIESTO: QUINTA LECTURA – AHARÓN – HOD
CUANDO ESTÁN CONECTADAS: SÉPTIMA LECTURA – DAVID – MALJUT

¹⁶ Y si un hombre consagra al Señor parte de las tierras de su propiedad, entonces tu valuación será en proporción a la semilla que se necesite para ella: cada jómer de semilla de cebada a cincuenta shekalim de plata.

¹⁷ Si consagra su campo durante el Año de Jubileo, será conforme a tu valuación.

¹⁸ Pero si consagra su campo después del Jubileo, entonces el sacerdote determinará el valor según los años que quedan hasta el próximo Año de Jubileo, y hará una deducción a tu valuación.

¹⁹ Y si el que consagra su campo quiere redimirlo, le añadirá una quinta parte al precio de tu valuación para que pase a su posesión.

וְלֹא־יָמִיר

Levítico 27:10 – La gente que comparte a través de regalar sus posesiones debe ser cuidadosa. Hay energía en las posesiones, así que si estamos entregando algo a lo cual todavía estamos apegados, podemos entregar negatividad. Tenemos que dar sin ataduras; no podemos querer de vuelta lo que hemos dado ni podemos sentir que la persona que recibió ahora está en deuda con nosotros. A menos que no haya condiciones ni intenciones ocultas con el obsequio, estaremos dando más oscuridad que Luz.

9 וְאִם יהוה, ע"ה מ"ב -בְּהֵמָ֗ה ב"ן, לכב, יבמ אֲשֶׁ֨ר יַקְרִ֧יבוּ מִמֶּ֛נָּה קָרְבָּ֖ן
לַֽיהֹוָ֑האדניאהדונהי כֹּל֩ ילי אֲשֶׁ֨ר יִתֵּ֥ן מִמֶּ֛נּוּ לַֽיהֹוָ֖האדניאהדונהי יִֽהְיֶה יהוה ־קֹּֽדֶשׁ׃
10 לֹ֣א יַחֲלִיפֶ֗נּוּ וְלֹֽא־יָמִ֥יר אֹת֛וֹ ט֥וֹב ובו בְּרָ֖ע ע"ב ורבוע אלהים אוֹ־רַ֣ע בְּט֑וֹב
וְאִם־הָמֵ֨ר יהוה, ע"ה מ"ב יָמִ֤יר בְּהֵמָה֙ ב"ן, לכב, יבמ בִּבְהֵמָ֔ה ב"ן, לכב, יבמ וְהָיָה־ יהוה
ה֥וּא וּתְמוּרָת֖וֹ יִֽהְיֶה יהוה ־קֹּֽדֶשׁ׃ 11 וְאִם֙ יהוה, ע"ה מ"ב כָּל־ ילי בְּהֵמָ֣ה ב"ן, לכב, יבמ
טְמֵאָ֔ה אֲ֠שֶׁ֠ר לֹא־יַקְרִ֧יבוּ מִמֶּ֛נָּה קָרְבָּ֖ן לַֽיהֹוָ֑האדניאהדונהי וְהֶֽעֱמִ֥יד
אֶת־הַבְּהֵמָ֖ה ב"ן, לכב, יבמ לִפְנֵ֥י וזכמה בינה הַכֹּהֵֽן מלה׃ 12 וְהֶעֱרִ֤יךְ הַכֹּהֵן֙ מלה אֹתָ֔הּ
בֵּ֥ין ט֖וֹב ובו וּבֵ֣ין רָ֑ע ע"ב ז"ר כְּעֶרְכְּךָ֥ הַכֹּהֵ֖ן מלה כֵּ֥ן יִהְיֶֽה יהוה ׃ 13 וְאִם־ יהוה, ע"ה מ"ב
־גָּאֹ֖ל ע"ב ורבוע אלהים יִגְאָלֶ֑נָּה וְיָסַ֥ף חֲמִישִׁת֖וֹ עַל־עֶרְכֶּֽךָ׃ 14 וְאִ֗ישׁ ע"ה קנ"א קס"א
כִּֽי־יַקְדִּ֨שׁ אֶת־בֵּית֥וֹ ב"פ ראה קֹ֙דֶשׁ֙ לַֽיהֹוָ֔האדניאהדונהי וְהֶעֱרִיכוֹ֙ הַכֹּהֵ֔ן מלה בֵּ֥ין
ט֖וֹב ובו וּבֵ֣ין רָ֑ע ע"פ ז"ר כַּאֲשֶׁ֨ר יַעֲרִ֥יךְ אֹת֛וֹ הַכֹּהֵ֖ן מלה כֵּ֥ן יָקֽוּם׃ 15 וְאִ֨ם־
יהוה, ע"ה מ"ב ־הַמַּקְדִּ֔ישׁ יִגְאַ֖ל אֶת־בֵּית֑וֹ ב"פ ראה וְ֠יָסַ֠ף חֲמִישִׁ֧ית כֶּֽסֶף־עֶרְכְּךָ֛
עָלָ֖יו וְהָ֥יָה יהוה לֽוֹ׃

EN AÑO BISIESTO: QUINTA LECTURA – AHARÓN – HOD
CUANDO ESTÁN CONECTADAS: SÉPTIMA LECTURA – DAVID – MALJUT

16 וְאִ֣ם ׀ יהוה, ע"ה מ"ב מִשְּׂדֵ֣ה אֲחֻזָּת֗וֹ יַקְדִּ֥ישׁ אִישׁ֙ ע"ה קנ"א קס"א לַֽיהֹוָ֔האדניאהדונהי
וְהָיָ֥ה יהוה עֶרְכְּךָ֖ לְפִ֣י זַרְע֑וֹ זֶ֣רַע חֹ֤מֶר שְׂעֹרִים֙ כתר בַּחֲמִשִּׁ֖ים שֶׁ֥קֶל
כָּֽסֶף׃ 17 אִם־ יהוה, ע"ה מ"ב ־מִשְּׁנַ֥ת הַיֹּבֵ֖ל יַקְדִּ֣ישׁ שָׂדֵ֑הוּ כְּעֶרְכְּךָ֖ יָקֽוּם׃
18 וְאִם־ יהוה, ע"ה מ"ב ־אַחַ֣ר הַיֹּבֵל֘ יַקְדִּ֣ישׁ שָׂדֵ֒הוּ֒ וְחִשַּׁב־ל֨וֹ הַכֹּהֵ֜ן מלה
אֶת־הַכֶּ֗סֶף עַל־פִּ֤י הַשָּׁנִים֙ הַנּ֣וֹתָרֹ֔ת עַ֖ד שְׁנַ֣ת הַיֹּבֵ֑ל וְנִגְרַ֖ע
מֵעֶרְכֶּֽךָ׃ 19 וְאִם־ יהוה, ע"ה מ"ב ־גָּאֹ֤ל ע"ב ורבוע אלהים יִגְאַל֙ אֶת־הַשָּׂדֶ֔ה עדי
־הַמַּקְדִּ֖ישׁ אֹת֑וֹ וְ֠יָסַ֠ף חֲמִשִׁ֧ית כֶּֽסֶף־עֶרְכְּךָ֛ עָלָ֖יו וְקָ֥ם לֽוֹ׃

²⁰ Y si no quiere redimir el campo o si vende el campo a otro individuo, ya no podrá redimirlo.

²¹ Pero cuando el campo quede libre en el Jubileo, el campo será consagrado al Señor; como campo dedicado, será posesión de los sacerdotes.

EN AÑO BISIESTO: SEXTA LECTURA – YOSEF – YESOD

²² Y si consagra al Señor un campo que ha comprado, que es campo de su propiedad,

²³ entonces el sacerdote le calculará la cantidad de tu valuación hasta el Año de Jubileo y, en ese día, dará tu valuación como cosa consagrada al Señor.

²⁴ En el Año de Jubileo, el campo volverá a aquél de quien lo compró, a quien pertenece la posesión de la tierra.

²⁵ Y toda valuación que hagas será conforme al shékel del santuario; veinte guerot son un shékel.

²⁶ Sin embargo, el primogénito de los animales, que por su primogenitura pertenece al Señor, nadie puede consagrarlo; ya sea buey u oveja, es del Señor.

²⁷ Y si es un animal inmundo, entonces lo redimirá conforme a tu valuación y le añadirá una quinta parte al valor fijado; y si no es redimido, será vendido conforme a tu valuación.

²⁸ No obstante, cualquier cosa dedicada que alguno separe para el Señor de lo que posee, sea hombre o animal, o campos de su propiedad, no se venderá ni redimirá; toda cosa dedicada es santísima al Señor.

בְּכוֹר

Levítico 27:26 – Al igual que un primogénito humano, un animal primogénito también tiene un poco de energía para superar la muerte. Un primogénito es especial; él o ella deben ser tratados de forma diferente con relación a los demás hermanos y sujetos a estándares más elevados que el resto. El *Zóhar* dice:

> *"'…el primogénito tiene una virtud adicional y ventaja en todo y es confiable en sus acciones…'".*
> – El *Zóhar, Bereshit A:459*

LA HISTORIA DE BEJUKOTAI: EN AÑO BISIESTO SEXTA LECTURA

20 וְאִם יהוך, ע״ה מ״ב -לֹא יִגְאַל֙ אֶת־הַשָּׂדֶ֔ה שדי וְאִם יהוך, ע״ה מ״ב -מָכַ֥ר אֶת־הַשָּׂדֶ֖ה שדי לְאִ֣ישׁ ע״ה קנ״א קס״א אַחֵ֑ר לֹ֥א יִגָּאֵ֖ל עֽוֹד׃ 21 וְהָיָ֨ה יהוה הַשָּׂדֶ֜ה שדי בְּצֵאת֣וֹ בַיֹּבֵ֗ל קֹ֛דֶשׁ לַֽיהוָֹ֥הׄאדני/אהדונהי כִּשְׂדֵ֥ה הַחֵ֖רֶם לַכֹּהֵ֣ן מלה תִּהְיֶ֥ה אֲחֻזָּתֽוֹ׃

EN AÑO BISIESTO: SEXTA LECTURA – YOSEF – YESOD

22 וְאִם יהוך, ע״ה מ״ב אֶת־שְׂדֵ֣ה מִקְנָת֗וֹ אֲשֶׁ֛ר לֹ֥א מִשְּׂדֵ֖ה אֲחֻזָּת֑וֹ יַקְדִּ֖ישׁ לַיהוָֹ֥הׄאדני/אהדונהי׃ 23 וְחִשַּׁב־ל֣וֹ הַכֹּהֵ֗ן מלה אֵ֚ת מִכְסַ֣ת הָֽעֶרְכְּךָ֔ עַ֖ד שְׁנַ֣ת הַיֹּבֵ֑ל וְנָתַ֤ן אבגית״ץ, ועי״ר, אהבת חנם אֶת־הָעֶרְכְּךָ֙ בַּיּ֣וֹם ע״ה = נגד, ז״ן, מזבח הַה֔וּא קֹ֖דֶשׁ לַיהוָֹ֥הׄאדני/אהדונהי׃ 24 בִּשְׁנַ֤ת הַיּוֹבֵל֙ יָשׁ֣וּב הַשָּׂדֶ֔ה שדי לַאֲשֶׁ֥ר קָנָ֖הוּ מֵאִתּ֑וֹ לַאֲשֶׁר־ל֖וֹ אֲחֻזַּ֥ת הָאָֽרֶץ׃ 25 וְכָל־ יל׳ עֶרְכְּךָ֔ יהיה ייי יִהְיֶ֖ה אלהים דההן, ע״ה בְּשֶׁ֣קֶל הַקֹּ֑דֶשׁ עֶשְׂרִ֥ים גֵּרָ֖ה ד״פ בן יִהְיֶ֥ה ייי הַשָּֽׁקֶל׃ 26 אַךְ־ אהיה בְּכ֞וֹר אֲשֶׁר־יְבֻכַּ֤ר לַיהוָֹה֙אדני/אהדונהי בִּבְהֵמָ֔ה ב״ן, לכב, יבמ לֹא־יַקְדִּ֥ישׁ אִ֖ישׁ אֹת֑וֹ ע״ה קנ״א קס״א אִם־ יהוך, ע״ה מ״ב שׁ֣וֹר אבגית״ץ, ועי״ר, אהבת חנם אִם־ יהוך, ע״ה מ״ב שֶׂ֔ה לַיהוָֹ֖האדני/אהדונהי הֽוּא׃ 27 וְאִ֤ם יהוך, ע״ה מ״ב בַּבְּהֵמָ֣ה ב״ן, לכב, יבמ הַטְּמֵאָה֙ וּפָדָ֣ה בְעֶרְכֶּ֔ךָ וְיָסַ֥ף חֲמִשִׁת֖וֹ עָלָ֑יו וְאִם־ יהוך, ע״ה מ״ב לֹ֥א יִגָּאֵ֖ל וְנִמְכַּ֥ר בְּעֶרְכֶּֽךָ׃ 28 אַ֣ךְ־ אהיה כָּל־ יל׳ חֵ֡רֶם אֲשֶׁ֣ר יַחֲרִם֩ אִ֨ישׁ ע״ה קנ״א קס״א לַיהוָֹ֜האדני/אהדונהי מִכָּל־ יל׳ אֲשֶׁר־ל֗וֹ מֵאָדָ֤ם מ״ה וּבְהֵמָה֙ ב״ן, לכב, יבמ וּמִשְּׂדֵ֣ה אֲחֻזָּת֔וֹ לֹ֥א יִמָּכֵ֖ר וְלֹ֣א יִגָּאֵ֑ל כָּל־ יל׳ חֵ֕רֶם קֹֽדֶשׁ־קָֽדָשִׁ֥ים ה֖וּא לַיהוָֹֽהאדני/אהדונהי׃

EN AÑO BISIESTO: SÉPTIMA LECTURA – DAVID – MALJUT

²⁹ *Ninguna persona que haya sido condenada a muerte será redimida; ciertamente se le dará muerte.*

³⁰ *Y todo el diezmo de la tierra, de la semilla de la tierra o del fruto del árbol, es del Señor; es cosa sagrada al Señor.*

³¹ *Y si un hombre quiere redimir parte de su diezmo, le añadirá la quinta parte.*

MAFTIR

³² *Y todo diezmo del ganado o del rebaño, de todo lo que pase bajo la vara, la décima será cosa sagrada al Señor.*

³³ *No debe inquirir sobre si es bueno o malo, ni lo cambiará; si lo cambia, tanto el animal como su sustituto serán sagrados. No podrán ser redimidos".*

³⁴ *Estos son los mandamientos que el Señor ordenó a Moshé para los hijos de Israel en el Monte Sinaí.*

מַעֲשֵׂר

Levítico 27:30 – Aprendemos de la Torá acerca de la importancia de donar el diez por ciento de todo lo que tenemos. Esto se debe a que lo que "poseemos" no pertenece a nosotros en realidad. Es de suma importancia no sólo dar, sino también asegurarnos de que les demos a las personas e instituciones correctas. En los tiempos del Tabernáculo y el Templo, los diezmos iban primero al Tabernáculo y después al Templo. Hoy en día, tenemos que estar seguros de que tanto nuestro regalo como el receptor del mismo estén conectados sólo a la Luz y no a la oscuridad.

וֹזֵק

Cuando concluimos la lectura de un Libro de la Torá, decimos *jazak* (que significa "fuerza") tres veces. El valor numérico de las tres repeticiones de *jazak* es *Mem Hei Shin*, lo cual nos proporciona sanación. También usamos uno de los 72 Nombres de Dios —*Pei Hei Lámed*— para activar nuestra fortaleza. El camino espiritual no es fácil, y necesitamos fuerza y certeza para aprovechar todo lo que se nos presenta. Los 72 Nombres de Dios nos conectan a la fuerza de Luz que necesitamos para adquirir el poder de la mente sobre la materia. Y, cuando usamos las herramientas de los 72 Nombres, accedemos a la dimensión en la cual la conciencia controla la realidad.

EN AÑO BISIESTO: SÉPTIMA LECTURA – DAVID – MALJUT

29 כׇּל יכי ־חֵ֗רֶם אֲשֶׁ֧ר יׇחֳרַ֛ם מִן־הָאָדָ֖ם מ"ה לֹ֣א יִפָּדֶ֑ה מ֥וֹת יוּמָֽת׃
30 וְכׇל יכי ־מַעְשַׂ֨ר ירת הָאָ֜רֶץ אלהים דההין ע"ה מִזֶּ֤רַע הָאָ֙רֶץ֙ אלהים דההין ע"ה מִפְּרִ֣י
ע"ה אלהים דאלפין הָעֵ֔ץ ע"ה קס"א לַֽיהוָ֖האדני הֹ֑ה ק֥וֹדֶשׁ לַֽיהוָֽהאדני׃ 31 וְאִם־
יוהך, ע"ה מ"ב ־גָּאֹ֥ל מ"ב ע"ב ורבוע אלהים יִגְאַ֖ל אִ֣ישׁ ע"ה קנ"א קס"א מִמַּֽעַשְׂר֑וֹ חֲמִשִׁית֖וֹ יֹסֵ֥ף
עָלָֽיו׃

MAFTIR

32 וְכׇל יכי ־מַעְשַׂ֤ר ירת בָּקָר֙ וָצֹ֔אן מלוי אהיה דיודין ע"ה כֹּ֥ל יכי אֲשֶׁר־יַעֲבֹ֖ר תַּ֣חַת
הַשָּׁ֑בֶט הָֽעֲשִׂירִ֕י יִֽהְיֶה־קֹּ֖דֶשׁ לַֽיהוָֽהאדני׃ 33 לֹ֧א יְבַקֵּ֛ר בֵּֽין־ט֥וֹב
לָרַ֖ע יפ זך וְלֹ֣א יְמִירֶ֑נּוּ וְאִם־הָמֵ֤ר ב"פ ק"ך ־יְמִירֶ֙נּוּ֙ יהוה
וְהָֽיָה־ה֧וּא וּתְמֽוּרָת֛וֹ יִֽהְיֶה־קֹ֖דֶשׁ לֹ֥א יִגָּאֵֽל׃ 34 אֵ֣לֶּה הַמִּצְוֺ֗ת אֲשֶׁ֨ר צִוָּ֧ה פוי
יְהוָ֛האדני אֶת־מֹשֶׁ֖ה מהע, אל שדי אֶל־בְּנֵ֣י יִשְׂרָאֵ֑ל בְּהַ֖ר אור, רז, אין סוף סִינָֽי׃
נמם, ה"פ יהוה׃

HAFTARÁ DE BEJUKOTAI

Yirmiyahu oró: "Sáname, Señor, y seré sanado; sálvame y seré salvado, porque Tú eres mi alabanza" (*Jeremías 17:14*), recordándonos que no tenemos que esperar los malos momentos para intentar

JEREMÍAS 16:19-17:14

16 ¹⁹ Señor, fuerza mía y fortaleza mía, refugio mío en el día de aflicción, a Ti vendrán las naciones desde los confines de la Tierra y dirán: 'Nuestros padres no han heredado más que mentira, vanidad y cosas sin provecho'.

²⁰ "¿Puede hacer el hombre dioses para sí mismo, aunque no sean dioses?

²¹ Por tanto, he aquí que voy a darles a conocer, esta vez les haré conocer Mi Mano y Mi Poder, y sabrán que Mi Nombre es el Señor.

17 ¹ El pecado de Yehuda está escrito con cincel de hierro y con punta de diamante; está grabado sobre la tabla de su corazón y en los cuernos de sus altares.

² Como los símbolos de sus hijos son sus altares, y sus Asherim están junto a los árboles frondosos, sobre las altas colinas.

³ Montaña mía en el campo, tus riquezas y todos tus tesoros entregaré como botín, y todos tus altos lugares, debido al pecado en todos tus lindes.

⁴ Y perderás la herencia que Yo te di, y servirás a tus enemigos en una tierra que no conoces, porque encendiste Mi ira, y esta arderá por siempre".

⁵ Así dice el Señor: "Maldito el hombre que en el hombre confía, depende de la carne para su fortaleza y cuyo corazón se aparta del Señor.

⁶ Será como tamarindo en el desierto y no verá cuando el bien venga; sino que habitará en pedregales en el desierto, tierra salada y sin habitantes.

⁷ Bendito es el hombre que confía en el Señor y cuya confianza es el Señor.

HAFTARÁ DE BEJUKOTAI

hacer una conexión con el Creador, sino que hay que desear esta conexión constantemente. Rezar a Dios cuando estamos en apuros es un comportamiento reactivo.

ירמיהו פרק 16, פסוק 19 -פרק 17, פסוק 14

⁸ *Porque será como árbol plantado junto al agua, que extiende sus raíces junto a la corriente; y no verá cuando venga el calor, sino que follaje será frondoso; no se angustiará en año de sequía ni cesará de dar fruto.*

⁹ *El corazón es engañoso por sobre todas las cosas, ¿quién puede conocerlo?*

¹⁰ *Yo, el Señor, busco el corazón; pruebo los pensamientos para dar a cada uno según sus caminos y según el fruto de sus obras".*

¹¹ *Como perdiz que empolla huevos que no puso es el que adquiere riquezas por medios injustos; en medio de sus días ellas lo abandonarán, y al final quedará como un insensato.*

¹² *Enaltecido trono de gloria desde el principio es el lugar de nuestro santuario.*

¹³ *Señor, esperanza de Israel, todos los que te abandonan serán avergonzados. "Y los que se apartan de Mí serán escritos en el polvo porque abandonaron al Señor, la fuente de aguas vivas.*

¹⁴ *Sáname, Señor, y seré sanado; sálvame y seré salvo, porque Tú eres mi alabanza.*

LA HISTORIA DE BEJUKOTAI: HAFTARÁ — LEVÍTICO

8 וְהָיָה֙ יהוה כְּעֵ֣ץ ע״ה קס״א | שָׁת֣וּל עַל־מַ֗יִם וְעַל־יוּבַל֙ יְשַׁלַּ֣ח שָֽׁרָשָׁ֔יו וְלֹ֤א
יִרְאֶה֙ (כתיב: ירא) כִּי־יָ֣בֹא חֹ֔ם וְהָיָ֥ה יהוה עָלֵ֖הוּ רַֽעֲנָ֑ן וּבִשְׁנַ֤ת בַּצֹּ֨רֶת֙
לֹ֣א יִדְאָ֔ג וְלֹ֥א יָמִ֖ישׁ מֵעֲשׂ֥וֹת פֶּֽרִי׃ 9 עָקֹ֥ב הַלֵּ֛ב מִכֹּ֖ל
וְאָנֻ֣שׁ ה֑וּא מִ֖י יֵדָעֶֽנּוּ׃ 10 אֲנִ֧י יְהֹוָ֛ה חֹקֵ֥ר לֵ֖ב בֹּחֵ֣ן כְּלָי֑וֹת
וְלָתֵ֤ת לְאִישׁ֙ כִּדְרָכָ֔ו כִּפְרִ֖י מַֽעֲלָלָֽיו׃ 11 קֹרֵ֤א
דָגַר֙ וְלֹ֣א יָלָ֔ד עֹ֥שֶׂה עֹ֖שֶׁר וְלֹ֣א בְמִשְׁפָּ֑ט בַּחֲצִ֤י יָמָו֙ יַֽעַזְבֶ֔נּוּ
וּבְאַחֲרִית֖וֹ יִֽהְיֶ֥ה נָבָֽל׃ 12 כִּסֵּ֣א כָב֔וֹד מָר֖וֹם מֵֽרִאשׁ֑וֹן מְק֖וֹם
מִקְדָּשֵֽׁנוּ׃ 13 מִקְוֵ֣ה יִשְׂרָאֵל֙ יְהֹוָ֔ה כָּל־
עֹזְבֶ֖יךָ יֵבֹ֑שׁוּ וְסוּרַי֙ (כתיב: יסורי) בָּאָ֣רֶץ יִכָּתֵ֔בוּ כִּ֥י עָזְב֛וּ מְק֥וֹר
מַֽיִם־חַיִּ֖ים אֶת־יְהֹוָֽה׃ 14 רְפָאֵ֤נִי יְהֹוָה֙ וְאֵ֣רָפֵ֔א
הוֹשִׁיעֵ֖נִי וְאִוָּשֵׁ֑עָה כִּ֥י תְהִלָּתִ֖י אָֽתָּה׃

LECTURAS ESPECIALES

MAFTIR DE SHABAT SHEKALIM

Shekalim es el plural de la palabra *shékel*, una moneda antigua que aún es usada en Israel hoy en día. Durante el mes de *Adar* (Piscis), cada persona pagaba medio *shékel* al Templo. La ofrenda del medio shékel nos da una lección de conciencia: no importa cuán inteligentes creamos que somos o cuánto pensamos que vemos, sólo percibimos la mitad del panorama completo. Saber que lo que vemos es limitado crea la humildad necesaria para que la Luz nos dirija y apoye. Cuando creemos que vemos todo, nos entregamos al juicio y la negatividad, y el Creador dice: "Si lo sabes

ÉXODO 30:11-16

30 [11] Entonces el Señor habló a Moshé, diciendo:

[12] "Cuando hagas un censo de los israelitas para contarlos, cada uno dará al Señor un rescate por su vida cuando sean contados. Así no habrá plaga entre ellos cuando los hayas contado.

[13] Todo el que pase a ser contado debe dar medio shékel, conforme al shékel del santuario; el cual pesa veinte guerot. Este medio shékel una contribución al Señor.

[14] Todo el que pase a ser contado, de veinte años en adelante, dará una contribución al Señor.

[15] El rico no pagará más de medio shékel y el pobre no pagará menos al dar la contribución al Señor para hacer expiación por sus vidas.

[16] Tomarás el dinero de la expiación de los israelitas y lo usarás para el servicio de la Tienda de Reunión. Será un recordatorio para los israelitas delante del Señor como expiación por sus vidas".

MAFTIR DE SHABAT SHEKALIM

todo, ¿para qué Me necesitas?". El *Maftir* de *Shabat Shekalim* nos da la capacidad de ver más allá de las fronteras que usualmente nos limitan.

La Escritura dice que sólo las personas que tenían, al menos, veinte años podían dar la ofrenda. "Los ricos no darán más y los pobres no darán menos de un *shékel* cuando den su ofrenda al Señor para hacer expiación de sus almas" (*Éxodo 30:15*).

שְׁמוֹת פֶּרֶק 30, פְּסוּקִים 11-16

30 11 וַיְדַבֵּר ראה יְהֹוָהאדניאהדונהי אֶל־מֹשֶׁה מהש, אל שדי לֵּאמֹר׃ 12 כִּי
תִשָּׂא אֶת־רֹאשׁ ריבוע אלהים ואלהים דיודין ע"ה בְּנֵי־יִשְׂרָאֵל לִפְקֻדֵיהֶם וְנָתְנוּ
אבג"ית"ץ, ושר, אהבת חנם אִישׁ ע"ה קנ"א קס"א כֹּפֶר מצפ"ץ נַפְשׁוֹ לַיהֹוָהאדניאהדונהי בִּפְקֹד
רבוע ע"ב אֹתָם וְלֹא־יִהְיֶה ייי בָהֶם נֶגֶף בִּפְקֹד רבוע ע"ב אֹתָם׃ 13 זֶה | יִתְּנוּ כָּל
ילי הָעֹבֵר רבוע יהוה ורבוע אלהים עַל־הַפְּקֻדִים מַחֲצִית הַשֶּׁקֶל בְּשֶׁקֶל הַקֹּדֶשׁ
עֶשְׂרִים גֵּרָה ד"פ ב"ן הַשֶּׁקֶל מַחֲצִית הַשֶּׁקֶל תְּרוּמָה לַיהֹוָהאדניאהדונהי׃ 14 כֹּל
ילי הָעֹבֵר רבוע יהוה ורבוע אלהים עַל־הַפְּקֻדִים מִבֶּן עֶשְׂרִים שָׁנָה וָמָעְלָה יִתֵּן
תְּרוּמַת יְהֹוָהאדניאהדונהי׃ 15 הֶעָשִׁיר לֹא־יַרְבֶּה וְהַדַּל לֹא יַמְעִיט מִמַּחֲצִית
הַשָּׁקֶל לָתֵת אֶת־תְּרוּמַת יְהֹוָהאדניאהדונהי לְכַפֵּר מצפ"ץ עַל־נַפְשֹׁתֵיכֶם׃
16 וְלָקַחְתָּ אֶת־כֶּסֶף הַכִּפֻּרִים מֵאֵת בְּנֵי יִשְׂרָאֵל וְנָתַתָּ אֹתוֹ עַל־עֲבֹדַת
אֹהֶל לאה מוֹעֵד וְהָיָה יהוה, יהה לִבְנֵי יִשְׂרָאֵל לְזִכָּרוֹן ע"ב קס"א נש"ב לִפְנֵי חכמה בינה
יְהֹוָהאדניאהדונהי לְכַפֵּר מצפ"ץ עַל־נַפְשֹׁתֵיכֶם׃

HAFTARÁ DE SHABAT SHEKALIM

Esta *Haftará* describe el período en el cual Yehoash se hizo rey de Jerusalén a los siete años y reinó por cuarenta años. Una vez más se nos recuerda que para ser un canal puro como Betsalel, el niño de doce años que construyó el Tabernáculo, no hace falta haber vivido muchos años o haber

II REYES 11:17-12:17

11 ¹⁷ Entonces Yehoyadá hizo un pacto entre el Señor, el rey y el pueblo de que ellos serían el pueblo del Señor. También hizo un pacto entre el rey y el pueblo.

¹⁸ Todo el pueblo de la tierra fue a la casa de Baal y la derribaron. Hicieron trizas sus altares y sus imágenes y mataron a Matán, el sacerdote de Baal, delante de los altares. Entonces el sacerdote designó guardias sobre la casa del Señor.

¹⁹ Él tomó a los capitanes de centenas, los quereteos, los guardias y a todo el pueblo de la tierra, y juntos hicieron descender al rey de la casa del Señor, y fueron al palacio por el camino de la puerta de los guardias. Entonces el rey se sentó en el trono real,

²⁰ y todo el pueblo de la tierra se regocijó. Y la ciudad quedó tranquila, porque Atalyahu había sido muerta a espada en el palacio.

12 ¹ Yehoash tenía siete años cuando comenzó a reinar.

² En el séptimo año de Yehú, Yehoash comenzó a reinar, y reinó cuarenta años en Jerusalén. El nombre de su madre era Tzivyá; ella era de Beersheva.

³ Yehoash hizo lo recto ante los ojos del Señor toda su vida, de la manera en que Yehoyadá, el sacerdote, le instruyó.

⁴ No obstante, los lugares altos no fueron quitados; el pueblo aún sacrificaba y quemaba incienso allí.

⁵ Entonces Yehoash dijo a los sacerdotes: "Reúnan todo el dinero de las ofrendas sagradas que se trae al Templo del Señor; el dinero recaudado en el censo, el dinero recibido por votos personales y el dinero traído al Templo de forma voluntaria.

HAFTARÁ DE SHABAT SHEKALIM

estudiado en demasía. La sabiduría no depende de cuánto sabemos o cuán adultos somos, sino de cuán conectados estamos con la Luz.

מלכים ב׳, פרק 11, פסוק 17 – מלכים ב׳, פרק 12, פסוקים 1-17

17 11 וַיִּכְרֹת יְהוֹיָדָע אֶת־הַבְּרִית בֵּין יְהוָֹהאהדונהי וּבֵין הַמֶּלֶךְ וּבֵין הָעָם לִהְיוֹת לְעָם לַיהוָֹהאהדונהי וּבֵין הַמֶּלֶךְ וּבֵין הָעָם: 18 וַיָּבֹאוּ כָל־עַם הָאָרֶץ בֵּית־הַבַּעַל וַיִּתְּצֻהוּ אֶת־מִזְבְּחֹתָו וְאֶת־צְלָמָיו שִׁבְּרוּ הֵיטֵב וְאֵת מַתָּן כֹּהֵן הַבַּעַל הָרְגוּ לִפְנֵי הַמִּזְבְּחוֹת וַיָּשֶׂם הַכֹּהֵן פְּקֻדֹּת עַל־בֵּית יְהוָֹהאהדונהי: 19 וַיִּקַּח אֶת־שָׂרֵי הַמֵּאוֹת וְאֶת־הַכָּרִי וְאֶת־הָרָצִים וְאֵת ׀ כָּל־עַם הָאָרֶץ וַיֹּרִידוּ אֶת־הַמֶּלֶךְ מִבֵּית יְהוָֹהאהדונהי וַיָּבוֹאוּ דֶרֶךְ־שַׁעַר הָרָצִים בֵּית הַמֶּלֶךְ וַיֵּשֶׁב עַל־כִּסֵּא הַמְּלָכִים: 20 וַיִּשְׂמַח כָּל־עַם־הָאָרֶץ וְהָעִיר שָׁקָטָה וְאֶת־עֲתַלְיָהוּ הֵמִיתוּ בַחֶרֶב בֵּית הַמֶּלֶךְ: (כתיב: מלך) 12 1 בֶּן־שֶׁבַע שָׁנִים יְהוֹאָשׁ בְּמָלְכוֹ: 2 בִּשְׁנַת־שֶׁבַע לְיֵהוּא מָלַךְ יְהוֹאָשׁ וְאַרְבָּעִים שָׁנָה מָלַךְ בִּירוּשָׁלָיִם וְשֵׁם אִמּוֹ צִבְיָה מִבְּאֵר שָׁבַע: 3 וַיַּעַשׂ יְהוֹאָשׁ הַיָּשָׁר בְּעֵינֵי יְהוָֹהאהדונהי כָּל־יָמָיו אֲשֶׁר הוֹרָהוּ יְהוֹיָדָע הַכֹּהֵן: 4 רַק הַבָּמוֹת לֹא־סָרוּ עוֹד הָעָם מְזַבְּחִים וּמְקַטְּרִים בַּבָּמוֹת: 5 וַיֹּאמֶר יְהוֹאָשׁ אֶל־הַכֹּהֲנִים כֹּל כֶּסֶף הַקֳּדָשִׁים

⁶ Que cada sacerdote reciba el dinero de uno de los tesoreros, y que lo empleen para reparar cualquier daño que haya en el Templo".

⁷ Pero para el año veintitrés del rey Yehoash los sacerdotes aún no habían reparado el Templo.

⁸ El rey Yehoash llamó Yehodayá, el sacerdote, y a los otros sacerdotes y les preguntó: "¿Por qué no reparan los daños del Templo? No tomen más dinero de sus tesoreros, sino entréguenlo para la reparación del Templo".

⁹ Los sacerdotes acordaron no tomar más dinero del pueblo, ni reparar ellos mismos los daños del Templo.

¹⁰ Yehodayá, el sacerdote, tomó un cofre e hizo un agujero en la tapa, y lo puso junto al altar, al lado derecho conforme uno entra al Templo del Señor. Los sacerdotes que custodiaban el umbral depositaban en él todo el dinero que se traía al Templo del Señor.

¹¹ Cuando veían que había una gran cantidad de dinero en el cofre, el escriba real y el Sumo Sacerdote subían, contaban el dinero que se encontraba en el templo del Señor y lo guardaban en sacos.

¹² Cuando se había contado la cantidad, ellos entregaban el dinero en manos de los encargados de la supervisión del Templo. Con dicho dinero pagaban a los que trabajaban en el Templo del Señor; carpinteros y constructores,

¹³ albañiles y canteros. Compraban madera y piedra de cantería para reparar los daños del Templo del Señor, y cubrían todos los demás gastos de la restauración del Templo.

¹⁴ El dinero que se traía al Templo del Señor no se usaba para fabricar copas de plata, despabiladeras, tazones, trompetas, ni ningún otro artículo de oro o plata para el Templo del Señor;

LECTURAS ESPECIALES: HAFTARÁ DE SHABAT SHEKALIM — LEVÍTICO

אֲשֶׁר־יוּבָא בֵּית ב״פ ראה יְהֹוָֽהאדני כֶּסֶף עוֹבֵר אִישׁ ע״ה קנ״א קס״א
כֶּסֶף נַפְשׁוֹת עֶרְכּוֹ כָּל יל״י כֶּסֶף אֲשֶׁר יַעֲלֶה עַל לֶב־אִישׁ ע״ה קנ״א קס״א
לְהָבִיא בֵּית יְהֹוָֽהאדני: 6 וְיִקְחוּ ולעם לָהֶם הַכֹּהֲנִים מלה אִישׁ
ע״ה קנ״א קס״א מֵאֵת מַכָּרוֹ וְהֵם יְחַזְּקוּ אֶת־בֶּדֶק הַבַּיִת ב״פ ראה לְכֹל יה אדני
אֲשֶׁר־יִמָּצֵא שָׁם יהה שדי בָּדֶק: 7 וַיְהִי אל, יא״י בִּשְׁנַת עֶשְׂרִים וְשָׁלֹשׁ
שָׁנָה לַמֶּלֶךְ יְהוֹאָשׁ לֹא־חִזְּקוּ הַכֹּהֲנִים מלה אֶת־בֶּדֶק הַבָּיִת ב״פ ראה:
8 וַיִּקְרָא ב״פ קס״א + ה׳ אותיות הַמֶּלֶךְ יְהוֹאָשׁ לִיהוֹיָדָע הַכֹּהֵן מלה וְלַכֹּהֲנִים
וַיֹּאמֶר אֲלֵהֶם מַדּוּעַ אֵינְכֶם מְחַזְּקִים אֶת־בֶּדֶק הַבָּיִת ב״פ ראה
וְעַתָּה אַל־תִּקְחוּ־כֶסֶף מֵאֵת מַכָּרֵיכֶם כִּי־לְבֶדֶק הַבַּיִת ב״פ ראה
תִּתְּנֻהוּ: 9 וַיֵּאֹתוּ הַכֹּהֲנִים מלה לְבִלְתִּי קְחַת־כֶּסֶף מֵאֵת הָעָם
וּלְבִלְתִּי חַזֵּק פהל אֶת־בֶּדֶק הַבָּיִת ב״פ ראה: 10 וַיִּקַּח ולעם יְהוֹיָדָע הַכֹּהֵן
מלה אֲרוֹן ע״ה ג״פ אלהים אֶחָד אהבה, דאגה וַיִּקֹּב חֹר בְּדַלְתּוֹ וַיִּתֵּן י״פ מלוי ע״ב אֹתוֹ
אֵצֶל הַמִּזְבֵּחַ ז, נגד מִיָּמִין (כתיב: בימין) בְּבוֹא־אִישׁ ע״ה קנ״א קס״א בֵּית ב״פ ראה
יְהֹוָֽהאדני וְנָתְנוּ־ שָׁמָּה מהש, מצה, אל שדי הַכֹּהֲנִים מלה שֹׁמְרֵי הַסַּף
אֶת־כָּל יל״י הַכֶּסֶף הַמּוּבָא בֵית ב״פ ראה יְהֹוָֽהאדני: 11 וַיְהִי אל, יא״י
כִּרְאוֹתָם כִּי־רַב ע״ב וריבוע מ״ה ג״פ אלהים הַכֶּסֶף בָּאָרוֹן וַיַּעַל סֹפֵר הַמֶּלֶךְ
וְהַכֹּהֵן מלה הַגָּדוֹל להח, מבה, יול, אום וַיָּצֻרוּ וַיִּמְנוּ אֶת־הַכֶּסֶף הַנִּמְצָא בֵית
ב״פ ראה יְהֹוָֽהאדני: 12 וְנָתְנוּ אֶת־הַכֶּסֶף הַמְתֻכָּן עַל־יְדֵי (כתיב: יד)
עֹשֵׂי הַמְּלָאכָה אל אדני הַמֻּפְקָדִים (כתיב: הפקדים) בֵּית ב״פ ראה יְהֹוָֽהאדני
וַיּוֹצִיאֻהוּ לְחָרָשֵׁי הָעֵץ ע״ה קס״א וְלַבֹּנִים הָעֹשִׂים בֵּית ב״פ ראה יְהֹוָֽהאדני:
13 וְלַגֹּדְרִים וּלְחֹצְבֵי הָאֶבֶן יהה מ״ה וְלִקְנוֹת עֵצִים וְאַבְנֵי מַחְצֵב לְחַזֵּק
פהל אֶת־בֶּדֶק בֵּית ב״פ ראה יְהֹוָֽהאדני וּלְכֹל יה אדני אֲשֶׁר־יֵצֵא עַל־הַבַּיִת
ב״פ ראה לְחָזְקָה: 14 אַךְ לֹא יֵעָשֶׂה בֵית ב״פ ראה יְהֹוָֽהאדני סִפּוֹת כֶּסֶף
מְזַמְּרוֹת מִזְרָקוֹת וַחֲצֹצְרוֹת כָּל יל״י כְּלִי כלי זָהָב וּכְלִי כלי כָסֶף מִן־הַכֶּסֶף

15 lo usaban para pagar a los que hacían el trabajo, quienes reparaban la casa del Señor.

16 No se pedían cuentas a los hombres que estaban encargados el dinero para dárselo a los que hacían el trabajo, porque procedían con total honestidad.

17 No se traía al Templo del Señor el dinero de las ofrendas por culpa ni de las ofrendas por pecado; éste pertenecía a los sacerdotes.

MAFTIR DE SHABAT ZAJOR

La incertidumbre es nuestra mayor oportunidad para un cambio positivo porque nos da una oportunidad de enfrentar y superar el poder negativo de la duda. Cuando superamos la duda, superamos todos nuestros miedos a nivel de la semilla; que es la causa de la infelicidad en nuestra vida. Esta lectura trata acerca de la guerra contra la nación de Amalek. El Zóhar nos dice que

DEUTERONOMIO 25:17-19

25 17 Recuerda lo que te hizo Amalek en el camino cuando saliste de Egipto,

18 cómo te abordó en el camino y atacó entre los tuyos a todos los agotados en tu retaguardia cuando tú estabas fatigado y cansado; y él no temió a Dios.

19 Sucederá que cuando el Señor, tu Dios, te haya dado descanso de todos tus enemigos alrededor, en la tierra que el Señor, tu Dios, te da en heredad para poseerla, borrarás la memoria de Amalek de debajo del Cielo. Jamás lo olvides.

הַמּוּבָ֣א בֵ֣ית ב״פ ראה יְֽהֹוָ֑הדני־אהדונהי ᵃˡ ᵃᵈⁿⁱ יִתְּנֻ֗הוּ 15 כִּֽי־לְעֹשֵׂ֤י הַמְּלָאכָה֙
וְחִזְּק֖וּ אֶת־בֵּ֥ית יְהֹוָֽהדני־אהדונהי ב״פ ראה: 16 וְלֹ֧א יְחַשְּׁב֣וּ אֶת־הָאֲנָשִׁ֗ים
אֲשֶׁ֨ר יִתְּנ֤וּ אֶת־הַכֶּ֙סֶף֙ עַל־יָדָ֔ם לָתֵ֖ת לְעֹשֵׂ֣י הַמְּלָאכָ֑ה ᵃˡ ᵃᵈⁿⁱ כִּ֥י
בֶאֱמֻנָ֖ה הֵ֥ם עֹשִֽׂים: 17 כֶּ֤סֶף אָשָׁם֙ וְכֶ֣סֶף חַטָּא֔וֹת לֹ֥א יוּבָ֖א בֵּ֣ית ב״פ ראה
יְהֹוָ֑הדני־אהדונהי לַכֹּהֲנִ֖ים יִהְיֽוּ: ᵃˡ {פ}

MAFTIR DE SHABAT ZAJOR

Amalek no es una nación, sino una verdad oculta sobre la vida. La palabra *amalek* tiene el mismo valor numérico que la palabra aramea *safek*, que significa "duda". Según la Kabbalah, las palabras con un mismo valor numérico comparten el mismo significado. Con esta lectura, recibimos el poder de la certeza para vencer a nuestro propio Amalek (duda).

דברים פרק 25, פסוקים 17-19

25 17 זָכ֕וֹר ע״ב קס״א אֵ֛ת אֲשֶׁר־עָשָׂ֥ה לְךָ֖ עֲמָלֵ֑ק ב״ס קר ב בַּדֶּ֖רֶךְ ב״פ יב״ק
בְּצֵאתְכֶ֥ם מִמִּצְרָֽיִם מצר: 18 אֲשֶׁ֨ר קָֽרְךָ֜ בַּדֶּ֗רֶךְ ב״פ יב״ק וַיְזַנֵּ֤ב בְּךָ֙ כׇּל־
הַנֶּחֱשָׁלִ֣ים אַחֲרֶ֔יךָ וְאַתָּ֖ה עָיֵ֣ף וְיָגֵ֑עַ וְלֹ֥א יָרֵ֖א אלף למד יהוה אֱלֹהִֽים
מוהב, אהיה אדני ; ילה: 19 וְהָיָ֡ה יהוה, יהה בְּהָנִ֣יחַֽ יְהֹוָ֣הדני־אהדונהי אֱלֹהֶ֣יךָ ילה | לְךָ֡ מִכׇּל־
אֹיְבֶ֜יךָ מִסָּבִ֗יב בָּאָ֙רֶץ֙ אלהים דאלפין אֲשֶׁ֣ר יְהֹוָ֣הדני־אהדונהי אֱלֹהֶ֗יךָ ילה נֹתֵ֤ן
אבגית״ץ, ועה, אהבת חנם לְךָ֙ נַחֲלָה֙ לְרִשְׁתָּ֔הּ תִּמְחֶה֙ אֶת־זֵ֣כֶר עֲמָלֵ֔ק ב״פ קר
מִתַּ֖חַת הַשָּׁמָ֑יִם י״פ טל, י״פ כוזו לֹ֖א תִּשְׁכָּֽח: ע״ה קרעשטן

HAFTARÁ DE SHABAT ZAJOR

Esta Haftará relata la guerra contra Amalek. El Talmud dice que el Rey David pecó dos veces y el Rey Shaúl sólo una vez; no obstante, el Rey David fue perdonado y el Rey Shaúl fue asesinado y su reino le fue arrebatado. Cuando Dios fue al Rey Shaúl y le dijo: "Ve y mata a Amalek", el Rey Shaúl

I SAMUEL 15:1-34

15 ¹ Shmuel dijo a Shaúl: "Yo soy el que el Señor envió para que te ungiera por rey sobre Su pueblo, sobre Israel; así que escucha el mensaje del Señor.

² Así dice el Señor de los Ejércitos: 'Yo castigaré a los amalequitas por lo que hicieron a Israel, cuando se pusieron contra ellos mientras subían de Egipto.

³ Ahora ve, ataca a los amalequitas y destruye por completo todo lo que les pertenece. No te apiades de ellos; da muerte a hombres y mujeres, a niños y bebés, a bueyes y ovejas, a camellos y asnos'".

⁴ Entonces Shaúl convocó a los hombres y los contó en Telaim: doscientos mil soldados de a pie, y diez mil hombres de Yehudá.

⁵ Shaúl fue a la ciudad de Amalek y se emboscó en el valle.

⁶ Entonces dijo a los kenitas: "Váyanse, apártense, desciendan de entre los amalequitas para que yo no los destruya con ellos; porque ustedes mostraron misericordia a todos los israelitas cuando subían de Egipto". Y los kenitas se apartaron de los amalequitas.

⁷ Entonces Shaúl derrotó a los amalequitas desde Javilá hasta Shur, al oriente de Egipto.

⁸ Capturó vivo a Agag, rey de los amalequitas, y destruyó por completo a todo el pueblo a filo de espada.

⁹ Pero Shaúl y el ejército perdonaron a Agag y a lo mejor de las ovejas, los bueyes, los animales engordados y los corderos; todo lo que era bueno. A éstos no los quisieron destruir por completo; pero todo lo despreciable y sin valor lo destruyeron totalmente.

HAFTARÁ DE SHABAT ZAJOR

pensó para sí que tal vez Dios quería que matara a todas las personas pero no a los animales. El problema del Rey Shaúl no era que estaba equivocado, sino que hizo un cálculo.

שְׁמוּאֵל א׳, פֶּרֶק 15, פְּסוּקִים 1–34

15 1 וַיֹּאמֶר שְׁמוּאֵל אֶל־שָׁאוּל אֹתִי שָׁלַח יְהֹוָה לִמְשָׁחֳךָ לְמֶלֶךְ עַל־עַמּוֹ עַל־יִשְׂרָאֵל וְעַתָּה שְׁמַע לְקוֹל דִּבְרֵי יְהֹוָה: 2 כֹּה אָמַר יְהֹוָה צְבָאוֹת פָּקַדְתִּי אֵת אֲשֶׁר־עָשָׂה עֲמָלֵק לְיִשְׂרָאֵל אֲשֶׁר־שָׂם לוֹ בַּדֶּרֶךְ בַּעֲלֹתוֹ מִמִּצְרָיִם: 3 עַתָּה לֵךְ וְהִכִּיתָה אֶת־עֲמָלֵק וְהַחֲרַמְתֶּם אֶת־כָּל־אֲשֶׁר־לוֹ וְלֹא תַחְמֹל עָלָיו וְהֵמַתָּה מֵאִישׁ עַד־אִשָּׁה מֵעֹלֵל וְעַד־יוֹנֵק מִשּׁוֹר וְעַד־שֶׂה מִגָּמָל וְעַד־חֲמוֹר: 4 וַיְשַׁמַּע שָׁאוּל אֶת־הָעָם וַיִּפְקְדֵם בַּטְּלָאִים מָאתַיִם אֶלֶף רַגְלִי וַעֲשֶׂרֶת אֲלָפִים אֶת־אִישׁ יְהוּדָה: 5 וַיָּבֹא שָׁאוּל עַד־עִיר עֲמָלֵק וַיָּרֶב בַּנָּחַל: 6 וַיֹּאמֶר שָׁאוּל אֶל־הַקֵּינִי לְכוּ סֻּרוּ רְדוּ מִתּוֹךְ עֲמָלֵקִי פֶּן־אֹסִפְךָ עִמּוֹ וְאַתָּה עָשִׂיתָה חֶסֶד עִם־כָּל־בְּנֵי יִשְׂרָאֵל בַּעֲלוֹתָם מִמִּצְרָיִם וַיָּסַר קֵינִי מִתּוֹךְ עֲמָלֵק: 7 וַיַּךְ שָׁאוּל אֶת־עֲמָלֵק מֵחֲוִילָה בּוֹאֲךָ שׁוּר אֲשֶׁר עַל־פְּנֵי מִצְרָיִם: 8 וַיִּתְפֹּשׂ אֶת־אֲגַג מֶלֶךְ־עֲמָלֵק חָי וְאֶת־כָּל־הָעָם הֶחֱרִים לְפִי־חָרֶב: 9 וַיַּחְמֹל שָׁאוּל וְהָעָם עַל־אֲגָג וְעַל־מֵיטַב הַצֹּאן וְהַבָּקָר וְהַמִּשְׁנִים

¹⁰ Entonces la palabra del Señor vino a Shmuel, diciendo:

¹¹ "Lamento haber hecho rey a Shaúl, porque se ha apartado de Mí y no ha cumplido mis instrucciones". Shmuel se conmovió y clamó al Señor toda esa noche.

¹² Muy de mañana se levantó Shmuel para ir al encuentro con Shaúl, pero se le dijo a Shmuel: "Shaúl se ha ido a Carmel. Allí ha erigido un monumento para sí, se dio la vuelta y bajó a Guilgal".

¹³ Cuando Shmuel alcanzó a Shaúl, Shaúl le dijo: "¡Que el Señor te bendiga! He cumplido las instrucciones del Señor".

¹⁴ Pero Shmuel dijo: "¿Qué es este berrido de ovejas en mis oídos? ¿Qué es este mugido de ganado que oigo?"

¹⁵ Shaúl contestó: "Los han traído de los amalequitas; ellos perdonaron lo mejor de las ovejas y del ganado para sacrificar al Señor, tu Dios; pero destruimos por completo el resto".

¹⁶ "¡Detente!", dijo Shmuel a Shaúl. "Déjame decirte lo que el Señor me dijo anoche". "Habla", respondió Shaúl.

¹⁷ Shmuel dijo: "¿No es verdad que, aunque eras pequeño a tus propios ojos, te convertiste en jefe de las tribus de Israel? El Señor te ungió rey sobre Israel.

¹⁸ Y Él te envió en una misión, y diciendo: 'Ve y destruye por completo a ese pueblo inicuo, los amalequitas; lucha contra ellos hasta que sean exterminados'.

¹⁹ ¿Por qué no obedeciste la voz del Señor? Por qué te abalanzaste sobre el botín e hiciste lo malo ante los ojos del Señor?".

²⁰ "Pero sí obedecí al Señor", dijo Shaúl a Shmuel. "Fui en la misión que el Señor me asignó. Destruí por completo a los amalequitas y traje de regreso a Agag, su rey.

²¹ Los soldados se hicieron del botín ovejas y bueyes, lo mejor de las cosas dedicadas a Dios, a fin de ofrecer sacrificio al Señor, tu Dios, en Guilgal".

LECTURAS ESPECIALES: HAFTARÁ DE SHABAT ZAJOR

וְעַל־הַכָּרִים֙ וְעַל־כָּל־הַטּ֔וֹב וְלֹ֥א אָב֖וּ הַחֲרִימָ֑ם וְכָל־הַמְּלָאכָ֛ה נְמִבְזָ֥ה וְנָמֵ֖ס אֹתָ֥הּ הֶחֱרִֽימוּ׃ 10 וַֽיְהִי֙ דְּבַר־יְהֹוָ֔ה אֶל־שְׁמוּאֵ֖ל לֵאמֹֽר׃ 11 נִחַ֗מְתִּי כִּֽי־הִמְלַ֤כְתִּי אֶת־שָׁאוּל֙ לְמֶ֔לֶךְ כִּי־שָׁב֙ מֵאַֽחֲרַ֔י וְאֶת־דְּבָרַ֖י לֹ֣א הֵקִ֑ים וַיִּ֙חַר֙ לִשְׁמוּאֵ֔ל וַיִּזְעַ֥ק אֶל־יְהֹוָ֖ה כָּל־הַלָּֽיְלָה׃ 12 וַיַּשְׁכֵּ֧ם שְׁמוּאֵ֛ל לִקְרַ֥את שָׁא֖וּל בַּבֹּ֑קֶר וַיֻּגַּ֨ד לִשְׁמוּאֵ֜ל לֵאמֹ֗ר בָּֽא־שָׁא֤וּל הַכַּרְמֶ֙לָה֙ וְהִנֵּ֨ה מַצִּ֥יב לוֹ֙ יָ֔ד וַיִּסֹּב֙ וַֽיַּעֲבֹ֔ר וַיֵּ֖רֶד הַגִּלְגָּֽל׃ 13 וַיָּבֹ֥א שְׁמוּאֵ֖ל אֶל־שָׁא֑וּל וַיֹּ֨אמֶר ל֤וֹ שָׁאוּל֙ בָּר֤וּךְ אַתָּה֙ לַֽיהֹוָ֔ה הֲקִימֹ֖תִי אֶת־דְּבַ֥ר יְהֹוָֽה׃ 14 וַיֹּ֣אמֶר שְׁמוּאֵ֔ל וּמֶ֛ה ק֥וֹל הַצֹּ֖אן הַזֶּ֣ה בְּאָזְנָ֑י וְק֣וֹל הַבָּקָ֔ר אֲשֶׁ֥ר אָנֹכִ֖י שֹׁמֵֽעַ׃ 15 וַיֹּ֨אמֶר שָׁא֜וּל מֵעֲמָלֵקִ֣י הֱבִיא֗וּם אֲשֶׁ֨ר חָמַ֤ל הָעָם֙ עַל־מֵיטַ֤ב הַצֹּאן֙ וְהַבָּקָ֔ר לְמַ֥עַן זְבֹ֖חַ לַֽיהֹוָ֣ה אֱלֹהֶ֑יךָ וְאֶת־הַיּוֹתֵ֖ר הֶחֱרַֽמְנוּ׃ 16 וַיֹּ֤אמֶר שְׁמוּאֵל֙ אֶל־שָׁא֔וּל הֶ֚רֶף וְאַגִּ֣ידָה לְּךָ֔ אֵת֩ אֲשֶׁ֨ר דִּבֶּ֧ר יְהֹוָ֛ה אֵלַ֖י הַלָּ֑יְלָה וַיֹּ֥אמֶר (כתיב: ויאמרו) ל֖וֹ דַּבֵּֽר׃ 17 וַיֹּ֣אמֶר שְׁמוּאֵ֗ל הֲל֗וֹא אִם־קָטֹ֤ן אַתָּה֙ בְּעֵינֶ֔יךָ רֹ֛אשׁ שִׁבְטֵ֥י יִשְׂרָאֵ֖ל אָ֑תָּה וַיִּמְשָׁחֲךָ֧ יְהֹוָ֛ה לְמֶ֖לֶךְ עַל־יִשְׂרָאֵֽל׃ 18 וַיִּשְׁלָֽחֲךָ֥ יְהֹוָ֖ה בְּדָ֑רֶךְ וַיֹּ֗אמֶר לֵ֣ךְ וְהַחֲרַמְתָּ֞ה אֶת־הַֽחַטָּאִים֙ אֶת־עֲמָלֵ֔ק וְנִלְחַמְתָּ֣ ב֔וֹ עַ֥ד כַּלּוֹתָ֖ם אֹתָֽם׃ 19 וְלָ֥מָּה לֹא־שָׁמַ֖עְתָּ בְּק֣וֹל יְהֹוָ֑ה וַתַּ֙עַט֙ אֶל־הַשָּׁלָ֔ל וַתַּ֥עַשׂ הָרַ֖ע בְּעֵינֵ֥י יְהֹוָֽה׃ 20 וַיֹּ֨אמֶר שָׁא֜וּל אֶל־שְׁמוּאֵ֗ל אֲשֶׁ֤ר שָׁמַ֙עְתִּי֙ בְּק֣וֹל יְהֹוָ֔ה וָאֵלֵ֕ךְ בַּדֶּ֖רֶךְ אֲשֶׁר־שְׁלָחַ֣נִי יְהֹוָ֑ה וָאָבִ֗יא אֶת־אֲגַג֙ מֶ֣לֶךְ עֲמָלֵ֔ק וְאֶת־עֲמָלֵ֖ק הֶחֱרַֽמְתִּי׃ 21 וַיִּקַּ֨ח הָעָ֧ם מֵהַשָּׁלָ֛ל צֹ֥אן וּבָקָ֖ר רֵאשִׁ֣ית הַחֵ֑רֶם לִזְבֹּ֛חַ לַיהֹוָ֥ה אֱלֹהֶ֖יךָ

²² Pero Shmuel contestó: "¿Se complace el Señor tanto en holocaustos y sacrificios como en la obediencia a la voz del Señor? El obedecer es mejor que un sacrificio, y el prestar atención es mejor que la grosura de los carneros.

²³ Porque la rebelión es como pecado de adivinación, y la arrogancia como iniquidad e idolatría. Por cuanto has desechado la palabra del Señor, Él también te ha desechado para que no seas rey".

²⁴ Entonces Shaúl dijo a Shmuel: "He pecado. He quebrantado el mandamiento del Señor y tus instrucciones. Temí al pueblo y les hice caso.

²⁵ Ahora pues, te ruego que perdones mi pecado y vuelvas conmigo para que adore al Señor".

²⁶ Pero Shmuel dijo a Shaúl: "No volveré contigo. ¡Has rechazado la palabra del Señor, y el Señor te ha rechazado para que no seas rey sobre Israel!".

²⁷ Cuando Shmuel se volvía para irse, Shaúl asió el borde de su manto, y éste se rasgó.

²⁸ Shmuel le dijo: "Hoy el Señor ha arrancado de ti el reino de Israel, y lo ha dado a uno de tus prójimos; alguien mejor que tú.

²⁹ Aquél que es la Gloria de Israel no miente ni cambia su propósito; porque él no es hombre para que cambie de propósito".

³⁰ Y Shaúl respondió: "He pecado, pero te ruego que me honres ahora delante de los ancianos de mi pueblo y delante de Israel; regresa conmigo para que yo adore al Señor, tu Dios".

³¹ Y volvió Shmuel con Shaúl, y Shaúl adoró al Señor.

³² Entonces Shmuel dijo: "Tráiganme a Agag, rey de los amalequitas". Y Agag vino a él confiantemente, pensando: "Ciertamente, la amargura de la muerte ha pasado".

³³ Pero Shmuel dijo: "Como tu espada ha dejado a las mujeres sin hijos, así también tu madre será sin hijo entre las mujeres". Y Shmuel despedazó a Agag delante del Señor en Guilgal.

³⁴ Luego Shmuel se fue a Ramá, pero Shaúl subió a su casa en Guivat-Shaúl.

LECTURAS ESPECIALES: HAFTARÁ DE SHABAT ZAJOR — LEVÍTICO

בַּגִּלְגָּֽל׃ 22 וַיֹּ֣אמֶר שְׁמוּאֵ֗ל הַחֵ֤פֶץ לַֽיהוָֹה֙אדניאהדונהי בְּעֹל֣וֹת וּזְבָחִ֔ים כִּשְׁמֹ֖עַ בְּק֣וֹל ע״ב ס״ג ע״ה יְהוָ֑הֹאדניאהדונהי מ״ה יה הִנֵּ֤ה שְׁמֹ֙עַ֙ מִזֶּ֣בַח ט֔וֹב וה׳ לְהַקְשִׁ֖יב מֵחֵ֥לֶב אֵילִֽים׃ 23 כִּ֤י חַטַּאת־קֶ֙סֶם֙ רבוע אלהים מֶ֔רִי דע״ן וְאָ֥וֶן וּתְרָפִ֖ים הַפְצַ֑ר יַ֗עַן מָאַ֙סְתָּ֙ אֶת־דְּבַ֣ר יְהוָ֔הֹאדניאהדונהי ראה וַיִּמְאָסְךָ֖ מִמֶּֽלֶךְ׃ 24 וַיֹּ֨אמֶר שָׁא֤וּל אֶל־שְׁמוּאֵל֙ חָטָ֔אתִי כִּֽי־עָבַ֥רְתִּי אֶת־פִּֽי־יְהוָ֖הֹאדניאהדונהי וְאֶת־דְּבָרֶ֑יךָ ראה כִּ֤י יָרֵ֙אתִי֙ אֶת־הָעָ֔ם וָאֶשְׁמַ֖ע בְּקוֹלָֽם׃ 25 וְעַתָּ֕ה שָׂ֥א נָ֖א אֶת־חַטָּאתִ֑י וְשׁ֣וּב עִמִּ֔י וְאֶֽשְׁתַּחֲוֶ֖ה י״פ ע״ב לַֽיהוָֹֽהׁאדניאהדונהי׃ 26 וַיֹּ֤אמֶר שְׁמוּאֵל֙ אֶל־שָׁא֔וּל לֹ֥א אָשׁ֖וּב עִמָּ֑ךְ ה׳ הוויות, נמם כִּ֤י מָאַ֙סְתָּה֙ אֶת־דְּבַ֣ר יְהוָ֔הֹאדניאהדונהי ראה וַיִּמְאָסְךָ֣ יְהוָ֔הֹאדניאהדונהי מִהְי֥וֹת מֶ֖לֶךְ עַל־יִשְׂרָאֵֽל׃ 27 וַיִּסֹּ֥ב שְׁמוּאֵ֖ל לָלֶ֑כֶת וַיַּחֲזֵ֥ק בִּכְנַף־ ע״ה קנ״א, אלהים אדני מְעִיל֖וֹ וַיִּקָּרַֽע׃ 28 וַיֹּ֤אמֶר אֵלָיו֙ שְׁמוּאֵ֔ל קָרַ֨ע ב״פ אלף למד, ע״ו יְהוָֹ֜האדניאהדונהי אֶת־מַמְלְכ֧וּת יִשְׂרָאֵ֛ל מֵעָלֶ֖יךָ הַיּ֑וֹם ע״ה = נגד, זן, מזבח וּנְתָנָ֕הּ לְרֵעֲךָ֖ הַטּ֥וֹב וה׳ מִמֶּֽךָּ׃ 29 וְגַם֙ יג״ל נֵ֣צַח יִשְׂרָאֵ֔ל לֹ֥א יְשַׁקֵּ֖ר וְלֹ֣א יִנָּחֵ֑ם כִּ֣י לֹ֥א אָדָ֛ם מ״ה ה֖וּא לְהִנָּחֵֽם׃ 30 וַיֹּ֣אמֶר חָטָ֔אתִי עַתָּ֗ה כַּבְּדֵ֥נִי נָ֛א נֶ֥גֶד זן נגד, מזבח זִקְנֵֽי־עַמִּ֖י וְנֶ֣גֶד זן נגד, מזבח יִשְׂרָאֵ֑ל וְשׁ֣וּב עִמִּ֔י וְהִֽשְׁתַּחֲוֵ֖יתִי לַֽיהוָֹ֥האדניאהדונהי אֱלֹהֶֽיךָ׃ ילה״ 31 וַיָּ֥שָׁב שְׁמוּאֵ֖ל אַחֲרֵ֣י שָׁא֑וּל וַיִּשְׁתַּ֥חוּ שָׁא֖וּל לַֽיהוָֹֽהאדניאהדונהי׃ 32 וַיֹּ֣אמֶר שְׁמוּאֵ֗ל הַגִּ֤ישׁוּ אֵלַי֙ אֶת־אֲגַ֣ג מֶ֚לֶךְ עֲמָלֵ֔ק ב״פ ק״ך וַיֵּ֣לֶךְ ב״פ ק״ך אֵלָ֔יו כל״י אֲגַ֖ג מַעֲדַנֹּ֑ת וַיֹּ֣אמֶר אֲגָ֔ג אָכֵ֖ן יהוה מ״ה סָ֥ר י׳ הוויות מַר־ ב״פ ק״ך הַמָּֽוֶת׃ 33 וַיֹּ֣אמֶר שְׁמוּאֵ֔ל כַּאֲשֶׁ֨ר שִׁכְּלָ֤ה נָשִׁים֙ חַרְבֶּ֔ךָ כֵּן־תִּשְׁכַּ֥ל מִנָּשִׁ֖ים אִמֶּ֑ךָ וַיְשַׁסֵּ֨ף שְׁמוּאֵ֧ל אֶת־אֲגָ֛ג לִפְנֵ֥י לחכמה בינה יְהוָֹ֖האדניאהדונהי בַּגִּלְגָּֽל׃ 34 וַיֵּ֥לֶךְ כל״י שְׁמוּאֵ֖ל הָרָמָ֑תָה וְשָׁא֛וּל עָלָ֥ה אֶל־בֵּית֖וֹ ב״פ ראה גִּבְעַ֥ת שָׁאֽוּל׃ 35 וְלֹא־יָסַ֨ף שְׁמוּאֵ֜ל לִרְא֤וֹת אֶת־שָׁאוּל֙ עַד־י֣וֹם ע״ה = נגד, זן, מזבח מוֹת֔וֹ כִּֽי־הִתְאַבֵּ֥ל שְׁמוּאֵ֖ל אֶל־שָׁא֑וּל וַיהוָֹ֣האדניאהדונהי נִחָ֔ם כִּֽי־הִמְלִ֥יךְ אֶת־שָׁא֖וּל עַל־יִשְׂרָאֵֽל׃

MAFTIR DE SHABAT PARÁ

Esta lectura nos conecta con el poder para limpiar nuestra negatividad. De acuerdo con el *Zóhar*, la Vaca Roja es la madre del Becerro de Oro. Por lo tanto, al sacrificar la Vaca Roja corregimos el pecado de idolatrar al Becerro de Oro. El *Zóhar* nos dice que antes de la creación del Becerro de Oro, habíamos alcanzado la conciencia en la cual la inmortalidad era una realidad. Mediante la lectura de este pasaje bíblico, podemos conectar con una porción de inmortalidad una vez más, lo que nos recuerda que es parte de nuestro destino.

"Después del otorgamiento de la Torá, La Shejiná era una mera tienda, como está escrito: "una rienda que no será abatida, sus estacas nunca serán removidas" (Yeshayá 33:20) y

NÚMEROS 19:1-22

19 ¹ Después el Señor habló a Moshé y a Aharón, diciendo:

² "Este es el estatuto de la ley que el Señor ha ordenado, diciendo: 'Di a los hijos de Israel que te traigan una novilla rojiza sin defecto, que no tenga manchas y sobre la cual nunca se haya puesto yugo.

³ La entregarán a Eleazar, el sacerdote, y él la sacará fuera del campamento y será degollada en su presencia.

⁴ Entonces Eleazar, el sacerdote, tomará con su dedo de la sangre y rociará un poco de ésta hacia el frente de la Tienda de Reunión siete veces.

⁵ Luego la novilla será quemada en su presencia; se quemará su cuero, su carne, su sangre y su estiércol.

⁶ Y el sacerdote tomará madera de cedro, e hisopo y escarlata, y los echará en medio de la novilla que está en llamas.

⁷ Luego el sacerdote lavará su ropa y bañará su cuerpo en agua, y después entrará en el campamento, pero el sacerdote quedará inmundo hasta el atardecer.

⁸ El que la haya quemado también lavará su ropa con agua y bañará su cuerpo con agua, y quedará inmundo hasta el atardecer.

⁹ Ahora un hombre que esté limpio juntará las cenizas de la novilla y las depositará fuera del campamento en un lugar limpio, y la congregación de los hijos de Israel las guardará como el agua para eliminar la impureza; es purificación del pecado.

MAFTIR DE SHABAT PARÁ

estaba continuamente iluminada. Pero ahora, después del pecado del Becerro de Oro, fue llamada Tienda de Reunión, porque solamente era iluminada de tiempo en tiempo. Antes le daba vida larga al mundo, y la muerte no tenía poder. Después del otorgamiento de la Torá, hubo liberación del Ángel de la Muerte. Pero después del pecado del becerro, la Shejiná se convirtió en la Tienda de Reunión (también: designación), como está escrito:"la casa designada (heb. moed) para todos los vivientes" (Iyov 30:23). Ahora es gobernada por el tiempo y la vida está limitada en el mundo".

-El Zóhar, Bereshit B 57:297

במדבר פרק 19, פסוקים 1–22

¹⁰ El que haya recogido las cenizas de la novilla lavará su ropa y quedará inmundo hasta el atardecer; y será un estatuto perpetuo para los hijos de Israel y para el extranjero que reside entre ellos.

¹¹ El que toque el cadáver de una persona quedará inmundo por siete días,

¹² aquél se purificará a sí mismo de su inmundicia con el agua al tercer día y al séptimo día, y entonces quedará limpio; pero si no se purifica a sí mismo al tercer día y al séptimo día, no quedará limpio.

¹³ Cualquiera que toque un cadáver, el cuerpo de un hombre que ha muerto, y no se purifique a sí mismo, contamina el Tabernáculo del Señor; y esa persona será extirpada de Israel. Dado que el agua para la impureza no se roció sobre él, quedará inmundo; su impureza aún permanece sobre él.

¹⁴ Esta es la ley para cuando un hombre muera en una tienda: todo el que entre en la tienda y todo el que esté en la tienda quedará inmundo por siete días.

¹⁵ Toda vasija abierta que no tenga la cubierta atada sobre ella, será inmunda.

¹⁶ Asimismo, todo el que en campo abierto toque a uno que ha sido muerto a espada, o que ha muerto de causas naturales, o que toque hueso humano o tumba, quedará inmundo durante siete días.

¹⁷ Entonces, para la persona inmunda tomarán de las cenizas de lo que se quemó para purificación del pecado y echarán sobre ella agua corriente en una vasija.

¹⁸ Una persona limpia tomará hisopo y lo mojará en el agua, y lo rociará sobre la tienda y sobre todos los muebles, y sobre las almas que estuvieron allí y sobre aquel que tocó el hueso, o al muerto, o al que moría por causas naturales, o la tumba.

¹⁹ Luego la persona limpia rociará sobre el inmundo al tercero y al séptimo día; al séptimo día lo purificará, y él lavará su ropa y se bañará en agua, y quedará limpio al atardecer.

²⁰ Pero el hombre que sea inmundo y que no se haya purificado a sí mismo de su inmundicia, esa persona será cortada de en medio de la asamblea, porque ha contaminado el Santuario del Señor; el agua para la impureza no se ha rociado sobre él; es inmundo.

LECTURAS ESPECIALES: MAFTIR DE SHABAT PARÁ — LEVÍTICO

בְּמָקוֹם טָהוֹר וְהָיְתָה לַעֲדַת בְּנֵי־יִשְׂרָאֵל לְמִשְׁמֶרֶת לְמֵי נִדָּה חַטָּאת הִוא: 10 וְכִבֶּס הָאֹסֵף אֶת־אֵפֶר הַפָּרָה אֶת־בְּגָדָיו וְטָמֵא עַד־הָעָרֶב וְהָיְתָה לִבְנֵי יִשְׂרָאֵל וְלַגֵּר הַגָּר בְּתוֹכָם לְחֻקַּת עוֹלָם: 11 הַנֹּגֵעַ בְּמֵת לְכָל־נֶפֶשׁ אָדָם וְטָמֵא שִׁבְעַת יָמִים: 12 הוּא יִתְחַטָּא־בוֹ בַּיּוֹם הַשְּׁלִישִׁי וּבַיּוֹם הַשְּׁבִיעִי יִטְהָר וְאִם־לֹא יִתְחַטָּא בַּיּוֹם הַשְּׁלִישִׁי וּבַיּוֹם הַשְּׁבִיעִי לֹא יִטְהָר: 13 כָּל־הַנֹּגֵעַ בְּמֵת בְּנֶפֶשׁ הָאָדָם אֲשֶׁר־יָמוּת וְלֹא יִתְחַטָּא אֶת־מִשְׁכַּן יְהֹוָה טִמֵּא וְנִכְרְתָה הַנֶּפֶשׁ הַהִוא מִיִּשְׂרָאֵל כִּי מֵי נִדָּה לֹא־זֹרַק עָלָיו טָמֵא יִהְיֶה עוֹד טֻמְאָתוֹ בוֹ: 14 זֹאת הַתּוֹרָה אָדָם כִּי־יָמוּת בְּאֹהֶל כָּל־הַבָּא אֶל־הָאֹהֶל וְכָל־אֲשֶׁר בָּאֹהֶל יִטְמָא שִׁבְעַת יָמִים: 15 וְכֹל כְּלִי פָתוּחַ אֲשֶׁר אֵין־צָמִיד פָּתִיל עָלָיו טָמֵא הוּא: 16 וְכֹל אֲשֶׁר־יִגַּע עַל־פְּנֵי הַשָּׂדֶה בַּחֲלַל־חֶרֶב אוֹ בְמֵת אוֹ־בְעֶצֶם אָדָם אוֹ בְקָבֶר יִטְמָא שִׁבְעַת יָמִים: 17 וְלָקְחוּ לַטָּמֵא מֵעֲפַר שְׂרֵפַת הַחַטָּאת וְנָתַן עָלָיו מַיִם חַיִּים אֶל־כֶּלִי: 18 וְלָקַח אֵזוֹב וְטָבַל בַּמַּיִם אִישׁ טָהוֹר וְהִזָּה עַל־הָאֹהֶל וְעַל־כָּל־הַכֵּלִים וְעַל־הַנְּפָשׁוֹת אֲשֶׁר הָיוּ־שָׁם וְעַל־הַנֹּגֵעַ בַּעֶצֶם אוֹ בֶחָלָל אוֹ בַמֵּת אוֹ בַקָּבֶר: 19 וְהִזָּה הַטָּהֹר עַל־הַטָּמֵא בַּיּוֹם הַשְּׁלִישִׁי וּבַיּוֹם הַשְּׁבִיעִי וְחִטְּאוֹ בַּיּוֹם הַשְּׁבִיעִי וְכִבֶּס בְּגָדָיו וְרָחַץ בַּמַּיִם וְטָהֵר בָּעָרֶב: 20 וְאִישׁ

²¹ *Por lo tanto, será estatuto perpetuo para ellos. Y el que rocíe el agua para la impureza lavará su ropa, y el que toque el agua para impureza quedará inmundo hasta el atardecer.*

²² *Asimismo, todo lo que la persona inmunda toque quedará inmundo; y la persona que lo toque quedará inmunda hasta el atardecer'".*

HAFTARÁ DE SHABAT PARÁ

Ezequiel le dice al pueblo que Dios los reunirá del exilio y los limpiará de sus iniquidades, de modo que habiten nuevamente en la Tierra de Israel. Esto no ocurrió porque el pueblo se había transformado, sino porque Dios así lo quiso. Durante esta lectura, tenemos una oportunidad de hacer una introspección e identificar aquellas áreas en las que adoramos ídolos —adicciones,

EZEQUIEL 36:16-36

36 ¹⁶ Entonces vino a mí la palabra del Señor: ¹⁷ "Hijo de hombre, cuando el pueblo de Israel habitaba en su propia tierra, ellos la contaminaron con su conducta y sus acciones. Su conducta era como la impureza mensual de una mujer delante de Mí.

¹⁸ Así que derramé Mi furia sobre ellos por la sangre que habían derramado sobre la tierra y por haberla contaminado con sus ídolos.

¹⁹ Los esparcí entre las naciones y fueron dispersados por las tierras; los juzgué conforme a sus caminos y sus acciones. ²⁰ Y cuando llegaron a las naciones adonde fueron, profanaron Mi Santo Nombre, porque de ellos se decía: 'Estos son el pueblo del Señor y, sin embargo, tuvieron que abandonar Su tierra'.

²¹ Yo he tenido compasión de Mi Santo Nombre, el cual la casa de Israel profanó entre las naciones adonde fueron.

²² Por lo tanto, di a la casa de Israel: 'Así dice el Señor Dios: No es por ustedes, casa de Israel, que voy a actuar, sino por Mi Santo Nombre, el cual han profanado entre las naciones adonde han ido.

אֲשֶׁר־יִטְמָא וְלֹא יִתְחַטָּא וְנִכְרְתָה הַנֶּפֶשׁ הַהִוא מִתּוֹךְ הַקָּהָל כִּי אֶת־מִקְדַּשׁ יְהֹוָ֥אדני טִמֵּא מֵי נִדָּה לֹא־זֹרַק עָלָיו טָמֵא הוּא: 21 וְהָיְתָה לָּהֶם לְחֻקַּת עוֹלָם וּמַזֵּה מֵי־הַנִּדָּה יְכַבֵּס בְּגָדָיו וְהַנֹּגֵעַ בְּמֵי הַנִּדָּה יִטְמָא עַד־הָעָרֶב:
22 וְכֹל אֲשֶׁר־יִגַּע־בּוֹ הַטָּמֵא יִטְמָא וְהַנֶּפֶשׁ הַנֹּגַעַת תִּטְמָא עַד־הָעָרֶב:

HAFTARÁ DE SHABAT PARÁ

nuestra necesidad de aprobación, el voyerismo de nuestra sociedad— y pedirle al Creador que las limpie. Sólo entonces podremos transformar y conectar más cercanamente con la verdadera fuente de la realización: la Luz del Creador.

יחזקאל פרק 36 פסוקים 16-36

36 16 וַיְהִי דְבַר־יְהֹוָ֥אדני אֵלַי לֵאמֹר: 17 בֶּן־אָדָם בֵּית יִשְׂרָאֵל יֹשְׁבִים עַל־אַדְמָתָם וַיְטַמְּאוּ אוֹתָהּ בְּדַרְכָּם וּבַעֲלִילוֹתָם כְּטֻמְאַת הַנִּדָּה הָיְתָה דַרְכָּם לְפָנָי: 18 וָאֶשְׁפֹּךְ חֲמָתִי עֲלֵיהֶם עַל־הַדָּם אֲשֶׁר־שָׁפְכוּ עַל־הָאָרֶץ וּבְגִלּוּלֵיהֶם טִמְּאוּהָ: 19 וָאָפִיץ אֹתָם בַּגּוֹיִם וַיִּזָּרוּ בָּאֲרָצוֹת כְּדַרְכָּם וְכַעֲלִילוֹתָם שְׁפַטְתִּים: 20 וַיָּבוֹא אֶל־הַגּוֹיִם אֲשֶׁר־בָּאוּ שָׁם וַיְחַלְּלוּ אֶת־שֵׁם קָדְשִׁי בֶּאֱמֹר לָהֶם עַם־יְהֹוָ֥אדני אֵלֶּה וּמֵאַרְצוֹ יָצָאוּ: 21 וָאֶחְמֹל עַל־שֵׁם קָדְשִׁי אֲשֶׁר חִלְּלוּהוּ בֵּית יִשְׂרָאֵל בַּגּוֹיִם אֲשֶׁר־בָּאוּ שָׁמָּה: 22 לָכֵן אֱמֹר לְבֵית־יִשְׂרָאֵל כֹּה אָמַר אֲדֹנָי יֱהֹוִ֥אדני לֹא לְמַעַנְכֶם אֲנִי

²³ Mostraré la santidad de Mi Gran Nombre, profanado entre las naciones, el Nombre que han profanado en medio de ellas. Entonces las naciones sabrán que Yo soy el Señor', declara el Señor, Dios, 'cuando demuestre Mi santidad entre ustedes a la vista de ellas.

²⁴ Porque los sacaré de las naciones; los recogeré de todas las tierras y los llevaré a su propia tierra.

²⁵ Los rociaré con agua pura y quedarán limpios; los purificaré de todas sus inmundicias y de todos sus ídolos.

²⁶ Les daré un corazón nuevo y pondré un espíritu nuevo dentro de ustedes; quitaré de sus cuerpos el corazón de piedra y les daré un corazón de carne.

²⁷ Y pondré Mi Espíritu dentro de ustedes y haré que sigan Mis Decretos y que guarden cuidadosamente Mis Leyes.

²⁸ Habitarán en la tierra que di a sus ancestros; serán Mi pueblo y Yo seré su Dios.

²⁹ Los libraré de todas sus inmundicias. Llamaré al trigo y lo multiplicaré, y no traeré hambre sobre ustedes.

³⁰ Incrementaré el fruto de los árboles y el producto del campo, para que no sufran más desgracias entre las naciones a causa del hambre.

³¹ Entonces recordarán de sus malos caminos y obras inicuas, y se odiarán a sí mismos por sus pecados y prácticas detestables.

³² Quiero que sepan que no hago esto por ustedes', declara el Señor, Dios. '¡Avergüéncense y aflíjanse por su conducta, casa de Israel!'.

³³ Así dice el Señor, Dios: 'En el día que Yo los purifique de todas sus iniquidades, haré que sus ciudades sean habitadas y las ruinas sean reedificadas.

³⁴ La tierra desolada será cultivada en vez de ser desolación a la vista de todo el que pasa.

³⁵ Y ellos dirán: Esta tierra en ruinas se ha hecho como el Jardín de Edén; las ciudades que estaban arruinadas, desoladas y destruidas están fortificadas y habitadas.

LECTURAS ESPECIALES: HAFTARÁ DE SHABAT PARÁ — LEVÍTICO 337

עָשֶׂ֖ה בֵּ֣ית יִשְׂרָאֵ֑ל כִּ֧י אִם־לְשֵׁ֣ם
קׇדְשִׁ֗י אֲשֶׁ֤ר חִלַּלְתֶּם֙ בַּגּוֹיִ֔ם אֲשֶׁר־בָּ֖אתֶם שָֽׁם׃ 23 וְקִדַּשְׁתִּ֞י
אֶת־שְׁמִ֣י הַגָּד֗וֹל הַֽמְחֻלָּל֙ בַּגּוֹיִ֔ם אֲשֶׁ֥ר
חִלַּלְתֶּ֖ם בְּתוֹכָ֑ם וְיָדְע֤וּ הַגּוֹיִם֙ כִּֽי־אֲנִ֣י יְהֹוָ֔ה נְאֻם֙
אֲדֹנָ֣י יֱהֹוִ֔ה בְּהִקָּדְשִׁ֥י בָכֶ֖ם לְעֵינֵיהֶֽם׃ 24 וְלָקַחְתִּ֨י
אֶתְכֶ֜ם מִן־הַגּוֹיִ֗ם וְקִבַּצְתִּ֤י אֶתְכֶם֙ מִכׇּל־הָ֣אֲרָצ֔וֹת וְהֵבֵאתִ֥י אֶתְכֶ֖ם
אֶל־אַדְמַתְכֶֽם׃ 25 וְזָרַקְתִּ֧י עֲלֵיכֶ֛ם מַ֥יִם טְהוֹרִ֖ים וּטְהַרְתֶּ֑ם מִכֹּ֧ל
טֻמְאוֹתֵיכֶ֛ם וּמִכׇּל־גִּלּ֥וּלֵיכֶ֖ם אֲטַהֵ֥ר אֶתְכֶֽם׃ 26 וְנָתַתִּ֤י לָכֶם֙ לֵ֣ב חָדָ֔שׁ
וְר֥וּחַ חֲדָשָׁ֖ה אֶתֵּ֣ן בְּקִרְבְּכֶ֑ם וַהֲסִ֨רֹתִ֜י אֶת־לֵ֤ב הָאֶ֙בֶן֙
מִבְּשַׂרְכֶ֔ם וְנָתַתִּ֥י לָכֶ֖ם לֵ֥ב בָּשָֽׂר׃ 27 וְאֶת־רוּחִ֖י אֶתֵּ֣ן בְּקִרְבְּכֶ֑ם
וְעָשִׂ֗יתִי אֵ֤ת אֲשֶׁר־בְּחֻקַּי֙ תֵּלֵ֔כוּ וּמִשְׁפָּטַ֥י תִּשְׁמְר֖וּ וַעֲשִׂיתֶֽם׃
28 וִישַׁבְתֶּ֣ם בָּאָ֔רֶץ אֲשֶׁ֥ר נָתַ֖תִּי לַאֲבֹתֵיכֶ֑ם וִהְיִ֤יתֶם לִי֙
לְעָ֔ם וְאָ֣נֹכִ֔י אֶהְיֶ֥ה לָכֶ֖ם לֵאלֹהִֽים׃ 29 וְהוֹשַׁעְתִּ֣י
אֶתְכֶ֔ם מִכֹּ֖ל טֻמְאוֹתֵיכֶ֑ם וְקָרָ֤אתִי אֶל־הַדָּגָן֙ וְהִרְבֵּיתִ֣י אֹת֔וֹ
וְלֹא־אֶתֵּ֥ן עֲלֵיכֶ֖ם רָעָֽב׃ 30 וְהִרְבֵּיתִי֙ אֶת־פְּרִ֣י
הָעֵ֔ץ וּתְנוּבַ֖ת הַשָּׂדֶ֑ה לְמַ֗עַן אֲשֶׁ֨ר לֹ֧א תִקְח֛וּ ע֖וֹד חֶרְפַּ֥ת
רָעָ֖ב בַּגּוֹיִֽם׃ 31 וּזְכַרְתֶּם֙ אֶת־דַּרְכֵיכֶ֣ם הָרָעִ֔ים
וּמַעַלְלֵיכֶ֖ם אֲשֶׁ֣ר לֹֽא־טוֹבִ֑ים וּנְקֹטֹתֶם֙ בִּפְנֵיכֶ֔ם עַ֚ל עֲוֺנֹ֣תֵיכֶ֔ם וְעַ֖ל
תּוֹעֲבֽוֹתֵיכֶֽם׃ 32 לֹ֧א לְמַעַנְכֶ֣ם אֲנִֽי־עֹשֶׂה֙ נְאֻם֙ אֲדֹנָ֣י
יֱהֹוִ֔ה יִוָּדַ֖ע לָכֶ֑ם בּ֧וֹשׁוּ וְהִכָּלְמ֛וּ מִדַּרְכֵיכֶ֖ם בֵּ֥ית יִשְׂרָאֵֽל׃
33 כֹּ֤ה אָמַר֙ אֲדֹנָ֣י יֱהֹוִ֔ה בְּיוֹם֙ טַהֲרִ֣י אֶתְכֶ֔ם
מִכֹּ֖ל עֲוֺנֽוֹתֵיכֶ֑ם וְהֽוֹשַׁבְתִּי֙ אֶת־הֶ֣עָרִ֔ים וְנִבְנ֖וּ הֶחֳרָבֽוֹת׃
34 וְהָאָ֥רֶץ הַנְּשַׁמָּ֖ה תֵּעָבֵ֑ד תַּ֚חַת אֲשֶׁ֣ר הָיְתָ֣ה שְׁמָמָ֔ה לְעֵינֵ֖י
כׇּל־עוֹבֵֽר׃ 35 וְאָמְר֗וּ הָאָ֤רֶץ הַלֵּ֙זוּ֙ הַנְּשַׁמָּ֔ה הָיְתָ֖ה

36 Entonces las naciones que quedan a su alrededor sabrán que Yo, el Señor, he reedificado lo que estaba destruido y plantado lo que estaba desierto. Yo, el Señor, he hablado y lo haré'".

MAFTIR DE SHABAT HAJÓDESH

El primer mes del año, desde el punto de vista astrológico, es el mes de Aries (*Nisán*). Por ser el primer mes, Aries también es la semilla del año. Esto significa que todo el año está contenido en éste. Los primeros doce días de Aries controlan a todos los demás meses del año y todos los

ÉXODO 12:1-20

12 ¹ El Señor habló a Moshé y Aharón en la tierra de Egipto:

² "Este mes será para ustedes el primer mes, el primero de los meses del año.

³ Hablen a toda la Congregación de Israel, diciendo que el día diez de este mes cada uno tomará para sí un cordero por su familia; uno para cada casa.

⁴ Si una casa es muy pequeña para un cordero, entonces él y el vecino más cercano compartirán uno, lo dividirán conforme a lo que cada persona comerá del cordero.

⁵ El cordero será un macho puro, de un año; lo tomarán de entre las ovejas o de entre las cabras.

⁶ Lo guardarán hasta el día catorce del mes; entonces toda la asamblea de la Congregación de Israel lo matará al ocaso.

⁷ Y tomarán de la sangre y la pondrán en los dos postes y en el dintel de las casas donde lo coman.

⁸ Y comerán la carne esa noche asada al fuego, y la comerán con pan ácimo y con hierbas amargas.

כְּגַן־עֵדֶן יהוה אלהים אדני ‏וְהֶעָרִים ‏הֶחֳרֵבוֹת ‏עכ״ה, ה״פ אדני ‏וְהַנְשַׁמּוֹת ‏וְהַנֶּהֱרָסוֹת בְּצוּרוֹת יֵשֵׁבוּ: 36 וְיָדְעוּ הַגּוֹיִם אֲשֶׁר יִשָּׁאֲרוּ סְבִיבוֹתֵיכֶם כִּי | אֲנִי אני, טדה״ד כו״ו יְהֹוָ‎ה‎אדני‏ כו״ו בָּנִיתִי הַנֶּהֱרָסוֹת נָטַעְתִּי הַנְּשַׁמָּה אֲנִי אני, טדה״ד כו״ו יְהֹוָ‎ה‎אדני‏ דִּבַּרְתִּי ראה וְעָשִׂיתִי:

MAFTIR DE SHABAT HAJÓDESH

signos del Zodíaco: el primer día controla a Aries, el segundo a Tauro, el tercero a Géminis, y así sucesivamente. Al conectar con este *Maftir*, conectamos con el mes de Aries y lo controlamos, adquiriendo así control sobre todo el año.

שמות פרק 12 פסוקים 1–20

12 1 וַיֹּאמֶר יְהֹוָ‎ה‎אדני‏ אֶל־מֹשֶׁה מהע, אל שדי וְאֶל־אַהֲרֹן ע״ב רבוע ע״ב בְּאֶרֶץ אלהים דאלפין מִצְרַיִם מצר לֵאמֹר: 2 הַחֹדֶשׁ י״ב הוויות הַזֶּה וד״ו לָכֶם רֹאשׁ חֳדָשִׁים רִאשׁוֹן הוּא לָכֶם לְחָדְשֵׁי הַשָּׁנָה: 3 דַּבְּרוּ ראה אֶל־כָּל־יל׳ עֲדַת יִשְׂרָאֵל לֵאמֹר בֶּעָשֹׂר לַחֹדֶשׁ י״ב הוויות הַזֶּה וד״ו וְיִקְחוּ לָהֶם אִישׁ ע״ה קנ״א קס״א שֶׂה לְבֵית ב״פ ראה ־אָבֹת שֶׂה לַבָּיִת ב״פ ראה: 4 וְאִם־יִמְעַט הַבַּיִת ב״פ ראה מִהְיֹת מִשֶּׂה וְלָקַח ב״פ יהוה אדני אהיה הוּא וּשְׁכֵנוֹ הַקָּרֹב אֶל־בֵּיתוֹ ב״פ ראה בְּמִכְסַת נְפָשֹׁת אִישׁ ע״ה קנ״א קס״א לְפִי אָכְלוֹ תָּכֹסּוּ עַל־הַשֶּׂה: 5 שֶׂה תָמִים זָכָר בֶּן־שָׁנָה יִהְיֶה יהוה לָכֶם מִן־הַכְּבָשִׂים וּמִן־הָעִזִּים תִּקָּחוּ: 6 וְהָיָה יהוה לָכֶם לְמִשְׁמֶרֶת עַד אַרְבָּעָה עָשָׂר יוֹם ע״ה = נגד, זן, מזבח לַחֹדֶשׁ י״ב הוויות הַזֶּה וד״ו וְשָׁחֲטוּ אֹתוֹ כֹּל יל׳ קְהַל ע״ב ס״ג עֲדַת־יִשְׂרָאֵל בֵּין הָעַרְבָּיִם: 7 וְלָקְחוּ מִן־הַדָּם רבוע אהיה וְנָתְנוּ עַל־שְׁתֵּי הַמְּזוּזֹת וְעַל־הַמַּשְׁקוֹף עַל הַבָּתִּים אֲשֶׁר־יֹאכְלוּ אֹתוֹ בָּהֶם: 8 וְאָכְלוּ

⁹ No comerán la carne cruda ni hervida en agua, sino asada al fuego; su cabeza, sus patas y sus entrañas.

¹⁰ No dejen nada de él hasta la mañana; si resta algo de él en la mañana, deben quemarlo.

¹¹ Así lo comerán: ceñidos sus lomos, las sandalias en sus pies y el bastón en su mano. Cómanlo apresuradamente; es la Pascua del Señor.

¹² Esa misma noche pasaré por Egipto y heriré a todo primogénito en la tierra de Egipto, tanto de hombre como de animal, y ejecutaré juicios contra todos los dioses de Egipto. Yo soy el Señor.

¹³ La sangre será señal para ustedes en las casas donde estén; y cuando Yo vea la sangre pasaré sobre ustedes, y ninguna plaga vendrá sobre ustedes para destruiros cuando yo azote a la tierra de Egipto.

¹⁴ Este día lo conmemorarán; por todas sus generaciones lo celebrarán como festival al Señor. Es ordenanza perpetua.

¹⁵ Siete días comerán panes ácimo; pero en el primer día quitarán toda levadura de sus casas; porque cualquiera que coma algo leudado desde el primer día hasta el séptimo, será cortado de Israel.

¹⁶ En el primer día tendrán una santa asamblea y otra en el séptimo día. Ningún trabajo se hará en estos días, excepto lo que cada uno deba comer; eso es todo lo que pueden hacer.

¹⁷ Y guardarán la fiesta de los panes sin levadura, porque en ese mismo día Yo saqué a sus ejércitos de la tierra de Egipto. Guardarán este día como ordenanza perpetua por todas sus generaciones.

LECTURAS ESPECIALES: MAFTIR DE SHABAT HAJÓDESH

אֶת־הַבָּשָׂ֖ר בַּלַּ֣יְלָה הַזֶּ֑ה צְלִי־אֵ֛שׁ וּמַצּ֖וֹת עַל־מְרֹרִ֥ים
יֹאכְלֻֽהוּ: 9 אַל־תֹּאכְל֤וּ מִמֶּ֙נּוּ֙ נָ֔א וּבָשֵׁ֥ל מְבֻשָּׁ֖ל בַּמָּ֑יִם כִּ֣י אִם־
צְלִי־אֵ֔שׁ רֹאשׁ֥וֹ עַל־כְּרָעָ֖יו וְעַל־קִרְבּֽוֹ: 10 וְלֹא־תוֹתִ֥ירוּ
מִמֶּ֖נּוּ עַד־בֹּ֑קֶר וְהַנֹּתָ֥ר מִמֶּ֛נּוּ עַד־בֹּ֖קֶר בָּאֵ֥שׁ תִּשְׂרֹֽפוּ:
11 וְכָכָה֮ תֹּאכְל֣וּ אֹתוֹ֒ מָתְנֵיכֶ֣ם חֲגֻרִ֔ים נַֽעֲלֵיכֶם֙ בְּרַגְלֵיכֶ֔ם וּמַקֶּלְכֶ֖ם
בְּיֶדְכֶ֑ם וַאֲכַלְתֶּ֤ם אֹתוֹ֙ בְּחִפָּז֔וֹן פֶּ֥סַח ה֖וּא לַיהוָֽה: 12 וְעָבַרְתִּ֣י
בְאֶֽרֶץ־מִצְרַ֘יִם֮ בַּלַּ֣יְלָה הַזֶּה֒ וְהִכֵּיתִ֤י כָל־בְּכוֹר֙ בְּאֶ֣רֶץ
מִצְרַ֔יִם מֵאָדָ֖ם וְעַד־בְּהֵמָ֑ה וּבְכָל־
אֱלֹהֵ֥י מִצְרַ֖יִם אֶֽעֱשֶׂ֣ה שְׁפָטִ֑ים אֲנִ֖י יְהוָֽה:
13 וְהָיָה֩ הַדָּ֨ם לָכֶ֜ם לְאֹ֗ת עַ֤ל הַבָּתִּים֙ אֲשֶׁ֣ר אַתֶּ֣ם שָׁ֔ם
וְרָאִ֙יתִי֙ אֶת־הַדָּ֔ם וּפָסַחְתִּ֖י עֲלֵכֶ֑ם וְלֹֽא־יִֽהְיֶ֨ה בָכֶ֥ם
נֶ֙גֶף֙ לְמַשְׁחִ֔ית בְּהַכֹּתִ֖י בְּאֶ֥רֶץ מִצְרָֽיִם: 14 וְהָיָה֩ הַיּ֨וֹם
הַזֶּ֜ה לָכֶ֣ם לְזִכָּר֗וֹן וְחַגֹּתֶ֤ם אֹתוֹ֙ חַ֣ג לַֽיהוָ֔ה
לְדֹרֹ֣תֵיכֶ֔ם חֻקַּ֥ת עוֹלָ֖ם תְּחָגֻּֽהוּ: 15 שִׁבְעַ֤ת יָמִים֙ מַצּ֣וֹת תֹּאכֵ֔לוּ אַ֚ךְ
בַּיּ֣וֹם הָרִאשׁ֔וֹן תַּשְׁבִּ֥יתוּ שְּׂאֹ֖ר מִבָּתֵּיכֶ֑ם
כִּ֣י ׀ כָּל־אֹכֵ֣ל חָמֵ֗ץ וְנִכְרְתָ֞ה הַנֶּ֤פֶשׁ הַהִוא֙ מִיִּשְׂרָאֵ֔ל מִיּ֥וֹם
הָרִאשֹׁ֖ן עַד־י֥וֹם 16 הַשְּׁבִעִֽי: וּבַיּ֤וֹם
הָרִאשׁוֹן֙ מִקְרָא־קֹ֔דֶשׁ וּבַיּוֹם֙ הַשְּׁבִיעִ֔י מִקְרָא־
קֹ֖דֶשׁ יִהְיֶ֣ה לָכֶ֑ם כָּל־מְלָאכָה֙ לֹא־יֵעָשֶׂ֣ה בָהֶ֔ם
אַ֚ךְ אֲשֶׁ֣ר יֵאָכֵ֣ל לְכָל־נֶ֔פֶשׁ ה֥וּא לְבַדּ֖וֹ יֵעָשֶׂ֥ה לָכֶֽם:
17 וּשְׁמַרְתֶּם֮ אֶת־הַמַּצּוֹת֒ כִּ֗י בְּעֶ֙צֶם֙ הַיּ֣וֹם הַזֶּ֔ה הוֹצֵ֥אתִי
אֶת־צִבְאֽוֹתֵיכֶ֖ם מֵאֶ֣רֶץ מִצְרָ֑יִם וּשְׁמַרְתֶּ֞ם אֶת־הַיּ֤וֹם
הַזֶּה֙ לְדֹרֹ֣תֵיכֶ֔ם חֻקַּ֥ת עוֹלָֽם: 18 בָּרִאשֹׁ֡ן בְּאַרְבָּעָה֩
עָשָׂ֨ר י֤וֹם לַחֹ֙דֶשׁ֙ בָּעֶ֔רֶב תֹּאכְל֖וּ

¹⁸ Desde el comienzo del decimocuarto día, al anochecer, comerán pan ácimo hasta la noche del decimoprimer día del mes.

¹⁹ Por siete días no habrá grano en sus casas, porque cualquiera que coma algo leudado será cortado de la Congregación de Israel, ya sea extranjero o nativo.

²⁰ No comerán nada leudado; en todo lugar donde habiten, comerán pan ácimo".

HAFTARÁ DE SHABAT HAJÓDESH

Esta *Haftará* se lee en el *Shabat* que cae antes o en *Rosh Jódesh Nisán* (Aries). *Nisán* es el primer mes del año y es también conocido como el *Rosh Hashaná* para los Reyes. No es que nosotros seamos reyes, pero esto nos dice que podemos conectar con el poder de la renovación, de transformarnos en una persona nueva abierta a recibir la Luz del Creador.

Reb Menájem Méndel de Kotzk dijo: "Si rezas y nada cambia, y eres la misma persona que eras antes de que rezaras, no sólo es como si no hubieses rezado, sino que eres llamado 'maligno'". Maligno en este caso no significa involucrarse en actividades malignas; se trata de recibir una oportunidad para cambiar y no hacerlo. Por ejemplo, cada *Shabat* tenemos una oportunidad de conectar con la Torá y recibir su Luz, de modo que todos nosotros podamos encontrar al Creador que se encuentra en nuestro interior. Pero si no nos abrimos a recibir la Luz de *Shabat*, nada entrará.

EZEQUIEL 45:18-46:15

45 ¹⁸ Así dice el Señor, Dios: "En el primer mes, en el primer día, tomarás un novillo sin defecto y purificarás el Santuario.

¹⁹ El sacerdote tomará de la sangre de la ofrenda por pecado y la pondrá sobre los postes de la puerta del Templo, en los cuatro ángulos del zócalo del altar y sobre los postes de la puerta del atrio interior.

²⁰ Harás lo mismo el séptimo día del mes para todo aquel que se pece inadvertidamente o por ignorancia; así harás expiación por el Templo.

²¹ En el primer mes, a los catorce días del, será para ustedes la Pascua, una fiesta de siete días; en ella se comerá el pan ácimo.

מִצֹּת עַד יוֹם עה = נגד, זן, מזבח הָאֶחָד אהבה, דאגה וְעֶשְׂרִים לַחֹדֶשׁ יב הוויות
בָּעָרֶב רבוע יהוה ורבוע אלהים: 19 שִׁבְעַת יָמִים ג מוזין דאלהים דקטנות שְׂאֹר גלף לֹא
יִמָּצֵא בְּבָתֵּיכֶם כִּי ׀ כָּל ילי ־אֹכֵל מַחְמֶצֶת וְנִכְרְתָה הַנֶּפֶשׁ רמ"ח + ד' הוויות
הַהִוא מֵעֲדַת יִשְׂרָאֵל בַּגֵּר ב"ן קנ"א וּבְאֶזְרַח הָאָרֶץ אלהים דההין עה: 20 כָּל ילי
־מַחְמֶצֶת לֹא תֹאכֵלוּ בְּכֹל ב"ן, לכב, יבמ מוֹשְׁבֹתֵיכֶם תֹּאכְלוּ מַצּוֹת:

HAFTARÁ DE SHABAT HAJÓDESH

Como dice el Rav: el mes de *Nisán* es el secreto mejor guardado del mundo, se trata de eliminar el caos de nuestra vida a nivel de la semilla. Es una oportunidad de cambiar nuestro destino; todo lo que sea de naturaleza física está en la palma de tu mano. No obstante, el arma más poderosa del Satán es que nos ha convencido de que no podemos liberarnos de nuestro caos; nos hace pensar que no podemos hacerlo solos.

La Haftará de *Shabat HaJódesh* nos da esta abertura y hace posible que nos transformemos y seamos diferentes a nivel de la semilla; y que cuando nuestra conciencia sea diferente, creemos un destino nuevo para el próximo año, para nosotros y el mundo.

יחזקאל פרק 45, פסוק 18 – פרק 46, פסוק 15

18 45 כֹּה־אָמַר אֲדֹנָי ילה יְהֹוִה אהדונהי בָּרִאשׁוֹן אהבה, דאגה בְּאֶחָד לַחֹדֶשׁ
יב הוויות תִּקַּח רבוע אהיה דאלפין פַּר בזיוזך, ערי, סנדלפון ־בֶּן־בָּקָר תָּמִים וְחִטֵּאתָ
אֶת־הַמִּקְדָּשׁ: 19 וְלָקַח יהוה אהיה אדני הַכֹּהֵן מלה מִדַּם רבוע אהיה הַחַטָּאת
וְנָתַן אבגית"ץ, וער, אהבת חנם אֶל־מְזוּזַת נית, זז מות הַבַּיִת ב"ן ראה וְאֶל־אַרְבַּע פִּנּוֹת
הָעֲזָרָה לַמִּזְבֵּחַ זז, נגד וְעַל־מְזוּזַת נית, זז מות שַׁעַר הֶחָצֵר הַפְּנִימִית: 20 וְכֵן
תַּעֲשֶׂה בְּשִׁבְעָה בַחֹדֶשׁ יב הוויות מֵאִישׁ קנ"א קס"א שֹׁגֶה וּמִפֶּתִי וְכִפַּרְתֶּם
אֶת־הַבָּיִת ב"ן ראה: 21 בָּרִאשׁוֹן בְּאַרְבָּעָה עָשָׂר יוֹם עה = נגד, זן, מזבח

²² En ese día, el príncipe ofrecerá un novillo como ofrenda por pecado por sí mismo y por todo el pueblo de la tierra.

²³ Cada día en los siete días de la festividad ofrecerá como holocausto al Señor siete novillos y siete carneros sin defecto, y un macho cabrío como ofrenda por pecado.

²⁴ Proveerá como ofrenda de cereal un efá por novillo y un efá por carnero, con un hin de aceite por cada efá.

²⁵ Durante los siete días de la festividad, la cual comienza el día quince del séptimo mes, él proveerá de igual manera para las ofrendas por pecado, los holocaustos, las ofrendas de cereal y el aceite".

46 ¹ Así dice el Señor, Dios: "La puerta del atrio interior que da al oriente estará cerrada los seis días de trabajo, pero se abrirá el Shabat y en el día de la Luna Nueva.

² El príncipe entrará desde el exterior por el camino del vestíbulo de la puerta y se detendrá junto al poste de la puerta. Los sacerdotes ofrecerán el holocausto y las ofrendas de paz de él. Él adorará junto al umbral de la puerta y luego saldrá, pero no se cerrará la puerta hasta la tarde.

³ En los Shabatot y las Lunas Nuevas, el pueblo de la tierra adorará en la presencia del Señor a la entrada de esa puerta.

⁴ El holocausto que el príncipe ofrecerá al Señor en el Shabat será de seis corderos sin defecto y un carnero sin defecto.

⁵ La ofrenda de cereal por cada carnero será de un efá, y la ofrenda de cereal con los corderos según lo que él desee, junto con un hin de aceite por cada efá.

⁶ En el día de la Luna Nueva ofrecerá un novillo sin defecto, seis corderos y un carnero, todos sin defecto.

⁷ Proveerá una ofrenda de cereal, un efá por novillo y un efá por carnero, y con los corderos según lo que su mano pueda alcanzar, junto con un hin de aceite por efá.

⁸ Cuando el príncipe entre, pasará por el camino del vestíbulo de la puerta y saldrá por el mismo camino.

⁹ Cuando el pueblo de la tierra venga delante del Señor en las festividades señaladas, el que entre por la puerta del Norte para adorar, saldrá por la puerta del Sur, y el que entre por la puerta del Sur, saldrá por la puerta del Norte. Nadie saldrá por la puerta por la cual entró, sino que saldrá por la puerta opuesta.

LECTURAS ESPECIALES: HAFTARÁ DE SHABAT HAJÓDESH — LEVÍTICO

לַחֹדֶשׁ י״ב הוויות יְהֹוָה יי לָכֶם הַפָּסַח וְחַג שָׁבֻעוֹת יָמִים נלך מַצּוֹת יֵאָכֵל:

22 וְעָשָׂה הַנָּשִׂיא בַיּוֹם ע״ה = נגד, זן, מזבח הַהוּא בַּעֲדוֹ וּבְעַד כָּל יִלּי ־עַם

הָאָרֶץ אלהים דההין ע״ה פַּר מזחזהר, ערי, סנדלפון 23 וְשִׁבְעַת יְמֵי־הֶחָג יַעֲשֶׂה

עוֹלָה לַיהוָה ואדני אהדונהי שִׁבְעַת פָּרִים וְשִׁבְעַת אֵילִים תְּמִימִם לַיּוֹם

ע״ה = נגד, זן, מזבח שִׁבְעַת הַיָּמִים נלך וְחַטָּאת שְׂעִיר עִזִּים לַיּוֹם ע״ה = נגד, זן, מזבח:

24 וּמִנְחָה ע״ה ב״פ ב״ן אֵיפָה לַפָּר מזחזהר, ערי, סנדלפון וְאֵיפָה לָאַיִל יַעֲשֶׂה וְשֶׁמֶן

י״פ טל, י״פ כו״ו, ביט הִין לָאֵיפָה: 25 בַּשְּׁבִיעִי בַּחֲמִשָּׁה עָשָׂר יוֹם ע״ה = נגד, זן, מזבח

לַחֹדֶשׁ י״ב הוויות בֶּחָג יַעֲשֶׂה כָאֵלֶּה שִׁבְעַת הַיָּמִים נלך כַּחַטָּאת כָּעֹלָה

וְכַמִּנְחָה וְכַשָּׁמֶן י״פ טל, י״פ כו״ו, ביט: 46 1 כֹּה הי ־אָמַר אֲדֹנָי ללה יְהֹוִה ואדני אהדונהי

שַׁעַר הֶחָצֵר הַפְּנִימִית הַפֹּנֶה קָדִים יהיה יי סָגוּר שֵׁשֶׁת יְמֵי

הַמַּעֲשֶׂה וּבְיוֹם ע״ה = נגד, זן, מזבח הַשַּׁבָּת יִפָּתֵחַ וּבְיוֹם ע״ה = נגד, זן, מזבח הַחֹדֶשׁ

י״ב הוויות יִפָּתֵחַ: 2 וּבָא הַנָּשִׂיא דֶּרֶךְ ב״פ יב״ק אוּלָם הַשַּׁעַר מִחוּץ וְעָמַד

עַל־מְזוּזַת נית, זז מות הַשַּׁעַר וְעָשׂוּ הַכֹּהֲנִים מלה אֶת־עוֹלָתוֹ וְאֶת־שְׁלָמָיו

וְהִשְׁתַּחֲוָה עַל־מִפְתַּן הַשַּׁעַר וְיָצָא וְהַשַּׁעַר לֹא־יִסָּגֵר עַד־הָעָרֶב

רבוע יהוה ורבוע אלהים: 3 וְהִשְׁתַּחֲווּ עַם־הָאָרֶץ אלהים דההין ע״ה פֶּתַח הַשַּׁעַר הַהוּא

בַּשַּׁבָּתוֹת וּבֶחֳדָשִׁים לִפְנֵי יְהוָה ואדני אהדונהי: 4 וְהָעֹלָה אֲשֶׁר־יַקְרִב הַנָּשִׂיא

לַיהוָה אהדונהי בְּיוֹם ע״ה = נגד, זן, מזבח הַשַּׁבָּת שִׁשָּׁה כְבָשִׂים תְּמִימִם וְאַיִל

תָּמִים: 5 וּמִנְחָה ע״ה ב״פ ב״ן אֵיפָה לָאַיִל וְלַכְּבָשִׂים מִנְחָה ע״ה ב״פ ב״ן מַתַּת יָדוֹ

וְשֶׁמֶן י״פ טל, י״פ כו״ו, ביט הִין לָאֵיפָה: 6 וּבְיוֹם ע״ה = נגד, זן, מזבח הַחֹדֶשׁ י״ב הוויות פַּר

מזחזהר, ערי, סנדלפון בֶּן־בָּקָר תְּמִימִם וְשֵׁשֶׁת כְּבָשִׂים וְאַיִל תְּמִימִם יִהְיוּ אל:

7 וְאֵיפָה לַפָּר מזחזהר, ערי, סנדלפון וְאֵיפָה לָאַיִל יַעֲשֶׂה מִנְחָה ע״ה ב״פ ב״ן וְלַכְּבָשִׂים

כַּאֲשֶׁר תַּשִּׂיג יָדוֹ וְשֶׁמֶן י״פ טל, י״פ כו״ו, ביט הִין לָאֵיפָה: 8 וּבְבוֹא הַנָּשִׂיא

דֶּרֶךְ ב״פ יב״ק אוּלָם הַשַּׁעַר יָבוֹא וּבְדַרְכּוֹ יֵצֵא: 9 וּבְבוֹא עַם־הָאָרֶץ

אלהים דההין ע״ה לִפְנֵי וחכמה בינה יְהוָה אהדונהי בַּמּוֹעֲדִים הַבָּא דֶּרֶךְ ב״פ יב״ק ־שַׁעַר

¹⁰ *El príncipe estará en medio de ellos; entrando cuando ellos entren y saliendo cuando ellos salgan.*

¹¹ *En los festivales y las fiestas señaladas, la ofrenda de cereal será de un efá con un novillo, un efá con un carnero, según lo que desee con los corderos, y un hin de aceite por cada efá.*

¹² *Cuando el príncipe ofrezca una ofrenda voluntaria al Señor, ya sea un holocausto u ofrendas de paz, le abrirán la puerta que da al oriente. Él ofrecerá su holocausto y sus ofrendas de paz como lo hace en el Shabat. Luego saldrá y, después que él salga, cerrarán la puerta.*

¹³ *Cada día ofrecerás un cordero de un año sin defecto para holocausto al Señor; mañana tras mañana lo ofrecerás.*

¹⁴ *También con él ofrecerás cada mañana una ofrenda de cereal, la sexta parte de un efá y la tercera parte de un hin de aceite para humedecer la flor de harina. La presentación de esta ofrenda de cereal al Señor es una ordenanza perpetua.*

¹⁵ *Entonces, ofrecerán el cordero, la ofrenda de cereal y el aceite, mañana tras mañana, como un holocausto continuo'.*

LECTURAS ESPECIALES: HAFTARÁ DE SHABAT HAGADOL

צָפוֹן לְהִשְׁתַּחֲוֺת יֵצֵא דֶּרֶךְ־שַׁעַר נֶגֶב וְהַבָּא דֶּרֶךְ־שַׁעַר נֶגֶב יֵצֵא דֶּרֶךְ־שַׁעַר צָפוֹנָה לֹא יָשׁוּב דֶּרֶךְ הַשַּׁעַר אֲשֶׁר־בָּא בּוֹ כִּי נִכְחוֹ יֵצֵא (כתיב: יצאו): 10 וְהַנָּשִׂיא בְּתוֹכָם בְּבוֹאָם יָבוֹא וּבְצֵאתָם יֵצֵאוּ: 11 וּבַחַגִּים וּבַמּוֹעֲדִים תִּהְיֶה הַמִּנְחָה אֵיפָה לַפָּר וְאֵיפָה לָאַיִל וְלַכְּבָשִׂים מַתַּת יָדוֹ וְשֶׁמֶן הִין לָאֵיפָה: 12 וְכִי־יַעֲשֶׂה הַנָּשִׂיא נְדָבָה עוֹלָה אוֹ־שְׁלָמִים נְדָבָה לַיהוָה וּפָתַח לוֹ אֶת־הַשַּׁעַר הַפֹּנֶה קָדִים וְעָשָׂה אֶת־עֹלָתוֹ וְאֶת־שְׁלָמָיו כַּאֲשֶׁר יַעֲשֶׂה בְּיוֹם הַשַּׁבָּת וְיָצָא וְסָגַר אֶת־הַשַּׁעַר אַחֲרֵי צֵאתוֹ: 13 וְכֶבֶשׂ בֶּן־שְׁנָתוֹ תָּמִים תַּעֲשֶׂה עוֹלָה לַיּוֹם לַיהוָה בַּבֹּקֶר בַּבֹּקֶר תַּעֲשֶׂה אֹתוֹ: 14 וּמִנְחָה תַעֲשֶׂה עָלָיו בַּבֹּקֶר בַּבֹּקֶר שִׁשִּׁית הָאֵיפָה וְשֶׁמֶן שְׁלִישִׁית הַהִין לָרֹס אֶת־הַסֹּלֶת מִנְחָה לַיהוָה חֻקּוֹת עוֹלָם תָּמִיד: 15 יַעֲשׂוּ (כתיב: ועשו) אֶת־הַכֶּבֶשׂ וְאֶת־הַמִּנְחָה וְאֶת־הַשֶּׁמֶן בַּבֹּקֶר בַּבֹּקֶר עוֹלַת תָּמִיד:

HAFTARÁ DE SHABAT HAGADOL

Este es el *Shabat* antes de *Pésaj* (la Pascua), el *Shabat* más poderoso de todo el año. *Pésaj* nos da libertad de todas las fuerzas que nos esclavizan, de todas las creencias que nos mantienen atados y limitan nuestro potencial. La energía de este *Shabat* en particular nos fortalece y refuerza

MALAQUÍAS 3:4-24

3 ⁴ *"Entonces la ofrenda de Yehuda y de Jerusalén será grata al Señor, como en los días de antaño; como en los años pasados.*

⁵ *Y me acercaré a ustedes para el juicio, y seré un testigo veloz contra los hechiceros, contra los adúlteros, contra los que juran en falso, contra los que explotan al asalariado, a la viuda y al huérfano, y contra los que niegan el derecho del extranjero; porque no me temen", dice el Señor de los Ejércitos.*

⁶ *"Porque Yo, soy el Señor, Yo no cambio; por eso no han sido consumidos, hijos de Yaakov.*

⁷ *No obstante, desde los días de sus padres se han apartado de Mis ordenanzas y no las han guardado. Regresen a Mí y Yo regresaré a ustedes", dice el Señor de los Ejércitos. Pero ustedes dijeron: "¿Cómo hemos de volver?".*

⁸ *"¿Robará el hombre a Dios? ¡Pues ustedes me han robado! Pero ustedes dicen: '¿En qué te hemos robado?'. En los diezmos y en las ofrendas.*

⁹ *Están malditos con maldición, porque ustedes me han robado, toda la nación entera.*

¹⁰ *Traigan todo el diezmo al granero, para que haya alimento en Mi casa, y pónganme ahora a prueba en esto", dice el Señor de los Ejércitos, "y verán si no les abro las ventanas del Cielo, y derramo para ustedes bendición hasta que sobreabunde".*

¹¹ *Por ustedes reprenderé al devorador, para que no destruya los frutos su suelo ni su vid en el campo sea estéril", dice el Señor de los Ejércitos,*

¹² *"y todas las naciones los llamarán bienaventurados, porque serán una tierra de delicias", dice el Señor de los Ejércitos.*

HAFTARÁ DE SHABAT HAGADOL

nuestra conexión de *Pésaj* de modo que conectemos con mayor fuerza con la semana que puede eliminar las cadenas de nuestra esclavitud. Sin conectar con este *Shabat*, es muy difícil recibir verdaderamente todos los beneficios de *Pésaj* y la libertad que ofrece.

מלאכי פרק 3, פסוקים 4-24

4 וְעָרְבָה לַיהוָֹהאהדונהי מִנְחַת יְהוּדָה וִירוּשָׁלָ͏ִם די"ו ע"ע כִּימֵי עוֹלָם וּכְשָׁנִים קַדְמֹנִיּוֹת: 5 וְקָרַבְתִּי אֲלֵיכֶם לַמִּשְׁפָּט ע"ה ה"פ אלהים וְהָיִיתִי | עֵד מְמַהֵר בַּמְכַשְּׁפִים וּבַמְנָאֲפִים וּבַנִּשְׁבָּעִים לַשָּׁקֶר וּבְעֹשְׁקֵי י"פ ב"ן שְׂכַר־שָׂכִיר אַלְמָנָה כוק, רבוע אדני וְיָתוֹם יוסף וּמַטֵּי־גֵר ב"ן קנ"א וְלֹא יְרֵאוּנִי אָמַר יְהוָֹהאהדונהי צְבָאוֹת נתה ורבוע אהיה; פני שכינה: 6 כִּי אֲנִי אני, טהד"ד כח"ו יְהוָֹהאהדונהי לֹא שָׁנִיתִי וְאַתֶּם בְּנֵי־יַעֲקֹב י"פ יהוה, יאהדונהי אידהנויה לֹא כְלִיתֶם: 7 לְמִימֵי אֲבֹתֵיכֶם סַרְתֶּם מֵחֻקַּי וְלֹא שְׁמַרְתֶּם שׁוּבוּ אֵלַי וְאָשׁוּבָה אֲלֵיכֶם אָמַר יְהוָֹהאהדונהי צְבָאוֹת נתה ורבוע אהיה; פני שכינה וַאֲמַרְתֶּם בַּמֶּה מ"ה נָשׁוּב: 8 הֲיִקְבַּע אָדָם מ"ה אֱלֹהִים מום, אהיה אדני ; ילה כִּי אַתֶּם קֹבְעִים אֹתִי וַאֲמַרְתֶּם בַּמֶּה מ"ה קְבַעֲנוּךָ הַמַּעֲשֵׂר ירת וְהַתְּרוּמָה: 9 בַּמְּאֵרָה אַתֶּם נֵאָרִים וְאֹתִי אַתֶּם קֹבְעִים הַגּוֹי כֻּלּוֹ: 10 הָבִיאוּ אֶת־כָּל־יכ הַמַּעֲשֵׂר ירת אֶל־בֵּית ב"פ ראה הָאוֹצָר וִיהִי אל, ייא"י טֶרֶף רפ"ח ע"ה בְּבֵיתִי וּבְחָנוּנִי נָא בָּזֹאת אָמַר יְהוָֹהאהדונהי צְבָאוֹת נתה ורבוע אהיה; פני שכינה אִם יוהך, ע"ה מ"ב לֹא אֶפְתַּח לָכֶם אֵת אֲרֻבּוֹת הַשָּׁמַיִם י"פ טל, י"פ כוזו וַהֲרִיקֹתִי לָכֶם בְּרָכָה עַד־בְּלִי־דָי: 11 וְגָעַרְתִּי לָכֶם בָּאֹכֵל וְלֹא־יַשְׁחִת לָכֶם אֶת־פְּרִי ע"ה אלהים דאלפין הָאֲדָמָה וְלֹא־תְשַׁכֵּל לָכֶם הַגֶּפֶן בַּשָּׂדֶה אָמַר יְהוָֹהאהדונהי צְבָאוֹת נתה ורבוע אהיה; פני שכינה: 12 וְאִשְּׁרוּ אֶתְכֶם כָּל־יכ הַגּוֹיִם כִּי־תִהְיוּ אַתֶּם אֶרֶץ אלהים דאלפין חֵפֶץ

¹³ "Sus palabras han sido duras contra Mí", dice el Señor, "pero dicen: '¿Qué hemos hablado contra ti?'.

¹⁴ Han dicho: 'En vano es servir a Dios; ¿qué provecho hay en que guardemos Sus ordenanzas y en que andemos de duelo delante del Señor de los Ejércitos?

¹⁵ Por eso ahora llamamos bienaventurados a los soberbios. Porque aquellos que hacen el mal son prosperados; ellos incluso provocan a Dios y escapan impunes'".

¹⁶ Entonces los que temían al Señor se hablaron unos a otros, y el Señor prestó atención y escuchó; y fue escrito un libro memorial delante de Él para los que temen al Señor y para los que meditan en Su Nombre.

¹⁷ "Ellos serán míos", dice el Señor de los Ejércitos, "en el día que Yo los haga Mi tesoro. Y los perdonaré como un hombre perdona al hijo que le sirve".

¹⁸ Entonces ustedes volverán a distinguir entre el justo y el impío, entre el que sirve a Dios y el que no le sirve.

¹⁹ Porque he aquí que viene el día, ardiente como un horno, y todos los soberbios y todos los que hacen iniquidad serán como paja; y el día que va a venir los hará arder como fuego", dice el Señor de los Ejércitos, "que no les dejará ni raíz ni rama.

²⁰ Pero para ustedes que temen a Mi Nombre se levantará el Sol de justicia con sanación en sus alas; y saldrán y brincarán como terneros del establo.

²¹ Y pisarán a los impíos, pues ellos serán ceniza bajo las plantas de sus pies en el día que Yo actúe", dice el Señor de los Ejércitos.

²² "Recuerden la ley de Mi siervo Moshé, que yo le ordené en Horeb para todo Israel, también los estatutos y las ordenanzas.

²³ He aquí que Yo les envío a Eliyahu, el profeta, antes que venga el grande y terrible día del Señor.

²⁴ Y él hará volver el corazón de los padres hacia los hijos, y el corazón de los hijos

LECTURAS ESPECIALES: HAFTARÁ DE SHABAT HAGADOL — LEVÍTICO

אָמַר יְהוָֹ{אדני}אהדונהי צְבָאוֹת נתה ורבוע אהיה; פני שכינה: 13 חָזְק֥וּ עָלַ֛י דִּבְרֵיכֶ֖ם ראה
אָמַ֣ר יְהוָֹ{אדני}אהדונהי וַאֲמַרְתֶּ֔ם מַה־נִּדְבַּ֖רְנוּ עָלֶ֑יךָ ראה רבוע מ"ה: 14 אֲמַרְתֶּם֙
שָׁ֣וְא עֲבֹ֣ד אֱלֹהִ֔ים מום, אהיה אדני ; ילה וּמַה־בֶּ֔צַע מ"ה כִּ֚י שָׁמַ֣רְנוּ מִשְׁמַרְתּ֔וֹ וְכִ֧י
הָלַ֛כְנוּ קְדֹרַנִּ֖ית מִפְּנֵ֣י חכמה בינה יְהוָֹ{אדני}אהדונהי צְבָאֽוֹת נתה ורבוע אהיה; פני שכינה:
15 וְעַתָּ֕ה אֲנַ֖חְנוּ מְאַשְּׁרִ֣ים זֵדִ֑ים יג"ל גַּם־נִבְנוּ֙ עֹשֵׂ֣י רִשְׁעָ֔ה גַּ֧ם בָּחֲנ֛וּ
אֱלֹהִ֖ים מום, אהיה אדני ; ילה וַיִּמָּלֵֽטוּ׃ 16 אָ֧ז נִדְבְּר֛וּ יִרְאֵ֥י יְהוָֹ{אדני}אהדונהי אִ֣ישׁ
אֶל־רֵעֵ֑הוּ וַיַּקְשֵׁ֤ב יְהוָֹ{אדני}אהדונהי וַיִּשְׁמָ֔ע וַיִּכָּתֵ֞ב סֵ֤פֶר זִכָּרוֹן֙ ע"ה קנ"א קס"א
לְפָנָ֔יו לְיִרְאֵ֥י יְהוָֹ{אדני}אהדונהי וּלְחֹשְׁבֵ֖י שְׁמֽוֹ מהש ע"ה, אל שדי ע"ה: ע"ב קס"א ג"ס
17 וְהָ֣יוּ לִ֗י אָמַר֙ יְהוָֹ{אדני}אהדונהי צְבָא֔וֹת נתה ורבוע אהיה; פני שכינה לַיּ֕וֹם ע"ה = נגד, זן, מזבח
אֲשֶׁ֥ר אֲנִ֖י אני, טדה"ד כוז"ו עֹשֶׂ֣ה סְגֻלָּ֑ה וְחָמַלְתִּ֣י עֲלֵיהֶ֔ם כַּֽאֲשֶׁר֙ יַחְמֹ֣ל אִ֔ישׁ
עַל־בְּנ֖וֹ הָעֹבֵ֥ד אֹתֽוֹ׃ ע"ה קנ"א קס"א 18 וְשַׁבְתֶּם֙ וּרְאִיתֶ֔ם בֵּ֥ין צַדִּ֖יק לְרָשָׁ֑ע
בֵּ֚ין עֹבֵ֣ד אֱלֹהִ֔ים מום, אהיה אדני ; ילה לַאֲשֶׁ֖ר לֹ֥א עֲבָדֽוֹ׃ 19 כִּֽי־הִנֵּ֤ה מ"ה יה הַיּוֹם֙
בָּ֔א בֹּעֵ֖ר כַּתַּנּ֑וּר וְהָי֨וּ כָל־ ילי זֵדִ֜ים וְכָל־ ילי עֹשֵׂ֤ה רִשְׁעָה֙ קַ֔שׁ ע"ה = נגד, זן, מזבח
וְלִהַ֨ט רבוע אהיה אֹתָ֜ם הַיּ֣וֹם ע"ה = נגד, זן, מזבח הַבָּ֗א אָמַר֙ יְהוָֹ{אדני}אהדונהי צְבָא֔וֹת
נתה ורבוע אהיה; פני שכינה אֲשֶׁ֛ר לֹא־יַעֲזֹ֥ב לָהֶ֖ם שֹׁ֥רֶשׁ וְעָנָֽף רבוע אלהים: 20 וְזָרְחָ֨ה
לָכֶ֜ם יִרְאֵ֤י שְׁמִי֙ רבוע ע"ב ורבוע ס"ג שֶׁ֣מֶשׁ ב"פ ש"ך צְדָקָ֔ה ע"ה ריבוע אלהים וּמַרְפֵּ֖א
בִּכְנָפֶ֑יהָ וִֽיצָאתֶ֥ם וּפִשְׁתֶּ֖ם כְּעֶגְלֵ֥י מַרְבֵּֽק׃ 21 וְעַסּוֹתֶ֣ם רְשָׁעִ֔ים כִּֽי־יִהְי֣וּ
אֵ֗פֶר ייא"י ע"ה בזך זך תַּ֚חַת כַּפּ֣וֹת רַגְלֵיכֶ֔ם בַּיּ֕וֹם ע"ה = נגד, זן, מזבח אֲשֶׁ֣ר אֲנִ֣י
אני, טדה"ד כוז"ו עֹשֶׂ֔ה אָמַ֖ר יְהוָֹ{אדני}אהדונהי צְבָאֽוֹת נתה ורבוע אהיה; פני שכינה: 22 זִכְר֕וּ
תּוֹרַ֖ת מֹשֶׁ֣ה מהש, אל שדי עַבְדִּ֑י אֲשֶׁר֩ צִוִּ֨יתִי אוֹת֤וֹ בְחֹרֵב֙ רבוע ס"ג ורבוע אהיה
עַל־כָּל־ ילי, עמם יִשְׂרָאֵ֔ל חֻקִּ֖ים וּמִשְׁפָּטִֽים׃ 23 הִנֵּ֤ה מ"ה יה אָֽנֹכִי֙ איע שֹׁלֵ֣חַ
לָכֶ֔ם אֵ֖ת אֵלִיָּ֣ה הַנָּבִ֑יא לִפְנֵ֗י חכמה בינה בּ֚וֹא י֣וֹם ע"ה = נגד, זן, מזבח יְהוָֹ{אדני}אהדונהי
הַגָּד֖וֹל להח, מבה, יול, אום וְהַנּוֹרָֽא ע"ה ג"פ אלהים: 24 וְהֵשִׁ֤יב לֵב־אָבוֹת֙ עַל־בָּנִ֔ים
וְלֵ֥ב בָּנִ֖ים עַל־אֲבוֹתָ֑ם פֶּן־אָב֕וֹא וְהִכֵּיתִ֥י אֶת־הָאָ֖רֶץ אלהים דההין ע"ה חֵֽרֶם׃

hacia los padres; no sea que venga Yo y azote la tierra con gran destrucción. He aquí que Yo les envío a Eliyahu, el profeta, antes que venga el grande y terrible día del Señor.

HAFTARÁ DE LA VÍSPERA DE ROSH JÓDESH

En un nivel, esta Haftará corresponde a la víspera de *Rosh Jódesh*, la víspera de un nuevo mes lunar (astrológico). En un sentido más profundo, habla acerca del amor entre David y Yonatán. A pesar de que Yonatán era heredero al trono, él sabía que David se convertiría en rey. Aun así,

I SAMUEL 20:18-42

20 ¹⁸ Entonces Yonatán le dijo: "Mañana es la Luna Nueva y serás echado de menos porque tu asiento estará vacío.

¹⁹ Cuando hayas estado ausente tres días, descenderás deprisa y vendrás al lugar donde te escondiste el día de aquel suceso, y permanecerás junto a la piedra Étsel.

²⁰ Yo tiraré tres saetas hacia un lado, como si estuviese tirando a un blanco. ²¹ Y he aquí que enviaré al muchacho, diciendo: 'Ve, busca las saetas'. Si digo específicamente al muchacho: 'He aquí que las saetas están más hacia este lado de ti, búscalas', entonces ven porque hay seguridad para ti y no habrá mal, como que vive el Señor.

²² Pero si digo al joven: 'He aquí que las saetas están más allá de ti', vete, porque el Señor te ha enviado.

²³ En cuanto al acuerdo del cual tú y yo hemos hablado, he aquí que el Señor está entre nosotros dos para siempre".

²⁴ Así que David se escondió en el campo; y cuando vino la Luna Nueva el rey se sentó a comer.

²⁵ El rey se sentó en su asiento como de costumbre, el asiento junto a la pared; entonces Yonatán se levantó y Avner se sentó al lado de Shaúl, pero el lugar de David estaba vacío.

²⁶ No obstante, Shaúl no dijo nada aquel día, porque pensó: "Algo debe haberle ocurrido por estar impuro; de seguro no está limpio".

LECTURAS ESPECIALES: HAFTARÁ DE LA VÍSPERA DE ROSH JÓDESH — LEVÍTICO

הִנֵּה מ״ה יה אָנֹכִי איע שֹׁלֵחַ לָכֶם אֵת אֵלִיָּה הַנָּבִיא לִפְנֵי וחכמה בינה בּוֹא יוֹם
ע״ה = נגד, זן, מזבח יְהֹוָאדֹנָהאהדונהי הַגָּדוֹל להוי, מבה, יול, אום וְהַנּוֹרָא ע״פ ג״פ אלהים:

HAFTARÁ DE LA VÍSPERA DE ROSH JÓDESH

Yonatán amó a David y no sintió celos. Para poder amar verdaderamente a otra persona, debemos deshacernos de nuestros deseos egoístas. Para poder tener una relación exitosa de cualquier índole, debemos estar dispuestos a sacrificar algo.

שמואל א׳, פרק 20, פסוקים 18-42

18 20 וַיֹּאמֶר־לוֹ יְהוֹנָתָן מָחָר רמ״ח זן דעת חֹדֶשׁ י״ב הוויות וְנִפְקַדְתָּ כִּי יִפָּקֵד מוֹשָׁבֶךָ:
19 וְשִׁלַּשְׁתָּ תֵּרֵד מְאֹד מ״ה וּבָאתָ אֶל־הַמָּקוֹם יהוה ברבוע אֲשֶׁר־נִסְתַּרְתָּ
שָׁם בַּיּוֹם נגד, זן, מזבח הַמַּעֲשֶׂה וְיָשַׁבְתָּ אֵצֶל הָאֶבֶן יוד הה ואו הה הָאָזֶל:
20 וַאֲנִי אני ב״פ אהיה יהוה שְׁלֹשֶׁת הַחִצִּים צִדָּה אוֹרֶה לְשַׁלַּח־לִי לְמַטָּרָה:
21 וְהִנֵּה מ״ה יה אֶשְׁלַח אֶת־הַנַּעַר ש״ך לֵךְ מְצָא אֶת־הַחִצִּים אִם־אָמֹר יוהך
אֹמַר לַנַּעַר ש״ך הִנֵּה מ״ה יה הַחִצִּים מ״ה יה מִמְּךָ וָהֵנָּה | קָחֶנּוּ מ״ה יה וָבֹאָה כִּי־שָׁלוֹם
לְךָ וְאֵין דָּבָר ראה וַי־יְהֹוָאדֹנָהאהדונהי: 22 וְאִם־ הי כֹּה יוהך אֹמַר לָעֶלֶם הִנֵּה
הַחִצִּים מ״ה יה מִמְּךָ וָהָלְאָה כִּי שִׁלַּחֲךָ יְהֹוָאדֹנָהאהדונהי: 23 וְהַדָּבָר
ראה אֲשֶׁר דִּבַּרְנוּ ראה אֲנִי אני וָאָתָּה מ״ה יה הִנֵּה מ״ה יה יְהֹוָאדֹנָהאהדונהי בֵּינִי וּבֵינְךָ
עַד־עוֹלָם: [ס] 24 וַיִּסָּתֵר ב״פ מצר דָּוִד בַּשָּׂדֶה וַיְהִי הַחֹדֶשׁ י״ב הוויות וַיֵּשֶׁב
הַמֶּלֶךְ אֶל־ (כתיב: על־) הַלֶּחֶם ג״פ יהוה לֶאֱכוֹל: 25 וַיֵּשֶׁב הַמֶּלֶךְ עַל־מוֹשָׁבוֹ
כְּפַעַם | בְּפַעַם אֶל־מוֹשַׁב הַקִּיר וַיָּקָם יְהוֹנָתָן וַיֵּשֶׁב אַבְנֵר מִצַּד
שָׁאוּל וַיִּפָּקֵד מְקוֹם יהוה ברבוע דָּוִד: 26 וְלֹא־דִבֶּר ראה שָׁאוּל מְאוּמָה בַּיּוֹם
נגד, זן, מזבח הַהוּא כִּי אָמַר מִקְרֶה הוּא בִּלְתִּי טָהוֹר י״פ אכא הוּא כִּי־לֹא

353

²⁷ Y sucedió al día siguiente, el segundo día de la Luna Nueva, que el lugar de David estaba vacío; entonces Shaúl dijo a Yonatán, su hijo: "¿Por qué no ha venido el hijo de Yishái a la comida ni ayer ni hoy?"

²⁸ Yonatán contestó a Shaúl: "David me rogó encarecidamente que le dejara ir a Betléjem,

²⁹ porque dijo: 'Te ruego que me dejes ir, pues nuestra familia tiene sacrificio en la ciudad y mi hermano me ha mandado que asista. Ahora, si he hallado gracia ante tus ojos, te ruego me dejes ir para ver a mis hermanos'. Por este motivo no ha venido a la mesa del rey".

³⁰ Se encendió la ira de Shaúl contra Yonatán, y le dijo: "¡Hijo de mujer perversa y rebelde! ¿Acaso no sé yo que prefieres al hijo de Yishái, para tu propia vergüenza y para vergüenza de la desnudez de tu madre?

³¹ Pues mientras viva el hijo de Yishái sobre la Tierra, ni tú ni tu reino serán establecidos. Ahora manda a traérmelo, porque ciertamente ha de morir".

³² Pero Yonatán contestó a su padre Shaúl, y le dijo: "¿Por qué ha de morir? ¿Qué ha hecho?".

³³ Entonces Shaúl le arrojó la lanza para matarlo: así Yonatán supo que su padre había decidido matar a David.

³⁴ Entonces Yonatán se levantó de la mesa ardiendo de ira y no probó comida en el segundo día de la Luna Nueva, pues estaba entristecido por David y porque su padre le había deshonrado.

³⁵ Y aconteció a la mañana siguiente que Yonatán salió al campo para su encuentro con David, y un jovenzuelo iba con él.

³⁶ Y dijo a su jovencito: "Corre, busca ahora las saetas que voy a tirar". Y mientras el joven corría, tiró una saeta más allá de él.

³⁷ Cuando el muchacho llegó a la saeta que Yonatán había tirado, Yonatán le gritó al muchacho, y dijo: "¿No está la saeta más lejos de ti?".

³⁸ Y Yonatán gritó al joven: "Corre, date prisa, no te detengas". Y el jovenzuelo de Yonatán recogió la saeta y volvió a su señor.

³⁹ El joven no estaba al tanto de nada; sólo Yonatán y David sabían del asunto.

⁴⁰ Entonces Yonatán dio sus armas al muchacho y le dijo: "Vete, llévalas a la ciudad".

LECTURAS ESPECIALES: HAFTARÁ DE LA VÍSPERA DE ROSH JÓDESH

טָה֑וֹר ׃ [ס] 27 וַֽיְהִי֙ מִֽמָּחֳרַ֣ת הַחֹ֔דֶשׁ הַשֵּׁנִ֖י וַיִּפָּקֵ֣ד מְק֣וֹם
דָּוִ֑ד [פ] וַיֹּ֤אמֶר שָׁאוּל֙ אֶל־יְהוֹנָתָ֣ן בְּנ֔וֹ מַדּ֜וּעַ לֹא־בָ֧א בֶן־יִשַׁ֛י
גַּם־תְּמ֥וֹל גַּם־הַיּ֖וֹם אֶל־הַלָּֽחֶם׃ 28 וַיַּ֥עַן יְהוֹנָתָ֖ן
אֶת־שָׁא֑וּל נִשְׁאֹ֨ל נִשְׁאַ֥ל דָּוִ֛ד מֵעִמָּדִ֖י עַד־בֵּ֥ית לָֽחֶם׃ 29 וַיֹּ֡אמֶר
שַׁלְּחֵ֣נִי נָ֡א כִּ֣י זֶבַח֩ מִשְׁפָּחָ֨ה לָ֜נוּ בָּעִ֗יר וְה֤וּא צִוָּה־
לִי֙ אָחִ֔י וְעַתָּ֗ה אִם־מָצָ֤אתִי חֵן֙ בְּעֵינֶ֔יךָ אִמָּ֥לְטָה נָּ֖א
וְאֶרְאֶ֣ה אֶת־אֶחָ֑י עַל־כֵּ֣ן לֹא־בָ֔א אֶל־שֻׁלְחַ֖ן הַמֶּֽלֶךְ׃ [ס] 30 וַיִּֽחַר־אַ֤ף
שָׁאוּל֙ בִּיה֣וֹנָתָ֔ן וַיֹּ֣אמֶר ל֔וֹ בֶּֽן־נַעֲוַ֖ת הַמַּרְדּ֑וּת הֲל֣וֹא יָדַ֗עְתִּי כִּֽי־בֹחֵ֤ר
אַתָּה֙ לְבֶן־יִשַׁ֔י לְבָ֨שְׁתְּךָ֔ וּלְבֹ֖שֶׁת עֶרְוַ֥ת אִמֶּֽךָ׃ 31 כִּ֣י כָל־הַיָּמִ֗ים
אֲשֶׁ֤ר בֶּן־יִשַׁי֙ חַ֣י עַל־הָ֣אֲדָמָ֔ה לֹ֥א תִכּ֖וֹן אַתָּ֣ה וּמַלְכוּתֶ֑ךָ וְעַתָּ֗ה שְׁלַ֨ח
וְקַ֤ח אֹתוֹ֙ אֵלַ֔י כִּ֥י בֶן־מָ֖וֶת הֽוּא׃ [ס] 32 וַיַּ֨עַן֙ יְה֣וֹנָתָ֔ן אֶת־שָׁא֖וּל אָבִ֑יו
וַיֹּ֥אמֶר אֵלָ֖יו לָ֣מָּה יוּמַ֑ת מֶ֖ה עָשָֽׂה׃ 33 וַיָּ֨טֶל שָׁא֧וּל אֶֽת־הַחֲנִ֛ית עָלָ֖יו
לְהַכֹּת֑וֹ וַיֵּ֨דַע֙ יְה֣וֹנָתָ֔ן כִּֽי־כָ֥לָה הִ֛יא מֵעִ֥ם אָבִ֖יו לְהָמִ֥ית אֶת־דָּוִֽד׃ [ס]
34 וַיָּ֧קָם יְהוֹנָתָ֛ן מֵעִ֥ם הַשֻּׁלְחָ֖ן בָּחֳרִי־אָ֑ף וְלֹא־אָכַ֜ל בְּי֧וֹם
הַחֹ֣דֶשׁ הַשֵּׁנִי֮ לֶ֔חֶם כִּ֤י נֶעְצַב֙ אֶל־דָּוִ֔ד כִּ֥י הִכְלִמ֖וֹ אָבִֽיו׃ [ס]
35 וַיְהִ֣י בַבֹּ֔קֶר וַיֵּצֵ֧א יְהוֹנָתָ֛ן הַשָּׂדֶ֖ה לְמוֹעֵ֣ד דָּוִ֑ד וְנַ֥עַר קָטֹ֖ן
עִמּֽוֹ׃ 36 וַיֹּ֣אמֶר לְנַעֲר֔וֹ רֻ֣ץ מְצָ֥א נָ֖א אֶת־הַחִצִּ֑ים אֲשֶׁ֥ר אָנֹכִ֖י מוֹרֶ֑ה
הַנַּ֣עַר רָ֔ץ וְהֽוּא־יָרָ֥ה הַחֵ֖צִי לְהַעֲבִרֽוֹ׃ 37 וַיָּבֹ֤א הַנַּ֨עַר֙ עַד־מְק֣וֹם
הַחֵ֔צִי אֲשֶׁ֥ר יָרָ֖ה יְהוֹנָתָ֑ן וַיִּקְרָ֨א יְהוֹנָתָ֜ן אַחֲרֵ֤י
הַנַּ֨עַר֙ וַיֹּ֔אמֶר הֲל֥וֹא הַחֵ֖צִי מִמְּךָ֥ וָהָֽלְאָה׃ 38 וַיִּקְרָ֨א
יְהוֹנָתָ֜ן אַחֲרֵ֤י הַנַּ֨עַר֙ מְהֵרָ֣ה ח֔וּשָׁה אַֽל־תַּעֲמֹ֑ד וַיְלַקֵּ֞ט נַ֤עַר
יְהֽוֹנָתָן֙ אֶת־הַ֣חִצִּ֔ים (כתיב: החצי) וַיָּבֹ֖א אֶל־אֲדֹנָֽיו׃ 39 וְהַנַּ֖עַר לֹֽא־יָדַ֣ע
מְא֑וּמָה אַ֤ךְ יְהֽוֹנָתָן֙ וְדָוִ֔ד יָדְע֖וּ אֶת־הַדָּבָֽר׃ [ס] 40 וַיִּתֵּ֣ן
יְהֽוֹנָתָ֗ן אֶת־כֵּלָיו֙ אֶל־הַנַּ֔עַר אֲשֶׁר־ל֑וֹ וַיֹּ֣אמֶר ל֔וֹ לֵ֖ךְ הָבֵ֥יא הָעִֽיר

⁴¹ Cuando el muchacho se fue, David salió del lado del sur y cayó rostro en tierra, postrándose tres veces, y se besaron el uno al otro y lloraron juntos, pero David lloró más.

⁴² Y Yonatán dijo a David: "Vete en paz, ya que nos hemos jurado el uno al otro en el Nombre del Señor, diciendo: 'Que el Señor esté entre tú y yo, y entre mi descendencia y tu descendencia para siempre'".

MAFTIR DE SHABAT ROSH JÓDESH

En este *Maftir* leemos acerca de las tribus de Rubén, Simón y Gad, las cuales estaban establecidas en el Sur. En la porción de Trumá, el *Zóhar* dice que el Sur representa a *Jésed* (el amor y la misericordia) y es un lugar de quietud que es protegido por el ángel Mijael. Asimismo, explica que el Sur es donde todo se manifiesta una vez que hemos completado nuestras conexiones

NÚMEROS 28:9-15

28 ⁹ "En el Shabat ofrecerás dos corderos de un año sin defecto, junto con su libación y su ofrenda de cereal de dos décimas de un efá de flor de harina mezclada con aceite.

¹⁰ Este es el holocausto de cada Shabat, además del holocausto continuo y de su libación.

¹¹ El primer día de cada mes presentarán al Señor un holocausto de dos novillos, un carnero y siete corderos de un año, todos sin defecto.

¹² Con cada novillo habrá una ofrenda de cereal de tres décimas de un efá de flor de harina mezclada con aceite; con el carnero, una ofrenda de cereal de dos décimas de flor de harina, mezclada con aceite;

¹³ y con cada cordero, una ofrenda de cereal de una décima de un efá de flor de harina mezclada con aceite. Esto será como holocausto, un aroma agradable, una ofrenda ígnea al Señor.

בֹּזְחֹזֶּר, ערי, סנדלפון: 41 הַנַּעַר ע״ך בָּא וְדָוִד קָם מֵאֵצֶל הַנֶּגֶב וַיִּפֹּל לְאַפָּיו אַרְצָה אלהים דההן ע״ה וַיִּשְׁתַּחוּ שָׁלֹשׁ פְּעָמִים וַיִּשְּׁקוּ ׀ אִישׁ ע״ה קנ״א קס״א אֶת־רֵעֵהוּ וַיִּבְכּוּ אִישׁ ע״ה קס״א קנ״א אֶת־רֵעֵהוּ עַד־דָּוִד הִגְדִּיל: 42 וַיֹּאמֶר יְהוֹנָתָן לְדָוִד לֵךְ לְשָׁלוֹם אֲשֶׁר נִשְׁבַּעְנוּ שְׁנֵינוּ אֲנַחְנוּ בְּשֵׁם עדי יהוה יְהֹוָהאהדונהי לֵאמֹר יְהֹוָהאהדונהי יִהְיֶה ייי ׀ בֵּינִי וּבֵינֶךָ וּבֵין זַרְעִי וּבֵין זַרְעֲךָ עַד־עוֹלָם: [פ]

MAFTIR DE SHABAT ROSH JÓDESH

espirituales. Al escuchar esta lectura, tenemos una oportunidad de hacer una introspección, encontrar la claridad para manifestar todas nuestras conexiones espirituales e imbuir de Luz el próximo mes.

במדבר פרק 28, פסוקים 9-15

28 9 וּבְיוֹם נגד, זן, מוצח הַשַּׁבָּת שְׁנֵי־כְבָשִׂים בְּנֵי־שָׁנָה תְּמִימִם וּשְׁנֵי עֶשְׂרֹנִים סֹלֶת מִנְחָה ע״ה ב״פ ב״ן בְּלוּלָה בַשֶּׁמֶן י״פ טל, י״פ כוזו, ביט וְנִסְכּוֹ: 10 עֹלַת שַׁבַּת בְּשַׁבַּתּוֹ עַל־עֹלַת אבניתצ, ועיר, אהבת חנם הַתָּמִיד נתה, קס״א, קנ״א, קמ״ג וְנִסְכָּהּ: [פ] 11 וּבְרָאשֵׁי רביע אלהים ־ אלהים דיורדין ע״ה חָדְשֵׁיכֶם י״ב הויות תַּקְרִיבוּ עֹלָה לַיהֹוָהאהדונהי פָּרִים בְּנֵי־בָקָר שְׁנַיִם וְאַיִל אֶחָד אהבה, דאגה כְּבָשִׂים בְּנֵי־שָׁנָה שִׁבְעָה תְּמִימִם: 12 וּשְׁלֹשָׁה עֶשְׂרֹנִים סֹלֶת מִנְחָה ע״ה ב״פ ב״ן בְּלוּלָה בַשֶּׁמֶן י״פ טל, י״פ כוזו, ביט לַפָּר בֹּזְחֹזֶּר, ערי, סנדלפון וּשְׁנֵי עֶשְׂרֹנִים סֹלֶת מִנְחָה ע״ה ב״פ ב״ן בְּלוּלָה בַשֶּׁמֶן י״פ טל, י״פ כוזו, ביט לָאַיִל הָאֶחָד אהבה, דאגה: 13 וְעִשָּׂרֹן עִשָּׂרוֹן סֹלֶת מִנְחָה ע״ה ב״פ ב״ן בְּלוּלָה בַשֶּׁמֶן י״פ טל, י״פ כוזו, ביט לַכֶּבֶשׂ ב״פ קס״א הָאֶחָד אהבה, דאגה עֹלָה רֵיחַ נִיחֹחַ אִשֶּׁה לַיהֹוָהאהדונהי:

14 Sus libaciones serán medio hin de vino por cada novillo; un tercio de un hin por el carnero; y un cuarto de un hin por cada cordero. Este es el holocausto mensual que se debe hacer cada Luna Nueva durante el año.

15 Además del holocausto continuo con su libación, se presentará al Señor un macho cabrío como ofrenda por pecado".

HAFTARÁ DE SHABAT ROSH JÓDESH

Así como el Shabat enfría las llamas del Infierno, las mismas llamas son apagadas en Rosh Jódesh, lo que nos da el poder de desviar y evitar el juicio.

ISAÍAS 66:1-24

66 ¹ Esto dice el Señor: "El Cielo es Mi Trono y la Tierra es Mi Escabel. ¿Dónde está la Casa que podrían construir para Mí? ¿Dónde estará Mi lugar de reposo?

² ¿Acaso Mi Mano no hizo todas estas cosas, para que llegaran a existir?", declara el Señor. "Pero a este estimaré: al que es humilde y contrito de espíritu, y que tiembla ante Mi Palabra.

³ Pero el que sacrifica a un buey es como el que mata a un hombre, y el que sacrifica un cordero es como el que desnuca un perro; el que presenta ofrenda de cereal es como el que ofrece sangre de cerdo, el que quema incienso es como el que adora a un ídolo. Como ellos han escogido sus propios caminos y su alma se deleita en sus abominaciones,

⁴ también Yo escogeré sus castigos y traeré sobre ellos lo que temen. Porque cuando llamé, nadie respondió; cuando hablé, nadie escuchó. Hicieron lo malo ante Mis ojos y escogieron aquello que no es de Mi agrado".

⁵ Escuchen la Palabra del Señor, ustedes que tiemblan ante Su Palabra: "Sus hermanos que los aborrecen y excluyen por causa de Mi Nombre, han dicho: '¡Que el Señor sea glorificado, para que veamos su alegría!'. Pero ellos serán avergonzados.

LECTURAS ESPECIALES: HAFTARÁ DE SHABAT ROSH JÓDESH — LEVÍTICO

14 וְנִסְכֵּיהֶ֗ם חֲצִ֣י הַהִ֣ין יִהְיֶ֣ה לַפָּ֗ר וּשְׁלִישִׁ֧ת הַהִ֛ין לָאַ֖יִל וּרְבִיעִ֥ת הַהִ֖ין לַכֶּ֣בֶשׂ יָ֑יִן זֹ֣את עֹלַ֤ת חֹ֙דֶשׁ֙ בְּחָדְשׁ֔וֹ לְחָדְשֵׁ֖י הַשָּׁנָֽה׃ 15 וּשְׂעִ֨יר עִזִּ֥ים אֶחָ֛ד לְחַטָּ֖את לַיהֹוָ֑ה עַל־עֹלַ֧ת הַתָּמִ֛יד יֵעָשֶׂ֖ה וְנִסְכּֽוֹ׃ [ס]

HAFTARÁ DE SHABAT ROSH JÓDESH

ישעיה פרק 66, פסוקים 1–24

66 1 כֹּ֚ה אָמַ֣ר יְהֹוָ֔ה הַשָּׁמַ֣יִם כִּסְאִ֔י וְהָאָ֖רֶץ הֲדֹ֣ם רַגְלָ֑י אֵי־זֶ֥ה בַ֙יִת֙ אֲשֶׁ֣ר תִּבְנוּ־לִ֔י וְאֵי־זֶ֥ה מָק֖וֹם מְנוּחָתִֽי׃ 2 וְאֶת־כׇּל־אֵ֙לֶּה֙ יָדִ֣י עָשָׂ֔תָה וַיִּהְי֥וּ כׇל־אֵ֖לֶּה נְאֻם־יְהֹוָ֑ה וְאֶל־זֶ֣ה אַבִּ֔יט אֶל־עָנִי֙ וּנְכֵה־ר֔וּחַ וְחָרֵ֖ד עַל־דְּבָרִֽי׃ 3 שׁוֹחֵ֨ט הַשּׁ֜וֹר מַכֵּה־אִ֗ישׁ זוֹבֵ֤חַ הַשֶּׂה֙ עֹ֣רֵֽף כֶּ֔לֶב מַעֲלֵ֤ה מִנְחָה֙ דַּם־חֲזִ֔יר מַזְכִּ֥יר לְבֹנָ֖ה מְבָ֣רֵךְ אָ֑וֶן גַּם־הֵ֗מָּה בָּחֲרוּ֙ בְּדַרְכֵיהֶ֔ם וּבְשִׁקּוּצֵיהֶ֖ם נַפְשָׁ֥ם חָפֵֽצָה׃ 4 גַּם־אֲנִ֞י אֶבְחַ֣ר בְּתַעֲלֻלֵיהֶ֗ם וּמְגֽוּרֹתָם֙ אָבִ֣יא לָהֶ֔ם יַ֤עַן קָרָ֙אתִי֙ וְאֵ֣ין עוֹנֶ֔ה דִּבַּ֖רְתִּי וְלֹ֣א שָׁמֵ֑עוּ וַיַּעֲשׂ֤וּ הָרַע֙ בְּעֵינַ֔י וּבַאֲשֶׁ֥ר לֹֽא־חָפַ֖צְתִּי בָּחָֽרוּ׃ [ס] 5 שִׁמְעוּ֙ דְּבַר־יְהֹוָ֔ה הַחֲרֵדִ֖ים אֶל־דְּבָר֑וֹ אָמְרוּ֩ אֲחֵיכֶ֨ם שֹׂנְאֵיכֶ֜ם מְנַדֵּיכֶ֗ם לְמַ֤עַן שְׁמִי֙ יִכְבַּ֣ד יְהֹוָ֔ה וְנִרְאֶ֥ה בְשִׂמְחַתְכֶ֖ם וְהֵ֥ם יֵבֹֽשׁוּ׃

⁶ ¡Oigan el estruendo que viene de la ciudad, oigan ese ruido que sale del Templo! Es el sonido del Señor que retribuye a Sus enemigos todo lo que ellos merecen.

⁷ Antes de que entre en labor de parto, ella da a luz; antes que le vinieran los dolores, ella da a luz un niño.

⁸ ¿Quién ha oído tal cosa? ¿Quién ha visto una cosa así? ¿Puede nacer un país en un solo día o puede nacer una nación en un instante? Porque tan pronto como Sión tuvo los dolores de parto dio a luz a sus hijos.

⁹ ¿Acaso propiciaré el momento del parto y no haré nacer?", dice el Señor. "¿Acaso Yo, que hago dar a luz, cerraré la matriz?", dice tu Dios.

¹⁰ "Regocíjense con Jerusalén y alégrense por ella, todos los que la aman; rebosen de júbilo con ella, todos los que hacen duelo por ella.

¹¹ Para que puedan mamar y sea saciados con los pechos de sus consuelos, para que puedan beber y deleitarse en su abundancia".

¹² Porque así dice el Señor: "Extenderé paz hacia ella como un río y la riqueza de las naciones como torrente desbordado; y beberán y serán llevados en sus brazos y acariciados sobre sus rodillas.

¹³ Como una madre que consuela a su hijo, así los consolaré Yo; y serán consolados en Jerusalén".

¹⁴ Cuando vean esto, su corazón se llenará de gozo y florecerán como hierba; la mano del Señor se dará a conocer a Sus siervos y Su furia será mostrada a Sus enemigos.

¹⁵ He aquí que el Señor vendrá con fuego y Sus carros son como torbellino; Él descargará Su ira con furia y Su reprimenda con llamas de fuego.

¹⁶ Porque el Señor ejercerá juicio con fuego y con Su espada a todos, y serán muchos los muertos del Señor.

¹⁷ "Los que se santifican y se purifican para ir a los jardines, tras uno que está en medio de aquellos que comen carne de cerdo y ratones y otras cosas abominables, serán exterminados juntos", declara el Señor.

¹⁸ "Y dado que Yo conozco sus obras y sus pensamientos, iré a reunir a todas las naciones y lenguas, y vendrán y verán Mi gloria.

¹⁹ Y pondré una señal entre ellas y enviaré a sus sobrevivientes a las naciones: a Tarsis, a los libios y lidios (arqueros famosos), a Tubal y a Grecia, y a las islas remotas que no han oído de Mi fama ni han visto Mi gloria. Ellos anunciarán Mi gloria entre las naciones.

LECTURAS ESPECIALES: HAFTARÁ DE SHABAT ROSH JÓDESH

6 קוֹל ע״ב ס״ג ע״ה שָׁאוֹן בַּזְוֹהֵר, ערי, סנדלפון, עֵרִי, מֵעִיר ע״ב ס״ג ע״ה קוֹל ע״ב ס״ג ע״ה מֵהֵיכָל אֲדֹנָי, ללה קוֹל יְהֹוָהאֲדֹנָיאהדונהי ע״ג ס״ג ע״ה מְשַׁלֵּם גְּמוּל לְאֹיְבָיו: 7 בְּטֶרֶם רפ״ח ע״ה תָּחִיל יָלָדָה בְּטֶרֶם רפ״ח ע״ה יָבוֹא חֵבֶל לָהּ וְהִמְלִיטָה זָכָר: 8 מִי ילי ־שָׁמַע כָּזֹאת מִי ילי רָאָה ראה כָּאֵלֶּה הֲיוּחַל אֶרֶץ אלהים דאלפין בְּיוֹם נגד, זן, מזבח אֶחָד אהבה, דאגה אִם־יִוָּלֵד יוהך גּוֹי פַּעַם אֶחָת כִּי־חָלָה גַּם יגל ־יָלְדָה לתה ־צִיּוֹן יוסף, ו״פ יהוה אֶת־בָּנֶיהָ: 9 הַאֲנִי אני אַשְׁבִּיר וְלֹא אוֹלִיד יֹאמַר יְהֹוָהאֲדֹנָיאהדונהי אִם־אֲנִי יוהך אֲנִי הַמּוֹלִיד וְעָצַרְתִּי אָמַר אֱלֹהָיִךְ ילה: [ס] 10 שִׂמְחוּ אֶת־יְרוּשָׁלַ͏ִם רי״ו ע״ב וְגִילוּ בָהּ כָּל ילי ־אֹהֲבֶיהָ שִׂישׂוּ אִתָּהּ מָשׂוֹשׂ כָּל ילי ־הַמִּתְאַבְּלִים עָלֶיהָ פהל: 11 לְמַעַן תִּינְקוּ וּשְׂבַעְתֶּם מִשֹּׁד תַּנְחֻמֶיהָ לְמַעַן תָּמֹצּוּ וְהִתְעַנַּגְתֶּם מִזִּיז כְּבוֹדָהּ: [ס] 12 כִּי־כֹה היי ׀ אָמַר יְהֹוָהאֲדֹנָיאהדונהי הִנְנִי נֹטֶה־אֵלֶיהָ כְּנָהָר שָׁלוֹם וּכְנַחַל שׁוֹטֵף כְּבוֹד ל״ב גּוֹיִם וִינַקְתֶּם עַל־צַד תִּנָּשֵׂאוּ וְעַל־בִּרְכַּיִם תְּשָׁעֳשָׁעוּ: 13 כְּאִישׁ ע״ה קנ״א קס״א אֲשֶׁר אִמּוֹ תְּנַחֲמֶנּוּ כֵּן אָנֹכִי איע אֲנַחֶמְכֶם וּבִירוּשָׁלַ͏ִם רי״ו ע״ע תְּנֻחָמוּ: 14 וּרְאִיתֶם וְשָׂשׂ לִבְּכֶם וְעַצְמוֹתֵיכֶם כַּדֶּשֶׁא תִפְרַחְנָה וְנוֹדְעָה יַד־יְהֹוָהאֲדֹנָיאהדונהי אֶת־עֲבָדָיו וְזָעַם אֶת־אֹיְבָיו: [ס] 15 כִּי־הִנֵּה מ״ה יה יְהֹוָהאֲדֹנָיאהדונהי בָּאֵשׁ אלהים דיודין ע״ה יָבוֹא וְכַסּוּפָה מַרְכְּבֹתָיו לְהָשִׁיב בְּחֵמָה אַפּוֹ וְגַעֲרָתוֹ בְּלַהֲבֵי־אֵשׁ אלהים דיודין ע״ה: 16 כִּי בָאֵשׁ אלהים דיודין ע״ה יְהֹוָהאֲדֹנָיאהדונהי נִשְׁפָּט וּבְחַרְבּוֹ רי״ו, גבורה אֶת־כָּל ילי ־בָּשָׂר וְרַבּוּ חַלְלֵי יְהֹוָהאֲדֹנָיאהדונהי: 17 הַמִּתְקַדְּשִׁים וְהַמִּטַּהֲרִים אֶל־הַגַּנּוֹת אַחַר אֶחָת (כתיב: אחד) בַּתָּוֶךְ אֹכְלֵי בְּשַׂר הַחֲזִיר וְהַשֶּׁקֶץ וְהָעַכְבָּר יַחְדָּו יָסֻפוּ נְאֻם־יְהֹוָהאֲדֹנָיאהדונהי: 18 וְאָנֹכִי איע בְּמַעֲשֵׂיהֶם וּמַחְשְׁבֹתֵיהֶם בָּאָה לְקַבֵּץ אֶת־כָּל ילי ־הַגּוֹיִם וְהַלְּשֹׁנוֹת וּבָאוּ וְרָאוּ אֶת־כְּבוֹדִי: 19 וְשַׂמְתִּי בָהֶם אוֹת וְשִׁלַּחְתִּי מֵהֶם ׀ פְּלֵיטִים אֶל־הַגּוֹיִם תַּרְשִׁישׁ פּוּל וְלוּד מֹשְׁכֵי קֶשֶׁת תֻּבַל ב״פ רי״ו, ב״פ גבורה וְיָוָן הָאִיִּים הָרְחֹקִים אֲשֶׁר לֹא־שָׁמְעוּ אֶת־שִׁמְעִי וְלֹא־רָאוּ אֶת־כְּבוֹדִי וְהִגִּידוּ אֶת־כְּבוֹדִי בַּגּוֹיִם:

²⁰ *Y ellos traerán a todos sus hermanos, de entre todas las naciones, a Mi Monte Santo en Jerusalén como ofrenda al Señor; en caballos, en carros, en literas, en mulas y en camellos"*, dice el Señor. *"Los traerán tal como los israelitas traen su ofrenda de grano en vasijas ceremonialmente limpias al Templo del Señor.*

²¹ *"Y seleccionaré algunos de ellos para sacerdotes y para levitas"*, dice el Señor.

²² *"Porque como los Cielos nuevos y la Tierra Nueva que Yo hago permanecerán delante de Mí"*, declara el Señor, *"así permanecerá su nombre y su descendencia".*

²³ *De una Luna Nueva a otra y de un Shabat a otro, toda la humanidad vendrá y se postrará ante Mí"*, dice el Señor.

²⁴ *"Y saldrán y verán los cadáveres de los hombres que se rebelaron contra Mí; su gusano no morirá, ni su fuego se apagará, y serán el horror de toda la humanidad". "De una Luna Nueva a otra y de un Shabat a otro, toda la humanidad vendrá y se postrará ante Mí"*, dice el Señor.

LECTURAS ESPECIALES: HAFTARÁ DE SHABAT ROSH JÓDESH

20 וְהֵבִ֣יאוּ אֶת־כָּל־אֲחֵיכֶ֣ם מִכָּל־הַגּוֹיִ֣ם ׀ מִנְחָ֣ה ׀ לַיהֹוָ֡ה בַּסּוּסִ֡ים וּבָרֶ֩כֶב֩ וּבַצַּבִּ֨ים וּבַפְּרָדִ֜ים וּבַכִּרְכָּר֗וֹת עַ֣ל הַ֥ר קָדְשִׁ֛י יְרוּשָׁלַ֖͏ִם אָמַ֣ר יְהֹוָ֑ה כַּאֲשֶׁ֣ר יָבִ֩יאוּ֩ בְנֵ֨י יִשְׂרָאֵ֧ל אֶת־הַמִּנְחָ֛ה בִּכְלִ֥י טָה֖וֹר בֵּ֥ית יְהֹוָֽה: 21 וְגַם־מֵהֶ֥ם אֶקַּ֛ח לַכֹּהֲנִ֥ים לַלְוִיִּ֖ם אָמַ֥ר יְהֹוָֽה: 22 כִּ֣י כַאֲשֶׁ֣ר הַשָּׁמַ֣יִם הַ֠חֳדָשִׁ֜ים וְהָאָ֨רֶץ הַחֲדָשָׁ֜ה אֲשֶׁ֥ר אֲנִ֛י עֹשֶׂ֖ה עֹמְדִ֣ים לְפָנַ֑י נְאֻם־יְהֹוָ֔ה כֵּ֥ן יַעֲמֹ֛ד זַרְעֲכֶ֖ם וְשִׁמְכֶֽם: 23 וְהָיָ֗ה מִֽדֵּי־חֹ֙דֶשׁ֙ בְּחָדְשׁ֔וֹ וּמִדֵּ֥י שַׁבָּ֖ת בְּשַׁבַּתּ֑וֹ יָב֧וֹא כָל־בָּשָׂ֛ר לְהִשְׁתַּחֲוֺ֥ת לְפָנַ֖י אָמַ֥ר יְהֹוָֽה: 24 וְיָצְא֣וּ וְרָא֔וּ בְּפִגְרֵי֙ הָאֲנָשִׁ֔ים הַפֹּשְׁעִ֖ים בִּ֑י כִּ֣י תוֹלַעְתָּ֞ם לֹ֣א תָמ֗וּת וְאִשָּׁם֙ לֹ֣א תִכְבֶּ֔ה וְהָי֥וּ דֵרָא֖וֹן לְכָל־בָּשָֽׂר: וְהָיָ֗ה מִֽדֵּי־חֹ֙דֶשׁ֙ בְּחָדְשׁ֔וֹ וּמִדֵּ֥י שַׁבָּ֖ת בְּשַׁבַּתּ֑וֹ יָב֧וֹא כָל־בָּשָׂ֛ר לְהִשְׁתַּחֲוֺ֥ת לְפָנַ֖י אָמַ֥ר יְהֹוָֽה:

NOTAS